21世紀漢語言專業規劃教材
專業基礎教材系列

GUDAI
HANYU

古代漢語（上冊）

張聯榮 劉子瑜 趙彤 編著

北京大學出版社
PEKING UNIVERSITY PRESS

圖書在版編目(CIP)數據

古代漢語.上冊/張聯榮，劉子瑜，趙彤編著.—北京：北京大學出版社，2023.6
21世紀漢語言專業規劃教材.專業基礎教材系列
ISBN 978-7-301-33994-7

Ⅰ.①古… Ⅱ.①張…②劉…③趙… Ⅲ.①古漢語-高等學校-教材 Ⅳ.①H109.2

中國國家版本館CIP數據核字(2023)第080331號

書　　　名	古代漢語（上冊）
	GUDAI HANYU (SHANG CE)
著作責任者	張聯榮　劉子瑜　趙　彤　編著
責任編輯	宋思佳
標準書號	ISBN 978-7-301-33994-7
出版發行	北京大學出版社
地　　　址	北京市海淀區成府路205號　100871
網　　　址	http://www.pup.cn　新浪微博：@北京大學出版社
電子信箱	zpup@pup.cn
電　　　話	郵購部 010-62752015　發行部 010-62750672
	編輯部 010-62754144
印　刷　者	北京虎彩文化傳播有限公司
經　銷　者	新華書店
	650毫米×980毫米　16開本　22.25印張　376千字
	2023年6月第1版　2024年8月第3次印刷
定　　　價	58.00元

未經許可，不得以任何方式複製或抄襲本書之部分或全部內容。
版權所有，侵權必究
舉報電話：010-62752024　電子信箱：fd@pup.cn
圖書如有印裝質量問題，請與出版部聯繫，電話：010-62756370

序

　　古代漢語是高等院校中文系的必修主幹課程，也是高校文科的基礎課程之一，半個多世紀以來積累了寶貴的教學經驗。近些年來，多種不同風格、各具特色的古代漢語教材面世，爲本課程的教學提供了愈來愈豐富的資源。隨著時代的進步，對這門課程的教學以及教材編寫又提出了更新更高的要求；另一方面，當下在教學中也遇到了一些新的問題，其中尤爲突出的問題就是課時量的壓縮。一方面是課時的減少，另一方面是對教學質量的更高要求，如何在二者間求得一個平衡，是當前面臨的新挑戰。

　　就古代漢語教材的編寫來說，應對課時減少的一個簡單辦法就是壓縮教材的分量。這樣做雖然簡便，但並不是上策。我們的看法是，教材在適當減量的同時還要保證質的不斷提升，這就需要在教材的整體架構和每一部分内容的設計上有不斷的探索。就教材的整體架構而言，二十世紀六十年代王力主編的《古代漢語》爲我們提供了一個範本。那套教材由文選、常用詞、通論三部分組合，這樣一個三結合結構的科學性獲得廣泛的肯定，取得了良好的教學效果，我們的這套教材採用的也是這樣一種三結合的結構。除了文選、常用詞、古漢語常識三個部分，本教材每單元增加了一個練習板塊，目的在於鞏固學生對所學内容的理解。

　　内容豐富扎實、編排科學有序是對教材編寫的基本要求。文選部分，本教材的選文分爲"講讀文選"和"閱讀文選"兩部分（講讀文選每單元有四到五篇，閱讀文選每單元有二到三篇），這樣設計的考慮是加大學生的閱讀量,又給教師教學提供較大的選擇空間。本教材在文獻的選擇範圍上也有所擴大,有意識增選了一些思想文化論著的篇目(如《尚書》《周易》《管子》《淮南子》等),以期拓展學生的閱讀視野,豐富學生的語言感受。在難易順序的安排上,上冊前三個單元遵循由淺入深的原則。常用詞部分,每單元選有十五個詞,詞的選擇主要依據選文(也有個別是選文之外的)。詞義的訓釋力求簡明實用,義項不能也不必求全。訓釋的詞義一要考慮是這個詞在選文中所呈現的意義,二要考慮是這個詞的主要意義,還要考慮各項意義間的聯繫。需要說明的是,探尋詞義間的聯繫並無顯性的標準可循,有些解釋是筆者個人的看法,希望能引起更深入的討論。古漢語常識方面,重心是語言文字方面的知識,有些內容(如"文言和白話""中國的古書")的編排意在使學生對中國古代的語言和文獻有更宏觀的瞭解。

就本教材的容量看,還是偏大一些。如前所說,課時減少同提高課程質量是當前面臨的一個突出矛盾;另外,學生閱讀量不足也是一個不容忽視的問題。解決這兩個問題的辦法不應當是窄化教材的內容,而是選材的容量要適度擴大一些,內容要適當豐富一些(包括較豐富的練習),在難易上要深淺兼顧。這樣做,一方面可以滿足不同層次(系科的不同、學生的基礎不同、課時的多少不同等)教學的需要,使教師可以根據本學校的實際情況在教學中能有所取捨,有一個調控的空間。就學生方面說,也給他們提供一些自主學習的資源,以彌補課時不足的缺憾。

編者所在學校古代漢語課程教學的情況是:(1)古代漢語課安排在大一,在學習本課程的同時學生還需學習現代漢語課程。(2)本課程學習時間為一學年;每學期大致十六周,每周四學時。教材就是參照編者所在學校的情況編寫的。

教材由張聯榮統稿。

限於我們的學力,深感編寫一部適用的古代漢語教材確非易事,書中疏失錯謬在所難免,祈盼同行專家和廣大師生批評指正。

凡　例

一　教材分上下兩册，每册八個單元。每個單元包括四個方面的内容：(1)文選；(2)練習；(3)常用詞；(4)古漢語常識。另有三個附録。

二　文選分爲講讀文選和閱讀文選。講讀文選爲課堂講授内容（每單元四到五篇），閱讀文選供學生在教師的指導下課外閱讀。文選的編選主要考慮兩個原則：一是能够儘量涵蓋與古漢語學習關係密切的重要文獻，二是能够兼顧各種不同的文體。編選閱讀文選的目的是增加學生的閱讀量。

三　每篇選文前有一個"説明"，選文每一分段有一個段落大意，幫助學生把握文章的内容。

四　古漢語常識部分主要是對語言文字方面有關知識的介紹（漢字、詞彙、語法、古代的文體和古書的注解等），以簡明、易懂、實用爲原則，不求過深過細。古漢語學習中涉及的有關中國歷史文化方面的知識根據各學校的情況可安排在其他課程中學習。

五　每個單元有十五個常用詞的講解；常用詞的選擇以文選中出現的爲主要依據。對常用詞意義的解釋主要是爲了幫助對所選文章的進一步深入理解，以簡明爲原則，義項不能求全。引用的書證儘可能選取選文的用例。書證的出處説明以便於查檢爲原則，體例不求一致。

六　練習是學習本課程必不可少的内容，應要求學生努力完成。教師對練習内容可加以調整。

七　教材的容量比較大,建議分兩個學期講授。每個學期每周以三到四個學時爲宜。

目　錄

緒　論 ………………………………………………………………… 1

第一單元 ……………………………………………………………… 1

講讀文選

　　晏子春秋 ……………………………………………………………… 1
　　　　景公不知天寒(《內篇諫上》) …………………………………… 1
　　　　社鼠猛狗(《內篇問上》) ………………………………………… 2
　　　　晏子辭千金不受(《內篇雜下》) ………………………………… 4
　　列子 …………………………………………………………………… 6
　　　　北宮子一言而能瘳(《力命》) …………………………………… 7
　　說苑 …………………………………………………………………… 9
　　　　政理(節選) ………………………………………………………… 10
　　世說新語 ……………………………………………………………… 13
　　　　小時了了(《言語》) ……………………………………………… 14
　　　　牛屋貴客(《雅量》) ……………………………………………… 15
　　　　王夷甫雅尚玄遠(《規箴》) ……………………………………… 17
　　　　王藍田性急(《忿狷》) …………………………………………… 17

閱讀文選

　　樊姬進美人(《韓詩外傳》) …………………………………………… 18
　　梁君出獵(《新序》) …………………………………………………… 19

造父學御（《列子》） ……………………………………… 20
練習一 …………………………………………………………… 22
常用詞
　　敗　表　並　策　豆　復　快　去　色　投　完　爲　再　致　走
　　………………………………………………………………… 23
古漢語常識
　　文言和白話 ……………………………………………………… 28

第二單元 ……………………………………………………… 36

講讀文選
　　夢溪筆談 ………………………………………………………… 36
　　　盛文肅閱人物（《人事二》） ……………………………… 36
　　　衛朴（《技藝》） …………………………………………… 38
　　　指南針（《雜誌一》） ……………………………………… 40
　　池北偶談 ………………………………………………………… 40
　　　女俠 …………………………………………………………… 41
　　閱微草堂筆記 …………………………………………………… 45
　　　游士（《如是我聞（一）》） ……………………………… 45
　　　李生恨事（《姑妄聽之（一）》） ………………………… 46
　　聊齋志異 ………………………………………………………… 50
　　　石清虛 ………………………………………………………… 50

閱讀文選
　　王渙之（《集異記》） ………………………………………… 56
　　戴文進傳（《虞初新志》） …………………………………… 57

練習二 …………………………………………………………… 59
常用詞
　　籌　但　發　奉　負　購　恨　景　竟　啓　窮　勝　徒　張　治
　　………………………………………………………………… 61
古漢語常識
　　古代漢語常用工具書（上） …………………………………… 66

第三單元 ………………………………………………………… 78

講讀文選

李翱 ………………………………………………………………… 78
　楊烈婦傳 …………………………………………………………… 78
柳宗元 ……………………………………………………………… 82
　段太尉逸事狀 ……………………………………………………… 83
歐陽修 ……………………………………………………………… 89
　相州畫錦堂記 ……………………………………………………… 89
蘇軾 ………………………………………………………………… 93
　超然臺記 …………………………………………………………… 94

閱讀文選

　養竹記（白居易）………………………………………………… 98
　祭歐陽文忠公文（王安石）……………………………………… 100

練習三 ……………………………………………………………… 102

常用詞

被　本　當　兵　封　貨　既　節　臨　釋　險　淫　邑　注　責
………………………………………………………………………… 104

古漢語常識

　漢字 ………………………………………………………………… 110

第四單元 ………………………………………………………… 123

講讀文選

尚書 ………………………………………………………………… 123
　盤庚上 …………………………………………………………… 123
　無逸 ……………………………………………………………… 129
周易 ………………………………………………………………… 134
　乾·文言（節選）………………………………………………… 135
　繫辭上（節選）…………………………………………………… 139

閱讀文選

泰誓中(節選) ……………………………………… 144

繫辭下(節選) ……………………………………… 147

練習四 …………………………………………………… 150

常用詞

拔 常 道 服 綱 功 后 理 旁 閒 信 修 庸 運 作
………………………………………………………………… 152

古漢語常識

古代漢語的詞彙(上) ……………………………… 157

第五單元 ………………………………………………… 166

講讀文選

左傳 ………………………………………………… 166

鄭伯克段于鄢(《隱公元年》) ……………… 167

秦晉殽之戰(《僖公三十二年》《僖公三十三年》)… 171

鞌之戰(《成公二年》) ……………………… 178

崔杼弒其君(《襄公二十五年》) …………… 182

子產不毀鄉校(《襄公三十一年》) ………… 188

閱讀文選

宋楚泓之戰(《僖公二十二年》) …………… 190

展喜犒師(《僖公二十六年》) ……………… 191

楚子問鼎(《宣公三年》) …………………… 193

練習五 …………………………………………………… 194

常用詞

報 鄙 斃 超 國 管 及 即 閒(間) 免 勤 任 事
興 援 ……………………………………………………… 196

古漢語常識

古代漢語的詞彙(下) ……………………………… 201

第六單元 ………………………………………………… 209

講讀文選

國語 ……………………………………………………………… 209
　邵公諫厲王弭謗(《周語上》) ……………………………… 209
　梗陽人有獄(《晉語九》) ………………………………… 212
戰國策 ……………………………………………………… 213
　蘇秦以游說致富貴(《秦策一》) ………………………… 214
　呂不韋相秦(《秦策五》) ………………………………… 218
　靖郭君善齊貌辨(《齊策一》) …………………………… 224

閱讀文選
　晉人殺厲公(《國語》) …………………………………… 227
　董叔將娶於范氏(《國語》) ……………………………… 229
　文信侯欲攻趙以廣河間(《戰國策》) …………………… 229

練習六 ……………………………………………………………… 232

常用詞
　幣　防　宮　監　決　領　冒　納　權　術　說　賢　引　獄　尊
　………………………………………………………………… 234

古漢語常識
　古代漢語中的詞類活用 …………………………………… 239

第七單元 …………………………………………………………… 247

講讀文選
史記 ………………………………………………………… 247
　呂太后本紀(節選) ………………………………………… 248
　孟嘗君列傳(節選) ………………………………………… 255
　田單列傳(節選) …………………………………………… 258
漢書 ………………………………………………………… 262
　鄧通傳 ……………………………………………………… 263
　朱買臣傳(節選) …………………………………………… 266

閱讀文選
　蕭相國世家(《史記》) …………………………………… 270
　淮陰侯列傳(《史記》) …………………………………… 272

練習七 ……………………………………………………………… 274

常用詞
 比 乘 除 廢 干 給 假 解 謹 具 名 慢 趨 文 徵
………………………………………………………………… 277

古漢語常識
 古代漢語的詞序 ……………………………………………… 283

第八單元 …………………………………………………… 290

講讀文選
 後漢書 ………………………………………………………… 290
  梁冀傳（節選）…………………………………………… 290
 三國志 ………………………………………………………… 297
  周瑜傳（節選）…………………………………………… 297
 資治通鑑 ……………………………………………………… 302
  班超出使西域 …………………………………………… 302
 明史 …………………………………………………………… 306
  周新傳（節選）…………………………………………… 306

閱讀文選
 魏徵傳（《舊唐書》）………………………………………… 311
 歐陽脩傳（《宋史》）………………………………………… 314

練習八 ………………………………………………………… 316
常用詞
 訪 建 獎 藉 絕 寇 屬 萌 涉 疏 討 統 誣 習 造
………………………………………………………………… 318

古漢語常識
 古代漢語的虛詞 ……………………………………………… 322

緒　論

一　什麼是古代漢語

　　漢語是世界上最古老的語言之一，粗略可以分爲古代漢語和現代漢語兩個階段。現代漢語是現代漢民族的共同語。如果從字面上籠統地說，古代漢語也可以說是古代漢民族使用的語言（包括文言和古白話）；從狹義上說，古代漢語通常指的只是文言。下面要討論的古代漢語是指文言。

　　語言有口語形式，也有書面語形式。今天我們看到的古書中的話都是用漢字記録下來的，都是漢語的書面語形式。通常説的文言，是指以先秦口語爲基礎形成的上古漢語書面語以及後代沿用這種書面語寫成的作品。文言的面貌跟現代漢語有很大的不同。體會下面兩段文字：

　　　　予聞汝衆言，夏氏有罪。予畏上帝，不敢不正。今汝其曰："夏罪其如台？"夏王率遏衆力，率割夏邑，有衆率怠弗協。曰："時日曷喪？予及汝皆亡！"夏德若兹，今朕必往。

　　　　蓉少時，讀書養晦堂之西偏一室，俯而讀，仰而思；思有弗得輒起，繞室以旋。室有窪，徑尺，浸淫日廣。每履之，足苦躓焉。既久而遂安之。一日，父來室中，顧而笑曰："一室之不治，何以天下家國爲？"命童子取土平之。後蓉復履其地，蹶然以驚，如土忽隆起者。俯視，地坦然，則既平矣。已而復然。又久而後安之。

　　第一段選自《尚書·湯誓》，記録商湯滅夏時的一場動員講話。大意是説：我已聽到你們的話，夏氏有罪。我畏懼上帝，不敢不去征討他。你們也許要説："夏氏的罪到底怎麼樣？"那夏王耗竭民力，損害了夏國。民衆懈怠，不再同他合作了。都説："這個太陽什麼時候滅亡？我們情願跟你同歸於盡！"夏氏的德行像這樣，所以現在我一定要去討伐。第二段選自清代劉蓉的文章《習慣説》，通過一件生活小事，説明習慣成自然的道理。

《尚書》的《湯誓》，時代不晚於戰國早期。劉蓉是十九世紀的人，兩篇文字相隔超過兩千年，但他們使用的都是文言；劉蓉的文章就是一種仿古的作品。由於脱離口語，用文言寫成的作品很難懂，文言已經成爲一種不經過專門學習就難以理解的書面語言。

對文言的進一步認識參看本教材古漢語常識第一節"文言和白話"。

二　古代漢語課程的性質和任務

語言是文化的載體，哲學、歷史、文學、政治、科技等中國古代的文化學術源遠流長，底蘊豐厚，所有這些都記載於存留至今的各種典籍文獻中。文言是中國古代文獻使用的最基本的語言表達形式，具備良好的古代漢語修養是學習和研究中國古代文化的基礎，也是汲取和傳承優秀傳統文化、培養文化原創能力的必備條件。所以半個多世紀以來，古代漢語課程不但被列爲大學中文系的必修課程，也是大學文科學生不可或缺的基礎課程之一。

作爲基礎課程之一的古代漢語是一門語言工具課。閱讀古代的典籍文獻，首先要具備古代語言文字方面的基本修養，各種文獻能夠讀得通，讀得懂，進而纔能對各門學術有進一步的研究。語言文字的修養，有語音的、語法的、詞彙的等等。比如上面《尚書·湯誓》中"不敢不正"的"正"，從讀音看，念"zhēng"；從意思看，作征伐講；從文字看，後來寫作"征"：這裏既有語音、詞彙的問題，也有文字的問題。劉蓉《習慣説》中"何以天下家國爲"一句，從句子結構看，今天就沒有這樣的説法，這就是語法的問題。研究中國古代的文獻，目標可以有不同，可以是哲學思想的，也可以是政治、經濟、軍事、文學、科技或其他什麼的，但有一點是共同的：就是必須要認讀書中的字，看懂書中的話。所以學習語言文字是研究其他各種學問的津梁，其重要性不言而喻。

設置這門課程的目標，歸結爲一點，就是要提高學習者閱讀古書的能力。具體來説，就是能够借助工具書比較順利地閱讀中等難易程度的文言著作。要實現這個目標，就必須閱讀一定數量的文章；在此基礎上，還要掌握古代漢語方面的一些基本常識；對於中國歷史古代文化方面的一些知識，也應當逐步有所瞭解。

　　基於上面的認識，本課程學習的内容包括文選講讀和古代漢語常識兩部分。文選部分選録歷代典範的文言文，通過學習一定數量的名篇佳作，培養良好的古代漢語語感，增强對古漢語的感性認識。古代漢語常識包括漢字、語音、詞彙、語法以及相關方面的必要知識。這部分知識的編寫力求簡明，密切結合閱讀的實踐，幫助學習者深化通過閱讀文選獲得的感性認識，掌握古代漢語中一些規律性的現象。

三　怎樣學習古代漢語

　　古代漢語跟現代漢語有很大的差異，學起來難度較大，既需要下功夫，又要講究有效的學習方法。

　　學習古代漢語要緊緊圍繞提高古書閱讀能力這一總目標。首先要明確，作爲一門基礎課，古代漢語課程不同於其他傳授基本理論或專業知識的課程，不能過分追求所謂系統的理論知識而忽視文言作品的閱讀。對於初學者來説，學習古代漢語，要把閱讀作品放在第一位，熟讀並有選擇地背誦一定數量的文言文；作品讀得越多，掌握得越牢固，越熟練，對古漢語的感性認識也就越豐富，越深切，這樣纔能具備敏鋭的古代漢語語感。古代的作品浩如煙海，要把文選學習的重點放在先秦兩漢，因爲這一時期的作品是文言的源頭和正宗，用語古奥，影響深遠。學好先秦兩漢的作品，就可以溯源及流，一貫而下。在學習的步驟上，要遵循由易到難、由淺入深的原則，激發學習興趣，注重學習效果。

　　雖然我們强調把大量的閱讀放在第一位，不過不可能也没有必要要求今天的學習者像古人那樣十年寒窗，青燈黄卷，"口不絶吟於六藝之文，手不停披於百家之編"。現代生活的節奏在不斷加快，現代青年有多方面的知識需要掌握，這就需要有更科學更有效的學習方法。語言學是一門科學，要把語言看作是我們研究的對象，注意掌握各類語言現象的基本性質、古今差異和變化規律，以求提綱挈領，舉一反三，减少盲目性。爲了使我們的學習更加自覺有效,在閱讀文選的同時,就要輔之以必要的古漢語常識的學習。

學習古代漢語需要有多方面的知識(如古代的天文地理、典章制度、禮儀習俗、飲食起居等),但最主要的還是語言文字方面的知識。古代的學者一直很重視語言文字基本知識的學習訓練,強調打好這方面的基礎,他們留下了極爲豐富的讀書經驗,值得我們認真汲取。中國傳統的語文學稱爲小學,習慣上分爲文字、音韻、訓詁三個方面,實際上包含了我們今天説的文字、詞彙、語法和音韻四個方面的知識。通過本課程的學習,期待能初步構築起閱讀古書所必需的一個基礎的知識架構。

文字是語言的書面載體,漢字是一種語素文字,它對於我們瞭解古漢語中詞的意義有著直接的關係,所以對漢字的性質、漢字結構的基本類型、漢字形體的演變、漢字和漢語的關係等方面要有所認識。詞彙是語言諸因素中變化最迅速最複雜的部分;詞的意義古今有很多差異,這是我們首先碰到的障礙。詞彙方面,我們要特別注意常用詞的學習;有的詞意義複雜,要首先掌握它們的本義和常用義。語法是組詞成句的規則,反映句子成分之間的各種關係。這一方面,我們要注意古漢語的基本句法結構以及跟現代漢語的主要差異。漢語的語音跟文字、詞彙、語法都有密切的關係,對一些最基礎的古漢語語音知識要有所瞭解,注重解決閱讀中遇到的實際問題。

清代學者戴震與人論學説:"由字以通其詞,由詞以通其道。"古代漢語是一門語言工具課,學習文言文要力求掌握每一個詞、每一句話的確切含義,字字句句落在實處,避免囫圇吞棗、望文生義,這一點尤爲重要。另一方面,雖然古代漢語課不同於中國文學史、古代文學作品選等課程,文選講讀主要著眼在語言,但也不能忽視對作品思想内容的分析;要真正讀懂一部作品,還要聯繫作者的歷史時代、思想感情、立場觀點等,要在理解字句的基礎上全面把握,深入解析。

總之,在學習中要以文選閱讀爲重心,不斷豐富自己的古代漢語語感;把文選閱讀跟古漢語知識的學習有機結合起來,二者兼顧,相互促進。古漢語跟現代漢語有同有異,學習中要勤於思考,學會古今對比,尤其要關注古今漢語的差異。古代漢語是一門實踐性很強的課程,學習過程中需要多做練習,把所學的知識運用到閱讀實踐中去。

學習古代漢語的困難不少,必須下很大的功夫,這就需要樹立信心,克服畏難情緒,相信自己只要努力,就一定能學業有成。要特別注意培養自己學習的興趣。優秀的文言文,內容深刻豐富,語言洗練雅潔,字裏行間閃爍著智慧的光芒,意味雋永。誦讀這樣的文章,是一種快樂和享受。相信我們循序漸進,持之以恒,就一定會取得滿意的成效。

第一單元

講讀文選

晏子春秋

《晏子春秋》舊題晏嬰撰,實際上是後人依託其言行而作。晏嬰(? —前500),字平仲。夷維(在今山東)人。春秋時齊國的大夫,也是一位思想家。他歷仕靈公、莊公、景公;特別是對齊景公,在治國理民方面多有勸諫,聲名顯於諸侯。《史記》有傳。其思想言行《左傳》有記載。

《漢書·藝文志》著錄《晏子》八篇。今本《晏子春秋》内外篇共八卷,二百十五章。一九七二年山東臨沂銀雀山漢墓出土的《晏子》殘簡與今本有關章節內容大體一致。今人吳則虞《晏子春秋集釋》可資參考。

選文據吳則虞《晏子春秋集釋》(中華書局一九六二年版)。文章題目爲後加。

景公不知天寒(《內篇諫上》)

【説明】雪下了三天,齊景公却感覺不到天氣寒冷,晏子告訴他應當像古代的賢君那樣體會民衆的飢寒和辛苦。晏子的話使景公有所覺悟。

景公之時,雨雪三日而不霽①,公被狐白之裘②,坐堂側陛③。晏子入見，立有間④，公曰："怪哉！雨雪三日而天不寒。"晏子對曰："天不寒乎？"公笑。晏子曰："嬰聞古之賢君飽而知人之飢，溫而知人之寒，逸而知人之勞⑤。今君不知也。"公曰："善！寡人聞命矣⑥。"乃令出裘發粟⑦，與飢寒。令所睹于塗者，無問其鄉⑧；所睹于里者，無問其家⑨。循國計數，無言其名⑩。士既事者兼月，疾者兼歲⑪。孔子聞之曰："晏子能明其所欲，景公能行其所善也⑫。"

① 景公：齊景公（？—前490），春秋時齊國的國君，名杵臼。雨（yù）雪：下雪。霽（jì）：雨雪停止，天放晴。
② 被（pī）：穿著。狐白之裘：用狐狸腋下的白毛皮做的皮衣。
③ 這一句當作"坐于堂側階"。堂側陛（bì）：殿堂一側的臺階。陛：臺階。
④ 有間（jiàn）：一會兒。
⑤ 逸：舒適安閒，不勞累。勞：辛苦。
⑥ 聞命：聽明白你的指教了（意思是接受你的指教）。
⑦ 出裘：脫去皮衣。發粟：打開糧倉。粟：穀子，去殼後叫小米。
⑧ 命令（凡是）在路上看到的飢寒之人，不要問他是哪一鄉。睹：看見。塗：通"途"，道路。
⑨ 命令（凡是）在里巷中看到的飢寒之人，不要問他是哪一家。里：古代的一種居民區單位，據說二十五家為一里。
⑩ 循（xún）國計數：巡視全國統計（受飢寒的人的）數字。無言其名：不必報告名字。循：通"巡"，巡視。
⑪ 士既事者：已有工作的士人。事：擔任職務，有工作。兼月：兩個月的（救濟糧）。兼歲：兩年的（救濟糧）。
⑫ 晏子能明白自己應做的事，景公能做自己認為對的事。善：（認為）好。

社鼠猛狗（《內篇問上》）

【説明】晏子告誡齊景公，君主身邊的人（"左右"）和那些掌權的人

（"用事者"）就像是社鼠和猛狗一樣，蒙蔽君主，危害國家。

　　景公問于晏子曰："治國何患①？"晏子對曰："患夫社鼠②。"公曰："何謂也③？"對曰："夫社，束木而塗之，鼠因往託焉④，熏之則恐燒其木，灌之則恐敗其塗⑤，此鼠所以不可得殺者，以社故也⑥。夫國亦有焉，人主左右是也⑦。內則蔽善惡于君上⑧，外則賣權重于百姓⑨。不誅之則亂，誅之則爲人主所案據⑩，腹而有之⑪，此亦國之社鼠也。

　　君主身邊的人（"左右"）就是國家的"社鼠"。

① 何患：擔心什麼。疑問代詞"何"作動詞"患"的賓語前置。
② 夫(fú)：那，那些。社鼠：藏在社中的老鼠。社鼠比喻有所依靠爲非作惡的小人。社：祭祀土地神的場所。
③ 何謂：說的什麼意思。疑問代詞"何"作動詞"謂"的賓語前置。
④ 束木而塗之：把木頭捆扎起來塗上泥（做社壇）。塗：用泥塗抹。因往託焉：（社鼠）於是就寄居在那裏。託：寄託。這一句《韓非子・外儲說右上》作"樹木而塗之"。
⑤ 灌：用水澆（老鼠洞）。敗其塗：沖壞塗在上面的泥。
⑥ 所以不可得殺者：不能殺死的原因。所以：……的原因。故：緣故。
⑦ 人主左右是也：國君身邊的人就是這樣的社鼠。是：指示代詞，這。
⑧ 在國君那裏就隱瞞善和惡。這是說他們顛倒是非欺騙國君。
⑨ 外：離開朝廷。賣權重：炫耀權力。重：也是權的意思。
⑩ 誅：鏟除，滅掉。爲人主所案據：被人主庇護不受傷害。案據：安定。這裏是保護的意思。
⑪ 厚養親近他們。腹：厚。有：親近。

　　"人有酤酒者①，爲器甚潔清②，置表甚長③，而酒酸不售④。問之里人其故⑤，里人云：'公狗之猛，人挈器而入，且酤公酒⑥,狗迎而噬之⑦,此酒所以酸而不售也⑧。'夫國亦有猛狗,用事者是也⑨。有道術之士,欲干萬乘之主⑩,而用事者迎而齕之⑪,此亦國之猛狗也。左右爲社鼠,用事者爲猛狗,主安得無壅,國安得無患乎⑫?"

那些掌權的人("用事者")就像是國家的"猛狗"。

① 酤(gū):賣(酒)。
② 裝酒的器皿整治得很乾淨。爲(wéi):動詞,這裏是整治的意思。
③ 張挂的酒幌子很長。置:設置。表:標記,標志。這裏指作標記用的酒幌子一類的東西。
④ 不售:賣不出去。售:賣出去。
⑤ 里人:同里巷的人。
⑥ 挈(qiè):提。且:將。酤:買(酒)。
⑦ 噬(shì):咬。
⑧ 這就是酒酸賣不出去的原因。
⑨ 用事者是也:掌權的人就是這樣的猛狗。用事:當權。是:指示代詞,這。
⑩ 道術:(治國的)辦法、方略。干萬乘(shèng)之主:有求於萬乘之君。干:謀求(主張的實現、功名利祿等)。萬乘:一萬輛兵車。古時一車四馬爲一乘。
⑪ 齕(hé):咬。
⑫ 安得無壅(yōng):怎麼能不被蒙蔽呢?安:疑問代詞,哪裏,怎麼。壅:阻塞。

晏子辭千金不受(《內篇雜下》)

【説明】晏子是一位忠臣,也是一位仁人和智者,他的生活雖然並不寬裕,但堅決不接受景公的賞賜。

晏子方食①,景公使使者至。分食食之②,使者不飽,晏子亦不飽。使者反,言之公③。公曰:"嘻④!晏子之家,若是其貧也⑤,寡人不知,是寡人之過也⑥。"使吏致千金與市租,請以奉賓客,晏子辭⑦。三致之,終再拜而辭曰⑧:"嬰之家不貧。以君之賜,澤覆三族⑨,延及交遊⑩,以振百姓⑪,君之賜也厚矣!嬰之家不貧也。嬰聞之,夫厚取之君而施之民,是臣代君君民也⑫,忠臣不為也。厚取之君而不施于民,是為筐篋之藏也⑬,仁人不為也。進取于君,退得罪于士,身死而財遷于它人⑭,是為宰藏也⑮,智者不為也。夫十總之布,一豆之食⑯,足於中免矣⑰。"景公謂晏子曰:"昔吾先君桓公⑱,以書社五百封管仲⑲,不辭而受,子辭之何也?"晏子曰:"嬰聞之,聖人千慮,必有一失⑳;愚人千慮,必有一得。意者管仲之失,而嬰之得者耶㉑?故再拜而不敢受命㉒。"

① 方:正要。
② 分食:把自己的飲食分給別人吃。食(sì)之:給……吃。
③ 反:返回。後作"返"。言之公:把這件事告訴齊景公。之:代詞,指代這件事。
④ 嘻(xī):驚嘆聲。
⑤ 若是其貧也:像這樣清貧。這是一個倒裝句,"其貧"是主語,"若是"是謂語。是:這。其:指代晏子。
⑥ 是:這。寡人:君主自稱。
⑦ 致:送給。千金:形容錢很多。市租:商人做買賣交的稅。請以奉賓客:用這些錢招待賓客。請:敬辭。以:介詞,用。奉:奉養。辭:推辭,不接受。
⑧ 三:好幾次。終:最後。再拜:拜兩次,古代的一種禮節。
⑨ 以:憑藉。澤覆三族:恩澤覆蓋三族。三族:父族、母族、妻族。
⑩ (恩澤)延伸擴大到朋友。及:達到。
⑪ 振:救濟。
⑫ 厚取之君:從君主那裏得到的很多。施之:施加恩惠。是臣代君君民:這是臣子代替君主治理百姓。君(民):動詞,做君主治理。
⑬ 是為筐篋(qiè)之藏:這就像是用筐子貯藏錢財。意思是獨自斂

財。篋：小箱子。
⑭ 進：指到君主那裏。退：指離開君主回來。遷于它人：轉移到別人手裏。
⑮ 是爲(wèi)宰(zǎi)藏：這是給主人收藏錢財。意思是最終別人成了錢財的主人。宰：(錢財的)支配人。
⑯ 總(zōng)：通"稯"。古代計量織物經綫密度的單位，八十根綫爲一稯。豆：古代量器名，四升爲一豆。
⑰ 此句疑有誤。有人認爲"中"是身體的意思，"足於中"就是足於身。免：免於飢寒。
⑱ 先君：前代的君主。桓公：齊桓公(？—前 643)，春秋時齊國的國君，姜姓，名小白。他是春秋時第一個霸主。
⑲ 這是説把五百社封給管仲。書社：把每一社的人口登記下來。社：古代居民的一種基層組織單位，據説二十五家爲一社。管仲(？—前 645)：名夷吾，字仲。他幫助齊桓公稱霸諸侯。
⑳ 聖人：指具有很高智慧的人。
㉑ 意者：想來……。
㉒ 受命：指接受恩賜。命：命令，指示。

列子

列子，名禦寇(又作圄寇、圉寇)。鄭國人。相傳爲戰國時期的道家。在《莊子》一書中記載有不少關於列子故事。《呂氏春秋·不二》説他崇尚虛静，被看作是道家思想的早期代表。

《列子》一書，傳爲列禦寇著。《漢書·藝文志》著録《列子》八篇，但原書已散亡。今本《列子》八卷内容多爲民間故事、寓言和神話傳説，一般認爲是晉人的著作。唐代天寶年間詔號《列子》爲《沖虛真經》，成爲道教經典之一。

《列子》有晉人張湛的注。今人楊伯峻《列子集釋》可資參考。

選文據楊伯峻《列子集釋》(中華書局一九七九年版)。文章題目爲後加。

北宮子一言而能寤①（《力命》）

【説明】這則寓言故事意在説明人的窮達貴賤並非由人自身的才德決定，而是由天道自然的"命"支配，人應當明白這個"固然之理"。

北宮子謂西門子曰："朕與子並世也，而人子達②；並族也，而人子敬③；並貌也，而人子愛；並言也，而人子庸④；並行也，而人子誠⑤；並仕也，而人子貴⑥；並農也，而人子富；並商也，而人子利⑦。朕衣則裋褐，食則粢糲，居則蓬室⑧，出則徒行。子衣則文錦，食則粱肉，居則連欐，出則結駟⑨。在家熙然有棄朕之心，在朝諤然有敖朕之色⑩。請謁不及相，遨遊不同行⑪，固有年矣。子自以德過朕邪⑫？"西門子曰："予無以知其實⑬。汝造事而窮，予造事而達，此厚薄之驗歟⑭？而皆謂與予並，汝之顔厚矣。"

北宮子樣樣不如西門子，西門子認爲這是二人德行的厚薄不同所致。

① 北宮子：北宮子和文中的西門子都是虛構的人物。
② 朕：第一人稱代詞。並世：在同一個時代。並：同。人子達：別人讓你顯達。"達"用作使動，賓語"子"前置。
③ 並族：在同一個家族。人子敬：別人尊敬你。
④ 並言：説是同樣的話。人子庸：別人採納你的意見。庸：用。
⑤ 行：行爲；事跡。誠：認爲真誠而信任。"誠"用作意動。
⑥ 並仕：做同樣的官。人子貴：別人認爲你高貴。"貴"用作意動。
⑦ 人子利：別人使你獲利。"利"用作使動。
⑧ 裋(shù)褐：粗布衣服。裋：粗布衣服。粢糲(zīlì)：粗劣的飯食。蓬室：草屋。
⑨ 文錦：有花紋圖案的絲織品。文：後作"紋"。粱肉：精美的飯食。粱：加工精細的小米。連欐(lì)：深宅大屋。欐：屋梁。結駟：四匹

馬拉的車子。
⑩ 在家裏洋洋自得打心裏鄙棄我,在朝廷旁若無人高談闊論一副傲視我的樣子。熙然:和樂的樣子。謵然:直言無顧忌的樣子。敖:後作"傲"。
⑪ 這兩句是説不相往來。請謁不及相:不在一起交談。請謁:告請陳説。遨遊:指出行。
⑫ 德:德行。
⑬ 其實:其中的道理。
⑭ 造事:做事。窮:行不通。達:行得通。此厚薄之驗歟:這就是德行厚薄的驗證吧。

　　北官子無以應,自失而歸①。中途遇東郭先生。先生曰:"汝奚往而反,偊偊而步②,有深愧之色邪?"北官子言其狀。東郭先生曰:"吾將舍汝之愧③,與汝更之西門氏而問之。"曰:"汝奚辱北官子之深乎? 固且言之④。"西門子曰:"北官子言世族、年貌、言行與予並,而賤貴、貧富與予異。予語之曰:'予無以知其實。汝造事而窮,予造事而達,此將厚薄之驗歟? 而皆謂與予並,汝之顏厚矣。'"東郭先生曰:"汝之言厚薄不過言才德之差,吾之言厚薄異於是矣⑤。夫北官子厚於德,薄於命⑥;汝厚於命,薄於德。汝之達,非智得也;北官子之窮,非愚失也。皆天也,非人也。而汝以命厚自矜⑦,北官子以德厚自愧,皆不識夫固然之理矣⑧。"西門子曰:"先生止矣! 予不敢復言。"

　　北官子既歸,衣其裋褐,有狐貉之溫;進其茙菽⑨,有稻粱之味;庇其蓬室,若廣厦之蔭;乘其篳輅,若文軒之飾⑩。終身逌然,不知榮辱之在彼也,在我也⑪。東郭先生聞之曰:"北官子之寐久矣,一言而能寤,易悟也哉⑫!"

　　北官子悵然若失,聽了東郭先生"厚於德""薄於命"的話,明白了"知命"的道理,從此不憂不愧。

① 自失：心中悵惘，若有所失。
② 你去哪兒回來的？這樣孤獨地一個人行走。奚往：疑問代詞"奚"作動詞"往"的賓語前置。偊(yǔ)偊：獨行的樣子。
③ 舍(shì)汝之愧：消除你的羞愧之心。舍：通"釋"。消除，解除。
④ 固(gū)且：姑且。
⑤ 異於是：跟這個不同。
⑥ 薄於命：命不好。
⑦ 矜(jīn)：誇耀。
⑧ 固然之理：自然之理；事物原本的道理。
⑨ 茙(róng)菽：大豆。這裏指粗劣的飯食。
⑩ 篳輅(bìlù)：柴車。篳：用荊條竹木之類編結的栅欄等。輅：大車。文軒：有繪飾的華美的車子。
⑪ 逌(yóu)然：舒適自得的樣子。彼：指外物的多少，境遇的優劣。我：自身。
⑫ 寐：睡；睡著。這裏指不明事理。寤：醒；省悟。易：容易。悟：一本作"怛"，驚動的意思。

説苑

《説苑》是西漢學者劉向整理的一部敘事性的資料彙編，採集周秦至漢代的各種史事雜説，再加上議論分類編排，分爲君道、臣術、建本、立節等二十門。《説苑》多爲對話體，故事性較強，藉以闡明儒家的政治倫理觀念。

《漢書・藝文志・諸子略》著録有"劉向所序六十七篇"，《説苑》是其中的一部分。劉向(約前77—前6)本名更生，字子政。西漢目録學家、經學家、文學家。沛(今屬江蘇)人。漢成帝時，受朝廷之命校閱羣書。他撰寫的《別録》是中國最早的目録學著作(已散佚)。另有《新序》《列女傳》等傳世。

今本《説苑》二十卷。向宗魯《説苑校証》、左松超《説苑集証》可資參考。

選文據四部叢刊本《説苑》。

政理(節選)

【説明】這裏節選《政理》中的三則故事。第一則説明一個英明的君主治理國家要開放言路。第二則説明治國之道在於愛民(故事内容又見於《吴越春秋·勾踐歸國外傳》)。第三則記述晏子在東阿治理得好,齊景公要加罪於他;東阿治理得不好,齊景公反而向他表示祝賀。可見當時的朝廷黑白不分,是非顛倒(故事内容又見《晏子春秋·外篇上》)。

公叔文子爲楚令尹①,三年,民無敢入朝②。公叔子見曰③:"嚴矣④。"文子曰:"朝廷之嚴也,寧云妨國家之治哉⑤?"公叔子曰:"嚴則下喑,下喑則上聾⑥,聾喑不能相通,何國之治也⑦?蓋聞之也⑧:順針縷者成帷幕⑨,合升斗者實倉廩⑩,并小流而成江海⑪。明主者有所受命而不行⑫,未嘗有所不受也⑬。"

英明的君主治理國家要開放言路,聽取别人的意見。

① 公叔文子:待考。令尹:春秋戰國時期楚國的最高官職。
② 入朝:到朝廷上去。
③ 公叔子:楚國的臣子。
④ 嚴:(這裏指處理政事)嚴厲。
⑤ "寧(nìng)云"句:難道能説妨害國家的治理嗎?寧:副詞,豈,難道。
⑥ (處理政事)過於嚴厲,那麽下面的人就不能説話了;下面的人不説話,君主就什麽也聽不到了。喑(yīn):通"瘖",啞;緘默不説話。
⑦ 何國之治也:怎麽能談得上國家的治理呢?
⑧ 蓋:副詞,有約略的意味。
⑨ 綫順著針走縷能織成帷幕。縷(lǚ):綫。帷(wéi)幕:帳子。
⑩ 一升一斗地放在一起纔能裝滿穀倉。廩(lǐn):同"廪",穀倉。

⑪ 并:合在一起。
⑫ 英明的君主能聽取別人的意見,但並不一定都實行。
⑬ 從來不曾拒絕聽取別人的意見。受:接受(意見)。

　　武王問於太公曰①:"治國之道若何?"太公對曰:"治國之道,愛民而已。"曰:"愛民若何?"曰:"利之而勿害②,成之勿敗③,生之勿殺④,與之勿奪,樂之勿苦⑤,喜之勿怒,此治國之道、使民之誼也⑥,愛之而已矣。民失其所務⑦,則害之也;農失其時⑧,則敗之也;有罪者重其罰⑨,則殺之也;重賦斂者,則奪之也⑩;多徭役以罷民力⑪,則苦之也;勞而擾之⑫,則怒之也。故善爲國者,遇民如父母之愛子、兄之愛弟⑬,聞其飢寒爲之哀,見其勞苦爲之悲。"

闡述治國之道在於愛民。

① 武王:即周武王。姬姓,名發,西周王朝的建立者。太公:即呂尚。姜姓,呂氏,名尚,號太公望,俗稱姜太公。輔佐周武王滅商,被封於齊。
② (做事)有利於民而不要損害他們。勿:副詞,不要。"而"疑爲衍文。
③ 使他們做事成功而不要敗壞他們的事。
④ 使他們能够生存而不要殺害他們。
⑤ 使他們安樂而不要使他們辛苦。
⑥ 使民之誼:(這就是)役使民衆的恰當原則。誼:通"義"。合宜的;正當的行爲準則。
⑦ 失其所務:意思是民衆不能做他們要做的事情。務:做(事)。
⑧ 時:農時。
⑨ 重其罰:加重對他們的懲治。
⑩ 重賦斂:加重賦稅的徵收。賦、斂:都是收取賦稅的意思。
⑪ 增加徭役使得民衆疲憊不堪。罷(pí):通"疲",這裏用作使動,使……疲憊。

⑫ 勞而擾(rǎo)之：使民衆辛苦不得安寧。擾：攪擾，言論或舉動使別人不得安寧。
⑬ 遇：對待。

　　晏子治東阿三年①，景公召而數之曰②："吾以子爲可③，而使子治東阿，今子治而亂，子退而自察也④，寡人將加大誅於子⑤。"晏子對曰："臣請改道易行而治東阿⑥，三年不治，臣請死之⑦。"景公許之。

　　於是明年上計⑧，景公迎而賀之曰："甚善矣，子之治東阿也⑨！"晏子對曰："前臣之治東阿也，屬託不行⑩，貨賂不至⑪，陂池之魚以利貧民⑫。當此之時，民無飢者，而君反以罪臣⑬。今臣後之治東阿也，屬託行，貨賂至，并會賦斂⑭，倉庫少内，便事左右⑮，陂池之魚入於權家⑯。當此之時，飢者過半矣，君乃反迎而賀臣。愚不能復治東阿，願乞骸骨⑰，避賢者之路⑱。"再拜便辟⑲。景公乃下席而謝之曰⑳："子强復治東阿㉑。東阿者，子之東阿也，寡人無復與焉㉒。"

　　晏子在東阿治理得好，齊景公要加罪於他；後來東阿治理得不好，齊景公反而向他表示祝賀，可見齊景公黑白不分。

① 東阿(ē)：古地名，今屬山東省。
② 數(shǔ)之：責備他。數：一一訴説。
③ 我以爲你(治理東阿)合適。可：適宜。
④ 自察：自己檢討自己。察：仔細看。這裏是仔細檢討的意思。
⑤ 大誅：嚴厲懲罰。
⑥ 改道易行：改變以往的做法。易：改變。
⑦ 不治：治理得不好。死之：爲此而死。
⑧ 明年：第二年。上計：古時地方官在年終的時候把户口、賦税、盜賊、訴訟等事項造册上報朝廷。計：古代登記户口、賦税等事項的册子。
⑨ 這是一個倒裝句，謂語"甚善"放在主語"子之治東阿"的前面。

⑩ 屬(zhǔ)託：提出請求，讓別人替自己做某件事（常指不正當的事）。屬：後寫作"囑"。不行：行不通。
⑪ 貨賂(lù)：（賄賂人的）錢財。不至：不能送到（指拒絕別人的賄賂）。
⑫ 陂(bēi)池：池塘。
⑬ 反以罪臣：反而以此加罪於我。
⑭ 并會：聚積。
⑮ 少内(nà)：收入（倉庫的）少。内：通作"納"，收進。便事左右：意思是隨意爲親近的人做事（牟利）。便：靈活處理。事：做事。
⑯ 權家：有權勢的人家。
⑰ 乞骸(hái)骨：古代官員請求退職的話，意思是使自己的尸骨能够埋在故鄉。乞：向人討要。骸：骨頭。
⑱ 給賢者讓開道路。避：避開。
⑲ 便(pián)辟：形容行禮時身體扭擺移動的樣子。一說"辟(bì)"是退避的意思。
⑳ 下席：離開坐席。謝：道歉。
㉑ 强(qiǎng)：勉力，努力。
㉒ 無復與(yù)：不再干預。與：參與，介入。焉：於此。意思是在治理東阿這件事上。

世説新語

《世説新語》是一部記載東漢後期至南朝劉宋間氏族階層遺聞軼事的著作。作者劉義慶(403—444)，南朝宋文學家，彭城（今屬江蘇）人，是劉宋宗室，襲封臨川王。《宋書》有傳。

《世説新語》本名《世説新書》，今本三卷，分爲德行、言語、政事、文學等三十六門類，對當時士大夫的思想生活、情趣習尚有多側面的反映。雖然記録的只是人物言行的片段，但注重細節刻畫，語言洗練傳神，意味雋永，而且多運用口語，對後代的筆記小説影響很大。

《世説新語》有南朝梁劉孝標（名峻字孝標）的注，徵引豐富。余嘉錫《世説新語箋疏》、徐震堮《世説新語校箋》、楊勇《世説新語校箋》可資參考。

選文據徐震堮《世説新語校箋》（中華書局一九八四年版）。文章題目爲後加。

小時了了（《言語》）

【説明】從孔融與李膺、陳韙的應對中可以看到他雖然年僅十歲，但對答敏捷，聰明過人。

孔文舉年十歲，隨父到洛①。時李元禮有盛名，爲司隸校尉②。詣門者皆儁才清稱及中表親戚乃通③。文舉至門，謂吏曰④："我是李府君親⑤。"既通⑥，前坐。元禮問曰："君與僕有何親⑦？"對曰："昔先君仲尼與君先人伯陽有師資之尊，是僕與君奕世爲通好也⑧。"元禮及賓客莫不奇之⑨。太中大夫陳韙後至⑩，人以其語語之⑪。韙曰："小時了了，大未必佳⑫。"文舉曰："想君小時，必當了了⑬。"韙大踧踖⑭。

① 孔文舉：孔融（153—208），字文舉，東漢末文學家。東漢末魯國（今屬山東）人。曾任北海相，時稱孔北海。《後漢書》有傳。洛：洛陽（今屬河南）。
② 李元禮：李膺（110—169），字元禮，東漢潁川襄城（今屬河南）人。以爲官清正聞名當世。盛名：大的名聲。爲：擔任。司隸（lì）校尉：官職名。
③ 詣（yì）門者：指登門拜訪的人。詣：到。儁（jùn）才：有卓越才能的人。清稱：有好名聲的人。中表親戚：古代把與母親的兄弟（舅父）姐妹（姨母）的子女的親戚關係稱爲內，把與父親的姐妹（姑母）的子女的親戚關係稱爲外。內爲中，外爲表，合稱中表。通：通報，傳達。
④ 謂：對……説。
⑤ 府君：漢代稱太守爲府君，這裏用來稱李膺。據《後漢書·孔融傳》，當時李膺擔任河南尹。
⑥ 既：放在動詞前，表示動作行爲已完成。
⑦ 僕：對自己的謙稱。

⑧ 先君：稱自己的祖先。仲尼：孔子名丘，字仲尼。據《後漢書·孔融傳》，孔融是孔子的二十世孫。伯陽：史書記載老子姓李名耳，字伯陽。有師資之尊：傳說孔子曾向老子問禮。師資：老師。是：這。奕(yì)世：一代接一代，累世。通好：世交友好。
⑨ 莫不奇之：都認爲孔融的話非同一般。莫不：沒有什麼人不。奇：不尋常。用作意動，認爲不尋常。
⑩ 太中大夫：官職名，掌議論。陳韙(Wěi)：《後漢書·孔融傳》作陳煒(Wěi)。
⑪ 語(yù)之：告訴他。
⑫ 了了：聰明伶俐。佳：好，優秀。
⑬ 當：應當（表示推斷）。
⑭ 踧踖(cùjí)：局促不安的樣子。

牛屋貴客(《雅量》)

【説明】褚裒升遷太尉記室參軍，途中住宿時却被亭吏趕到了牛屋下。後來縣令惶恐道歉，褚裒神色如常，顯示出他的雅量(寬宏的器量)。

褚公於章安令遷太尉記室參軍①，名字已顯而位微，人未多識②。公東出③，乘估客船④，送故吏數人投錢唐亭住⑤。爾時吳興沈充爲縣令⑥，當送客過浙江⑦。客出，亭吏驅公移牛屋下⑧。潮水至，沈令起彷徨⑨，問："牛屋下是何物人⑩？"吏云："昨有一傖父來寄亭中⑪，有尊貴客，權移之⑫。"令有酒色⑬，因遥問⑭："傖父欲食餅不⑮？姓何等⑯？可共語。"褚因舉手答曰："河南褚季野。"遠近久承公名⑰，令於是大遽⑱，不敢移公，便於牛屋下脩刺詣公⑲，更宰殺爲饌具⑳，於公前鞭撻亭吏㉑，欲以謝慚㉒。公與之酌宴㉓，言色無異，狀如不覺㉔。令送公至界㉕。

① 褚公：褚裒(Póu)(303—349)，字季野，東晉河南陽翟(今屬河南

人。死後追贈太傅,《世説新語》又稱他"褚太傅"。章安令:章安縣(在今浙江)的縣令。遷:官職升遷。太尉:指庾亮,東晉重臣,死後追贈太尉。記室參軍:官職名,太尉的屬官。
② 他的名字已經被不少人知道,但地位不高,還没有很多人認識他。
③ 東出:從東邊來。即從章安前往建康(東晉建都建康,今江蘇南京)。
④ 估(gū)客:商人。
⑤ 送故:爲離任長官送行。一説下屬隨從離任長官遷轉叫作送故。吏:指離任長官的屬下,佐吏。投:投宿,在一個地方落腳住下來。錢唐亭:錢唐縣(今屬浙江)的驛亭。亭:古代由官府設置的供旅客中途食宿的客舍。
⑥ 爾時:那時。吳興:郡名(今屬浙江)。
⑦ 當:正當那個時候。浙江:水名,在今浙江省。
⑧ 出:到。驅:驅趕。牛屋:圈(quān)牛的欄圈(juàn)。
⑨ 彷徨:來回踱步。
⑩ 何物:什麽(當時的口語)。
⑪ 傖父(cāngfǔ):稱粗鄙的人(指男子)。當時南方人看不起北方人,稱他們爲傖父。傖:鄙陋,粗俗。寄:依附在一個地方居住。
⑫ 權:姑且,暫且。移之:讓他移住(到牛屋裏)。
⑬ 酒色:微醉的樣子。
⑭ 因:於是。
⑮ 餅:一種用米麵粉製成的扁形食品。不(fǒu):同"否",表示疑問。
⑯ 何等:什麽。
⑰ 遠近:各個地方。承:聞,聽説。這是表示尊敬的説法。
⑱ 遽(jù):窘迫;惶恐。
⑲ 脩刺:置辦名帖。脩:通"修",治,這裏指置辦。刺:名帖,類似後來的名片。
⑳ 更:另外。饌(zhuàn)具:飯食。
㉑ 鞭撻(tà):用鞭子打。
㉒ 欲以謝慚:想藉此道歉。
㉓ 酌宴:宴飲。酌:斟酒喝。
㉔ 言談表情没有什麽不同,好像没有覺察的樣子。色:神色。
㉕ 界:縣的邊界。

王夷甫雅尚玄遠（《規箴》）

【説明】王衍口不言"錢"字，把錢叫做"阿堵物"，以顯示其超脱世俗的名士風度。

王夷甫雅尚玄遠①，常嫉其婦貪濁，口未嘗言"錢"字。婦欲試之，令婢以錢遶牀②，不得行。夷甫晨起，見錢閡行③，呼婢曰："舉却阿堵物④。"

① 王衍（256—311），字夷甫，晉琅玡臨沂（今屬山東）人。好老莊，喜談玄言。屢居要職，有名當世。雅：平素，一向。尚：崇尚。玄遠：玄妙幽遠。指清静無爲、超脱凡俗的老莊之道。
② 遶：同"繞"，環繞。
③ 閡（hé）：妨礙；阻礙。
④ 舉却：拿去；拿掉。阿堵：這；這個。六朝口語。後以"阿堵物"指代錢。

王藍田性急（《忿狷》）

【説明】這則故事描寫王藍田因爲食雞子不得而怒不可遏的情景，寥寥數語，曲折傳神，從中可以領略《世説新語》的語言風格。

王藍田性急①。嘗食雞子，以筯刺之②，不得，便大怒，舉以擲地。雞子於地圓轉未止③，仍下地以屐齒蹍之④，又不得。瞋甚⑤，復於地取内口中⑥，齧破即吐之⑦。王右軍聞而大笑曰⑧："使安期有此性，猶當無一豪可論，况藍田邪⑨？"

① 王藍田：名述，字懷祖，官至揚州刺史、尚書令。襲父爵爲藍田侯。《晉書》有傳。

② 筯（zhù）：同"箸"。筷子。
③ 圓轉：打轉，旋轉。
④ 仍（nǎi）：乃，於是。屐（jī）：一種木底有齒的鞋子。蹍（zhǎn）：踩，踏。
⑤ 瞋（chēn）：生氣，發怒。
⑥ 內（nà）：（放）入。這個意義通作"納"。
⑦ 齧（niè）：咬。
⑧ 王右軍：王羲之（321—379），字逸少，晉琅邪臨沂（今屬山東）人，東晉著名書畫家。曾任右軍將軍。
⑨ 使：假使。安期：王藍田的父親王承字安期，是東晉名臣。《晉書》本傳說他"少有重譽""爲中興第一"。豪：通"毫"。這一句是說，假使安期有這樣的性情尚且無絲毫可取之處，何況是藍田呢！意思是王藍田的德望不如他的父親，自然更不值一提。

閱讀文選

樊姬進美人①（《韓詩外傳》）

【說明】樊姬告訴楚莊王，一個真正的忠臣應當"進賢而退不肖"，而不是一個人"擅王之愛，專王之寵"。

楚莊王聽朝罷晏②。樊姬下堂而迎之，曰："何罷之晏也，得無飢倦乎？"莊王曰："今日聽忠賢之言，不知飢倦也。"樊姬曰："王之所謂忠賢者，諸侯之客歟？國中之士歟？"莊王曰："則沈令尹也③。"樊姬掩口而笑。王曰："姬之所笑者何等也？"姬曰："妾得侍於王，尚湯沐④，執巾櫛，振衽席⑤，十有一年矣。然妾未嘗不遣人之梁、鄭之間，求美人而進之於王也。與妾同列者十人,賢於妾者二人。妾豈不欲擅王之愛、專王之寵哉?不敢以私願蔽衆美也,欲王之多見,則知人能也。今沈令尹相楚數年矣,未嘗見進賢而退不肖也,又焉得爲忠賢乎?"莊王旦朝,以樊姬之言告沈令尹。令尹避席而進孫叔敖⑥。叔敖治楚三年而楚國霸。楚史援筆而書之於策曰:"楚之霸,樊姬之力也。"《詩》曰⑦:"百爾所思,不如我所之。"樊姬之謂也。

① 選文據許維遹《韓詩外傳集釋》卷二(中華書局一九八〇年版)。《韓詩外傳》十卷,西漢韓嬰撰。文章題目爲後加。
② 楚莊王:春秋時楚國的國君,芈(Mǐ)姓,名旅。晏:晚。
③ 沈令尹:楚國的臣子。劉向《列女傳·賢明》作"虞丘子"。
④ 尚:掌管。
⑤ 振:整頓安排。
⑥ 孫叔敖:蔿(Wěi)氏,名敖,字孫叔。楚國大臣。
⑦ 《詩》曰:語見《詩·鄘風·載馳》。詩句的大意是,儘管你們有那麼多的主意,但都不如我自己的決定。

梁君出獵①(《新序》)

【説明】公孫襲以齊景公求雨的事勸諫梁君:身爲君主要愛民惠民,濫殺無辜"無異於虎狼"。

梁君出獵,見白鴈羣,梁君下車彀弓欲射之②。道有行者,梁君謂行者止。行者不止,白鴈羣駭。梁君怒,欲射行者。其御公孫襲下車撫矢曰③:"君止。"梁君忿然作色而怒曰:"襲不與其君而顧與他人④,何也?"公孫襲對曰:"昔齊景公之時,天大旱三年,卜之,曰:'必以人祠乃雨⑤。'景公下堂頓首曰:'凡吾所以求雨者,爲吾民也。今必使吾以人祠乃且雨,寡人將自當之⑥。'言未卒而天大雨方千里者,何也?

爲有德於天而惠於民也。今主君以白鴈之故而欲射人,襲謂主君言無異於虎狼。"梁君援其手與上車歸。入廟門⑦,呼萬歲,曰:"幸哉,今日也!他人獵皆得禽獸,吾獵得善言而歸。"

① 選文據四部叢刊本《新序·雜事第二》。《新序》十卷,西漢劉向編著。文章題目爲後加。
② 彀(gòu):把弓拉滿。
③ 公孫襲:"襲"字當作"龍"。撫:按。
④ 與:幫助。顧:反倒。
⑤ 人祠:用人做祭品禱告。
⑥ 當:承擔。
⑦ 廟:當作"廓"。"廓"通"郭",城。

造父學御①（《列子》）

【説明】泰豆氏教導造父,掌握駕車的正確方法在於"内得於中心,而外合於馬志"。

　　造父之師曰泰豆氏②。造父之始從習御也,執禮甚卑,泰豆三年不告。造父執禮愈謹,乃告之曰:"古詩言:'良弓之子,必先爲箕;良冶之子,必先爲裘③。'汝先觀吾趣④。趣如吾,然後六轡可持,六馬可御。"造父曰:"唯命所從。"泰豆乃立木爲塗⑤,僅可容足;計步而置,履之而行。趣走往還,無跌失也⑥。造父學之,三日盡其巧。泰豆歎曰:"子何其敏也?得之捷乎!凡所御者,亦如此也。曩汝之行,得之於足,應之於心⑦。推於御也,齊輯乎轡銜之際⑧,而急緩乎脣吻之和⑨,正度乎胸臆之中⑩,而執節乎掌握之間⑪。内得於中心,而外合於馬志⑫,是故能進退履繩而旋曲中規矩⑬,取道致遠而氣力有餘,誠得其術也⑭。得之於銜,應之於轡;得之於轡,應之於手;得之於手,應之於心。則不以目視,不以策驅⑮;心閑體正,六轡不亂,而二十四蹄所投無差⑯;迴旋進退,莫不中節。然後輿輪之外可使無餘轍,馬蹄之外可使無餘地⑰;未嘗覺山谷之嶮,原隰之夷⑱,視之一也。吾術窮矣。汝其識之⑲!"

① 選自《列子·湯問》。造父:傳說給周穆王管理車馬、駕車的人。
② 泰豆氏:傳說善於駕車的人。
③ 爲箕:編織簸箕。良冶:善於冶煉鑄造的工匠。爲裘:製作皮衣。《禮記·學記》:"良冶之子,必學爲裘。良弓之子,必學爲箕。"意思是冶金匠的兒子要先學會把獸皮片片縫合成爲完好的皮衣,纔能掌握糅合補冶器具的本領。弓匠的兒子要先學會把枝條彎曲編成簸箕,纔能掌握製弓的本領。
④ 趣(qū):通"趨",快步行進。
⑤ 立木爲塗:豎起一根一根木樁作爲道路。塗:通"途",路。
⑥ 跌失:跌倒閃失。
⑦ 得之於足,應之於心:舉步準確無誤,與心中的領悟正相應。之:指步法。
⑧ 類推到駕車上,調整馬的步伐就在於對馬韁繩和馬嚼子的掌控。輯:車輿,這裏指車馬。銜:馬嚼子。
⑨ 脣吻之和:(掌控車速的快慢)就在於吆喝馬匹聲音的調整。
⑩ 把握好駕馭的分寸全在於自己的胸中。
⑪ 執節:把控行車的節奏。
⑫ 馬志:馬的心意。
⑬ 繩:木匠取直用的墨綫。規矩:木匠校正圓形和方形的工具。
⑭ 術:(正確的)途徑,方法。
⑮ 策:馬鞭。
⑯ 投:(馬脚)落地。
⑰ 意思是能夠在僅能容下車輪和馬脚的小徑和險路上行進。
⑱ 隰(xí):低濕的地方。夷:平。
⑲ 識(zhì):記。

練習一

一、熟讀本單元講過的文章。

二、閱讀本單元的閱讀文選。

三、給下面句子中加點的字注音：
1. 公被狐白之裘，坐堂側陛。（《晏子春秋·景公不知天寒》）
2. 人挈器而入，且酤公酒，狗迎而噬之。（《晏子春秋·社鼠猛狗》）
3. 朕衣則裋褐，食則粢糲，居則蓬室。（《列子·北宮子一言而能寤》）
4. 庇其蓬室，若廣廈之蔭；乘其篳輅，若文軒之飾。（《列子·北宮子一言而能寤》）
5. 在家熙然有棄朕之心，在朝諤然有敖朕之色。（《列子·北宮子一言而能寤》）
6. 順針縷者成帷幕，合升斗者實倉廩。（《説苑·政理》）
7. 詣門者皆雋才清稱及中表親戚乃通。（《世説新語·小時了了》）
8. 仍下地以屐齒蹍之。（《世説新語·王藍田性急》）

四、解釋下面句子中加點的詞：
1. 人有酤酒者，爲器甚潔清，置表甚長，而酒酸不售。（《晏子春秋·社鼠猛狗》）
2. 熏之則恐燒其木，灌之則恐敗其塗。（《晏子春秋·社鼠猛狗》）
3. 嬰聞古之賢君飽而知人之飢，温而知人之寒，逸而知人之勞。（《晏子春秋·景公不知天寒》）
4. 晏子之家，若是其貧也，寡人不知，是寡人之過也。（《晏子春秋·晏子辭千金不受》）
5. 晏子辭，三致之，終再拜而辭曰……（《晏子春秋·晏子辭千金不受》）
6. 朕衣則裋褐，食則粢糲，居則蓬室，出則徒行。（《列子·北宮子一言而能寤》）
7. 農失其時，則敗之也。（《説苑·政理》）
8. 東阿者，子之東阿也，寡人無復與焉。（《説苑·政理》）

9. 公與之酌宴，言色無異，狀如不覺。(《世說新語·牛屋貴客》)
10. 元禮及賓客莫不奇之。(《世說新語·小時了了》)

五、把下面的句子譯成現代漢語：
1. 晏子能明其所欲，景公能行其所善也。(《晏子春秋·景公不知天寒》)
2. 熏之則恐燒其木，灌之則恐敗其塗。(《晏子春秋·社鼠猛狗》)
3. 內則蔽善惡于君上，外則賣權重于百姓。(《晏子春秋·社鼠猛狗》)
4. 晏子之家，若是其貧也，寡人不知，是寡人之過也。(《晏子春秋·晏子辭千金不受》)
5. 朕與子並世也，而人子達；並族也，而人子敬；並貌也，而人子愛。(《列子·北宮子一言而能瘳》)
6. 而汝以命厚自矜，北宮子以德厚自愧，皆不識夫固然之理矣。(《列子·北宮子一言而能瘳》)
7. 明主者有所受命而不行，未嘗有所不受也。(《說苑·政理》)
8. 當此之時，民無飢者，而君反以罪臣。(《說苑·政理》)
9. 昔先君仲尼與君先人伯陽有師資之尊，是僕與君奕世為通好也。(《世說新語·小時了了》)
10. 遠近久承公名，令於是大遽，不敢移公，便於牛屋下脩刺詣公。(《世說新語·牛屋貴客》)

常用詞

敗　表　並　策　豆　復　快　去　色
　　投　完　為　再　致　走

1. 敗

《說文》："敗，毀也。"意思是毀壞；變壞。《論語·鄉黨》："魚餒而肉敗，不食。"（肉敗：肉腐變質。）《晏子春秋·社鼠猛狗》："熏之則恐燒其木，灌之則恐敗其塗。""敗"涉及的事物可以是抽象的，指事情不成功，與"成"相對。《説苑·政理》："利之而勿害，成之勿敗。"《閲微草堂筆記·李生恨事》："吾事且敗，君文士，不必與此難。"特指打敗對方；戰事失敗。《春秋·隱公十年》："公敗宋師于菅。"《孫子·形》："故善戰者，立於不敗之地。"

2. 表

《説文》："表，上衣也。"指穿在外面的衣服。《莊子·讓王》："子貢乘大馬，中紺（gàn）而表素。"（紺：紅黑色。）引申爲外表，外面，與"裏"相對。《淮南子·繆稱訓》："（道）包裹宇宙而無表裏。"《後漢書·儒林傳》："功定天下之半，聲馳四海之表。"轉指顯露在外可供辨識的標記，標志。《墨子·備城門》："城上千步一表。"《晏子春秋·社鼠猛狗》："人有酤酒者，爲器甚潔清，置表甚長，而酒酸不售。"由此引申指遵循的標準。《大戴禮記·主言》："上者民之表也，表正則何物不正。"雙音詞有［表率］。外表義用作動詞：顯示在外，表明；顯揚。《白虎通·號》："帝王者何號也，號者功之表也，所以表功明德、號令臣下者也。"《漢書·蘇武傳》："皆有功德，知名當世，是以表而揚之。"雙音詞有［表現］。

3. 並

"並"的異體作"竝"，甲骨文象二人並立之形，意思是並排挨著。《詩經·齊風·還》："並驅從兩狼兮。"（從：追逐。）《禮記·內則》："不敢並坐。"成語有［並駕齊驅］。泛指並列；在一起。《孟子·滕文公上》："賢者與民並耕而食。"《論衡·講瑞》："少正卯在魯，與孔子並。"由同等並列引申爲匹敵；等同。《荀子·儒效》："鄉也混然涂之人也，俄而並乎堯禹。"（涂之人：平常人。）《列子·北宫子一言而能瘳》："北宫子言世族、年貌、言行與予並，而賤貴、貧富與予異。"【提示】"并""併"與"並"有別。"并"的意思是合在一起，合并。《韓非子·有度》："荆莊王并國二十六，開地三千里。"《史記·秦始皇本紀》："招致賓客游士，欲以并天下。""併"和"并"是同義詞，所以兼并的意思可寫作"并"或"併"，但不寫作"並"。不過在並列、一同的意義上有時混用。

4. 策

《說文》:"策,馬箠也。"指驅趕牲畜的竹製鞭杖。《禮記·曲禮上》:"君車將駕,則僕執策立於馬前。"《列子·造父學御》:"則不以目視,不以策驅。"用作動詞,用鞭杖打。《論語·雍也》:"將入門,策其馬。"《聊齋志異·石清虛》:"既見,舉付健僕,策馬徑去。"由此抽象引申爲勉勵,督促。雙音詞有[策勵][策勉]。由竹製鞭杖轉指寫字用的簡。《韓詩外傳·樊姬進美人》:"楚史援筆而書之於策曰:'楚之霸,樊姬之力也。'"把簡編連在一起稱爲"册"。"册"又寫作"策","典册"又作"典策"。又轉指用竹木製作的用來計算的算籌。《老子》二十七章:"善數不用籌策。"由此引申爲計謀;謀畫。《史記·淮陰侯列傳》:"項梁敗,又屬項羽,羽以爲郎中。數以策干項羽,羽不用。"《漢書·陳湯傳》:"小臣罷癃(lóng),不足以策大事。"(癃:衰病。)雙音詞有[計策][策畫]。

5. 豆

《說文》:"豆,古食肉器也。"豆是一種盛食器,形似高脚盤。《孟子·告子上》:"一簞食,一豆羹,得之則生,弗得則死。"《晏子春秋·晏子辭千金不受》:"十總之布,一豆之食。"轉指古代的一種量器。《左傳·昭公三年》:"齊有四量:豆、區(ōu)、釜、鍾。四升爲豆。"作豆類作物講是"豆"假借義。《戰國策·韓策一》:"五穀所生,非麥而豆。"

6. 復

《說文》:"复,行故道也。"意思是返回,回來。這個意思後加"彳"寫作"復"。"復"是"复"的分化字。《周易·泰卦》:"無往不復。"《左傳·僖公四年》:"昭王南征而不復。"引申爲回到原狀;還原。《史記·平原君列傳》:"三去相,三復位。"《世説新語·方正》:"我令君復君臣之好。"雙音詞有[恢復][康復]。由回轉又引申爲回報;回答。《漢書·匈奴傳》:"以復天子厚恩。"《管子·中匡》:"管仲懼而復之。"雙音詞有[報復][復函]。虛化爲再;又。《説苑·政理》:"愚不能復治東阿,願乞骸骨。"《世説新語·王藍田性急》:"復於地取內口中,齧破即吐之。"成語有[死灰復燃]。

7. 快

《說文》:"快,喜也。"指心情無鬱結不暢,舒暢,暢快。《戰國策·秦策五》:"文信侯去而不快。"《晉書·王羲之傳》:"快然自足,不知老之將至。"雙音詞有[快意][歡快],成語有[拍手稱快]。引申爲爽快,無所顧忌。《三國志·蜀書·黃權傳》:"黃公衡,快士也。"《舊唐書·張延賞傳》:"武人性快,若釋舊惡於盃酒之間,終歡可解。"成語有[快人快語]。又引申爲痛快,盡情盡興。《史記·項羽本紀》:"願爲諸君快戰。"《論衡·別通》:"飽食快飲。""快"作鋒利、快速講是後起義。《齊民要術·雜説》:"調習器械,務令快利。"《晉書·王湛傳》:"此馬雖快,然力薄不堪苦行。"

8. 去

《説文》:"去,人相違也。"指離開。《尚書·胤征》:"伊尹去亳適夏。"《孟子·公孫丑下》:"孟子去齊。"雙音詞有[去留][去職]。引申爲距離。《穀梁傳·莊公三十二年》:"梁丘在曹邾之間,去齊八百里。"《孟子·公孫丑上》:"紂之去武丁未久也。"由使離開引申爲去除。《左傳·隱公六年》:"見惡,如農夫之務去草焉。"去是離開一地(前往另一地),對甲地來説是離開,對乙地來説就是前往,後由離開義轉爲前往義。李白《與史郎中欽聽黃鶴樓上吹笛》:"一爲遷客去長沙,西望長安不見家。"

9. 色

《説文》:"色,顔氣也。"指臉上的神情或氣色。《論語·陽貨》:"色厲而内荏。"《論衡·變虛》:"人病且死,色見於面。"《世説新語·牛屋貴客》:"言色無異,狀如不覺。"成語有[談虎色變]。由人的神色氣色轉指事物的顔色。《論語·鄉黨》:"色惡不食。"王勃《滕王閣序》:"秋水共長天一色。"由此引申爲景象,景色。葉紹翁《遊園不值》:"春色滿園關不住,一枝紅杏出牆來。"由人的神色氣色又轉指女子的容貌,女色。《淮南子·俶真訓》:"聲色不能淫也。"

10. 投

《説文》:"投,擲也。"拋擲。《左傳·成公二年》:"齊高固入晉師,桀石以投人。"(桀:舉起。)由拋擲引申爲落下;落入;投入。《左傳·昭公十三年》:"王聞羣公子之死也,自投于車下曰……"《列子·造父學御》:"心閑體正,六轡不亂,而二十四蹄所投無差。"《北史·崔浩傳》:"以戈打擊之,悉投於河。"由向著一個目標拋擲引申爲奔向一個目標(依附);投奔;投靠。《世説新語·排調》:"千里投公,始得蠻府參軍。"《世説新語·牛屋貴客》:"送故吏數人投錢唐亭住。"成語有[棄暗投明][走投無路]。

11. 完

《說文》:"完,全也。"意思是完好無損毀。《孟子·離婁上》:"城郭不完,兵甲不多。"《漢書·晁錯傳》:"兵不完利,與空手同。"成語有[體無完膚]。用作使動:使完好;保全。《漢書·高帝紀》:"吾非敢自愛,恐能薄,不能完父兄子弟。"成語有[完璧歸趙]。古代"完"沒有完畢的意思,完畢是晚近產生的意義。

12. 爲(動詞)

"爲"的基本義是做,從事,是一個意義廣泛的動詞,依據涉及對象的不同顯示不同的意義。"爲"涉及的對象可以是具體的器物。《莊子·人間世》:"散木也,以爲舟則沉,以爲棺槨則速腐,以爲器則速毀。"(散木:無用之木。)《晏子春秋·社鼠猛狗》:"人有酤酒者,爲器甚潔清。""爲"的對象也可以是抽象的事物。《論語·爲政》:"見義不爲,無勇也。"《晏子春秋·晏子辭千金不受》:"夫厚取之君而施之民,是臣代君君民也,忠臣不爲也。"《說苑·政理》:"故善爲國者,遇民如父母之愛子、兄之愛弟。"轉而表示爲的結果:成爲,變成。《詩經·小雅·十月之交》:"高岸爲谷,深谷爲陵。"《聊齋志異·石清虛》:"既歸,雕紫檀爲座。"虛化後表示認定判斷,相當於後來的"是"。《戰國策·韓策二》:"仲子所欲報仇者爲誰?"《閱微草堂筆記·李生恨事》:"偶見一姬,酷肖其婦,疑爲鬼。"

13. 再

《說文》:"再,一舉而二也。"第二次;兩次。《左傳·莊公十年》:"夫戰,勇氣也,一鼓作氣,再而衰,三而竭。"《史記·蘇秦列傳》:"秦趙五戰,秦再勝而趙三勝。"引申爲第二次重複出現;多次。曹植《箜篌引》:"盛時不可再,百年忽我遒。"(遒:迫近。)《呂氏春秋·遇合》:"孔子周流海內,再干世主。"後作副詞,多指同一行爲動作的重複繼續。成語有[再接再厲]。

14. 致

《說文》:"致,送詣也。"送出去;送達。《荀子·解蔽》:"遠方莫不致其珍。"《晏子春秋·晏子辭千金不受》:"使吏致千金與市租,請以奉賓客。"雙音詞有[致函]。特指傳達。《漢書·朱博傳》:"遣官吏存問致意。"雙音詞有[致敬]。由此引申爲達到，表示結果。《荀子·性惡》："聖人者，人之所積而致也。"（積：學習積累。）一方送出去，從接受的另一方看就是引來，招致。《漢書·公孫弘傳》："致利除害。"《三國志·蜀書·諸葛亮傳》："此人可就見，不可屈致也。"

15. 走

《説文》："走，趨也。"指跑。《孟子·梁惠王上》："棄甲曳兵而走。"《韓非子·五蠹》："兔走觸株，折頸而死。"成語有[走馬觀花]。引申爲趨向，奔向（舊讀 zòu）。《淮南子·説林訓》："漁者走淵，木者走山。"後指邁步行走。《佛本行集經》卷十九："我於爾時，聖子出城，行路之時我最在前，徒步而走。"

古漢語常識

文言和白話

一

漢語有現代漢語，有古代漢語。現代漢語是現代漢民族的共同語（包括各種方言），也是我國各民族在交際中通用的語言。古代漢語從字面上講是指古代漢民族使用的語言（包括文言和古代的白話）；從狹義上講，古代漢語指的是通常説的文言。通常説的文言，是指以先秦口語爲基礎形成的上古漢語書面語以及後代沿用這種書面語寫成的各種著作中的語言。文言的面貌跟現代漢語有很大的不同，跟古代的白話也有很大的不同。

"以先秦口語爲基礎形成的上古漢語書面語以及後代沿用這種書面語寫成的各種著作中的語言"這句話有三層意思：(1) 從時間上説，文言是以先秦時期的口語爲基礎形成，一般認爲在秦漢時已經形成；（2）以先秦口語爲基礎，是説文言來自先秦口語；（3）文言形成後長時期被後代模仿沿用。

先秦是一個漫長的時期，漢語口語的歷史已不可測知。書面語如果從甲骨文算起，到秦統一也已有超過一千年的歷史，這期間漢語發生了很多變化，但由於時代久遠，資料有限，進一步劃分時段説清楚並不容易，所以就算成了一個時期。

文言的形成以先秦口語爲基礎，這是説作爲書面語的文言和先秦口語的關係：一方面二者有區别，另一方面文言又以口語爲基礎，也就是説最初的書面語和口語大體保持一致。文字一經産生就出現了書面語，從口語轉化爲書面語在遣詞造句上總是要經過一定的加工整理。拿《論語》來説，《漢書·藝文志》講："《論語》者，孔子應答弟子、時人及弟子相與言而接聞於夫子之語也。當時弟子各有所記，夫子既卒，門人相與輯而論纂，故謂之《論語》。"這裏説的"孔子應答弟子、時人及弟子相與言而接聞於夫子之語"是説交談的口語，"輯而論纂"説的就是有一個加工整理的過程。口語通行於全體社會大衆，通行於整個社會生活；口語的特點是説起話來隨便靈活，並不要求十分的嚴密。口語加工成書面語，就趨向簡約規整，再加上使用書面語的人只是少數權勢階層和文化人，使用的範圍往往是一些比較鄭重的場合，不必顧及一般的社會交際，這就跟口語或多或少地拉開了距離。這種距離在有的文獻中可以觀察到。比如西漢王褒《僮約》講的是如何給一個桀驁不馴的家奴立下契約，結尾寫道：

> 讀券文適訖，詞窮咋索，仡仡叩頭，兩手自搏。目淚下落，鼻涕長一尺："審如王大夫言，不如早歸黄土陌，蚯蚓鑽額。早知當爾，爲王大夫酤酒，真不敢作惡。"

作者是漢宣帝時人，這時文言已經形成，《僮約》是一篇戲謔文字，所以用了一些口語成分，從中可以看出文言跟當時的口語的距離。

但文言的形成是一個漸進的過程，所以這一時期書面語和口語在每一個時段的距離到底有多大並不容易説清楚。拿很早的《尚書》來説，唐代的韓愈説它"佶屈聱牙"，對此宋代朱熹的看法是①：

---

① 《朱子語類》卷七十八。

书有兩體：有極分曉者，有極難曉者。某恐如《盤庚》《周誥》《多方》《多士》之類，是當時召之來而面命之，而教告之，自是當時一類説話。至於《旅獒》《畢命》《微子之命》《君陳》《君牙》《冏命》之屬，則是當時修其詞命，所以當時百姓都曉得者，有今時老師宿儒之所不曉。今人之所不曉者，未必不當時之人卻識其詞義也。

現代也有學者推測《尚書》有的篇章和口語很接近。對這一時期整個的情況，有研究認爲"秦以前的書面語和口語的距離估計不至於太大"①。賓語前置在我們今天看來是典型的文言詞序的特徵，但有研究認爲："在原始時代的漢語裏，可能的情況是這樣：代詞作爲賓語的時候，正常的位置本來就在動詞的前面。"②也正如有的學者所説："以其應用之廣和歷時之久來看，它必然有跟實際語言相聯繫的特徵。所以不同作家的作品，除了在語言風格上有不同以外，在語法構造上自有其一致性。"③這樣看來，從漢語發展歷史的角度説，"以先秦口語爲基礎形成的上古漢語書面語"就是説這種書面語反映的是上古時期的詞彙語法系統。但這樣理解並不否認書面語跟口語是有距離的（書面語裏有非口語成分）。所謂"形成"，是説文言的表達方式呈現出一種比較穩定的格局而不再有大的變化。

文言又指"後代沿用這種書面語寫成的各種著作中的語言"。這種秦漢時期形成的書面語爲什麼會被後代長期沿用？就語言文字本身看，漢字是一個特別重要的因素。漢字是一種語素文字，其特點是它的表意性，不直接跟發音挂鈎（參《漢字》一節）。這種特點表現在使用上，使得漢字具有一種超時空的普遍性。就是説，人們説得出、聽得懂的話（口語）一直在隨時隨地地變化，這種變化表現在發音上尤爲顯著（隨時代而變化、隨方言而變化），但記錄口語的漢字並不直接反映這種發音的變化，後來的人看到記錄一句話的一串漢字，雖然不知道這句話在以前的某地發的什麼音，但看到這一串漢字就大致能知道是什麼意思（當然也有的要經過學習）。比如《論語》裏説"三人行，必有我師焉"，假定我們聽到兩千多年前的孔子用山東話念叨這麼一句，肯定是一頭霧水；但在書上看到這一句

---

① 吕叔湘《近代漢語指代詞·序》。
② 王力《漢語史稿·詞序的發展》。
③ 周祖謨《從"文學語言"的概念論漢語的雅言、文言、古文等問題》。

話，儘管它們的發音已經面目全非，還是大致能明白它的意思，就是説雖然聽不懂（假定能聽到），但能看得懂（這就是所謂"目治"）。看得懂就可以模仿古書上的話寫文章，也就是沿用。

　　進一步思考，"三人行"這句話所以能看得懂，是因爲其中涉及的句子結構和詞的意思變化不大。研究表明："語法是具有很大的穩固性的。""詞序的固定是漢語語法穩固性的最突出的一種表現。"① 比方説"主—謂""主—動—賓"一直是漢語的一種基本詞序（雖然文言中有"賓語前置"的詞序，但有條件），這種結構一致延續至今。"三人行""必有我師"就是這樣一種基本結構。就詞彙來説，漢語中的基本詞彙、特別是基本語素也有一定的穩定性。"三""人""行"（"行"在後來"行走"一詞中是語素）"必"（"必"在後來"必然"一詞中是語素）"有""我""師"（"師"在後來"老師"一詞中是語素）的意思一直没有根本的變化（這句話中有變化的只有一個虛詞"焉"）。這樣一來就保證了後代的人能看得懂，也就能夠沿用，使文言具有了一種持續發揮交際功能的穩固性。

　　秦漢以後的文化人沿用文言而不用他們當時的語言，一方面"目治"爲他們提供了沿用的可能，另一方面政治文化方面的諸種因素又有著推波助瀾的作用。最初使用書面語的人是有權勢的階層和極少數的文化人，權勢階層和文化人對書面語的使用和推廣對社會有著巨大的影響。或者是由於權勢階層的强勢推介，或者由於一些著作本身的價值，先秦的很多著作都被尊奉爲經典。這些經典著作成爲了一種供學習模仿的典範，既影響著人們的思想，使用的語言也發揮著引領的作用，在社會生活特別是文化教育方面成爲一種主導的書面語。司馬遷説他"年十歲則誦古文"（《史記·太史公自序》），韓愈説他初學古文時"非三代兩漢之書不敢觀"（《答李翊書》），我們從中可以窺見文言著作的這種强勢地位。古代的讀書人多有一種嗜好古雅的文化心理，既尊崇前人的思想主張，又欣賞文言的精緻表達，認定古代的儒者"吐辭爲經，舉足爲法"（韓愈《進學解》），認定"六經、《語》、《孟》其根源"（方苞《古文約選序例》），雖然嘴裏説的是當時的口語，但寫起文章來一定要用古雅的文言。

　　時有古今，地有南北，口語的流變如同活水，不舍晝夜，而文言的表達方式基本不變，距離越拉越大，以至於到後來兩者的面貌就有了極大的差

---

① 王力《漢語史稿·語法發展的一般叙述》。

異。下面是東晉王羲之寫的一則"雜帖"：

> 伏想嫂（嫂）安和，自下悉佳。松上下至乖隔十八年復得一集，且悲且慰。何物喻嫂疾至篤，憂懷甚深。穆松難爲情地。自慰猶小差，然故匆匆，冀得涼漸利耳。

比較王羲之寫的文言文《蘭亭集序》，可見言文的分離到了什麼程度。

二

跟文言相對的是白話。這裏說的白話是古代的白話，雖然說也是一種書面語，但是跟文言有很大的不同。從字面上說，白話是如實記錄口語的，但上面說到，反映先秦時期詞彙語法系統的文言在秦漢時已經形成，先秦時文言跟口語的界限並不是十分清楚的，那麼單獨提出白話來討論，時限就要往後移至漢魏。考察從東漢到唐代中期的文獻發現，這一時期一些文獻的語言跟已經形成的文言的面貌有越來越大的差異。最明顯的是漢譯佛經的語言，一些傳世文獻（如《世說新語》）的語言也夾雜有不少的口語成分。及至晚唐五代以後，就出現了大量的以當時口語爲主體的（或者包含有較多口語成分的）文獻，如敦煌文獻中的俗文學作品、禪宗語錄、話本、宋儒語錄、元曲、明清傳奇和《水滸傳》《紅樓夢》一類的小說等。這些文獻的語言反映的詞彙語法系統接近於現代漢語的詞彙語法系統，而跟文言有很大差異；研究漢語發展的歷史，學術界把晚唐五代至清代稱作近代漢語時期。有研究認爲："現代漢語只是近代漢語的一個階段，它的語法是近代漢語的語法，它的常用詞彙是近代漢語的常用詞彙，只是在這個基礎上加以發展而已。"[①]所以說到古代的白話，包含有上述兩個階段，而更多的是指近代漢語時期的白話。

下面舉兩例體會白話的面貌。第一例是敦煌文書《鷰子賦》，寫鷰子的巢被雀兒霸占後在鳳凰那裏的一場爭訟。其中的一段說：

> 鷰子曰："人急燒香，狗急驀墻。只如（即使）你釘瘡病癩，埋却你屍喪（屍首）！總是轉關（耍手段）作呪，徒擬誆惑大王。"鳳凰大嗔，狀

[①] 吕叔湘《近代漢語讀本·序》。

後即判:"雀兒之罪,不可稱笅(算),推問根由,仍生拒捍。責情(依實情)且決五百下,枷項禁身推斷。"鷰子唱快,喜慰不已:"奪我宅舍,捉我巴毁(擊傷),將作(本以爲)你吉達到頭,何期天還報你!如今及阿莽(怎麼樣)次第(境況),五下乃是調子。"

這篇賦,文後題記的日期據研究是在唐德宗年間。如果把這篇賦的語言跟唐代古文家的文章作一個比較,就可以看出有多麼大的差異。

第二例是元代貫雲石《孝經直解》中的一段:

[孝經]子曰:"孝子之事親也,居則致其敬,養則致其樂,病則致其憂,喪則致其哀,祭則致其嚴。五者備矣,然後能事親。事親者,居上不驕,爲下不亂,在醜不爭。居上而驕則亡,爲下而亂則刑,在醜而爭則兵。三者不除,雖日用三牲之養,猶爲不孝也。"

[直解]孔子說:"孝順底孩兒在家侍奉父母呵,敬重的心有著。侍養呵,懽喜的心有著。父母在病呵,煩惱的心有著。父母没了呵,哀痛的心有著。祭奠呵,把禮嚴謹的心有著。這五件若都完備了呵,孝順的勾當不有那甚麼。是孝順的人,名分在上呵不肯傲人,在下呵不敢作亂,在眾人中呵不敢爭鬬。是好勾當有著。在上的傲人呵,名分失了。在下的作亂呵,有罪過有。眾人中爭鬬呵,有傷損有。這三件兒歹勾當不去了呵,每日家怎生般飲食奉養,雖恁地呵也是不孝順的一般。"

讀這一段話,看看是不是接近現代漢語?作者的直解是不是很像我們用現代漢語翻譯古文?

從晚唐五代到清代是一個很長的歷史時期,其間漢語有很不少的變化,但總體看還是一個系統,就是這一時期白話反映的詞彙語法系統。

三

書面語來自口語,文言的形成以先秦口語爲基礎。文言形成之後雖然取得了比較穩固的地位,但並不是"固若金湯",不同時期的口語成分還在不斷地滲透。先看《史記·陳涉世家》中一例:

(陳勝)已爲王,王陳。其故人嘗與庸耕者聞之,之陳,扣宮門曰:

"吾欲見涉。"宮門令欲縛之。自辯數,乃置,不肯爲通。陳王出,遮道而呼涉。陳王聞之,乃召見,載與俱歸。入宮,見殿屋帷帳,客曰:"夥頤!涉之爲王沈沈者!"楚人謂多爲夥,故天下傳之,夥涉爲王,由陳涉始。

這一段話中的"夥頤",文中解釋說"楚人謂多爲夥","夥"應當是一個方言口語詞。①

再看《漢書·外戚傳》中的一例:

> 後數月,(曹)曉入殿中,見(曹)宮腹大,問宮。宮曰:"御幸有身。"其十月中,宮乳掖庭牛官令舍,有婢六人。中黄門田客持詔記,盛綠綈方底,封御史中丞印,予(籍)武曰:"取牛官令舍婦人新產兒,婢六人,盡置暴室獄,毋問兒男女,誰兒也!"武迎置獄。宮曰:"善臧我兒胞,丞知是何等兒也!"後三日,(田)客持詔記與武,問:"兒死未?手書對牘背。"武即書對:"兒見在,未死。"有頃,客出曰:"上與昭儀大怒,奈何不殺?"武叩頭啼曰:"不殺兒,自知當死;殺之,亦死!"即因客奏封事,曰:"陛下未有繼嗣,子無貴賤,唯留意!"奏入,客復持詔記予武曰:"今夜漏上五刻,持兒與(王)舜,會東交掖門。"武因問客:"陛下得武書,意何如?"曰:"憪也。"

這一段講漢成帝跟一個身份低賤的曹姓女子生下一個兒子被處置的事,明顯有口語的成分摻入。

《史記》和《漢書》是大家公認的文言著作,即使這樣的著作也不免有口語的成分。這種滲透是貫穿始終的。如清代的《聊齋志異》是一部文言短篇小說集,其中也不難發現口語的成分。下面是《聶小倩》中的一段:

> 寧(寧采臣)以新居,久不成寐。聞舍北喁喁,如有家口。起伏北壁石窗下微窺之,見短牆外一小院落,有婦可四十餘;又一媪衣䙱緋,插蓬沓,鮐背龍鍾,偶語月下。婦曰:"小倩何久不來?"媪曰:"殆好至矣。"婦曰:"將無向姥姥有怨言否?"曰:"不聞,但意似蹙蹙。"婦曰:"婢子不宜好相識!"言未已,有一十七八女子來,仿佛艷絕。媪笑曰:"背地不言人,我兩個正談道,小妖婢悄來無迹響,幸不訾著短處。"又

---

① 頤:語氣詞。沈沈:形容宮室深邃的樣子。《漢書·陳涉傳》:"客曰:'夥,涉之爲王沈沈者!'"

曰："小娘子端好是畫中人,遮莫老身是男子,也被攝魂去。"女曰："姥姥不相譽,更阿誰道好？"婦人女子又不知何言。寧意其鄰人眷口,寢不復聽。

可見所謂文言,很難是純粹又純粹。其中的道理,如漢代王充在《論衡·自紀》中所說："夫文由語也,或淺露分別,或深迂優雅,孰爲辯者？故口言以明志,言恐滅遺,故著之文字。文字與言同趨,何爲猶當隱閉指意？"文言也好,口語也好,意圖是一個,都是爲了"明志"；所以即使是文言,爲了把自己的意思給當時的人說明白,也不免要使用當時的一些口語。

對文言、白話以及白話對文言的滲入有了一定的瞭解,對古代漢語也就有了一個更深入的認識。

第二單元

講讀文選

夢溪筆談

《夢溪筆談》是北宋沈括撰寫的一部筆記。二十六卷,又《補筆談》三卷,《續筆談》一卷。此書大部分條目是沈括晚年寫於潤州(州治在今江蘇鎮江東)夢溪園,故名。全書分十七目,約六百條,内容涉及自然科學、生產技術和社會人文歷史等多方面的内容,多記載翔實,其中自然科學方面的内容尤爲引人關注,是一部學術價值很高的著作。

沈括(1031—1095),北宋科學家、政治家。字存中,杭州錢塘(今浙江杭州)人。沈括博學多聞,於多個領域都有研究,著述近四十種。

選文據胡道静校注《新校正夢溪筆談》(中華書局一九五七年版)。文章題目爲後加。

盛文肅閱人物(《人事二》)

【説明】文章記載盛度觀察人物的一段趣事,值得稱道的是他對人"少所許可",料定輕脱之人難成大器。

盛文肅爲尚書右丞知揚州,簡重少所許可①。時夏有章自建州司户参军授郑州推官②,过扬州,文肃骤称其才雅③,明日置酒召之。人有谓有章曰:"盛公未尝燕过客④,甚器重者方召一饭。"有章荷其意⑤,别日为一诗谢之。至客次⑥,先使人持诗以入。公得诗,不发封即还之,使人谢有章曰:"度已衰老,无用此诗⑦。"不复得见。有章殊不意,往见通判刁绎⑧,具言所以。绎亦不谕其由,曰:"府公性多忤,诗中得无激触否⑨?"有章曰:"元未曾发封。"又曰:"无乃笔札不严⑩?"曰:"有章自书,极严谨。"曰:"如此,必是将命者有所忤耳。"乃往见文肃而问之:"夏有章今日献诗何如?"公曰:"不曾读,已还之。"绎曰:"公始待有章甚厚,今乃不读其诗,何也?"公曰:"始见其气韵清秀,谓必远器⑪。今封诗乃自称'新圃田从事'⑫。得一幕官,遂尔轻脱⑬。君但观之⑭,必止于此官,志已满矣。切记之,他日可验。"贾文元时为参政⑮,与有章有旧,乃荐为馆职⑯。有诏候到任一年召试,明年除馆阁校勘⑰。御史发其旧事,遂寝夺,改差国子监主簿,仍带郑州推官⑱。未几卒于京师。文肃阅人物多如此,不复挟他术⑲。

① 盛文肃:盛度(968—1041),宋余杭(今属浙江杭州)人。累官至知制诰、翰林学士等要职。後坐事罢知扬州。卒谥文肃。《宋史》有传。尚书右丞:官名。知扬州:做扬州知州。知:做知州。简重:简正持重。许可:称许(他人)。
② 夏有章:未详。建州:今属福建。授:擢授。郑州:州名,今属河南。推官:州府的属官,掌刑狱。
③ 骤:突然。雅:高雅不俗。
④ 燕:通"宴",设宴招待。
⑤ 荷其意:感受盛度的情意。
⑥ 客次:招待宾客的处所。
⑦ 已用不著看这些诗了。
⑧ 刁绎:丹徒(今江苏镇江)人,曾任扬州通判。

⑨ 忤(wǔ)：相抵觸。這裏指與一般人的性情不同，不隨和。得無：莫非。激觸：刺激觸犯。
⑩ 無乃：恐怕是。嚴：(字跡)工整。
⑪ 遠器：志向高遠的人才。
⑫ 新圃田從事：意思是自己是圃田新任推官。圃田(今屬河南)是夏有章的籍貫。從事：任職。
⑬ 幕官：幕僚之職。遽爾輕脫：就這樣輕浮不穩重。
⑭ 你只要等著瞧好了。但：只。
⑮ 賈文元：賈昌朝(998－1065)，字子明，開封人。卒謐文元。參政：即參政知事，相當於副宰相。
⑯ 館職：宋時於昭文館、史館、集賢院等處擔任圖書修撰、編校等工作的官職。
⑰ 詔：皇帝的命令。召試：皇帝召來面試。除：授官。館閣：北宋有昭文館、史館、集賢院三館和秘閣、龍圖閣等，掌管圖書經籍和編修國史等事務，通稱"館閣"。
⑱ 御史：職官名，掌對官員的糾察彈劾。發：揭發。寢奪：停職；罷免。主簿：職官名，掌文書賬冊，辦理事務。帶：兼任。
⑲ 不復挾他術：並不依仗別的什麼辦法。

衛朴(《技藝》)

【説明】文章記載平民天文曆法學家衛朴精於曆術的超人天賦和貢獻。

　　淮南人衛朴精於曆術，一行之流也①。《春秋》日蝕三十六②，諸曆通驗③，密者不過得二十六七，唯一行得二十九，朴乃得三十五，唯莊公十八年一蝕，今古算皆不入蝕法④，疑前史誤耳。自夏仲康五年癸巳歲至熙寧六年癸丑⑤，凡三千二百一年，書傳所載日蝕凡四百七十五。眾曆考驗⑥，雖各有得失，而朴所得爲多。朴能不用算推古今日月蝕，但口誦乘除，不差一算⑦。凡大曆悉是算數⑧，令人就耳一讀，即能暗誦；傍通曆則縱橫誦之⑨。嘗令人寫曆書，寫訖令附耳讀之，有差一算者，讀至其處則曰："此誤某字。"其精如此。大乘除皆不下照位，運籌如飛，人眼不能逐⑩。人有故移其一算者，朴自上至下手循一遍，至移算處則撥正而去⑪。熙寧中撰《奉元曆》，以無候簿⑫，未能盡其術。自言得六七而已⑬，然已密於他曆。

① 衛朴：今江蘇淮安人，宋代一位平民天文曆法學家。幼年雙目失明，後得沈括推薦，入司天監主持編製《奉元曆》。一行（？—727）：本姓張，名遂。唐代僧人，天文學家。編製有《大衍曆》。
② 據今人統計，《春秋》一書記載日食實爲三十七次。
③ 用後代各種曆法全部驗證。通：貫穿全部。古代曆法製定後，要根據製定的計算方法驗證以前的天文現象。
④ "莊公十八"句：《春秋·莊公十八年》："十有八年春王三月，日有食之。"這一記載由於沒有寫明當月朔日的干支，後遂引起解釋的分歧。據近人研究，這次日食發生在公元前 676 年 4 月 15 日。今古算皆不入蝕法：與古今算法推算的結果都不合。
⑤ 夏仲康五年：夏朝君主仲康在位的第五年，推算約爲公元前 2128 年。熙寧六年：北宋神宗熙寧六年是公元 1073 年。
⑥ 用後代各種曆法考核驗證。
⑦ （不用）算：這裏"算"指計算用的算籌。但：僅；只。一算：一個數字。
⑧ 大曆：官修的正式曆法。悉是算數：都是計算的程式和數字。
⑨ 傍通曆：指民間使用的普通曆書。縱橫誦之：這類曆書是表格形式，所以説縱橫都能背誦。
⑩ 大數字的乘除不用定位，算籌移動如飛，人的眼睛都跟不上。不下照位：不用定位。照位：定位，對位。
⑪ （一）算：算籌。手循：用手摸。撥正而去：把移動的算籌放回原位離開。
⑫ 《奉元曆》：南宋時已經失傳。候簿：天文觀測的記錄。候：觀察。
⑬ 得六七：指準確度六七成。

指南針（《雜誌一》）

【説明】指南針是中國古代四大發明之一。文中所記涉及三個問題：人工磁化、磁偏角和磁針裝置，是一則值得注意的科技文獻。

方家以磁石磨針鋒①，則能指南，然常微偏東②，不全南也。水浮多蕩搖③；指爪及盌脣上皆可爲之④，運轉尤速，但堅滑易墜，不若縷懸爲最善⑤。其法取新纊中獨繭縷⑥，以芥子許蠟綴於針腰⑦，無風處懸之，則針常指南。其中有磨而指北者，予家指南、北者皆有之。磁石之指南，猶柏之指西，莫可原其理⑧。

① 方家：方術家，精於某種特定技藝的人。
② 微偏東：指磁偏角現象。
③ 水浮：浮在水上。宋代寇宗奭《本草衍義》卷五記載説水浮的方法是把磁針穿進燈芯草浮在水上。
④ 指爪：這裏指指甲蓋。盌（wǎn）脣：碗邊。盌：同"碗"。脣：同"唇"。這裏指邊緣。
⑤ 縷：綫。
⑥ 新纊（kuàng）：新繅（sāo）出的絲綿。獨繭（jiǎn）縷：單根蠶絲。繭：同"繭"。
⑦ 用芥菜籽大小的一點蠟把絲綫粘連在磁針中間的平衡點上。
⑧ 柏之指西：未詳。一説柏指側柏，葉子傾向西生長。原：推究。

池北偶談

《池北偶談》是清文學家王士禛的一部筆記。二十六卷，分"談故""談獻""談藝""談異"四目。王士禛（1634—1711），字子真，一字貽上，號漁洋山人。新城（今屬山東）人。累官至刑部尚書，其文學創作有盛名。著作有《帶經堂集》等。

選文據《池北偶談》卷二十六《談異七》(中華書局一九八二年版)。

女俠

【説明】劍俠題材往往帶有傳奇色彩。文章著力刻畫了一位正直剛烈、嫉惡如仇、劍術高超的俠女形象。情節撲朔迷離,虛實相應,讀來引人入勝。

　　新城令崔懋以康熙戊辰往濟南①。至章丘西之新店②,遇一婦人,可三十餘③,高髻如宮粧④,髻上加氈笠⑤,錦衣弓鞋,結束爲急裝⑥。腰劍,騎黑衞,極神駿⑦。婦人神采四射,其行甚駃⑧。試問何人,停騎漫應曰⑨:"不知何許人⑩。""將往何處?"又漫應曰:"去處去⑪。"頃刻東逝,疾若飛隼⑫。崔云:"惜赴郡匆匆,未暇躡其踪跡,或劍俠也⑬。"

　　記述女俠的裝束神采。

① 新城:今屬山東省。以:於,在。康熙戊辰:清康熙二十七年(1688)。康熙是清聖祖玄燁的年號。
② 章丘:縣名,今屬山東省。
③ 可:大約。
④ 高高的髮髻像宮中的妝束。
⑤ 氈笠:一種寬邊的氈帽。
⑥ 弓鞋:舊時纏足婦女穿的鞋子。結束爲急裝:紮束成很緊的裝束(便於行動)。結束:(用帶子等)纏束。急:緊。
⑦ 腰劍:腰間佩帶著劍。腰:用作動詞。劒:同"劍"。衞:驢的別稱。神駿:矯健。
⑧ 駃:快速。
⑨ 騎(舊讀 jì):騎的牲口。漫:隨意,不經心。
⑩ 何許:何處。
⑪ 去處去:到去的地方去。

⑫ 逝:去,往。疾:快速。隼(sǔn):一種凶猛的鳥。
⑬ 郡:指濟南府。未暇(xiá)躡(niè)其踪跡:沒有工夫跟踪她。暇:空閒的時間。躡:踩,踏。或:或許。劍俠:劍術高超的俠士。

　　從姪鶵因述萊陽王生言①:順治初②,其縣役某解官銀數千兩赴濟南③,以木夾函之④。晚將宿逆旅,主人辭焉⑤。且言鎮西北不里許有尼菴⑥,凡有行橐者皆往投宿,因導之往⑦。方入旅店時,門外有男子著紅帩頭,狀貌甚獰⑧。至尼菴,入門,有廳廨三間,東向⑨,牀榻備設⑩。北爲觀音大士殿⑪,殿側有小門,扃焉⑫。叩門久之,有老嫗出應⑬。告以故,嫗云:"但宿西廡不妨⑭。"久之,持硃封鐍山門而入⑮。

記述押送官銀的縣役投宿尼庵,引出劫掠官銀的男子。

① 從姪:堂姪。從:堂房親屬。鶵(Yuān):人名。因:於是。萊陽:縣名,今屬山東省。
② 順治:清世祖福臨的年號。
③ 解(jiè):押送。官銀:官府銀兩。
④ 函(hán):盛(chéng)放。
⑤ 逆旅:旅舍,客店。辭:推辭,不接受。
⑥ 里許:一里左右。尼菴(ān):尼姑住的地方。菴:同"庵"。
⑦ 行橐(tuó):行囊,這裏指出行時帶的錢。橐:袋子。因:於是。導:引導。
⑧ 方:正要。著(zhuó):戴。帩(qiào)頭:古代男子包頭髮的巾。獰(níng):凶惡。
⑨ 廨(xiè):本指官署,這裏指房舍。東向:朝東。
⑩ 牀榻(tà):牀鋪。備設:設置齊備。
⑪ 觀音大士:觀世音,佛教菩薩之一。
⑫ 扃(jiōng):門閂。這裏用作動詞,給門上閂。
⑬ 叩門:敲門。嫗(yù):老婦人。
⑭ 告以故:把原因告訴她。但:只。
⑮ 硃封:用朱砂寫的封條。鐍(jué):本指(箱子上)安鎖的環狀物,

這裏用作動詞,指封閉。山門:佛寺尼庵的外門。

役相戒夜勿寢①,明燈燭,手弓刀伺之②。三更,大風驟作③,山門砉然而闢④。方愕然相顧⑤,倏聞呼門聲甚厲⑥。衆急持械以待,而廡門已啓⑦。視之,即紅帕頭人也。徒手握束香擲於地,衆皆仆⑧。比天曉始甦,銀已亡矣⑨。急往市詢逆旅主人⑩,主人曰:"此人時遊市上,無敢誰何者⑪,唯投尼菴客輒無恙⑫。今當往愬耳⑬。然尼異人,吾代往求之⑭。"

記述官銀夜間被劫掠。

① 相戒:互相告誡。
② 手:手拿。伺(sì):察看動靜。
③ 驟(zhòu):突然。作:發生,起來。
④ 砉(xū)然:形容門開的聲音。闢(pì):(門)開。
⑤ 愕(è)然:驚訝的樣子。相顧:互相看。
⑥ 倏(shū):突然。厲:聲高而急。
⑦ 待:等待。啓:開。
⑧ 徒手:手裏没有拿兵器。徒:空。仆:倒下。
⑨ 比:等到。甦(sū):昏死後醒過來。亡:失去。
⑩ 詢:問。
⑪ 時遊市上:時常在街市上遊蕩。誰何:查問。
⑫ 唯:只。輒(zhé):就;總是。恙(yàng):災禍。
⑬ 愬(sù):訴說。
⑭ 異人:非同一般的人。

至則嫗出問故,曰:"非爲夜失官銀事耶?"曰:"然。"入白。頃之①,尼出,嫗挾蒲團敷坐②。逆旅主人跪白前事。尼笑曰:"此奴敢來此弄狡獪,罪合死③。吾當爲一決④!"顧嫗入⑤,牽一黑衛出,取劍臂之⑥,跨衛向南山徑去⑦。其行如飛，倏忽不見。

記述女俠決定出手相助。

① 頃(qǐng)之：頃刻，不一會兒。
② 挾：帶著。蒲(pú)團：用蒲草編成的圓形墊子，多爲僧尼所用。敷(fū)：展開來。
③ 弄狡獪(kuài)：做詭詐的事。狡獪：詭詐。合：應該。
④ 決：最終了斷。
⑤ 就見老嫗進去。
⑥ 臂：用作動詞，手持。
⑦ 徑：徑直。

市人集觀者數百人。移時，尼徒步手人頭驅衞而返①。驢背負木夾函數千金，殊無所苦②。入門呼役曰："來視汝木夾官封如故乎③？"驗之，良是④。擲人頭地上，曰："視此賊不錯殺却否⑤？"衆聚觀，果紅帩頭人也。衆羅拜謝去⑥。比東歸，再往訪之，菴已鐍閉，空無人矣。

記述女俠斬殺劫掠者，凸顯其劍術的高超。

① 尼徒步手人頭驅衞而返：尼姑步行手提人頭趕著驢回來。手：用作動詞，手持。
② 負：背。殊無所苦：一點也不顯得疲憊。殊：極度的。
③ 如故：像原來的樣子。
④ 驗：查證。良：的確。
⑤ 視此賊不錯殺却否：看看這個賊人沒有殺錯吧？却：放在動詞後面表示結果。
⑥ 羅拜：圍成一圈下拜。謝：道謝。

尼高髻盛粧①，衣錦綺②，行纏羅襪③，年十八九，好女子也。市人云,尼三四年前挾嫗俱來,不知何許人。常有惡少夜入其室,腰斬擲垣外④,自是無敢犯者⑤。

結尾補敘女俠是一位美麗的年輕女子,極具神秘色彩。

① 盛粧:裝束華美。
② 身穿錦繡。衣(yì):穿(衣服)。錦:有彩色圖案的絲織品。綺(qǐ):有文彩的絲織品。
③ 行纏(chán):綁腿布。這裏是説打著綁腿。羅襪:絲襪。
④ 常:通"嘗",曾經。腰斬:攔腰斬斷。垣(yuán):墻。
⑤ 犯:觸犯。

閲微草堂筆記

《閲微草堂筆記》是一部筆記小説集。清紀昀撰。全書二十四卷,分《灤陽消夏録》《如是我聞》等五種。内容多寫鬼怪神異故事,間雜考辨,行文質樸簡淡。紀昀(1724—1805),字曉嵐,一字春帆。清代學者。直隸獻縣(今屬河北)人。官至禮部尚書。曾任四庫全書館總纂官,纂定《四庫全書總目提要》。

選文據《閲微草堂筆記彙校彙注彙評》(鳳凰出版社二〇一二年版)。文章題目爲後加。

游士(《如是我聞(一)》)

【説明】清代一些游士一派大名士的做派,"望之若神仙",其實俗不可耐。真正的名士反倒如"村翁""措大"。

有游士借居萬柳堂①,夏日湘簾棐几②,列古硯七八,古玉器、銅器、磁器十許,古書册畫卷又十許,筆牀、水注、酒瓈、茶甌、紙扇、棕拂之類皆極精緻③。壁上所粘亦皆名士筆迹。焚香宴坐,琴聲鏗然,人望之若神仙,非高軒駟馬不能登其堂也④。一日,有道士二人相攜游覽,偶過所居,且行且言曰:"前輩有及見杜工部者,形狀殆如村翁⑤。吾曩在汴京見山谷、東坡,亦都似措大風味⑥,不及近日名流有許多家事⑦。"朱導江時偶同行,聞之怪訝。竊隨其後,至車馬叢雜處,紅塵漲合,倏已不見⑧,竟不知是鬼是仙。

① 游士:游走四方以謀生的文人。萬柳堂:清代北京阜成門外的一處園林。
② 湘簾:用湘妃竹(即斑竹)做的簾子。棐(fěi)几:用香榧(fěi)木做的几案。棐:通"榧",一種長綠喬木。
③ 筆牀:擱放毛筆的文具。水注:給硯臺注水的文具。酒琖(zhǎn):喝酒的小杯子。棕拂:棕毛做的拂塵。
④ 宴坐:安坐。高軒駟馬:指顯貴者乘坐的車子。
⑤ 杜工部:唐代詩人杜甫曾任檢校工部員外郎,世稱杜工部。殆:幾乎;接近。
⑥ 山谷:北宋詩人黃庭堅號山谷道人。東坡:北宋文學家蘇軾號東坡居士。措大:稱貧寒失意的讀書人。
⑦ 家事:家庭日用器物。
⑧ 紅塵漲合:車馬揚起的飛塵瀰漫。倏:同"倏",極快地。

李生恨事(《姑妄聽之(一)》)

【説明】文章記述李生與妻子因家貧往依"外家",後又流離他鄉,妻子爲盜所劫,夫妻幾經磨難而終未能團圓。

太白詩曰:"徘徊映歌扇,似月雲中見。相見不相親,不如不相見①。"此爲冶游言也②。人家夫婦有睽離阻隔,而日日相見者則不知是何因果矣③。

郭石洲言:中州有李生者④,娶婦旬餘而母病。夫婦更番守侍,衣不解結者七八月。母歿後謹守禮法,三載不内宿⑤。後貧甚,同依外家⑥。外家亦僅僅温飽,屋宇無多,掃一室留居。未匝月,外姑之弟遠就館⑦,送母來依姊。無室可容,乃以母與女共一室,而李生别榻書齋,僅早晚同案食耳。

李生母親去世,往依岳父家生活。

① 詩見李白《相逢行》。"徘徊"當作"銜杯"。
② 冶游:舊指狎妓。
③ 睽(kuí)離:分離。因果:佛教指因緣和果報。種什麼因,結什麼果。
④ 中州:今河南一帶。
⑤ 内宿:夫妻同房。
⑥ 外家:岳父家。
⑦ 匝月:一整月。外姑:岳母。遠就館:到遠的地方教書。館:私塾。

閱兩載,李生入京規進取,外舅亦携家就幕江西①。後得信,云婦已卒。李生意氣懊喪,益落拓不自存②,仍附舟南下覓外舅。外舅已别易主人,隨往他所。無所棲託③,姑賣字餬口。一日,市中遇雄偉丈夫,取視其字曰:"君書大好,能一歲三四十金爲人書記乎④?"李生喜出望外,即同登舟。烟水淼茫,不知何處。至家,供張亦甚盛⑤。及觀所屬筆札,則綠林豪客也⑥。無可如何,姑且依止。慮有後患,因詭易里籍姓名⑦。

主人性豪侈,聲伎滿前⑧,不甚避客;每張樂⑨,必召李生。偶見一姬,酷肖其婦,疑爲鬼。姬亦時時目李生,似曾相識。然彼此不敢通一語。蓋其外舅江行,適爲此盜所劫。見婦有姿首⑩,併掠以去。外舅以爲大辱,急市薄槥,詭言女中傷死⑪。僞爲哭斂⑫,載以歸。婦憚死失身⑬,已充盜後房,故於是相遇。然李生信婦已死,婦又不知李生改姓名,疑爲貌似,故兩相失。大抵三五日必一見,見慣亦不復相目矣⑭。

李生在綠林豪客家與妻子意外相遇。

① 規:謀劃。進取:有所發展。就幕:去做幕僚。
② 益:更加。落拓:潦倒失意。不自存:無法維持生活。
③ 棲託:棲身依託。
④ 書記:做文書工作。
⑤ 供張亦甚盛:陳設布置很豪華。
⑥ 屬(zhǔ):囑託;委託。綠林豪客:聚集山林劫掠爲生的人。
⑦ 詭:欺詐作假。易:更改。里籍:籍貫。
⑧ 聲伎:歌妓。
⑨ 張樂:演奏樂曲。
⑩ 姿首:美麗的容貌。
⑪ 薄槥(huì):薄板棺材。中(zhòng)傷:受傷;受害。
⑫ 斂:收屍體入棺。
⑬ 失身:女子失去貞操。
⑭ 相目:互相看對方。

如是六七年,一日主人呼李生曰:"吾事且敗,君文士,不必與此難①。此黄金五十兩,君可懷之藏某處叢荻間,候兵退,速覓漁舟返。此地人皆識君,不慮其不相送也。"語訖,揮手使急去。伏匿未幾,聞閴然格鬭聲。既而聞傳呼曰:"盜已全隊揚帆去,且籍其金帛婦女②。"時已曛黑,火光中窺見諸樂伎皆披髮肉袒,反接繫頸③,以鞭杖驅之行,此姬亦在内。驚怖戰慄,使人心惻。明日島上無一人,癡立水次良久。忽一人棹小舟呼曰:"某先生耶?大王故無恙④,且送先生返。"行一日夜至岸。懼遭物色⑤,乃懷金北歸。

至則外舅已先返,仍住其家。貨所携,漸豐裕⑥。念夫婦至相愛,而結褵十載始終無一月共枕席⑦。今物力稍充,不忍終以薄槥葬，擬易佳木，且欲一睹其遺骨，亦夙昔之情⑧。外舅力沮不能止⑨，詞窮吐實。急兼程至豫章，冀合樂昌之鏡，則所俘樂伎分賞已久⑩，不知流落何所矣。每回憶六七年中咫尺千里，輒惘然如失；又回憶被俘時縲紲鞭笞之狀⑪，不知以後摧折更復若何，又輒腸斷也。從此不娶。聞後竟爲僧。

戈芥舟前輩曰："此事竟可作傳奇，惜未無結束，與《桃花扇》相等⑫。雖曲終不見，江上峰青，綿邈含情，正在烟波不盡，究未免增人怊悵耳⑬。"

李生逢亂，又逃離回外家。後得知事情真相，急赴江西尋妻，但終究未能如願。

① 與(yù)：參與其中。這裏指陷入；蒙受。
② 籍：登記入册。
③ 反接：反綁兩手。
④ 故：仍然；仍舊。
⑤ 物色：搜尋。
⑥ 貨：出售。
⑦ 結縭(lí)：縭是古時女子出嫁時繫的佩巾。結縭指代結婚。
⑧ 夙昔：往日。
⑨ 沮：阻止。
⑩ 豫章：漢代郡名。這裏指江西。樂(Lè)昌之鏡：南朝陳將亡的時候，駙馬徐德言把一面銅鏡破開，與妻樂昌公主各執一半，以此作爲失散後重新相見時的信物。後來夫妻果然得以團聚。後以"破鏡重圓"比喻夫妻團圓。事見唐孟棨《本事詩·情感》。分賞：指分別賞賜給他人。
⑪ 縲紲(léixiè)：捆綁。縲：捆綁犯人的繩索。紲：繩索。
⑫ 傳奇：小説體裁之一，内容情節多奇異。後明清戲曲也有稱傳奇的。無結束：無結尾。《桃花扇》：清代孔尚任寫有傳奇戲曲《桃花扇》，劇中的男女主人公以入山修道作結，後事不再記載，所以説

"無結束"。

⑬ 曲終不見,江上峰青:唐錢起《省試湘靈鼓瑟》詩:"曲終人不見,江上數峰青。"綿邈:悠遠的樣子。怊(chāo)悵:惆悵。

聊齋志異

《聊齋志異》是一部文言體短篇小說集。作者蒲松齡(1640—1715),清代文學家。字留仙,別號柳泉居士,世稱聊齋先生。淄川(今屬山東)人。蒲松齡家境貧困,屢試不第,長期在家鄉做塾師,對下層社會有較深刻的瞭解。作者積數十年之功寫成的這部作品以民間傳說爲基礎,加以豐富的想象,談狐說鬼,陰陽迭現,創造了衆多鮮明的形象。小說構思奇妙,情節曲折,語言生動,筆鋒辛辣,暴露了當時黑暗的社會現實,抨擊了荒謬的科舉制度和封建禮教,肯定了青年男女的真誠愛情,在中國文學史上占有重要的地位。

選文據會校會注會評本《聊齋志異》卷十一(上海古籍出版社一九七八年版)。

石清虛

【說明】小說寫一個名叫邢雲飛的人,愛石如命。他得到一塊奇石後十分珍愛,不料接連有"勢豪""尚書"等人爲將此石攫爲己有,無所不用其極。後經種種曲折,這塊奇石失而復得,終究"石與人相終始",說明了"天下之寶,當與愛惜之人"。

邢雲飛,順天人①。好石,見佳石,不惜重直②。偶漁於河,有物挂網,沉而取之,則石徑尺,四面玲瓏,峰巒叠秀③。喜極,如獲異珍。

記述邢雲飛偶得佳石。

① 順天:清順天府,即今北京市。

② 重直：大價錢。直：後作"值"。
③ 峰巒叠秀：形容石頭參差凹凸如一層一層的山巒。秀：秀美（的景色）。

　　既歸，雕紫檀爲座①，供諸案頭。每值天欲雨，則孔孔生雲，遥望如塞新絮②。有勢豪某踵門求觀③。既見，舉付健僕，策馬徑去④。邢無奈，頓足悲憤而已。

　　僕負石至河濱，息肩橋上⑤，忽失手，墮諸河⑥。豪怒，鞭僕。即出金僱善泅者，百計冥搜，竟不可見⑦，乃懸金署約而去⑧。由是尋石者日盈於河，迄無獲者⑨。後邢至落石處，臨流於邑⑩，但見河水清澈，則石固在水中⑪。邢大喜，解衣入水，抱之而出。攜歸，不敢設諸廳所，潔治内室供之⑫。

　　記述佳石被某勢豪强奪，失落水中又爲邢氏所得。

① 紫檀（tán）：紫檀木。木質堅硬，花紋美觀，是一種名貴的木材。
② 值：碰上。絮（xù）：絲綿。
③ 勢豪：惡霸，有勢力橫行不法的人。踵（zhǒng）：到。
④ 健僕：壯健的僕人。策：鞭打（馬）。
⑤ 息肩：把肩膀上背的東西放下來休息。
⑥ 諸：相當於"之於"，"之"指代石。
⑦ 冥（míng）搜：在昏暗的水中搜尋。竟：終究，到頭來。
⑧ 懸金：懸賞金錢。署約：簽署協約文字。署：在文書上簽名。
⑨ 迄（qì）：終究，到頭來。
⑩ 於邑（wūyì）：即"嗚唈"。嗚咽，抽泣。
⑪ 但：只。固在：原本就在。
⑫ 廳所：廳堂。潔治：整治乾净。

　　一日，有老叟款門而請，邢託言石失已久①。叟笑曰："客舍非耶②？"邢便請入舍，以實其無③。及入，則石果陳几上，愕不能言。叟撫石曰："此吾家故物④,失去已久,今固在此耶。既見之,請即賜還。"邢窘甚,遂與爭作石主⑤。叟笑曰："既汝家物,有何驗證？"邢不能答。叟曰："僕則故識之⑥：前後九十二竅,巨孔中五字云：'清虛天石供。'"邢審視,孔中果有小字,細如粟米,竭目力裁可辨認⑦。又數其竅,果如所言。邢無以對⑧,但執不與。叟笑曰："誰家物,而憑君作主耶⑨？"拱手而出。邢送至門外,既還,已失石所在。邢急追叟,則叟緩步未遠。奔牽其袂而哀之⑩。叟曰："奇哉！徑尺之石,豈可以手握袂藏者耶⑪？"邢知其神,強曳之歸,長跽請之⑫。叟乃曰："石果君家者耶？僕家者耶？"答曰："誠屬君家,但求割愛耳。"叟曰："既然,石固在是⑬。"入室,則石已在故處。叟曰："天下之寶,當與愛惜之人。此石能自擇主,僕亦喜之。然彼急於自見,其出也早,則魔劫未除⑭。實將攜去,待三年後始以奉贈⑮。既欲留之,當減三年壽數,乃可與君相終始⑯。君願之乎？"曰："願。"叟乃以兩指捏一竅,竅軟如泥,隨手而閉。閉三竅已⑰,曰："石上竅數,即君壽也。"作別欲去。邢苦留之,辭甚堅⑱。問其姓字,亦不言。遂去。

　　一位神秘的老叟向邢氏揭示了佳石的來歷,邢氏寧願減三年的壽命也要與佳石相終始。

① 款(kuǎn)門：敲門。託言：藉口。
② 客舍裏不是嗎？
③ 實：證實。
④ 故物：舊有的東西。
⑤ 窘(jiǒng)：窘迫。處境爲難,不知道該怎麼辦。遂：於是。
⑥ 僕(pú)：謙稱自己。故識：原本就知道。
⑦ 粟(sù)：穀子,去殼後叫小米。裁可：纔能。裁：通"纔"。
⑧ 無以：沒有……用來……。

⑨ 憑(píng):任憑。
⑩ 袂(mèi):衣袖。哀之:哀求他。
⑪ 手握袂藏:握在手裏藏在袖子裏。
⑫ 長跽(jì):長跪,兩膝著地挺直上身。
⑬ 固在是:原本就在這兒。
⑭ 自見(xiàn):自己顯露自己。見,後作"現"。魔劫:命中注定的災難。
⑮ 實將攜去:(我)實際上是要帶它離開。奉:敬辭。
⑯ 相終始:意思是永遠在一起。
⑰ 閉:(竅)閉合。已:完了。
⑱ 苦留:艱難地、費力地挽留。辭:辭別。堅:堅決。

積年餘,邢以故他出①,夜有賊入室,諸無所失②,惟竊石而去。邢歸,悼喪欲死③。訪察購求④,全無蹤跡。積有數年,偶入報國寺⑤,見賣石者,則故物也。將便認取,賣者不服,因負石至官。官問:"何所質驗⑥?"賣石者能言竅數。邢問其他,則茫然矣。邢乃言竅中五字及三指痕,理遂得伸⑦。官欲杖責賣石者⑧,賣石者自言以二十金買諸市,遂釋之。

有賊竊石而去,佳石又一次爲邢氏復得。

① 他出:外出到別的地方。
② 諸:表示複數,各樣東西。
③ 悼喪:悼、喪都是悲傷的意思。
④ 購:重價徵求。
⑤ 報國寺:在北京城南。
⑥ 何所質驗:有什麼驗證。
⑦ 伸:(事理)沒有被歪曲,展現出來。
⑧ 責:處罰。

邢得石歸，裹以錦，藏櫝中①。時出一賞，先焚異香而後出之②。有尚書某購以百金，邢曰："雖萬金不易也。"尚書怒，陰以他事中傷之③。邢被收，典質田産④。尚書託他人風示其子，子告邢，邢願以死殉石⑤。妻竊與子謀，獻石尚書家。邢出獄始知，駡妻毆子，屢欲自經⑥。家人覺救，得不死。夜夢一丈夫來⑦，自言"石清虛"。戒邢勿戚⑧："特與君年餘別耳⑨。明年八月二十日，昧爽時可詣海岱門，以兩貫相贖⑩。"邢得夢，喜，謹誌其日⑪。

　　某尚書爲霸占佳石陷害邢氏。石清虛給邢氏託夢，佳石又有了回歸的希望。

① 裹以錦：用錦緞包裹。櫝（dú）：木匣子。
② 異：奇異，不同尋常。出之：取出石頭。出：使……出。
③ 中（zhòng）傷：誣陷別人使受傷害。
④ 收：拘捕。典質：以財産作抵押。
⑤ 風（fěng）示：用含蓄的話暗示。殉（xùn）：爲……而死。
⑥ 經：上吊。
⑦ 丈夫：成年男子。
⑧ 戒：告誡。戚：悲傷。
⑨ 特：只。
⑩ 昧爽：黎明時分。海岱門：即今北京市的崇文門。貫：古代銅錢用繩穿，一千錢爲一貫。贖（shú）：這裏是買的意思。
⑪ 謹誌：小心地記下。

　　其石在尚書家，更無出雲之異，久亦不甚貴重之①。明年，尚書以罪削職，尋死②。邢如期至海岱門，則其家人竊石出售，因以兩貫市歸③。後邢至八十九歲，自治葬具，又囑子必以石殉。及卒，子遵遺教，瘞石墓中④。半年許，賊發墓，劫石去⑤。子知之，莫可追詰⑥。越二三日，同僕在道，忽見兩人，奔蹶汗流，望空投拜曰⑦："邢先生勿相逼，我二人將石去⑧,不過賣四兩銀耳。"遂縶送到官,一訊即伏⑨。問石,則鬻諸宮氏⑩。取石至,官愛玩,欲得之,命寄諸庫⑪。吏舉石,石忽墮地,碎爲數十餘片,皆失色。官乃重械兩盜論死⑫。邢子拾碎石出,仍瘞墓中。

記述邢氏死時以石陪葬,佳石於墓中被盜、又被某官劫取而終歸於邢家的曲折遭遇。

① 更無出雲之異:再也沒有"孔孔生雲"的奇異景象。貴重之:把石看得特別貴重。
② 削職:撤職。尋:不久。
③ 其家人:尚書的家裏人。因:於是。
④ 瘞(yì):埋葬。
⑤ 發:打開。劫:强取。
⑥ 追詰(jié):追究。
⑦ 奔躓(zhì):磕磕絆絆地跑。躓:跌倒,絆倒。投拜:身子仆倒下拜。
⑧ 將:拿。
⑨ 縶(zhí):捆綁。訊:審問。伏:承當(罪行)。
⑩ 鬻(yù):賣。
⑪ 玩:玩賞。寄:寄放,暫時存放。
⑫ 重械:很重的刑具。論:判罪。

異史氏曰①:物之尤者禍之府②。至欲以身殉石,亦癡甚矣③。而卒之石與人相終始④,誰謂石無情哉?古語云"士爲知己者死",非過也⑤。石猶如此,何況於人。

發表議論,説明石亦有情,又何況是人。

① 異史氏:《聊齋志異》中作者用異史氏的名義發表議論。
② 物之尤者:即珍奇之物。尤:特出的,優異的。禍之府:災禍聚集的地方。
③ 癡(chī):癡心,癡情,極度迷戀不能自拔。

④ 卒:到最後。
⑤ 士爲知己者死:語見《戰國策·趙策一》。士:士人。知己者:理解自己的人。

閱讀文選

王渙之①（《集異記》）

【説明】記載唐代詩人王昌齡、高適、王渙之的一段趣聞。

開元中,詩人王昌齡、高適、王渙之齊名②。時風塵未偶而遊處略同③。一日,天寒微雪,三詩人共詣旗亭,貰酒小飲④,忽有梨園伶官十數人登樓會讌⑤。三詩人因避席隈映⑥,擁爐火以觀焉。俄有妙妓四輩尋續而至,奢華豔曳,都冶頗極⑦。旋則奏樂,皆當時之名部也⑧。昌齡等私相約曰:"我輩各擅詩名,每不自定其甲乙,今者可以密觀諸伶所謳,若詩入歌詞之多者則爲優矣。"俄而一伶拊節而唱,乃曰:"寒雨連江夜入吴,平明送客楚山孤。洛陽親友如相問,一片冰心在玉壺⑨。"昌齡則引手畫壁曰:"一絶句。"尋又一伶謳之曰:"開篋淚霑臆,見君前日書。夜臺何寂寞,猶是子雲居⑩。"適則引手畫壁曰:"一絶句。"尋又一伶謳曰:"奉帚平明金殿開,强將團扇共徘徊。玉顏不及寒鴉色,猶帶昭陽日影來⑪。"昌齡則又引手畫壁曰:"二絶句。"渙之自以得名已久,因謂諸人曰:"此輩皆潦倒樂官,所唱皆《巴人下俚》之詞耳,豈《陽春白雪》之曲俗物敢近哉⑫?"因指諸妓之中最佳者曰:

"待此子所唱，如非我詩，吾即終身不敢與子爭衡矣；脫是吾詩，子等當須列拜牀下奉吾爲師。"因歡笑而俟之。須臾，次至雙鬟發聲，則曰："黃沙遠上白雲間，一片孤城萬仞山。羌笛何須怨楊柳，春風不度玉門關⑬。"渙之即撒歈二子曰⑭："田舍奴，我豈妄哉！"因大諧笑。諸伶不喻其故，皆起詣曰："不知諸郎君何此歡噱。"昌齡等因話其事，諸伶競拜曰："俗眼不識神仙，乞降清重，俯就筵席⑮。"三子從之，飲醉竟日。

① 選自唐薛用弱《集異記》（中華書局一九八〇年版）。王渙之：即唐代詩人王之渙。
② 開元：唐玄宗年號。
③ 風塵：宦途。未偶：未得到賞識和重用。遊處：日常的活動；交往。
④ 旗亭：酒樓。有酒旗懸挂，故名旗亭。貰（shì）酒：賒酒。
⑤ 梨園：唐玄宗時教練宫廷歌舞藝人的地方。伶官：樂官。讌（yàn）：通"宴"，宴飲。
⑥ 避席隈映：離開座位隱蔽在角落裏。
⑦ 艷曳：服飾艷麗飄動。都冶：美艷；漂亮。
⑧ 名部：有名的樂曲。
⑨ 詩爲王昌齡的《芙蓉樓送辛漸》。
⑩ 詩爲高適的《哭單父梁九少府》。"何寂寞"一本作"今寂寞"。
⑪ 詩爲王昌齡的《長信秋詞》之三。"強將"一本作"且將"。
⑫ 《巴人下俚》即《下里巴人》，指民間的通俗樂曲。《陽春白雪》指高雅的樂曲。見宋玉《對楚王問》。
⑬ 詩爲王之渙的《出塞》。
⑭ 撒歈（yéyú）：即"揶揄"。嘲笑；戲弄。
⑮ 清重：清高貴重的身份。

戴文進傳① （《虞初新志》）

【説明】戴文進本是一個鍛工，立志於自己的作品能夠傳世，通過艱苦努力，終究成了"名高一時"的畫家。

　　明畫手以戴進爲第一。進字文進，錢唐人也。
　　宣宗喜繪事，御製天縱②。一時待詔有謝廷循、倪端、石銳、李在，皆有名③。進入京，衆工妬之。一日在仁智殿呈畫，進進《秋江獨釣圖》，畫人紅袍垂釣水次。畫惟紅不易著④，進獨得古法入妙。宣宗閱之。廷循從旁跪曰："進畫極佳，但赤是朝廷品服，奈何著此釣魚！"宣宗頷之，遂麾去餘幅不視⑤。故進住京師頗窮乏。
　　先是，進鍛工也⑥。爲人物花鳥，肖狀精奇，直倍常工。進亦自得，以爲人且寶貴傳之。一日，於市見鎔金者；觀之，即進所造，憮然自失。歸語人曰："吾瘁吾心力爲此，豈徒得糈⑦？意將托此不朽吾名耳。今人爍吾所造亡所愛，此技不足爲也。將安托吾指而後可⑧？"人曰："子巧托諸金，金飾能爲俗習翫愛及兒、婦人御耳⑨。彼惟煌煌是覥⑩，安知工苦？能徙智於縑素⑪，斯必傳矣。"進喜，遂學畫，名高一時。
　　然進數奇，雖得待詔，亦轗軻亡大遇⑫。其畫疎而能密，著筆澹遠。其畫人尤佳，其真亦罕遇云⑬。予欽進鍛工耳，而命意不朽⑭，卒成其名。

① 選自清張潮輯《虞初新志》卷八（文學古籍刊行社一九五四年版）。作者毛先舒（1620—1688），字稚黃。清仁和（今浙江杭州）人。
② 宣宗：明宣宗朱瞻基。天縱：上天賦予才幹讓其充分發揮。縱：放任。
③ 待詔：這裏指待命供奉於内廷的人。
④ 著（zhuó）：著色。
⑤ 麾：揮動；揮手（示意）。
⑥ 鍛工：鍛鍊金屬製作器物的工匠。從下文看，戴進原來可能是製作首飾的匠人。
⑦ 瘁：勞累。徒：只。糈（xǔ）：糧食。

⑧ 把我的手放在哪里纔可以（實現我的志向）呢？
⑨ 御：用。
⑩ 煌煌是躭：沉醉於金銀首飾的光亮色澤。
⑪ 縑（jiān）素：繪畫用的絲織品。
⑫ 數奇（jī）：命運不好。數：命運的定數。轗（kǎn）軻：不得志。大遇：（皇帝）特別的賞識。
⑬ 真：（畫的）真跡。
⑭ 命意：用意；志向所在。

練習二

一、熟讀本單元講過的文章。
二、閱讀本單元的閱讀文選。
三、給下面句子中加點的字注音：
1. 買文元時爲參政，與有章有舊，乃薦爲館職。有詔候到任一年召試，明年除館閣校勘。（《夢溪筆談·盛文肅閱人物》）
2. 指爪及盌脣上皆可爲之，運轉尤速。（《夢溪筆談·指南針》）
3. 其法取新纊中獨繭縷，以芥子許蠟綴於針腰。（《夢溪筆談·指南針》）
4. 方入旅店時，門外有男子著紅帩頭，狀貌甚獰。（《池北偶談·女俠》）
5. 筆牀、水注、酒琖、茶甌、紙扇、棕拂之類皆極精緻。（《閱微草堂筆紀·游士》）
6. 又回憶被俘時縲絏鞭笞之狀，不知以後摧折更復若何。（《閱微草堂筆紀·李生恨事》）
7. 邢知其神，強曳之歸，長跽請之。（《聊齋志異·石清虛》）
8. 遂縶送到官，一訊即伏。問石，則鬻諸宮氏。（《聊齋志異·石清虛》）

四、解釋下面句子中加點的詞：
1. 盛公未嘗燕過客，甚器重者方召一飯。（《夢溪筆談·盛文肅閱人

物》）

2. 得一幕官，遂爾輕脫。君但觀之，必止於此官，志已滿矣。（《夢溪筆談·盛文肅閱人物》）

3. 嘗令人寫曆書，寫訖令附耳讀之。（《夢溪筆談·衛朴》）

4. 久之，持硃封鐍山門而入。（《池北偶談·女俠》）

5. 三更，大風驟作，山門君然而闢。（《池北偶談·女俠》）

6. 方愕然相顧，倏聞呼門聲甚厲。（《池北偶談·女俠》）

7. 未匝月，外姑之弟遠就館，送母來依姊。（《閱微草堂筆記·李生恨事》）

8. 竊隨其後，至車馬叢雜處，紅塵漲合，倏已不見，竟不知是鬼是仙。（《閱微草堂筆記·游士》）

9. 有勢豪某踵門求觀。既見，舉付健僕，策馬徑去。（《聊齋志異·石清虛》）

10. 尚書怒，陰以他事中傷之。（《聊齋志異·石清虛》）

五、把下面的句子譯成現代漢語：

1. 盛文肅爲尚書右丞知揚州，簡重少所許可。（《夢溪筆談·盛文肅閱人物》）

2. 有章殊不意，往見通判刁繹，具言所以。（《夢溪筆談·盛文肅閱人物》）

3. 人有故移其一算者，朴自上至下手循一遍，至移算處則撥正而去。（《夢溪筆談·衛朴》）

4. 方家以磁石磨針鋒，則能指南，然常微偏東，不全南也。（《夢溪筆談·指南針》）

5. 叩門久之，有老嫗出應。告以故，嫗云："但宿西廂不妨。"（《池北偶談·女俠》）

6. 役相戒勿夜寢，明燈燭，手弓刀伺之。（《池北偶談·女俠》）

7. 徒手握束香擲於地，衆皆仆。比天曉始甦，銀已亡矣。（《池北偶談·女俠》）

8. 吾曩在汴京見山谷、東坡，亦都似措大風味，不及近日名流有許多家事。（《閱微草堂筆記·游士》）。

9. 外舅以爲大辱，急市薄櫬，詭言女中傷死。（《閱微草堂筆記·李生恨事》）

10. 今物力稍充，不忍終以薄櫬葬，擬易佳木，且欲一睹其遺骨，亦夙

昔之情。(《閱微草堂筆記·李生恨事》)
11. 邢無以對,但執不與。叟笑曰:"誰家物,而憑君作主耶?"(《聊齋志異·石清虛》)
12. 官欲杖責賣石者,賣石者自言以二十金買諸市,遂釋之。(《聊齋志異·石清虛》)

六、查閲工具書,解釋下面語詞中加點的字:
1. 題字　啓封　讀竟　揭發　質樸　容顔　辛勞　表現　比年　再版　神色　廢棄
2. 興風作浪　小題大做　封山育林　難以啓齒　徒勞無功　負荆請罪　有志者事竟成　引而不發　表裏山河　比肩接踵　口誅筆伐　一而再再而三

常用詞

籌　但　發　奉　負　購　恨　景　竟
　　啓　窮　勝　徒　張　治

1. 籌

《説文解字繫傳》:"籌,人以之算數也。"指計算用的籌碼。《老子》二十七章:"善計不用籌策。"《儀禮·鄉射禮》:"箭籌八十。"《夢溪筆談·衛朴》:"大乘除皆不下照位,運籌如飛,人眼不能逐。"由計算引申爲謀畫;謀略。《三國志·吳書·周瑜傳》:"臣請爲將軍籌之。"《晉書·宣帝紀》:"今天下不耕者二十餘萬,非經國遠籌也。"雙音詞有[籌謀][籌畫]。

2. 但

《説文》:"但,裼也。"指脱衣露出上身。這個意思通作"袒"。借用作範圍副詞,表示限止:僅,只。《三國志·魏書·武帝紀》:"但賞功而不罰罪,非國典也。"《夢溪筆談·衛朴》:"朴能不用算推古今日月蝕,但口誦乘除,不差一算。"有時用在複句的後一個分句前,含有輕微轉折的意味,相當於"只是""不過"。曹丕《與吳質書》:"已成老翁,但未白頭耳。"《夢溪筆談·指南針》:"指爪及盌脣上皆可爲之,運轉尤速,但堅滑易墜,不若縷懸爲最善。"【提示】上古漢語中,表示轉折(但是)用"然"或"而",不用"但"。

3. 發

《説文》:"發,射發也。"把箭射出去。《孟子·盡心上》:"君子引而不發,躍如也。"《史記·李將軍列傳》:"度不中不發,發即應弦而倒。"由箭射出引申爲離去,使離去;出發;派發。《水經注·江水》:"有時朝發白帝,暮到江陵。"《後漢書·順帝紀》:"發諸郡兵救之,烏桓退走。"由箭的發出引申爲生出,發生。《淮南子·主術訓》:"是故草木之發若蒸氣。"《後漢書·華佗傳》:"此病後三期(jī)當發,遇良醫乃可濟救。"(三期:三年。)雙音詞有[發病]。由箭與弓的分開引申爲開啓;打開。《史記·刺客列傳》:"秦王發圖,圖窮而匕首見。"《晏子春秋·景公不知天寒》:"乃令出裘發粟,與飢寒。"《夢溪筆談·盛文肅閲人物》:"公得詩不發封,即還之。"雙音詞有[啓發][發掘]。

4. 奉

"奉"的本義是兩手捧著("捧"是"奉"的分化字)。《韓非子·和氏》:"楚人和氏得玉璞楚山中,奉而獻之厲王。"《史記·廉頗藺相如列傳》:"臣願奉璧往使。"引申爲恭敬地獻上;給予。《周禮·地官·大司徒》:"祀五帝,奉牛牲。"《左傳·僖公三十二年》:"天奉我也。"雙音詞有[奉獻]。由此引申爲供給;供養。《潛夫論·浮侈》:"以一奉百,孰能供之?"《晏子春秋·晏子辭千金不受》:"使吏致千金與市租,請以奉賓客。"雙音詞有[供奉][奉養]。由恭敬地捧持引申爲恭敬地對待,不敢有偏失違背;尊奉;遵從;奉事。《左傳·哀公六年》:"吾子奉義而行者也。"又《莊公五年》:"管夷吾、召忽奉公子糾來奔。"成語有[奉若神明]。虛化用作敬辭。《聊齋志異·石清虛》:"實將攜去,待三年後始以奉贈。"雙音詞有[奉陪][奉告]。

5. 負

《釋名·釋姿容》:"負,背也,置項背也。"指用脊背馱東西,和"背(bēi)"同源。《列子·湯問》:"命夸娥氏二子負二山,一厝朔東,一厝雍南。"《聊齋志異·石清虛》:"僕負石至河濱,息肩橋上。"成語有[負荆請罪]。泛指承載;抱持;承擔。《莊子·逍遥遊》:"水之積也不厚,則其負大舟也無力。"《淮南子·説林訓》:"負子而登牆,謂之不祥,爲其一人隕而兩人傷。"《後漢書·羊續傳》:"其小弱者,悉使負水灌火。"由背引申爲背靠著;依靠(抽象義)。《禮記·孔子閒居》:"子夏蹶然而起,負牆而立。"《左傳·襄公十四年》:"昔日秦人負恃其衆,貪於土地,逐我諸戎。"成語有[負隅頑抗]。由背向引申爲背棄。《史記·匈奴列傳》:"明告諸吏,使無負約。"成語有[忘恩負義]。

6. 購

《説文》:"購,以財有所求也。"指懸賞徵求;重金徵求。購的對象可以是人,不同於後來的買。《史記·項羽本紀》:"吾聞漢王購我頭千金,邑萬户。"《漢書·季布傳》:"高祖購求布千金。"雙音詞有[購捕][購拿],指懸賞緝捕,懸賞捉拿。引申爲求取。劉禹錫《武陵北亭記》:"自吾之治於斯也,購徒庀(pǐ)材,大起堙(yīn)廢。"(庀:備辦。堙廢:荒廢。)後指收買。龔自珍《病梅館記》:"予購三百盆,皆病者,無一完者。"

7. 恨

"恨"在古代主要是遺憾的意思。《荀子·成相》:"不知戒,後必有恨。"諸葛亮《出師表》:"未嘗不嘆息痛恨於桓靈也。"引申爲悔恨。《史記·魏其武安侯列傳》:"兩人相爲引重,其游如父子然,相得驩(huān)甚,無厭,恨相知晚也。"(引重:推重。)由極度的遺憾不滿引申爲怨恨。葛洪《〈抱朴子外篇〉自叙》:"見侵者則恨之入骨,劇於血仇。"(劇:甚。)杜牧《泊秦淮》:"商女不知亡國恨,隔江猶唱後庭花。"

8. 景

《説文》:"景,光也。"指日光。江淹《別賦》:"日出天而曜景,露下地而騰文。"范仲淹《岳陽樓記》:"至若春和景明,波瀾不驚。"引申指風光;景象。鮑照《舞鶴賦》:"景物澄廓。"謝靈運《擬魏太子鄴中集詩序》:"天下良辰、美景、賞心、樂事,四者難并。"有日光則物有影,景又有影義(讀 yǐng)。《管子·宙合》:"景不爲曲物直,響不爲惡聲美。"這個意思後寫作"影"。

9. 竟

《玉篇》：“竟，終也。”終了；完結。《漢書·高帝紀》：“歲竟，此兩家常折券棄責(zhài)。”(責：債。)《晉書·謝安傳》：“看書既竟，便攝放牀上。”熟語有［未竟之業］。引申爲從頭到尾。《史記·酷吏列傳》：“吳楚已破，竟景帝不言兵，天下富實。”雙音詞有［竟日］［竟夜］。引申作副詞用：到頭來，最終。《漢書·耿弇傳》：“有志者事竟成也。”《聊齋志異·石清虛》：“即出金僱善泅者，百計冥搜，竟不可見。”最終的結果與事理相背而出乎意料，引申爲居然。《史記·陳丞相世家》：“及吕后時，事多故矣，然(陳)平竟自脱。”

10. 啓

《廣雅·釋詁三》：“啓，開也。”打開。甲骨文有"启"字，象以手開門。"啓"是"启"的分化字。《禮記·月令》：“啓户始出。”《漢書·賈誼傳》：“適啓其口，匕首已陷其匈矣。”《池北偶談·女俠》：“衆急持械以待，而廨門已啓。”雙音詞有［啓封］［啓齒］。抽象引申爲開導；啓發。《説文》：“啓，教也。”《論語·述而》：“不憤不啓。”(憤：因問題不能解決而憋悶。)雙音詞有［啓蒙］。開啓是一個過程的起始，引申爲開始；創始。《顔氏家訓·慕賢》：“齊亡之迹，啓於是矣。”雙音詞有［啓動］［啓程］。由打開又引申爲展開；拓展。《韓非子·有度》：“齊桓公并國三十，啓地三千里。”轉指展開論述：陳述；報告。《三國志·蜀書·董和傳》：“來相啓告。”雙音詞有［啓稟］。

11. 窮

《説文》：“窮，極也。”指(空間、時間)的終極；達到極限。《尚書·微子之命》：“與國咸休，永世無窮。”(休：美。)《楚辭·九歌·雲中君》：“橫四海兮焉窮？”雙音詞有［窮極］［窮盡］。成語有［無窮無盡］。由空間的終極引申爲荒遠；偏僻。《淮南子·原道訓》：“處窮僻之鄉，側谿谷之間。”成語有［窮鄉僻壤］。由達到極限引申爲無路可走；困窘(與“通”“達”相對)。《吕氏春秋·慎人》：“孔子窮於陳蔡之間。”《列子·北宫子一言而能瘖》：“汝造事而窮，予造事而達。”(造事：做事。)抽象引申爲不得志。《孟子·盡心上》：“窮不失義，達不離道。”【提示】上古時“窮”和“貧”有别，後混同。“窮”側重指生活上的困窘無出路。《孟子·梁惠王下》：“老而無妻曰鰥，老而無夫曰寡，老而無子曰獨，幼而無父曰孤：此四者，天下之窮民而無告者。""貧"指缺少衣食錢財（與"富"相對）。《管子·問》："問邑之貧人債而食者幾何家？"

12. 勝

《說文》："勝，任也。"能夠承擔；承受得起（舊讀 shēng）。《史記·項羽本紀》："沛公不勝杯杓。"《韓非子·揚權》："枝大於本，將不勝春風。"又有盡的意思（舊讀 shēng）。《孟子·梁惠王上》："不違農時，穀不可勝食也。"成語有［數不勝數］［不勝枚舉］。由能夠承擔起來引申爲制服；克制。《論語·子路》："善人爲邦百年，亦可以勝殘去殺矣。"（勝殘：制服殘暴之人。）《孟子·告子上》："仁之勝不仁也，猶水之勝火。"特指戰勝。《管子·七法》："故十戰十勝，百戰百勝。"引申爲勝過；超過。白居易《憶江南》："日出江花紅勝火。"由此引申爲優越；美好；佳妙。《史記·高祖本紀》："秦形勝之國，帶河山之險。"范仲淹《岳陽樓記》："予觀夫巴陵勝狀，在洞庭一湖。"雙音詞有［勝境］。用作名詞，指優美的山水古迹。孟浩然《與諸子登峴山》："江山留勝迹，我輩復登臨。"雙音詞有［名勝］。

13. 徒

《說文》："徒，步行也。"這是本義。《周易·賁卦》："舍車而徒。"《列子·北宮子一言而能瘳》："居則蓬室，出則徒行。"步行不憑藉交通工具，引申爲無憑藉的；空的。《論語·陽貨》："夫召我者，豈徒然哉！"（徒：無緣無故。）《池北偶談·女俠》："徒手握束香擲於地，眾皆仆。""徒"由步行轉指兵車下的步卒（與兵車上的車兵相對）。《詩經·魯頌·閟宮》："公徒三萬。"引申指隨從的人。《左傳·昭公四年》："旦而皆召其徒，無之。"引申泛指同一類人；徒眾。《呂氏春秋·報更》："與天下之賢者爲徒，此文王之所以王也。"雙音詞有［黨徒］。特指門徒。《論衡·問孔》："論者皆云孔門之徒七十子之才勝今之儒。"

14. 張

《說文》："張，施弓弦也。"指上弓弦（與"弛"相對）。《詩經·小雅·吉日》："既張我弓，既挾我矢。"轉指樂器上弦；演奏。《漢書·董仲舒傳》："竊譬之琴瑟不調，甚者必解而更張之。"《莊子·天運》："帝張《咸池》之樂於洞庭之野。"《閱微草堂筆記·李生恨事》："每張樂，必召李生。"由上弓弦引申爲設置；布設。《史記·孝武本紀》："張羽旗，設供器，以禮神君。"

《閱微草堂筆記·李生恨事》:"至家,供張亦甚盛。"成語有[張燈結綵]。由弓上弦引申指把弓弦拉緊;開弓。《漢書·嚴延年》:"(盜賊)浸浸日多,道路張弓拔刃,然後敢行。"又《王尊傳》:"使騎吏五人張弓射殺之。"由拉開弓引申爲展開;擴大。《左傳·昭公十四年》:"臣欲張宮室也。"《史記·廉頗藺相如列傳》:"相如張目斥之。"成語有[綱舉目張][虛張聲勢]。

15. 治

《廣韻·至韻》:"治,理也。"治的基本義是治理。《孟子·告子下》:"禹之治水也,水之道也。"(水之道:順乎水的本性。)處治的對象可以有多種(治人、治田、治罪、治兵、治學、治心等)。多指治國,管理社會。《戰國策·秦策一》:"商君治秦,法令至行。"《禮記·大學》:"治國在齊其家。"雙音詞有[統治]。引申爲處治得合理有序(與"亂"相對)。《莊子·人間世》:"以禮飲酒者,始乎治,常卒乎亂。"特指社會安定太平。《周易·繫辭下》:"君子安而不忘危,存而不忘亡,治而不忘亂。"成語有[長治久安]。

古漢語常識

古代漢語常用工具書(上)

學習古代漢語,經常會碰到字、詞、句等方面的障礙,還會碰到一些成語典故、人名地名和歷史文化等方面的問題,解決這些問題都需要利用有關的工具書。針對古代漢語的學習,這一節選擇一些常用的字典辭書,介紹它們的性質、體例、內容、特點和使用方法,幫助大家利用這些工具書。

一 字典辭書的編排體例

字典以釋字爲主(字典過去叫字書,稱"字典"是從《康熙字典》開始的),以字爲單位按一定的次序編排,解釋字的讀音、意義和用法(有的只解釋音義)。以解釋詞語爲主的工具書叫詞典或辭典,解釋詞語的讀音、意義和用法。詞語有兩大類:一類是語文性的詞語(包括虛詞、成語),還有一類是百科性的詞語(如人物、事件、制度、書名、地名、專科術語等)。字典、詞典可以統稱爲辭書[①]。

古代漢語的單音詞占優勢,一個字常常對應一個或幾個詞。過去字詞不分,不論是解釋字還是解釋詞的工具書,往往都稱爲字書。到了後來,複音詞占了優勢,字典和詞典纔有了相對的分工。

(一)字典辭書的編排

字典辭書的字詞編排大致有三種形式:按音序編排、按部首和筆畫編排、按四角號碼編排。

1. 按音序編排

音序就是字的讀音的順序。現在通行的是按照漢語拼音字母順序排列,如《新華字典》《現代漢語詞典》《古漢語常用字字典》等。在《漢語拼音方案》公布以前,有些字典詞典是按注音字母來排列的(如《國語詞典》就是按照注音字母ㄅㄆㄇㄈ的順序排列)。古代的工具書,有的按平上去入四聲(如清代學者劉淇編寫的《助字辨略》)、《廣韻》206韻或《平水韻》106韻排列(如清代編纂的《佩文韻府》),也有的按傳統的三十六字母排列(如清代學者王引之編寫的《經傳釋詞》)。

2. 按部首和筆畫編排

這類辭書把同一部首的字歸在一起,部首的次序依筆畫多少安排,同部首的字也以筆畫的多少爲序;筆畫相同的字多以起筆的筆形("一丨丿丶乛")爲序排列。這裏有幾點需要注意:

第一,部首和分析漢字結構時説的意符的概念並不完全等同。部首的"部"是編寫字典詞典按漢字形體結構分的類,把同類漢字共有的部分(主要是偏旁)作爲標志排在各部之首就是部首。意符是漢字形聲字結構中表示意義的部分,是就分析字形説的。一個形聲字的意符不一定就是部首,二者不全是一一對應的關係。比如"到"是一個形聲字(從至,刀聲),意符是"至",但在《漢語大字典》中"到"歸入"刀"部。

第二,不同的字典部首的設置不完全相同。例如第三版的《辭源》分

[①] 詞典現多指以收錄語文性詞語爲主的工具書(如《現代漢語詞典》),辭典偏重收錄百科方面的詞條(如《辭海》)。

爲 214 個部首,第二版《漢語大字典》分爲 200 個部首,第六版《辭海》分爲 201 個部首,《新華字典》和《現代漢語詞典》也分爲 201 個部首。由於部首設置不同,同一個字在不同的字典中可能隸屬於不同的部首。如"罩"字,在《漢語大字典》中歸"网"部,在《新華字典》中歸"罒"部。

第三,在歸部原則上古今也有差異。古代是"以義歸部",即選取漢字中與該字字義關係最密切的部分作爲部首。現代的辭書爲了檢字方便,是"據形定部"(如"從左、上、外位置取部首"等)。如"聞"字,《辭源》歸"耳"部,《辭海》則歸入"門"部。

3. 按四角號碼編排

四角號碼是把每個字看作有四個角,給每個角定一個號碼,再把漢字按照四個號碼組成的四位數順序進行排列(比如《四角號碼新詞典》,第六版《辭海》也附有四角號碼檢字)。四角號碼有一個口訣是:橫一垂二三點捺,叉四插五方框六,七角八八小是九,點下有橫變零頭。比如"清"字:先取左上角③,次取右上角⑤,再取左下角①,最後取右下角②,這樣"清"的檢字號碼就是"3512"。

三種編排方式比較,如果知道字的讀音,依照音序檢字就很快,但前提是必須知道字的讀音。按部首和筆畫編排的辭書,優點是不知道字的讀音也可以找到字,但如果不熟悉一個字的筆畫多少和筆畫順序就容易出錯。四角號碼檢字法的優點是檢字速度快,缺點是規則一時不容易掌握。

(二) 字典辭書的注音方式

1. 直音法

即用一個同音字注音。例如《說文解字》:"孆,讀若癸。"《康熙字典》:"屯,音肫。"

直音法的局限很明顯,如果某個字沒有同音字,或者它的同音字是一個很難的字,那就難以讀出這個字的音。

2. 反切法

這是中國古代字書中比較普遍的一種注音方式。一般稱"××反"或"××切",是用兩個漢字拼注一個漢字的讀音(前面一個字稱反切上字,後面一個字稱反切下字)。拼讀的規則是:反切上字與被切字聲母相同,反切下字與被切字韻母、聲調相同。如《廣韻·麻韻》"誇,苦瓜切",取"苦"的聲母"k"跟"瓜"的韻母及聲調"uā"相拼,得出"誇"的讀音爲

"kuā"。不過,掌握這種方法要瞭解古今語音演變的規律,需要具備一些音韻學方面的知識(參《古書的讀音》一節)。

3. 叶(xié)音法

叶音法是臨時改變字的讀音來求得音讀和諧的一種注音方法。如《康熙字典》對"貧"字的解釋:"又《韻補》叶頻眠切,音騈。歐陽修《送魏主簿》詩:'士欲見所守,視其居賤貧。何用慰離居,贈子以短篇。'"爲了跟"篇"押韻,就把"貧"的讀音改讀爲"騈"("叶頻眠切")。這樣隨意改讀是由於古人對語音演變缺乏正確的認識,是不科學的。

4. 用注音字母和漢語拼音字母注音

注音字母是《漢語拼音方案》頒布之前爲漢字注音和學習普通話制訂的一套字母。一九一三年由讀音統一會制訂,包括"ㄅㄆㄇㄈ"等四十個字母。注音字母在一九五八年《漢語拼音方案》公布前一直通行。現在有的字典在漢語拼音字母之後還加注注音字母。如《新華字典》:"江"字,除了注"jiāng",還加注"ㄐㄧㄤ";"見"字,除注了"jiàn",還加注"ㄐㄧㄢ"。

《漢語拼音方案》是給漢字注音和拼寫普通話語音的一套方案,一九五八年由全國人民代表大會批准公布,一九八二年國際標準組織承認爲拼寫漢語的國際標準。自一九五八年公布實行,新編字典辭書多用漢語拼音字母注音。

二 常用字典辭書

下面介紹學習古代漢語經常查閱的幾種字典辭書。

(一)《新華字典》

《新華字典》是新中國第一部現代漢語字典,首次出版於一九五三年,主要供初、中等文化程度的人使用。部頭小,釋義簡明,使用便捷,至今已重印二百多次,是最爲普及的漢語字典(第十一版《新華字典》收單字13000多個)。雖然是一部普及型的小字典,但收字包括了古代文獻中最常見的一些字詞,對我們初學古代漢語還是很有幫助的。如:

麀:古書上指母鹿。

耰:古代一種農具,用來弄碎土塊,使田地平整。

弑:古時候指臣殺君、子殺父母等行爲:～君｜～父。
适(適):⑤往,到:無所～從。㋺舊指女子出嫁:～人。
呦:[呦呦]形容鹿叫聲:～～鹿鳴。
黾(黽):[黾勉]努力,勉力:～從事。
莫:[莫邪]古寶劍名。

字典還特別用提示"〈古〉"表示某個字的古代意義或古代用法。如:

浡:〈古〉興起,涌出:～然而興。
莫:〈古〉又同"暮"(mù)。
趋(趨):①快走:～而迎之。〈古〉又同"促"(cù)。

"莫"的本義是日暮時分,所以古書中又讀作"mù"(這一意義後來寫作"暮")。"趋(趨)"的本義是"快走"(如《論語·微子》有"孔子下,欲與之言。趨而辟之,不得與之言"的話),字典特別說明古代"又同'促'",告訴讀者這個字又借用來表示"促"的意義(如《荀子·王制》有"勸教化,趨孝弟"的話)。

(二)《現代漢語詞典》

《現代漢語詞典》是由中國社會科學院語言研究所詞典編輯室編寫的一部中型現代漢語詞典。第七版收各類單字13000多個,收詞69000多條,反映了現代漢語詞彙的基本面貌,是一部釋義比較精當、能夠體現目前漢語研究水準、影響廣泛的語文工具書。

同《新華字典》一樣,《現代漢語詞典》也收錄了不少古字、古義以及今天還在使用的文言詞語。以解釋今義爲主,間或列舉古義,説明詞義的源流,對初學古代漢語的人瞭解詞義的演變發展很有幫助。如:

盒^1 ān 古時盛食物的器具。
盒^2 ān〈書〉同"庵"①。
跽 jì〈書〉雙膝著地,上身挺直。
罢(罷) bà〈古〉又同"疲"pí。
陈^1(陳) chén〈古〉又同"陣"zhèn。
陛 bì〈書〉宮殿的臺階:石～。
【陛下】名 對君主的尊稱。
博【博士】名 ②古時指專精某種技藝的人:茶～｜酒～。③古代教授經學的一種官職,一般由博學和具有某種專門知識的人充任。

亡【亡羊補牢】羊丟失了,纔修理羊圈(語本《戰國策·楚策四》"亡羊而補牢,未爲遲也")。比喻在受到損失之後想辦法補救,免得以後再受類似的損失。

在注音方面,值得注意的是對破讀音的處理("破讀音"見《古書的讀音》一節)。詞典保留了一些破讀音,如:

衣 yì〈書〉穿(衣服);拿衣服給人穿:～布衣|解衣～我。

雨 yù〈書〉下(雨、雪等):～雪。

也有的音合并後標爲"舊讀",如:

比² bǐ(舊讀 bì)〈書〉①緊靠;挨著:～肩|鱗次櫛～。②依附;勾結:朋～爲奸。③近來:～來。④等到:～及。

騎(騎) qí③(舊讀 jì)騎的馬,泛指人乘坐的動物:坐～。④(舊讀 jì)騎兵,也泛指騎馬的人:輕～|鐵～|車～。

在條目安排方面,"形同音同而在意義上需要分別處理的,也分立條目"。如:

干¹ gān①古代指盾牌:～戈。

干² gān①〈書〉冒犯:～犯。③〈書〉追求(職位、俸祿等):～祿。

干³ gān〈書〉水邊:江～|河～。

干⁴ gān 天干:～支。

干⁵(△乾、*乹、*乾)gān……

(三)《古漢語常用字字典》

《古漢語常用字字典》是專門供學習古代漢語使用的一部小型字典,實用性強,特別適合一般讀者的需要。第五版共收古漢語常用字 6400 多個(不包括異體字),雙音詞 2500 多個,附錄有《古代漢語語法簡介》《怎樣學習古代漢語》。這部字典有下面一些主要特點。

第一,學習古漢語詞彙,最重要的掌握常用詞,這部字典精選古漢語中的常用詞、常用義,部頭不大,方便實用。

第二,重視詞義的概括性和詞義之間的演變關係。義項的排列先本義,次引申義,再後是假借義,便於讀者把握詞義發展的脈絡。比如"特"

（書證略）：

特 tè ①公牛。㊂雄性牲畜。②三歲或四歲的牲畜。③一頭牲，④單獨，獨自。㊄特此，特別。⑤傑出的。㊅奇特，奇異。⑥配偶。⑦只，僅，獨，不過。⑧卻，竟然。

依據字典的"凡例"：㊀表示很近的引申義；㊁表示相近而又並列的意義；㊂㊃表示特指；㊄表示泛指；㊅表示比喻義。

對於詞義發變化應注意的地方，特別用【注意】加以提示。如：

再【注意】在古代漢語中，"再"不是"再一次"的意思，如"三年再會"是說"三年之內會面兩次"，不是"三年之後再會"。

第三，字典十分重視同義詞、近義詞的辨析（用【辨】加以提示）。例如：

【辨】病，疾。"病"常指病得很重，"疾"則常指一般的生病。"疾病"連用時有兩種情況。一種情況，"病"含有"病重"的意思（此處例略）。另一種情況，"疾病"是同義搭配的雙音詞，和現代漢語沒有區別。

【辨】還用來提示古漢語中一些容易混同的字詞的區別。如：

【辨】復，覆，複。這三個字很少通用。只有"複"字的"夾層的""重複"的意義、"覆"字的"翻過來"的意義有時寫作"復"；"復"的"回答"意義也有寫作"覆"的。如"複道"寫作"復道"，"反覆"寫作"反復"，"復信"寫作"覆信"。但是"復"字的①②③⑤各項意義都不寫作"複"或"覆"。

第四，有些漢字因爲形體的簡化而導致意義的混淆，字典也予以辨析說明。例如：

【注意】在古代，"后"和"後"是兩個字，意義差別很大。"君王""君王的妻子"兩個意義都不寫作"後"。而"先後""前後"的"後"也很少寫作"后"。現"後"簡化爲"后"。

（四）《王力古漢語字典》

《王力古漢語字典》字典收單字 12500 多個（依 214 部首排列），酌收複音詞。字典標注字的現代音、中古音和上古音。釋義注意詞義的概括性和時代性,努力理清多義詞各義項之間的引申關係。字典特別設了五個欄目:"部首總論""備考""辨""同源字"和"按"。"部首總論"對同一部的字從意義上作必要的分類和說明;"備考"欄選收一些字的生僻義;"辨"是辨析同義詞;"同源字"從語源的角度説明同源字音近義通的歷史根據;"按"是對義項收錄的補充説明。這些欄目的設置能給讀者更多的信息。

《王力古漢語字典》努力體現王力的學術思想(如特別注意詞義的概括性;樹立歷史觀點,注意詞義的時代性;注意本義和引申義的關係等),信息量大,功能豐富,是一部適合不同層次讀者需要的工具書。

(五)《漢語大字典》

《漢語大字典》是一部以解釋漢字的形、音、義為主要內容的大型語文工具書,由國家有關部門組織編寫,參加編寫的有四川、湖北兩省的多位專家學者①。

這部字典"古今兼收,源流並重"。一是收字多,新修訂第二版共收楷書單字 60370 個;二是搜集的資料非常豐富,包括歷代的訓釋和各種文獻的用例;三是重視漢字形音義之間的聯繫,儘可能反映漢字形音義的歷史演變。《漢語大字典》的釋字包括析形、注音、釋義、書證四項。字形方面,收錄有代表性的甲骨文、金文、小篆和隸書形體,對一些漢字結構附有簡要解説。字音方面,除了標注現代音,還收列中古反切,標注聲、韻、調,上古音標注古韻部。釋義方面力求兼顧古今。例如"及"字:

《説文》:"及,逮也。从又从人。ㄟ,古文'及'。秦刻石'及'如此……"

---

① 字典按部首編排,在《康熙字典》214 部首的基礎上合并為 200 部首。後附《筆畫檢字表》和《音序檢字表》。

jí《廣韻》其立切,入緝韻。緝部。

❶追上。《說文》:"及,逮也。"徐鍇《繫傳》:"及前人也。"(後略)
❷至;達到。如:波及;由此及彼;力所能及。《廣雅·釋詁一》:"及,至也。"(後略)……⓫姓。

字典先出"及"的楷書字頭,然後列舉甲骨文、金文、小篆、隸書等形體,再引《說文解字》的訓釋和有關考釋,指明"及"是由"又"和"人"結合而成的會意字。字音方面,引用《廣韻》的反切,注明"及"的中古音爲入聲、緝韻、羣母,上古爲"緝"部字。字義方面,列舉的第一義項是"追上",確定這是"及"的本義。其後依次列舉的意義用法有十一項。

(六)《漢語大詞典》

《漢語大詞典》是由國家有關部門組織編寫的一部大型歷史性的漢語語文詞典,參加編寫的有山東、江蘇、浙江、安徽、福建、上海五省一市的專家學者。詞典第一版共十二卷,收單字約 22000 個,複字條目約 375000 條。①

《漢語大詞典》的編輯方針是"古今兼收,源流並重"。編排體例是以字帶詞:先釋字義,再列舉由該字組成的複字條目並加解釋。如"及"字的訓釋:

及[jí《廣韻》其立切,入緝,羣。]❶追上,趕上。(例略)❷至;到達。(例略)……⓯姓。

[及丁]成年。(例略)
[及己]植物名。(例略)
……
[及瓜而代]指爲官任職期滿,由人接替。(例略)
[及物動詞]又稱"他動詞""外動詞"。動詞的一種。(例略)
……

《漢語大字典》一是收詞宏富,廣泛收列古今漢語中的各類詞語,包括語文性詞語和百科條目,傳世文獻中的複音詞多能在這部詞典中找到,並由此可追尋一個詞的歷史演變過程。二是書證材料豐富,各義項之後一

---

① 《漢語大詞典》按部首編排,在《康熙字典》214 部首的基礎上合并爲 200 部首。後附《單字筆畫索引》和《單字漢語拼音索引》。

般都列舉三至四條書證材料。

(七)《辭源》

《辭源》是第一部以收錄古漢語詞語爲主、兼收百科詞條的大型語文工具書,始編於一九〇八年,一九三一年出版續編,一九三九年出版合訂本,一九五八年開始修訂工作。一九七六年又由國家統一規劃,組織廣東等四省區的專家學者啓動新一輪的修訂。至二〇一五年,又完成了第三版的修訂工作。第三版《辭源》收單字 14210 個,複音詞條 92646 條(特別是增加了一些百科條目)。《辭源》的編纂堅持"音義契合,古今貫通"的原則,主要用來解決閱讀古籍時遇到的語詞典故和古代名物典章制度等方面的問題(收詞一般止於一八四〇年鴉片戰爭),是閱讀古籍、從事古代文史研究的必備工具書。① 如第三版"長"字的訓釋:

> 長 1 cháng 直良切,平,陽韻,澄。陽部。
>
> 彳尢
> ㊀短之反。兩綫相較,贏者爲長。(例略)
> ㊂物體直徑之度爲長。(例略)
> ……
> 2 zhǎng 知丈切,上,養韻,知。陽部。
>
> 业尢
> ㊆幼之反,成人曰長。(例略)
> ㊇年歲大。(例略)
> ……
> 3 zhàng 直亮切,去,漾韻,澄。陽部。
>
> 业尢
> ㊄多,餘。(例略)

單字釋義之後列舉複音條目:

> 【長入】唐代稱常在皇帝左右的伶人……
> 【長干】㊀地名。……㊁故建康里巷名。……㊂樂府雜曲歌辭

---

① 《辭源》用繁體字,按《康熙字典》214 部首排列。附有《單字漢語拼音索引》和《四角號碼索引》《部首目錄》。

名。唐人多以"長干"名篇……

　【長₂使】女官名。……

　【長₂孫】複姓。……

　【長₃物】多餘之物。……

《辭源》中的"長"字，列出的音讀有3項，列出的意義有17項，列舉的複音詞目多達228條，十分詳盡。

（八）《辭海》

《辭海》以字帶詞，是一部集字典、語文詞典和百科詞典爲一體的大型綜合性辭書，和《辭源》比較，更注重收錄社會科學和自然科學方面的百科條目。

《辭海》上下册分別於一九三六年、一九三七年由中華書局出版，六十年代組織重新修訂。第七版《辭海》收單字18100餘個，另附繁體字和異體字4400餘個。字頭下收列多字詞目，包括普通詞語和百科詞語共110700餘條①。

與《辭源》比較，《辭海》偏重收錄百科條目，這兩部工具書的不同功用從所收詞語條目就可以看出來。即使是同一條目，兩書的釋義也有不同。比如《辭海》第七版"水龍"一詞的釋義是：

　　水龍（Ludwigia peploides ssp. stipulacea）亦稱"黄花水龍""丁香蓼""過江藤"。柳葉菜科。多年生浮水草本。根狀莖橫生泥中，上升莖在開花時高達60厘米，節上生根。葉長圓形。夏季開花，黄色，單生葉腋。蒴果圓柱形。有十縱棱，種子嵌入內果皮內。生於水田或淺水池塘中。中國分布於浙江、安徽、江西、福建、廣東；日本亦產。全草供藥用。

第三版《辭源》"水龍"的釋義是：

　　【水龍】指水軍的戰船。三國吳時童謠曰："不畏岸上虎，但畏水中龍。"其後晉王濬以舟師直入建業，滅吳。事見晉書 五行志中、羊祜傳、王濬傳。後因以水龍爲戰船的別稱。北周庾信庾子山集十四

---

① 《辭海》字頭和詞條以音序編排，後附《部首索引》《筆畫索引》《四角號碼索引》和《詞目外文索引》。

周柱國楚國公岐州刺史慕容公神道碑："水龍競雙刀之勢,步奇(騎)陳四分之威。"

可以看出,對同一條目"水龍"的解釋,《辭海》《辭源》有所不同。《辭海》著眼於"水龍"的植物學意義,《辭源》著眼於它的語文義,還特別關注詞語的出典。

(九)《古代漢語虛詞通釋》《古代漢語虛詞詞典》

《古代漢語虛詞通釋》出版於一九八五年。這是新中國成立後出版的一部較爲完備的古代漢語虛詞詞典,共收單音虛詞549個(加上異體字和通用字,共計639個),還收錄複音虛詞和固定詞組660多個(所收虛詞分副詞、介詞、連詞、助詞、語氣詞、感嘆詞、助動詞、代詞、不定數詞九類)。詞目的確定參照了前人和當代學者的同類著作,對大量的古籍進行了調查(特別是先秦影響較大的著作),基本上涵蓋了古漢語中的常用虛詞。

詞典對每個虛詞標注讀音和詞類,解釋意義和用法並列舉書證。一些條目正文之後另有"[附]"一節,介紹與該虛詞同形的實詞。有些不適合在正文講述的內容,也在[附]中作適當交代。詞典用現代語言學理論研究文言虛詞,從形式和意義相結合的角度説明虛詞的特點,關注虛詞在句法結構中的功能分布和語法作用,避免了訓詁式的訓釋弊病。書中所舉文言例證多有現代漢語的翻譯,生僻字加注音,方便了讀者使用。

中國社會科學院語言研究所古代漢語研究室主編的《古代漢語虛詞詞典》在《古代漢語虛詞通釋》的基礎上擴充而成。共收單音虛詞762條,複合虛詞491條,慣用詞組289條,固定格式313條,共計1855條。除收錄古代漢語虛詞,還酌收了部分近代漢語虛詞,是目前收錄虛詞最多的文言虛詞詞典。這部詞典注重對虛詞歷史變化的考察,説明虛詞在不同歷史時期的不同用法或語法意義,對學習和研究古代漢語虛詞很有幫助。

另外,臺灣中文大辭典編纂委員會編纂的《中文大辭典》也是一部大型綜合性辭書。辭典收單字49888個,複音詞目371271條。詞目包括語文性詞語和百科條目,資料豐富,涉及範圍很廣,可供參用。

第三單元

講讀文選

李翱

　　李翱(772—841),唐代散文家、哲學家。字習之。隴西成紀(今屬甘肅)人,一說趙郡(今屬河北)人。謚號文。他曾向韓愈學習古文,文學創作的主張跟韓愈大致相同。著作有《李文公集》等。

　　選文據四庫全書本《李文公集》卷十二,略有删節。

楊烈婦傳

　　【説明】堅守義節的婦女稱爲烈婦。楊烈婦是一位縣令的妻子,在縣城被叛軍包圍的危難時刻,她挺身而出,發動吏人百姓保衛家鄉,激勵丈夫堅守抗敵,取得了最終的勝利。文章對這樣一位有智有勇、忠於國家的女子高度贊揚。

　　建中四年,李希烈陷汴州①。既又將盜陳州,分其兵數千人抵項城縣②,蓋將掠其玉帛,俘纍其男女,以會於陳州③。

　　叛軍一路取勝,直抵項城縣。

① 建中四年(783):建中是唐德宗年號。李希烈:唐德宗時爲淮寧節度使,建中四年發動叛亂。汴州:今河南省開封市。
② 既:表示一件事情過去或一種行爲完成後不久。盜:侵襲。陳州:今屬河南,在汴州南。抵:到達。項城縣:在陳州南,今屬河南。
③ 蓋:副詞,放在句首表示推斷。掠:奪取。玉帛:財物。俘纍(léi):俘獲拘繫。纍:捆綁。

　　縣令李侃不知所爲①,其妻楊氏曰:"君縣令,寇至當守;力不足,死焉,職也②。君如逃,則誰守?"侃曰:"兵與財皆無,將若何③?"楊氏曰:"如不守,縣爲賊得矣!倉廩皆其積也,府庫皆其財也,百姓皆其戰士也④,國家何有⑤?奪賊之財而食其食,重賞以令死士,其必濟⑥!"

　　于是召胥吏百姓於庭⑦,楊氏言曰:"縣令誠主也⑧;雖然,歲滿則罷去,非若吏人百姓然⑨。吏人百姓,邑人也⑩,墳墓存焉,宜相與致死以守其邑⑪。忍失其身而爲賊之人耶⑫?"衆皆泣,許之。乃徇曰⑬:"以瓦石中賊者與之千錢⑭,以刀矢兵刃之物中賊者與之萬錢。"得數百人,侃率之以乘城⑮。楊氏親爲之饗以食之,無長少必周而均⑯。使侃與賊言曰:"項城父老,義不爲賊矣,皆悉力守死⑰。得吾城不足以威,不如亟去⑱;徒失利,無益也⑲。"賊皆笑。有蜚箭集于侃之手⑳,侃傷而歸。楊氏責之曰:"君不在,則人誰肯固矣㉑?與其死于城上,不猶愈於家乎㉒?"侃遂忍之,復登陴㉓。

記述楊烈婦深明大義,激勵丈夫堅守城池,發動百姓英勇抗敵。

① 不知所爲:不知道怎麼辦。爲:做。
② 力量不夠,就死在(抗敵)這件事上,這是你的職分。焉:代詞。相當於"於此"。職:職分,在一定的職務範圍內應當做的事。
③ 若何:如何,怎麼辦。

④ 倉廩(lǐn)皆其積：倉庫裏都是他們聚集的糧食。倉廩：糧倉。其：指代叛軍。府庫皆其財：府庫裏都是他們的財物。府庫：存放財物、器械的地方。百姓皆其戰士：百姓都是他們的戰士。這幾句是說，如果項城縣被攻破，一切都會被叛軍掠奪。

⑤ 何有：有什麼。疑問代詞"何"作動詞"有"的賓語前置。

⑥ 奪賊之財而食其食：意思是現在就利用縣城一旦攻破後為叛軍所有的財物和糧食。其食：叛軍的糧食。令死士：指揮那些不怕死的勇士。令：動詞，號令。濟：成功。

⑦ 胥(xū)吏：官府中沒有官階的吏人差役。

⑧ 誠主：固然是一縣之主。

⑨ 歲滿：官員規定的任職年限期滿。罷去：（一件事）做完離開。非若吏人百姓然：並非像吏人百姓這樣。意思是吏人百姓不會離開這裏。若……然：像……一樣。

⑩ 邑人：本縣的人。邑：人聚居的城鎮。

⑪ 存焉：在這裏。宜：應當。相與：在一起，共同。致死：拼著性命。

⑫ 失其身：指被叛軍俘獲。

⑬ 徇(xùn)：通"徇"，宣布。

⑭ 中(zhòng)：擊中，打中。千錢：一千文錢。

⑮ 乘城：登上城牆。

⑯ 爨(cuàn)：燒火做飯。食(sì)之：給他們吃。無長少必周而均：不論年長年幼都能得到飯食，而且很公平。周：沒有缺漏。均：均衡。

⑰ 義不為賊：堅守大義不順從叛賊。悉力：全力。守死：守城到死。

⑱ 威：顯示威力。亟(jí)：趕快。

⑲ 徒：白白地。

⑳ 蜚(fēi)：通"飛"。集：射中。《新唐書·列女傳》："偘中流矢。"

㉑ 固：固守，堅持守衛。

㉒ 如果死在城上，不是比死在家裏更好嗎？與其：如果。

㉓ 遂：於是。復：又。陴(pí)：城上的小牆。這裏指城牆。

項城，小邑也，無長戟勁弩、高城深溝之固①。賊氣吞焉，率其徒將超城而下②。有以弱弓射賊者③，中其帥，墜馬死。其帥,希烈之壻也④。賊失勢,遂相與散走⑤。項城之人無傷焉。

刺史上侃之功,遷絳州太平縣令⑥。楊氏至茲猶存⑦。

記述擊退叛軍的進攻,最終取得項城保衛戰的勝利。

① 勁弩(nǔ):強有力的弓。弩:弓的一種,設有機關用來發箭。城:城墙。溝:護城河。
② 賊氣吞焉:叛賊的氣焰囂張,好像要把項城一口吞掉。徒將:部下的兵卒將領。超:跳過;躍過。下:攻下。
③ 弱弓:一般的弓,對上文"勁弩"而言。
④ 希烈之壻:李希烈的女婿。壻:同"婿"。
⑤ 失勢:氣勢喪失。
⑥ 刺史:州的長官。這裏指陳州刺史。上侃之功:把李侃的功勞上報朝廷。遷:升遷。太平縣比項城縣的級別高,所以是升遷。絳州太平縣:在今山西省。一本"遷"前有"詔"字。詔:皇帝的命令。
⑦ 茲(zī):此(時)。

婦人女子之德,奉父母舅姑盡恭順①,和於姊姒②,於卑幼有慈愛而能不失其貞者,則賢矣③。至於辨行陣,明攻守勇烈之道,此公卿大臣之所難④。厥自兵興,朝廷寵旌守禦之臣⑤。憑堅城深池之險,儲蓄山積,貨財自若⑥,冠冑服甲負弓矢而馳者不知幾人⑦。其勇不能戰,其智不能守,其忠不能死,棄其城而走者有矣⑧。彼何人哉⑨!楊氏者,婦人也。孔子曰:"仁者必有勇。"楊氏當之矣⑩。

贊揚楊氏雖然是一個女子,但遠勝過那些朝廷的"守禦之臣"。

① 奉:事奉。舅姑:公公和婆婆。盡恭順:盡恭敬順從之禮。
② 姊:姐姐,這裏指姐妹。姒(sì):嫂子,這裏指妯娌(zhóuli)。哥哥的妻子和弟弟的妻子合稱妯娌。

③ 卑幼：晚輩。貞：（女子的）貞操（如不失身、不改嫁等）。賢：有德行。
④ 辨行(háng)陣：懂得排兵布陣。辨：辨識，明白。行陣：軍隊作戰時的行列和組合方式。勇烈之道：指用兵作戰的學問。此公卿大臣之所難：這是公卿大臣也不容易做到的事情。
⑤ 厥(jué)：句首語氣詞。兵興：起兵。公元八世紀中葉唐王朝發生安史之亂，此後屢有叛亂發生。這裏兵興指安史之亂後朝廷對地方割據勢力的征討。寵旌(chǒngjīng)：優待；表彰。旌：表彰。守禦之臣：守衛國土、抵禦叛軍的臣子。
⑥ 儲蓄山積：儲積的物品堆積如山。貨財：錢財。自若：（活動）自如。意思是（錢財寬裕）行動不受拘束限制。
⑦ 冠冑(guànzhòu)：戴著頭盔。服甲：穿著鎧甲。負弓矢而馳：手持弓箭武器往來馳騁。不知幾人：不知有多少人。這是說平時"憑堅城深池之險，儲蓄山積，貨財自若"且全副武裝往來馳騁的武將很多。
⑧ 走：逃跑。有：（戰時這樣的人）有的是。
⑨ 那是些什麼樣的人啊！作者這樣說是表示自己對"棄其城而走者"的憤慨和斥責。
⑩ 仁者必有勇：語見《論語·憲問》。意思是有仁德的人必然有勇。當(dāng)之：當得起這句話。

柳宗元

柳宗元(773—819)，唐代著名文學家，爲唐宋八大家之一。字子厚。祖籍河東解（今屬山西）人，世稱柳河東。官至禮部員外郎。永貞革新失敗後被貶爲永州司馬，後又任柳州刺史，又稱柳柳州。柳宗元和韓愈都是古文運動的倡導者，並稱"韓柳"。他的散文形式多樣，其寓言、山水遊記和短篇傳記尤有特色，筆鋒銳利，多有寄託，社會性強。說理文峭拔矯健，條理謹嚴。著作有《河東先生集》。

選文據《柳宗元集》卷八《行狀》（中華書局一九七九年版）。

段太尉逸事狀①

【説明】段秀實是唐代一位仁厚廉潔、忠貞盡職的地方官。柳宗元二十二歲時訪得段秀實的很多逸事。二十年後,他在永州貶所寫成此文並呈史館。文章寫的是真人真事,記述的三件逸事表現了段秀實仁厚愛民、忠勇盡職、清廉剛正的品格。後人稱譽此文"學《史》《漢》而能成自然","文筆酷似子長(司馬遷)"。

太尉始爲涇州刺史時,汾陽王以副元帥居蒲②。王子晞爲尚書,領行營節度使,寓軍邠州,縱士卒無賴③。邠人偷嗜暴惡者,卒以貨竄名軍伍中,則肆志④,吏不得問。日羣行丐取於市,不嗛⑤,輒奮擊折人手足,椎釜鬲甕盎盈道上⑥,袒臂徐去,至撞殺孕婦人。邠寧節度使白孝德以王故,戚不敢言⑦。太尉自州以狀白府,願計事⑧。至則曰:"天子以生人付公理,公見人被暴害,因愾然⑨;且大亂,若何⑩?"孝德曰:"願奉教。"太尉曰:"某爲涇州,甚適,少事⑪,今不忍人無寇暴死⑫,以亂天子邊事。公誠以都虞候命某者,能爲公已亂,使公之人不得害⑬。"孝德曰:"幸甚!"如太尉請。

郭晞寓軍邠州縱軍中士卒爲害百姓,段秀實自請爲軍中執法官,爲一方除害。

① 段太尉,名秀實(719—783),字成公。唐汧(Qiān)陽(今屬陝西)人。唐德宗建中四年(783)朱泚叛唐稱帝,段秀實被殺。興元元年(784)追贈太尉(三公之一,是一種榮銜)。兩《唐書》有傳。逸事:散逸之事。"逸事狀"是"行狀"的變體。行狀是一種傳狀類文體,記述死者生平事迹,供撰寫正式傳記參考。逸事狀只記錄逸事,於死者的世系、名姓、爵里、年壽以及其他生平事迹不詳細記載。柳宗元曾於貞元十年(794)到邠州(今陝西邠縣一帶)軍中探

望叔父,瞭解到段秀實的一些逸事,元和九年(814)寫成此文。
② 涇州:在今甘肅。刺史:州的長官。汾陽王:指郭子儀,唐名臣。平定安史之亂有大功,封汾陽王。居蒲:代宗時,郭子儀以關內副元帥兼河東副元帥、河中節度使駐軍蒲州。蒲州爲唐河中府治所(在今山西永濟一帶)。
③ 王子晞:郭子儀第三子郭晞,平定安史之亂時隨父征伐,有軍功。爲尚書:郭晞當時無尚書銜,大曆十二年(777)爲檢校工部尚書,死後贈兵部尚書。領:兼代。行營節度使:郭子儀副元帥行營的統帥(其時郭子儀自行營入朝,由郭晞代理軍務)。行營:出征時的軍營。也指軍事長官的駐地辦事處。寓軍:臨時駐軍。無賴:胡作非爲。
④ 偷:懶惰。嗜:貪婪。暴:強暴。惡:行爲不善。卒:一本作"率"。率:大都。貨:錢財。竄名軍伍中:將姓名混入軍隊的名册中。肆志:爲所欲爲。肆:放縱。
⑤ 丐取:強取,勒索。嗛(qiè):通"慊",滿足,滿意。
⑥ 椎:敲擊。鬲(lì):一種像鼎的炊具。甕(wèng):盛器(盛水、酒等)。盎:盆。
⑦ 邠寧:唐方鎮名,領有邠、寧、慶三州。王:指汾陽王郭子儀。戚:憂慮。
⑧ 州:指涇州。段秀實曾爲白孝德的部下,時任涇州刺史。狀:向上陳事的文書。白:稟告。府:白孝德的節度使府。計事:議事。
⑨ 生人:即生民。百姓。唐人避李世民的諱,改"民"爲"人"。理:治。唐人避唐高宗李治的諱,改"治"爲"理"。因:仍然。恬然:心安,無動於衷的樣子。
⑩ 且:將。若何:如何,怎麼辦。
⑪ 適:安閒。少事:公事少。
⑫ 無寇:無賊寇作亂。
⑬ 誠:果真。這裏有假設的意思。都虞候:軍中的執法官。已:停止。不得害:不遭傷害。

既署一月①,晞軍士十七人入市取酒,又以刃刺酒翁,壞釀器,酒流溝中。太尉列卒取十七人,皆斷頭注槊上,植市門外②。晞一營大譟,盡甲③。孝德震恐,召太尉曰:"將奈何?"太尉曰:"無傷也。請辭於軍④。"孝德使數十人從太尉,太尉盡辭去。解佩刀,選老躄者一人持馬⑤,至晞門下,甲者出,太尉笑且入曰:"殺一老卒,何甲也?吾戴吾頭來矣。"甲者愕。因諭曰:"尚書固負若屬耶⑥?副元帥固負若屬耶?奈何欲以亂敗郭氏⑦?爲白尚書,出聽我言。"晞出,見太尉。太尉曰:"副元帥勳塞天地,當務始終⑧。今尚書恣卒爲暴,暴且亂,亂天子邊,欲誰歸罪⑨?罪且及副元帥。今邠人惡子弟以貨竄名軍籍中,殺害人;如是不止,幾日不大亂?大亂由尚書出,人皆曰尚書倚副元帥不戢士⑩,然則郭氏功名其與存者幾何⑪?"言未畢,晞再拜曰:"公幸教晞以道,恩甚大,願奉軍以從。"顧叱左右曰:"皆解甲,散還火伍中⑫,敢譁者死!"太尉曰:"吾未晡食,請假設草具⑬。"既食,曰:"吾疾作⑭,願留宿門下。"命持馬者去,旦日來。遂臥軍中。晞不解衣,戒候卒擊柝衛太尉⑮。旦,俱至孝德所,謝不能⑯,請改過。邠州由是無禍。

段秀實嚴厲懲處爲暴者,又不顧安危,親赴郭晞軍營曉以大義,使改過。

① 署:代理。這裏指代理都虞候之職。
② 注槊(shuò):把十七人的頭挑挂在槊上。注:附著。槊:一種長矛。植:樹立。市:市場。
③ 譟(zào):同"噪",吵嚷喧鬧。甲:用作動詞,穿上鎧甲。
④ 辭於軍:到軍營中解說。
⑤ 躄(bì):瘸腿。持馬:牽馬。
⑥ 尚書難道對不起你們這些人嗎?固:副詞,豈,難道。
⑦ 敗郭氏:敗壞郭家的功名。
⑧ 當務始終:應努力做到功名有始有終。務:致力於。
⑨ 恣:放縱。欲誰歸罪:罪過將歸於誰。

⑩ 倚:依仗。戢(jí):約束。
⑪ 這樣的話,郭家的功名還能剩多少呢?
⑫ 火伍:隊伍。唐朝兵制,兵士五人爲伍,十人爲火。
⑬ 晡(bū)食:晚飯(古人一日兩餐)。晡:申時,相當於現在的下午三點到五點。假:借助於;就便。設:置備。草具:粗劣的飯食。
⑭ 疾作:病發作。
⑮ 候卒:負責巡邏警衛的士兵。柝(tuò):巡夜人敲的木梆。
⑯ 謝:道歉;認錯。不能:無能。

　　先是太尉在涇州爲營田官①,涇大將焦令諶取人田②,自占數十頃,給與農③,曰:"且熟,歸我半。"是歲大旱,野無草,農以告諶。諶曰:"我知入數而已,不知旱也。"督責益急④。且飢死,無以償,即告太尉。太尉判狀辭甚巽,使人求諭諶⑤。諶盛怒,召農者曰:"我畏段某耶?何敢言我?"取判鋪背上,以大杖擊二十,垂死,輿來庭中⑥。太尉大泣曰:"乃我困汝⑦。"即自取水洗去血,裂裳衣瘡,手注善藥,旦夕自哺農者然後食⑧。取騎馬賣,市穀代償,使勿知⑨。淮西寓軍帥尹少榮⑩,剛直士也。入見諶,大罵曰:"汝誠人耶?涇州野如赭⑪,人且飢死,而必得穀⑫,又用大杖擊無罪者。段公,仁信大人也,而汝不知敬。今段公唯一馬,賤賣市穀入汝,汝又取不恥。凡爲人,傲天災、犯大人、擊無罪者⑬,又取仁者穀,使主人出無馬,汝將何以視天地,尚不愧奴隸耶⑭?"諶雖暴抗⑮,然聞言則大愧流汗,不能食。曰:"吾終不可以見段公。"一夕自恨死⑯。

　　段秀實在大旱之年爲民解困,自賣馬替農夫還租,終於感動了驕橫不馴的焦令諶。

① 段秀實任涇州刺史前,曾在白孝德手下擔任度支營田副使(幫助掌管財政、屯墾事務的官)。營田指召集流民從事屯墾方面的

事務。
② 人田:民田。取人田:強取民田。
③ 給與農:佃給農户耕種。
④ 督責:催促索取。益:更加。
⑤ 判狀:裁決投呈的訴狀。巽(xùn):通"遜",恭順。諭:告知。
⑥ 舁:抬。
⑦ 困汝:使你受苦。
⑧ 衣(yì)瘡:包紮傷口。注:敷(藥)。自哺(bǔ):親自餵食。
⑨ 代償:代農夫還租。使勿知:不讓焦令諶知道。
⑩ 淮西寓軍:臨時駐紮涇州的淮西部隊。尹少榮:未詳。
⑪ 赭(zhě):紅土。"野如赭"形容旱象嚴重。
⑫ 而:可是;却。
⑬ 凡爲人:(你)總的爲人(是)。傲天災:不把天災放在眼裏(輕視天意的意思)。大人:德行高尚的人(指段秀實)。
⑭ 何以視天地:拿什麽面對天地。意思是有何面目面對天地。尚不愧奴隸:(如此行事)還不如奴隸。尚:還。愧:羞愧。
⑮ 暴:凶暴。抗:驕横。
⑯ 自恨死:據《通鑑·考異》,其時焦令諶未死,這可能是得之於傳聞。恨:悔恨。

及太尉自涇州以司農徵,戒其族①:"過岐,朱泚幸致貨幣,慎勿納②。"及過,泚固致大綾三百匹③。太尉塔韋晤堅拒,不得命④。至都,太尉怒曰:"果不用吾言。"晤謝曰:"處賤,無以拒也⑤。"太尉曰:"然終不以在吾第⑥。"以如司農治事堂,棲之梁木上⑦。泚反,太尉終⑧。吏以告泚,泚取視,其故封識具存⑨。

段秀實堅拒朱泚的禮品,後不幸被殺。

① 以司農徵:指段秀實被召至京城任司農卿。徵:君主招聘。司農卿負責國家儲糧、用糧事務。族:家族的人。
② 岐:州名,在今陝西鳳翔一帶,是朱泚軍隊駐紮的地方。朱泚

(Cǐ):先後任隴右節度使、鳳翔節度使,加封太尉。後於唐德宗建中四年(783)被亂兵擁立,叛唐稱帝。納:接受。
③ 固:堅持,硬要。
④ 不得命:得不到允許。意思是推辭不掉。
⑤ 地位低,無法拒絕。
⑥ 但終究不能把它放在家裏。以:以(之),"之"代大綾。第:住宅。
⑦ 以如:以(之)如,把大綾送往。治事堂:辦公的大堂。棲:安放。
⑧ 終:被殺(參《資治通鑑》卷二二八)。
⑨ 封識(zhì):封條上的標記。具存:都還在(意思是沒有打開過)。

太尉逸事如右①。
元和九年月日,永州司馬員外置同正員柳宗元謹上史館②。今之稱太尉大節者出入,以為武人一時奮不慮死,以取名天下,不知太尉之所立如是③。宗元嘗出入岐、周、邠、鄜間,過真定,北上馬嶺,歷亭鄣堡戍④。竊好問老校退卒⑤,能言其事。太尉為人姁姁⑥,常低首拱手行步,言氣卑弱,未嘗以色待物⑦,人視之儒者也。遇不可,必達其志⑧,決非偶然者。會州刺史崔公來⑨,言信行直,備得太尉遺事,覆校無疑⑩。或恐尚逸墜,未集太史氏,敢以狀私於執事⑪。謹狀⑫。

結尾交代寫此狀的緣由,說明事實"覆校無疑",可備採用。

① 如右:如上文。古人書寫習慣是豎行從右向左。
② 元和:唐憲宗李純年號。司馬員外置同正員:定員以外的司馬官,其待遇與定額正員相同。史館:國家設立的修史機構。韓愈從元和八年起做史館修撰,作者寫有《與史官韓愈致段秀實太尉逸事書》。
③ 出入:《唐文粹》無此二字。《新唐書·段秀實傳》:"贊曰:唐人柳宗元稱:'世言段太尉,大抵以為武人,一時奮不慮死以取名,非也。'"所立:立身行事。
④ 出入:來往。周:在今陝西岐山縣一帶。鄜(tái):同"邰",在今陝

西武功縣一帶。真定：其地未詳。馬嶺：山名，在今甘肅。歷：經過。亭：邊防哨所。鄣：防禦工事。堡：堡壘。戍：戍邊士兵駐地。
⑤ 校：低級軍官。退卒：退伍士兵。
⑥ 姁（xū）姁：和悦的樣子。
⑦ 以色待物：以傲慢之色對人。色：神色態度。物：人。
⑧ 不可：不認可（的事），認爲不合理（的事）。必達其志：一定達到他（糾正"不可"）的意願。
⑨ 州刺史崔公：指當時的永州刺史崔能。
⑩ 言信行直：説話實在，行爲正直。備：周備，没有遺漏。覆校（jiào）：再三審核。
⑪ 逸：失。太史氏：指史官。敢：謙詞，有冒昧的意思。私：謙詞，有私自呈送的意思。執事：手下辦事的人。這是敬詞，不敢直稱對方，意思是由執事轉呈。
⑫ 謹狀：恭謹的寫了此狀。"狀"用作動詞。

歐陽修

歐陽修（1007—1072），北宋著名文學家、史學家。字永叔，號醉翁，晚號六一居士。吉州吉水（今屬江西）人。官至樞密副使、參知政事。諡文忠。歐陽修是北宋古文運動的領袖，"唐宋八大家"之一。他的散文從容自然，委婉暢達，跌宕有致。著作有《歐陽文忠公文集》。

選文據《歐陽修全集·居士集卷四十》（中華書局二〇〇一年版）。

相州晝錦堂記

【説明】古人把富貴以後榮歸故里看作是極榮耀的事，稱作"衣錦晝行"。韓琦是北宋重臣，功高位顯，他在兼理相州（他的家鄉）時建晝錦堂表明心志，不以一般人所誇耀的"衣錦晝行"爲榮，而以"昔人所夸者"爲警戒。作者對此極爲贊賞，特地寫了這篇記。

仕宦而至將相，富貴而歸故鄉，此人情之所榮而今昔之所同也①。蓋士方窮時，困阨閭里②，庸人孺子皆得易而侮之③：若季子不禮於其嫂④，買臣見棄於其妻⑤。一旦高車駟馬⑥，旗旄導前而騎卒擁後⑦，夾道之人相與駢肩累迹，瞻望咨嗟⑧；而所謂庸夫愚婦者⑨，奔走駭汗，羞愧俯伏，以自悔罪於車塵馬足之間⑩。此一介之士得志當時，而意氣之盛，昔人比之衣錦之榮者也⑪。

感嘆士人"窮時"則遭嫌棄，得志後則衣錦還鄉，無比榮耀，這是"古今之所同"。

① 此人情之所榮：這是一般人情認為很榮耀的事。榮：用作意動，認為榮耀。
② 蓋：副詞，表示一種委婉的推斷。窮：走投無路。困阨(è)閭(lú)里：受困於鄉里。阨：受困。閭里：古代的居民區劃單位，這裏指鄉里。
③ 一般的人和小孩子都能看輕他欺侮他。庸：平常。得：能。易：輕視，看不起。
④ 季子：蘇秦(？—前284)，戰國時著名的縱橫家，字季子。洛陽人。《戰國策·秦策一》記載，他到秦國游說失敗，回到家裏嫂嫂不給他做飯。不禮於其嫂：不被他的嫂嫂以禮相待。禮：動詞。
⑤ 朱買臣(？—前115)：字翁子，漢武帝時曾任會稽太守。《漢書》本傳記載，朱買臣家境貧寒，他的妻子耐不得貧苦，離婚另嫁別人。見棄：被拋棄。
⑥ 駟馬：一車四馬。
⑦ 旗旄(máo)：指用作儀仗的旗子。旄：古代用氂牛尾裝飾的旗子。導前：在前面引路。擁後：在後面簇擁跟隨。
⑧ 相與：在一起。駢肩累迹：肩膀挨著肩膀，腳印壓著腳印，形容人多而擁擠。咨嗟：感嘆詞，這裏指發感嘆，贊嘆。
⑨ 庸夫愚婦：指那些見識短淺的男人和女人。
⑩ 駭汗：因驚慌害怕而出汗。駭：驚懼。《戰國策·秦策一》記載，蘇秦做了高官，他的嫂子"蛇行匍伏，四拜自跪而謝"。
⑪ 一介：一個。得志：實現自己的志向。"得志"一本後有"於"字。意

氣之盛:(得志後)意氣揚揚。衣(yì)錦之榮:(白天)穿著錦繡衣裳的光彩榮耀。《史記·項羽本紀》:"富貴不歸故鄉,如衣綉夜行,誰知之者?""衣錦還鄉"的意思又說成"衣錦晝行",指榮歸鄉里顯示榮耀。衣:穿。

　　惟大丞相魏國公則不然①。公,相人也,世有令德,爲時名卿②。自公少時已擢高科,登顯仕③,海內之士聞下風而望餘光者④,蓋亦有年矣。所謂將相而富貴,皆公所宜素有⑤,非如窮阨之人僥倖得志於一時,出於庸夫愚婦之不意,以驚駭而夸耀之也⑥。然則高牙大纛不足爲公榮⑦,桓圭袞冕不足爲公貴⑧。惟德被生民而功施社稷⑨,勒之金石,播之聲詩⑩,以耀後世而垂無窮:此公之志,而士亦以此望於公也⑪。豈止夸一時而榮一鄉哉?

　　贊揚韓琦素有令德高才,非"僥倖得志於一時",是志向遠大、"德被生民而功施社稷"之人。

① 大丞相魏國公:韓琦(1008—1075),字稚圭,相州安陽(今屬河南)人。北宋重臣,官至樞密使、宰相。封魏國公。
② 令:美,善。名卿:指名聲顯赫的高官。
③ 擢(zhuó)高科:因科舉考試成績優秀被舉用。《宋史》本傳載:"(韓琦)弱冠舉進士,名在第二。"擢:舉拔。高科:科舉考試成績優等。顯仕:顯要的官職。
④ 聞下風:這是說風聞其美好的名聲德望。下風:風吹向的一方,這裏指德望的流傳。望餘光:仰望他遠播的風采。
⑤ 皆公所宜素有:這些都是他向來就具備的。素:平素,一向。
⑥ 出於……之不意:出於……的意外。驚駭:使(之)驚駭。
⑦ 高牙大纛還不足以彰顯他的榮耀。高牙大纛(dào):指官員出行的儀仗。牙:牙旗,旗竿上有象牙裝飾的大旗,多爲大將主帥所建。纛:軍中有羽毛或氂牛尾裝飾的大旗。
⑧ 桓圭袞冕還不足以彰顯他的高貴。桓圭(huánguī)袞(gǔn)冕:泛

指帝王高官服用的禮器禮服。桓圭：圭是古代帝王諸侯舉行隆重儀式時所用的玉製禮器。以華表爲裝飾的玉圭叫桓圭。袞冕：袞是古代君主、上公的禮服，冕是帝王諸侯卿大夫的禮帽。冕：一本作"裳"。
⑨ 惟：副詞，表示强調。德被生民：恩德施與人民。被：加在……上。施：施加（於）。社稷：社指土神，稷指穀神。後用社稷指代國家。
⑩ 勒：刻。金石：指鐘鼎（金）碑碣（石）等器物。古代在金石上銘刻頌詞，希望能長久流傳。聲詩：樂歌。
⑪ 以此望於公：以此寄希望於他。

公在至和中嘗以武康之節來治於相①，乃作晝錦之堂於後圃②，既又刻詩於石以遺相人③。其言以快恩讎、矜名譽爲可薄④，蓋不以昔人所夸者爲榮，而以爲戒⑤。於此見公之視富貴爲何如，而其志豈易量哉⑥！故能出入將相、勤勞王家而夷險一節⑦。至於臨大事，決大議⑧，垂紳正笏，不動聲氣⑨，而措天下於泰山之安，可謂社稷之臣矣⑩。其豐功盛烈所以銘彝鼎而被弦歌者⑪，乃邦家之光，非閭里之榮也⑫。

稱頌韓琦是"措天下於泰山之安"的"社稷之臣"。

① 至和年間韓琦以武康軍節度使（軍是一級行政區劃，節度使是官名）的身份兼理相州。至和：宋仁宗年號。
② 圃：種植菜蔬花草的園子。
③ 遺（wèi）：送，贈送。
④ 把"快恩讎、矜名譽"看作是應當鄙薄的事情。快恩讎（chóu）：把報恩復仇看作是快意的事。快：用作意動，以……爲快意。讎：後通作"仇"。矜（jīn）：誇耀。薄：鄙薄，看不起。
⑤ 以爲戒：把（"昔人所夸者"）作爲警戒。
⑥ 其志豈易量哉：他的志向之大難道是可以輕易衡量的嗎？
⑦ 出入將相：出（到外方）爲將，入（在朝廷）爲相。韓琦曾出任陝西

安撫使(將),又拜同中書門下平章事(宰相)。勤勞王家:爲朝廷效勞。夷險一節:不論平安時節還是危急關頭節操始終如一。夷:地勢平坦。險:地勢不平。
⑧ 決大議:對重大的意見作出決斷。
⑨ 垂紳正笏(hù):形容沉著穩重的儀態。紳:古代士大夫束在腰間的大帶。正笏:笏板端正地拿著。笏:笏板,臣下上朝時拿的手板。不動聲氣:不動聲色。
⑩ 措天下於泰山之安:安置國家如同泰山一樣的安穩。措:放置。社稷之臣:保國安邦之臣。
⑪ 用來"銘彝鼎而被弦歌"的豐功偉業。盛烈:大功業。烈:事業,功業。銘:把文辭刻鑄在器物上。彝(yí)鼎:泛指青銅禮器。被弦歌:譜入樂歌。弦歌:原指用琴瑟等弦樂器配合歌唱。
⑫ 這實在是國家的榮光,而不是鄉里的榮耀。邦:國。

　　余雖不獲登公之堂①,幸嘗竊誦公之詩②,樂公之志有成而喜爲天下道也③,於是乎書。尚書吏部侍郎、參知政事歐陽修記④。

結尾點明寫作此文的緣由。

① 不獲:未能。
② 曾經有幸誦讀他的詩作。竊:謙辭,私下裏。
③ 成:圓滿實現。
④ 尚書吏部侍郎、參知政事:官名。

蘇軾

　　蘇軾(1037—1101)北宋著名文學家、書畫家,唐宋八大家之一。字子瞻,號東坡居士。眉山(今屬四川)人。蘇軾博學大才,擅詩文,工書畫,集多方面的成就於一身,卓然成一代大家,對後世有很大的影響,足以"雄視百代"。著述豐富,有《蘇軾文集》《蘇軾詩集》《東坡志林》等。
　　選文據《蘇軾文集》卷十一(中華書局一九八六年版)。

超然臺記

【說明】超然臺在宋密州（在今山東）城上。作者於北宋熙寧七年（1074）調任密州知州,這篇文章寫於到任後的第二年。"超然"取超然物外的意思,能"遊於物之外",故"無所往而不樂"。表明了作者隨遇而安、曠達樂觀的處世態度。

凡物皆有可觀①。苟有可觀,皆有可樂,非必怪奇瑋麗者也②。餔糟啜醨皆可以醉③,果蔬草木皆可以飽；推此類也,吾安往而不樂④?

點明凡物"皆有可樂",引出"吾安往而不樂"。

① 皆有可觀:都有值得觀賞之處。
② 皆有可樂:都有值得快樂的地方。非必怪奇瑋(wěi)麗者:並非一定要是奇異瑰麗的東西。瑋:珍奇。
③ 餔(bū):食,吃。糟:濾酒後的酒渣。啜(chuò):飲,喝。醨(lǐ):薄酒。
④ 照此類推,我到哪裏去會不快樂呢? 安往:疑問代詞"安"作"往"的賓語前置。安:哪裏。

夫所爲求福而辭禍者,以福可喜而禍可悲也①。人之所欲無窮,而物之可以足吾欲者有盡②。美惡之辨戰乎中,而去取之擇交乎前③,則可樂者常少而可悲者常多,是謂求禍而辭福④。夫求禍而辭福,豈人之情也哉⑤?物有以蓋之矣⑥。彼遊於物之內而不遊於物之外⑦；物非有大小也⑧,自其內而觀之,未有不高且大者也⑨。彼挾其高大以臨我⑩,則我常眩亂反覆⑪,如隙中之觀鬥,又烏知勝負之所在⑫?是以美惡橫生而憂樂出焉,可不大哀乎⑬?

闡明"可樂者常少而可悲者常多"是因爲"遊於物之內而不遊於物之外"。

① 夫(fú)：句首語氣詞，表示要發表議論。所爲(wèi)：一本作"所謂"。所説的。求福而辭禍者："求福而辭禍"的原因。辭：拒絶，不接受。以：因爲。
② 足吾欲者：滿足我們欲望的東西。者：代詞。
③ 對事物美惡的判斷總是在心中鬥爭，取捨的選擇總是在眼前糾纏。辨：判別。乎：於。中：内心。去：去除，捨棄。
④ 是謂求禍而辭福：這就叫作"求禍而辭福"。是：這，代詞。
⑤ 情：本意，真心。
⑥ 這是因爲外物蒙蔽了人的本意。蓋：遮蔽。有以：表示有某種條件、原因。
⑦ 彼：那些人。遊於物之内：遊心於外物之内。這是説内心的思慮不能擺脱外物的束縛。
⑧ 事物本身並没有所謂大小的絶對區分。
⑨ 如果陷於事物之中觀察，它没有不是高而且大的（被看得高且大）。
⑩ 外物依仗它的高大降臨於我。挾(xié)：憑藉。臨：從高處向下看。
⑪ 眩(xuàn)亂：迷亂。眩：眼睛昏花看不清楚。反覆：反覆變化，不能決定。
⑫ 隙中之觀鬭：在縫隙中觀戰。烏知：怎麽知道。烏：疑問代詞。
⑬ 美惡：對事物美惡的看法。是以：因此。横生：縱横雜亂地產生。出焉：產生於此。焉：代詞，相當於"於此"。

余自錢塘移守膠西①，釋舟楫之安而服車馬之勞②，去雕牆之美而庇采椽之居③，背湖山之觀而行桑麻之野④。始至之日，歲比不登⑤；盜賊滿野，獄訟充斥⑥；而齋厨索然，日食杞菊⑦。人固疑余之不樂也⑧，處之期年而貌加豐⑨，髮之白者日以反黑。

寫作者調任膠西,雖然生活條件大不如前,但生活態度十分樂觀。

① 宋神宗熙寧七年(1074),蘇軾從杭州通判任上調往密州(今屬山東)擔任知州。錢塘:縣名,在今浙江杭州市。移:調遷。守:做知州。膠(Jiāo)西:這裏指密州。
② 釋:放下。楫(jí):船槳。安:舒適。服:承當,承受。勞:辛苦。
③ 去:離開。雕牆之美:有浮雕彩繪的牆壁,這裏指華美的屋舍。庇(bì):受遮蔽,這裏指寄居。庇:一本作"蔽"。采椽(chuán)之居:用櫟木作椽子的房舍,指居處極簡陋。采:櫟樹,後又寫作"棌"。
④ 背:離開。觀:值得觀賞的景象。
⑤ 歲:農作物的收成。比(舊讀 bì):連接,這裏指連年。登:成,指穀物成熟。
⑥ 獄訟:訴訟案件。
⑦ 齋(zhāi)厨:厨房。索然:空蕩蕩的樣子。索:盡。杞(qǐ)菊:枸杞和菊花,嫩苗可以做菜蔬。作者寫有《後杞菊賦》,可參看。
⑧ 固:一定。
⑨ 朞(jī)年:一周年。豐:(肌體)豐滿潤澤。

　　余既樂其風俗之淳,而其吏民亦安予之拙也①。於是治其園圃,潔其庭宇②,伐安丘、高密之木以修補破敗③,為苟完之計④。而園之北,因城以為臺者舊矣⑤;稍葺而新之⑥,時相與登覽,放意肆志焉⑦。南望馬耳、常山,出没隱見,若近若遠,庶幾有隱君子乎⑧?而其東則盧山,秦人盧敖之所從遁也⑨。西望穆陵,隱然如城郭⑩,師尚父、齊桓公之遺烈猶有存者⑪。北俯濰水,慨然太息,思淮陰之功而弔其不終⑫。臺高而安,深而明⑬,夏涼而冬溫。雨雪之朝,風月之夕,余未嘗不在,客未嘗不從⑭。擷園蔬⑮,取池魚,釀秫酒⑯,瀹脫粟而食之⑰。曰:樂哉遊乎!

　　方是時,余弟子由適在濟南⑱,聞而賦之,且名其臺曰"超然"⑲,以見余之無所往而不樂者,蓋遊於物之外也⑳。

叙寫自己在密州"放意肆志"的生活,以見其"無所往而不樂"的生活態度。

① 淳:淳樸。亦安予之拙(zhuō):也習慣了我的愚拙。拙:遲鈍,不靈巧。
② 潔:使……乾淨,打掃。庭宇:院子和房舍。
③ 安丘、高密:二縣名,都屬於當時的密州。
④ 做暫且修整的計劃。苟:姑且,暫且。完:使……完好,修整。
⑤ 因城:藉著城墻。因:憑藉。舊:久。
⑥ 稍葺(qì):稍微加以修補。新:使……新。
⑦ 相與:同別人一起。放意肆志:放縱自己的感情,盡情舒展自己的情緒。肆:放開,不受拘束。
⑧ 馬耳、常山:二山名。没(mò):消失。見(xiàn):顯現,後寫作"現"。庶幾(jī)有隱君子乎:那裏或許有隱居的君子吧?庶幾:差不多,或許。
⑨ 盧山:山名,本名固山,在密州城東。盧敖:秦始皇時的博士,爲秦始皇求仙藥未成,隱居在盧山。所從:所往。遁:逃隱。
⑩ 穆陵:關名,形勢險峻。隱然:高起的樣子。
⑪ 師尚父:姜姓,吕氏,名尚,號太公望。周武王尊爲師尚父,輔佐武王滅商。被封於齊,是齊國的始祖。齊桓公:春秋時齊國的國君,名小白,春秋五霸之一。烈:事業,功業。
⑫ 俯:俯視。濰(Wéi)水:濰河。淮陰:劉邦手下的大將韓信被封爲淮陰侯。他曾在濰水大破楚軍。弔(diào)其不終:對韓信的不得善終深感悲傷。弔:傷痛。不終:韓信對漢王朝有大功,但後來被吕后(漢高祖皇后)所殺,所以説不得善終。
⑬ 安:堅實安固。深而明:雖深廣但明亮。
⑭ 從:跟隨。
⑮ 擷(xié):採摘。
⑯ 秫(shú)酒:用黏米做的酒。秫:黏稻子。
⑰ 瀹(yuè):煮。脱粟:穀米去殼,指糙米。
⑱ 方:當。子由適在濟南:當時蘇軾的弟弟蘇轍(字子由)正在濟南做官。適:正好。
⑲ 賦之:爲此寫了一篇《超然臺賦》。名:取名。超然:《老子》二十六

章有"雖有榮觀（華美的居所），燕處（安處）超然"的話，這是"超然"二字的來歷。
⑳ 無所往而不樂：去往任何地方都是快樂的。

閱讀文選

養竹記（白居易）①

【說明】作者贊頌竹的品格不同於一般草木，意在說明賢人不同於"眾庶"，希望"用賢者"能多加愛護培育。

竹似賢，何哉②？竹本固，固以樹德；君子見其本，則思善建不拔者③。竹性直，直以立身；君子見其性，則思中立不倚者④。竹心空，空以體道⑤；君子見其心，則思應用虛受者⑥。竹節貞⑦，貞以立志；君子見其節，則思砥礪名行夷險一致者⑧。夫如是，故君子人多樹之為庭實焉⑨。

貞元十九年春⑩，居易以拔萃選及第，授校書郎，始於長安求假居處⑪，得常樂里故關相國私第之東亭而處之⑫。明日，履及于亭之東南隅，見叢竹於斯，枝葉殄瘁，無聲無色。詢于關氏之老⑬，則曰："此相國之手植者。自相國捐館⑭，他人假居，由是筐篚者斬焉，篲箒者刈焉。刑餘之材，長無尋焉，數無百焉。又有凡草木雜生其中，菶茸薈鬱，有無竹之心焉⑮。"居易惜其嘗經長者之手，而見賤俗人之目⑯，翦棄若是，本性猶存；乃芟蘙薈，除糞壤⑰，疏其間，封其下⑱，不終日而畢。於是日出有清陰，風來有清聲，依依然⑲，欣欣然,若有情於感遇也。

　　嗟乎!竹,植物也,於人何有哉⑳?以其有似於賢,而人愛惜之,封植之㉑,況其真賢者乎?然則竹之於草木,猶賢之於衆庶。嗚呼!竹不能自異,惟人異之㉒;賢不能自異,惟用賢者異之。故作《養竹記》書於亭之壁,以貽其後之居斯者,亦欲以聞於今之用賢者云。

① 選文據《白居易集》卷四十三(中華書局一九七九年版)。白居易(772—846),唐代著名詩人。字樂天,晚號香山居士。下邽(今屬陝西渭南)人,生於河南新鄭。
② 賢:賢人。
③ 本:根。固:(扎根)牢固;不可動搖。建:樹立。拔:移動;動搖。《老子》五十四章:"善建者不拔。"
④ 中立不倚:正直,不邪僻。《禮記·中庸》:"中立而不倚。"
⑤ 體:體察。道:世間萬物的根本道理。
⑥ 應用:適應需用。虛受:虛心接受。
⑦ 貞:堅守正道始終如一。
⑧ 夷險:平安時節和危急關頭。
⑨ 庭實:庭院中的陳設。
⑩ 貞元:唐德宗年號。
⑪ 拔萃:唐代考選科目之一。作者進士及第後又參加書判拔萃科考試,授校書郎。假居:借住。
⑫ 常樂里:長安的一個街區。關相國:指關播,曾任同中書門下平章事,即事實上的宰相,故稱關相國。
⑬ 老:老僕。
⑭ 捐館:死的諱稱。
⑮ 凡:一般的。犇(běng)茸(róng)薈(huì)鬱:茂密繁盛的樣子。無竹:不把竹子放在眼裏。無:無視;蔑視。
⑯ 見賤:遭賤視。
⑰ 芟翳薈:鏟除遮蔽的雜草。除糞壤:整治穢土。
⑱ 疏:疏通。封:在根部培土。
⑲ 依依然:依戀不捨的樣子。

⑳ 何有哉：有什麼關係呢？
㉑ 封植：壅土培育，也作"封殖"。
㉒ 自異：自己使自己區別於一般。異之：使之區別於一般。

祭歐陽文忠公文（王安石）①

【説明】歐陽修謚"文忠"。歐陽修去世在宋神宗熙寧五年（1072），時王安石在京爲相，聞訊後寫下這篇祭文。作者與歐陽修的關係是義同師友。這篇祭文，明人毛坤評價説："歐陽公祭文，當以此爲第一。"

夫事有人力之可致猶不可期，況乎天理之溟漠，又安可得而推②？

惟公生有聞于當時，死有傳於後世，苟能如此足矣，而抑又何悲③？如公器質之深厚，智識之高遠④，而輔學術之精微，故充於文章，見於議論，豪健俊偉，怪巧瑰琦⑤。其積於中者，浩如江河之停蓄；其發於外者，爛如日星之光輝。其清音幽韻，淒如飄風急雨之驟至⑥；其雄辭閎辯，快如輕車駿馬之奔馳。世之學者，無問乎識與不識，而讀其文則其人可知。

嗚呼！自公仕宦四十年，上下往復⑦，感世路之崎嶇。雖屯邅困躓，竄斥流離，而終不可掩者⑧，以其公議之是非⑨。既壓復起⑩，遂顯于世，果敢之氣，剛正之節，至晚而不衰。

方仁宗皇帝臨朝之末年，顧念後事⑪，謂如公者可寄以社稷之安危。及夫發謀決策，從容指顧，立定大計，謂千載而一時⑫。功名成就，不居而去⑬。其出處進退，又庶乎英魄靈氣，不隨異物腐散⑭，而長在乎箕山之側與潁水之湄⑮。然天下之無賢不肖，且猶爲涕泣而歔欷，而況朝士大夫平昔游從，又予心之所嚮慕而瞻依⑯。

嗚呼！盛衰興廢之理自古如此，而臨風想望不能忘情者，念公之不可復見，而其誰與歸⑰？

① 選文據《臨川先生文集》卷八十六（中華書局上海編輯所一九五九年版）。王安石（1021—1086），北宋政治家、文學家，爲唐宋八大家之一。字介甫，號半山。撫州臨川（今江西撫州）人。封荊國公，世稱"荊公"。有《臨川先生文集》。
② 人力之可致：人力可爲。期：預期。溟漠：幽渺難測。推：推知。
③ 抑：副詞，加強反詰語氣。
④ 器質：器局，稟賦。智識：才智，見識。
⑤ 瑰琦：瑰麗不凡。
⑥ 幽韻：高雅的韻致。淒：急速。飄風：旋風。
⑦ 歐陽修二十四歲中進士爲官，六十五歲致仕，前後計四十年。其間三十歲時被貶夷陵令，三十七歲時召還知諫院，三十九歲時被貶黜知滁州，五十四歲時拜樞密副使，次年參知政事，六十歲後又出知亳州、青州、蔡州，所以説"上下往復"。上下：官位升降。
⑧ 屯邅（zhūnzhān）：難行不進。困躓（zhì）：困頓，遭遇挫折。竄斥：貶逐。流離：漂轉不定。掩：壓制掩蓋。
⑨ 以：憑藉。是非：是非的評價。意思是是非自有公論。宋仁宗景祐三年（1036），范仲淹因論事被貶，時任左司諫的高若訥附會阿上，歐陽修指責高若訥"不復知人間有羞恥事"（見《與高司諫書》）。蔡襄爲此作《四賢詩》，支持歐陽修、范仲淹等人，傳誦一時。
⑩ 壓：壓制。起：起用。
⑪ 後事：指仁宗死後皇位繼承一事。
⑫ 嘉祐八年（1063），仁宗病故，歐陽修與韓琦等人入宮，幫助皇后當機立斷，召皇子（仁宗的侄子趙曙）即皇位，就是後來的英宗。發謀：出謀劃策。指顧：手指目視，形容行動迅速果斷。謂千載而一時：千年纔遇到一次，形容極爲罕見。
⑬ 歐陽修於英宗治平三年（1066）上表求去職，未允。後屢次上表辭職，終於神宗熙寧四年（1071）致仕。
⑭ 庶：將近，差不多。英魄靈氣：歐陽修《祭石曼卿文》："嗚呼曼卿！

生而爲英,死而爲靈。其同乎萬物生死而復歸於無物者,暫聚之形;不與萬物俱盡而卓然其不朽者,後世之名。"異物:屍體。

⑮ 箕山:在今河南登封東南。潁水:源出登封境内的潁谷,流經潁州(治所在今安徽阜陽)。湄:水邊。《高士傳》載唐堯時高士許由"遁耕於中嶽潁水之陽,箕山之下",後稱箕山潁水爲高士隱居的地方。歐陽修晚年退居潁州,故用此典。

⑯ 平昔:往昔。嚮慕:嚮往思慕。瞻依:瞻仰依恃。《詩經·小雅·小弁》:"靡瞻匪父,靡依匪母。"

⑰ 歐陽修《祭石曼卿文》:"嗚呼曼卿!盛衰之理,吾固知其如此,而感念疇昔,悲涼悽愴,不覺臨風而隕涕者,有愧乎太上之忘情。"誰與歸:與誰歸從在一起。

練習三

一、熟讀本單元講過的文章。

二、閱讀本單元的閱讀文選。

三、給下面句子中加點的字注音:

1. 厥自兵興,朝廷寵綏守禦之臣。(李翱《楊烈婦傳》)
2. 冠胄服甲負弓矢而馳者不知幾人。(李翱《楊烈婦傳》)
3. 日羣行丐取於市,不嗛,輒奮擊折人手足,椎釜鬲甕盎盈道上。(柳宗元《段太尉逸事狀》)
4. 太尉列卒取十七人,皆斷頭注槊上,植市門外。晞一營大譟,盡甲。(柳宗元《段太尉逸事狀》)
5. 太尉判狀,辭甚巽,使人求諭諶。(柳宗元《段太尉逸事狀》)
6. 蓋士方窮時,困阨閭里,庸人孺子皆得易而侮之。(歐陽修《相州晝錦堂記》)
7. 然則高牙大纛不足爲公榮,桓圭袞冕不足爲公貴。(歐陽修《相州晝錦堂記》)
8. 其言以快恩讎、矜名譽爲可薄。(歐陽修《相州晝錦堂記》)
9. 餔糟啜醨皆可以醉,果蔬草木皆可以飽。(蘇軾《超然臺記》)

10. 則我常眩亂反覆，如隙中之觀鬭，又烏知勝負之所在？（蘇軾《超然臺記》）

四、解釋下面句子中加點的詞：
1. 有蜚箭集于侃之手。（李翱《楊烈婦傳》）
2. 縣令誠主也；雖然，歲滿則罷去，非若吏人百姓然。（李翱《楊烈婦傳》）
3. 賊氣吞焉，率其徒將超城而下。（李翱《楊烈婦傳》）
4. 邠人偷嗜暴惡者，卒以貨竄名軍伍中，則肆志，吏不得問。（柳宗元《段太尉逸事狀》）
5. 今尚書恣卒爲暴，暴且亂，亂天子邊，欲誰歸罪？（柳宗元《段太尉逸事狀》）
6. 卽自取水洗去血，裂裳衣瘡，手注善藥，旦夕自哺農者然後食。（柳宗元《段太尉逸事狀》）
7. 惟德被生民而功施社稷，勒之金石，播之聲詩，以耀後世而垂無窮。（歐陽修《相州晝錦堂記》）
8. 故能出入將相、勤勞王家而夷險一節。（歐陽修《相州晝錦堂記》）
9. 垂紳正笏，不動聲氣，而措天下於泰山之安。（歐陽修《相州晝錦堂記》）
10. 余自錢塘移守膠西，釋舟楫之安而服車馬之勞。（蘇軾《超然臺記》）
11. 背湖山之觀而行桑麻之野。（蘇軾《超然臺記》）
12. 稍葺而新之，時相與登覽，放意肆志焉。（蘇軾《超然臺記》）

五、把下面的句子譯成現代漢語：
1. 與其死于城上，不猶愈於家乎？（李翱《楊烈婦傳》）
2. 楊氏親爲之爨以食之，無長少必周而均。（李翱《楊烈婦傳》）
3. 天子以生人付公理，公見人被暴害，因恬然；且大亂，若何？（柳宗元《段太尉逸事狀》）
4. 殺一老卒，何甲也？吾戴吾頭來矣。（柳宗元《段太尉逸事狀》）
5. 今段公唯一馬，賤賣市穀入汝，汝又取不恥。（柳宗元《段太尉逸事狀》）
6. 仕宦而至將相，富貴而歸故鄉，此人情之所榮而今昔之所同也。（歐陽修《相州晝錦堂記》）
7. 其豐功盛烈所以銘彝鼎而被弦歌者，乃邦家之光，非閭里之榮也。

(歐陽修《相州畫錦堂記》)
8. 推此類也,吾安往而不樂?(蘇軾《超然臺記》)
9. 夫所爲求福而辭禍者,以福可喜而禍可悲也。(蘇軾《超然臺記》)
10. 人之所欲無窮,而物之可以足吾欲者有盡。(蘇軾《超然臺記》)

六、名詞解釋:
　　金文隸變　六書　異體字　分化字
七、分析下面的字形結構:
　　　　示例(1)牧:從牛從攴會意。(2)注:從水主聲。
　　　　牢　鳴　逐　功　郊　膳　聞　賞　怒　悲
八、《漢字》一節介紹了繁簡字、異體字、分化字,各舉三組例子説明。
　　　　示例(1) 举/舉:"举"是"舉"的簡化字。(2)遍/徧:"徧"是"遍"的異體字。(3)反/返:在返回的意義上,"反"是初文,"返"是分化字。
九、"本無其字,依聲託事"這句話是什麼意思?舉三例説明。

常用詞

被　本　當　兵　封　貨　既　節　臨
　釋　險　淫　邑　注　責

1. 被

《説文》:"被,寢衣。"指被子。《楚辭·招魂》:"翡翠珠被。"被子加在身上,轉用作動詞:覆蓋;施加。張衡《東京賦》:"芙蓉覆水,秋蘭被涯。"歐陽修《相州晝錦堂記》:"惟德被生民而功施社稷。"從一方説是覆蓋施加,從另一方説是蒙受;遭受。《史記·屈原賈生列傳》:"信而見疑,忠而被謗。"柳宗元《段太尉逸事狀》:"天子以生人付公理,公見人被暴害,因恬然。"雙音詞有[被難]。由遭受虛化爲介詞,表示被動。《世説新語·言語》:"禰衡被魏武謫爲鼓吏。"又指衣物穿戴在身上,讀 pī(後作"披")。《楚辭·九歌·國殤》:"操吴戈兮被犀甲。"

2. 本

《說文》:"本,木下曰本。"指草木的根(與"末"相對)。《國語·晉語一》:"伐木不自其本,必復生。"白居易《養竹記》:"竹本固,固以樹德。"又指草木的莖幹。《莊子·逍遥游》:"吾有大樹,人謂之樗,其大本擁腫而不中(zhòng)繩墨。"抽象引申指事物的根基;主體。《論語·學而》:"君子務本,本立而道生。"《尚書·五子之歌》:"民爲邦本,本固邦寧。"成語有[本末倒置][標本兼治]。由草木的根引申指事物的根源。《吕氏春秋·無義》:"故義者百事之始也,萬利之本也。"又引申爲原初的,未經改變的。諸葛亮《出師表》:"臣本布衣,躬耕於南陽。"陶淵明《歸園田居》:"少無適俗韻,性本愛丘山。"雙音詞有[原本][本質]。用作動詞:以…爲本;依據。《周易·乾·文言》:"本乎天者親上,本乎地者親下。"(本乎天者:如星辰。本乎地者:如草木。)

3. 當

"當"的基本義是對應的兩方對等相稱,兩兩相當。《荀子·正論》:"夫德不稱(chèn)位,能不稱(chèn)官,賞不當功,罰不當罪,不祥莫大焉。"成語有[門當户對][旗鼓相當]。由兩方對應引申爲面對著;面臨。《禮記·曲禮上》:"當食不歎。"《木蘭詩》:"當窗理雲鬢,對鏡貼花黄。"由面對引申爲(對著)攔擋;抵擋。《漢書·溝洫志》:"昔日大禹治水,山陵當路者毁之。"王維《老將行》:"一身轉戰三千里,一劍曾當百萬師。"成語有[螳臂當車]。由兩方對等相稱引申爲能夠承擔;承受。《史記·田敬仲完世家》:"羈旅之臣幸得免負擔,君之惠也,不敢當高位。"李翱《楊烈婦傳》:"孔子曰:'仁者必有勇。'楊氏當之矣。"成語有[敢做敢當][當之無愧]。特指主持;執掌。《史記·周本紀》:"周公恐諸侯畔天下,公乃攝政當國。"雙音詞有[當家][當權],成語有[獨當一面]。由人的行爲與事理相應相稱引申爲應當;該當。《漢書·高帝紀上》:"嗟乎,大丈夫當如此矣!"李翱《楊烈婦》:"君縣令,寇至當守。"

由相稱引申爲相適宜,合宜,讀 dàng。《禮記·樂記》:"古者天地順而四時當。"《史記·孝文本紀》:"朕聞法正則民慤(què),罪當則民從。"雙音詞有[適當][恰當]。

4. 兵

《說文》:"兵,械也。"本義是兵器。《荀子·議兵》:"古之兵,戈、矛、弓、矢而已矣。"李翱《楊烈婦傳》:"以刀矢兵刃之物中賊者與之萬錢。"成語有[短兵相接][兵不血刃]。轉指士卒;軍隊。《史記·蒙恬列傳》:"今臣將兵三十餘萬。"《戰國策·趙策四》:"必以長安君爲質,兵乃出。"又轉指軍事;戰爭。《孫子·計》:"兵者國之大事也。"《管子·法法》:"貧民傷財,莫大於兵。"雙音詞有[兵法],成語有[紙上談兵]。

5. 封

"封"的本義是給樹木培土。《左傳·昭公二年》:"宿敢不封殖此樹。"(宿:人名。殖:培育。)轉指聚土爲墳;墳墓。《周易·繫辭下》:"古之葬者厚衣之以薪,葬之中野,不封不樹,喪期無數。"(樹:種樹爲標志)《禮記·禮器》:"棺椁之厚,丘封之大,此以大爲貴也。"又轉指聚土植樹爲疆界;邊界。《周禮·地官·封人》:"爲畿封而樹之。"《左傳·僖公三十年》:"(晉)又欲肆其西封。"(肆:擴展。)雙音詞有[封疆]。由此轉指封地;疆域。《尚書·蔡仲之命》:"往即乃封。"(大意:前往你的受封之國。)用作動詞,把土地、爵位、名號賜人。《孟子·告子下》:"周公之封於魯,爲方百里也。"《史記·高祖本紀》:"封韓信爲淮陰侯。"雙音詞有[分封][封建]。封由堆土引申爲使閉合;封閉。《史記·項羽本紀》:"吾入關,秋豪不敢有所近,籍吏民,封府庫而待將軍。"雙音詞有[密封]。

6. 貨

《說文》:"貨,財也。"指財物(金玉布帛等的總稱);錢財。《尚書·洪範》:"一曰食,二曰貨。"《老子》三章:"不貴難得之貨。"柳宗元《段太尉逸事狀》:"邠人偷嗜暴惡者,卒以貨竄名軍伍中,則肆志,吏不得問。"特指交易的財物,商品。《周易·繫辭下》:"日中爲市,致天下之民,聚天下之貨,交易而退。"轉指貨幣;錢幣。《隋書·食貨志》:"交廣之域,全以金銀爲貨。"用作動詞,售賣;賄賂。柳宗元《鈷鉧潭西小丘記》:"貨而不售。"《閱微草堂筆記·李生恨事》:"貨所攜,漸豐裕。"《左傳·僖公三十年》:"晉侯使醫衍酖衛侯,甯俞貨醫,使薄其酖,不死。"(衍、甯俞:人名。)

7. 既

《廣雅·釋詁三》:"既,盡也。"指一種行爲過程的終了,完結。《左傳·僖公二十二年》:"楚人未既濟。"(濟:過河。)韓愈《進學解》:"言未既,有笑於列者曰:'先生欺余哉!'"引申爲窮盡。《老子》三十五章:"(道)視之不足見,聽之不足聞,用之不足既。"由行爲的終結虛化爲副詞,已經。《商君書·畫策》:"神農既没,以强勝弱,以弱暴寡。"《楚辭·九章·涉江》:"余幼好此奇服兮,年既老不衰。"虛化爲副詞,表示在前一個行爲完結後不久發生。李翱《楊烈婦傳》:"建中四年,李希烈陷汴州,既又將盜陳州。"歐陽修《相州晝錦堂記》:"乃作晝錦之堂於後圃,既又刻詩於石以遺相人。"又虛化爲連詞,表示對已有事實的承認,既然。《三國志·蜀書·諸葛亮傳》:"將軍既帝室之胄,信義著於四海,百姓孰敢不簞食壺漿以迎將軍者乎?"

8. 節

《説文》:"節,竹約也。"指竹節。《史記·龜策列傳》:"竹,外有節理,中直空虚。"泛指草木枝幹分節的地方。《周易·説卦》:"其於木也,爲堅多節。"成語有[盤根錯節]。特指骨節。《吕氏春秋·開春》:"飲食居處適,則九竅百節千脈皆通利矣。"雙音詞有[關節]。泛指事物的分段:時節、節奏等。《史記·太史公自序》:"夫陰陽四時、八位、十二度、二十四節各有教令。"《楚辭·九歌·東君》:"應律兮合節。"節是分段,抽象引申爲(不可踰越的)界限,節度。《論語·微子》:"長幼之節,不可廢也。"《禮記·曲禮上》:"禮不踰節。"《列子·造父學御》:"迴旋進退,莫不中節。"雙音詞有[禮節]。特指人在品行上應持守的節度,節操。歐陽修《相州晝錦堂記》:"故能出入將相、勤勞王家而夷險一節。"文天祥《正氣歌》:"時窮節乃見。"雙音詞有[氣節],成語有[高風亮節]。由分節的一段一段轉指一項一項的事情,事項。《論語·泰伯》:"可以託六尺之孤,可以寄百里之命,臨大節而不可奪也。"《新唐書·禮樂志一》:"凡祭祀之節有六……"雙音詞有[細節][情節]。

由分節義轉用作動詞:限制,使不過分。《荀子·天論》:"强本而節用,則天不能貧。"《吕氏春秋·論人》:"適耳目,節嗜欲。"雙音詞有[節制][節約]。

9. 臨

《説文》:"臨,監臨也。"本義是俯視。《荀子・勸學》:"不臨深谿,不知地之厚也。"(谿:山谷。)成語有[居高臨下]。由向下俯視引申爲面向,面對。歐陽修《相州晝錦堂記》:"至於臨大事,決大議。"《聊齋志異・石清虛》:"後邢至落石處,臨流於邑。"雙音詞有[面臨],成語有[如臨大敵]。由俯視抽象引申爲由上到下,到。《左傳・襄公九年》:"且要盟無質,神弗臨也。"(要:要挾。質:誠信。)《楚辭・遠遊》:"朝發軔於太儀兮,夕始臨乎於微閭。"雙音詞有[降臨],成語有[大難臨頭]。由靠近俯視引申爲靠近。王勃《滕王閣序》:"臨別贈言。"《明史・周新傳》:"臨刑,大呼曰:'生爲直臣,死當作直鬼!'竟殺之。"雙音詞有[臨近]。

10. 釋

《説文》:"釋,解也。""釋"的基本義是分解開來。《老子》十五章:"渙兮若冰之將釋。"(渙:離散。)抽象引申爲解説。《國語・吳語》:"(夫差)乃使行人釋言於齊。"雙音詞有[解釋]。由分解又引申爲使脱離:放下(某物);解除。《韓非子・五蠹》:"因釋其耒而守株。"(耒:一種農具。)《國語・晉語四》:"釋宋圍,敗楚師於城濮。"蘇軾《超然臺記》:"余自錢塘移守膠西,釋舟楫之安而服車馬之勞。"特指釋放。《尚書・武成》"釋箕子囚。"雙音詞有[保釋],成語有[手不釋卷][如釋重負]。

11. 險

《説文》:"險,阻難也。"指地勢不平坦,難於行進(與"夷"相對)。《左傳・成公二年》:"苟有險,余必下推車。"《列子・造父學御》:"未嘗覺山谷之嶮,原隰之夷,視之一也。"雙音詞有[險阻][險要]。由地勢的不平抽象引申爲(政事、秉性等)難以常理測度:險惡;陰險;邪惡。《荀子・天論》:"政險失民。"《三國志・吳書・吳主權潘夫人傳》:"性險妬容媚,自始至卒,譖害袁夫人等甚衆。"又引申爲不安全而有可能遭到傷害或失敗,危險。《三國志・魏書・管寧傳》:"經危蹈險,不易其節。"

12. 淫

《説文》:"淫,一曰久雨爲淫。"指雨量過度。《左傳・莊公十一年》:"天作淫雨,害於粢盛。"(粢盛:供祭祀的穀物。)泛指過度;放縱無節制。

《左傳·莊公二十二年》:"酒以成禮,不繼以淫,義也。"《國語·魯語下》:"(民)逸則淫,淫則忘善,忘善則惡心生。"雙音詞有［淫威］。由此引申爲亂;惑亂。《孟子·滕文公下》:"富貴不能淫。"特指男女關係不正當,淫亂。《左傳·成公二年》:"貪色爲淫。"《荀子·天論》:"男女淫亂。"雙音詞有［淫蕩］。

又《說文》:"淫,侵淫隨理也。"浸漬;浸潤。《周禮·考工記·匠人》:"善防者水淫之。"(防:築堤。淫之:水滲入泥沙淤積起來增厚壩基。)引申爲漸進;蔓延。宋玉《風賦》:"夫風生於地,起於青蘋(pín)之末,侵淫谿谷。"(蘋:水草名。)

13. 邑

邑是人聚居的地方,有小有大。《論語·公冶長》:"十室之邑,必有忠信如丘者焉,不如丘之好學也。"又:"求也,千室之邑,百乘之家,可使爲之宰也。"(求:孔子的學生。)雙音詞有［城邑］。特指國都。《詩經·商頌·殷武》:"商邑翼翼。"(翼翼:整飭的樣子。)李白《爲宋中丞請都金陵表》:"臣又聞湯及盤庚,五遷其邑。"雙音詞有［都邑］。又爲縣的別稱。柳宗元《封建論》:"秦有天下,裂都會而爲之郡邑。"(都會:諸侯之都。)李翱《楊烈婦傳》:"項城,小邑也。"

14. 注

《說文》:"注,灌也。"水流集中灌入。《詩經·大雅·泂酌》:"挹彼注茲。"(挹:舀取。)《莊子·齊物論》:"注焉而不滿,酌焉而不竭。"雙音詞有［灌注］［注入］。由水流集中灌注引申爲聚集;集中於。《周禮·天官·獸人》:"及弊田,令禽注于虞中。"(大意:田獵結束,把獵物集中在一個地方。)《史記·田敬仲完世家》:"《易》之爲術,幽明遠矣,非通人達才孰能注意焉?"(注意:集中意念。)雙音詞有［專注］［注視］,成語有［全神貫注］。由水流灌注於一個目標引申爲通到;引入到。《漢書·溝洫志》:"渠成而用注填閼之水,溉舄鹵之地四萬餘頃。"(大意:引入有淤泥的水灌溉鹽鹼地。)解釋古書時,把對經義的解釋引入到經文下使語義明暢也叫注(參《儀禮·士冠禮》"鄭氏注"賈公彥疏)。雙音詞有［古注］［注釋］。由水流灌注於一個目標又引申爲附著。《左傳·襄公二十三年》:"樂射之,不中,又注。"(樂:人名。注:這裏指把箭搭在弦上。)柳宗元《段太尉逸事狀》:"太尉列卒取十七人,皆斷頭注槊上,植市門外。"又:"即自取水洗去血,裂裳衣瘡,手注善藥。"(注:這裏指敷藥。)

15. 責

《說文》:"責,求也。"索取;(嚴切)求取。《左傳·桓公十三年》:"宋多責賂於鄭,鄭不堪命。"(賂:財物。)柳宗元《段太尉逸事狀》:"諶曰:'我知人數而已,不知旱也。'督責益急。"引申爲要求;要求完成某事。《論語·衛靈公》:"躬自厚而薄責於人,則遠怨矣。"《史記·黥布列傳》:"楚使者在,方急責英布發兵。"成語有[求全責備]。轉指要求完成的事情,責任。《後漢書·楊震傳》:"崇高之位,憂重責深也。"雙音詞有[盡責][專責]。由嚴切責求引申爲追責;責問;責備;責罰。《史記·酷吏列傳》:"天子果以湯懷詐面欺,使使八輩簿責湯。"(使使八輩:派八批使者。湯:張湯。)李翺《楊烈婦傳》:"楊氏責之曰:'君不在,則人誰肯固矣?'"《舊五代史·李從曬傳》:"左右或有過,未嘗笞責。"由索取義轉作名詞,指討要的應歸還的財物,讀 zhài(後作"債")。《漢書·食貨志上》:"於是有賣田宅、鬻子孫以償責者矣。"

古漢語常識

漢字

一 漢字的性質

文字是記錄語言的書寫符號,認識一種文字的性質,就要考慮它同所記錄的語言的關係,要看它記錄的是什麼樣的語言單位。我們看到的漢字是一個一個的方塊形體,大體說來,這一個一個的方塊形體記錄的是漢語中一個一個的語素(有極少數的例外,如"葡""萄""玻""璃",但這些極少數的例外並不能反映漢字的本質屬性)。語素是語言中最小的音義結合的單位。比如拿[光明][美麗]來說，這兩個詞並不是漢語中最小的音義結合的單位，最小的音義結合單位是[光][明][美][麗]。也就是說，[光明][美麗]這兩個詞分別是由兩個語素構成的。既然漢字記錄的是語素，那麼如果是不同的語素，就常常要用不同的字形來表示。比如{gāo}和{gǎo}的讀音不一樣，意思也不同，是兩個語素，寫出來就是"篙"和"稿"兩個不同的形體。"樹木"的{mù}和"目光"的{mù}讀音一樣，但意思不同，也是兩個語素，寫出來是"木"和"目"兩個不同的形體。很多漢字由兩個或兩個以上的結構單位構成，如"明"字由"日"和"月"兩個結構單位組成（這樣的結構單位稱爲部件）。進一步觀察，這些結構單位很多原來就是語素。比如組成"相"字兩個結構單位"木"和"目"原來都是語素。形聲字"篙"，它的意符"竹"原來是一個語素，它的聲符"高"原本也是一個語素。需要注意的是，聲符"高"並不是專職用來表音的，不同於表音文字中的字母。再從語音形式上觀察，漢語中一個語素往往（並非全部）是一個音節，一個漢字讀出來也往往是一個音節。基於上面的分析，可以知道漢字是一種語素文字（也有人稱爲語素音節文字）。

不過，我們又不能簡單地認爲一個漢字只記錄一個語素，在以後的學習中會看到，漢字同漢語的語素有著複雜的對應關係。

二　漢字形體的演變

漢字的歷史悠久，從現在發現的古文字資料看，商代後期（公元前十四世紀——前十一世紀）的甲骨文和金文已經是成熟的文字了。可以推測，漢字在此前的一個階段已經形成，距今至少應當有三千五百年以上的歷史了。在漫長的發展過程中，漢字的形體發生了很大的變化，這種變化可以分爲兩個大的階段：古文字階段和隸（書）楷（書）階段。小篆和小篆以前的甲骨文、金文、籀文等屬於古文字階段，後來是隸楷階段。

甲骨文是龜甲和獸骨（主要是牛的肩胛骨）上的文字，絕大多數是用刀刻的，所以也叫"契(qì)文"。從內容上看，大部分是商王占卜各種大事的記錄，所以又稱"卜辭"。① 甲骨文是商代使用的最主要的一種文字。

---

① 出土於河南省安陽西北小屯村的甲骨文是約公元前十四世紀盤庚遷殷以後的文字材料，所以甲骨文又叫"殷虛書契""殷虛文字"。

金文從商代後期逐漸流行，西周時達到全盛。金文主要是鑄在青銅器上的。青銅是銅和錫的合金，秦代以前稱銅爲金，所以叫"金文"。鐘鼎是主要的青銅器，所以又叫"鐘鼎文"。金文是研究西周春秋時代的主要文字資料。籀文得名於《史籀篇》(已散失)。傳統上認爲《史籀篇》是西周周宣王時(公元前八至九世紀)的太史編寫的一種兒童習字書。《說文解字》中保存有一部分籀文資料。到了後來，又把籀文稱作大篆(見《漢書·藝文志》《說文解字·叙》)。大篆實際上是指籀文這一類早於小篆而書寫風格跟小篆相近的古文字。這種字體春秋戰國期間流行於西方的秦國。古文(又稱"戰國古文")是戰國時期東方各國流行的文字，與當時西方秦國的文字有比較明顯的區別(《說文解字》中保存有一部分古文資料)。秦王朝統一各國之後，通行的字體主要是小篆(秦國統一以後的石刻文字可以作爲這種字體的代表)。小篆是在春秋戰國時期秦國文字的基礎上逐步演變形成的，通常說的"書同文"，是說秦王朝經過一番文字整理工作，小篆就成了一種由政府推行的規範字體。

隸書出現在戰國晚期，屬於秦系文字。秦代小篆是正體，那時候隸書是一種書寫簡便的俗體文字，到了西漢時期，就取代了小篆成爲正體。楷書又稱"正書""真書"，形成於漢末，經魏晉盛行起來，以後就成爲通行的字體。楷書的形體固定，至今我們還在使用。

觀察下面的古文字字形：

古文字階段漢字的特點是象形程度高，筆畫繁複，字形不固定。隸書形成以後，筆勢改圓曲爲平直，省并筆畫，簡化結構；在漢字發展的歷程中隸書取代小篆是一個轉折點，從此漢字形體的演變就進入了一個新的階段(由篆書到隸書的變化叫"隸變")。從象形到不象形(象形程度降低)、由繁趨簡，這是漢字形體變化的主要趨勢。

三　漢字的結構

很多漢字的字形同語素的意義有聯繫,所以通過對漢字形體結構的分析就有助於認識語素的意義;古文字階段的漢字象形程度高,漢字的這一功用尤其顯著。比如《晏子春秋·景公不知天寒》中說:"(齊景公)乃令出裘發粟。"在甲骨文中,"出"字(𠱛)像是一只脚從坎穴中邁出來;"裘"字原本寫作"求"(𧘇),像是毛朝外的皮衣;"粟"字(🌾)像是穀物上長出許多籽粒。所以我們學習古代漢語有必要對漢字的形體結構有所瞭解。

分析漢字的結構,傳統上有"六書"的說法,"六書"是從造字的角度把漢字分成六種類型。下面是東漢學者許慎在《說文解字·叙》中對六書的說明①:

> 一曰指事,指事者,視而可識,察而見意,"上、下"是也。二曰象形,象形者,畫成其物,隨體詰詘,"日、月"是也。三曰形聲,形聲者,以事為名,取譬相成,"江、河"是也。四曰會意,會意者,比類合誼,以見指撝,"武、信"是也。五曰轉注,轉注者,建類一首,同意相受,"考、老"是也。六曰假借,假借者,本無其字,依聲託事,"令、長"是也。

下面簡要說明六書的劃分。

1. 象形字。象形的"象"是模擬的意思。象形字要依據事物的形狀屈折其筆畫,所以說是"隨體詰詘"。觀察下面的甲骨文字形:

象形字的數量不多,但常常充當造字的構字部件,是最基本的一種類型。

2. 指事字。指事的"事"涉及的是一些比較抽象的事物或抽象的概念,不像具體的"物"那樣可以用象形字摹寫,因此需要用抽象的符號表示。"視而可識"指初見時對形體的辨識,"察而見意"指細看時可知造字

---

① 《說文解字》是東漢許慎編著,成書約在公元 100 年,以下簡稱《說文》。

的意義指歸。觀察下面的古文字字形：

上　下　丩　回　小　本　末　亦

"上""下"用一長橫一短橫的上下位置表示方位。"丩"後作"糾"，字形表示相糾纏的狀態。"回"字以回旋的綫條示意。"小"以小點表示微小。"本"字在"木"下加一橫指示根部的位置。"末"字在"木"上加一橫指示樹梢的部位。"亦"是"腋"的初文，在正立的人形兩側加符號指示兩腋的部位。

3. 會意字。"比類合誼"是説把兩個或兩個以上的字放在一起形成一個新的意義，"指撝"是説組成的新字所指向的意義。會意字由兩個或兩個以上的意符構成，合起來表示一個新的意義。比如：

林　析　取　牢　采　逐　牧　寇

"林"字以雙"木"會意，表示樹木多。"析"字以"斤"（斧子一類的工具）"木"會意，表示破木。"取"字以"耳""又"（手）會意，表示以手取耳（古代田獵或打仗割取左耳作爲計功的憑據）。"牢"字以"宀""牛"會意，表示蓄養牲畜的圈舍。"采"字以"爪"（手）"木"會意，表示採摘。"逐"字以"辵""豕"會意，表示追獵野獸。"牧"以"牛""攵（攴）"會意，表示放牧牲畜。"寇"字以"宀""元""攴"會意，表示持械入内，侵害他人。

4. 形聲字。形聲字（又叫"諧聲字"）由意符和聲符兩個部分構成，意符表示一個詞的意義範疇（比如"江、河"的意符都是"水"），聲符與詞的讀音有聯繫（比如"江、河"的聲符分别是"工"和"可"）。"以事爲名"是説依據一個詞表示的事物取一個字作爲意符，"取譬相成"是説取一個讀音相同或相近的字作爲聲符組成一個新的字。大部分形聲字是由兩部分構成的。如：

棋　胡　期　空　箕　基　詔　固

有的形聲字構造比較複雜。比如"寶"字：從"宀"，從"玉"，從"貝"，"缶"聲。"融"字：從"鬲"，聲符是"蟲"的省寫。

有的形聲字的聲符後來已失去表音的功能（如"江"字的聲符"工"），那是因爲語音發生了變化。值得注意的是，有一部分形聲字的聲符不僅同讀音有關，同這個字表示的意義也有關係，這就是所謂"形聲之字多含會意"①。比如"駟"字的"四",表示古時一車四馬,"四"既表音又有義,這就是形聲兼會意。再比如(意義的説明依《説文》):

淪:小波爲淪。綸:青絲綬也。輪:有輻曰輪。

"淪"的水波有層次,青絲的綬帶編織有層次紋理,車輪的車輻依順序均勻排列。三個字的聲符"侖"表示層次、條理,顯示出這三個詞都含有層次、條理的意思。

5.假借字。"假借字"的"假"也是借的意思,假借是一種文字的借用。"本無其字"是説語言中的某個詞並沒有造出專門的字來表示它,這就需要借用別的字來記録這個詞,借過來用的那個字就是假借字。借用的條件是假借字的讀音跟所表示的詞的讀音(指古代的讀音)相同或相近,這就是"依聲"。"託事"是説一個字被借用後它所表示詞的意義就寄託在了這個字上。比如古漢語中有一個第二人稱代詞{rǔ},但沒有造一個專門的字來表示這個詞,就借用原本表示女性的"女"字來表示。再比如:

假借字	本義	借用來表示的詞
其	畚箕	代詞
何	負擔	疑問代詞
難	鳥名	困難的{nán}

有一些字,長期借用表示某個詞,本來的意思反而不怎麼用了。比如"我",本是一種兵器,借用表示第一人稱代詞。

6.轉注字。關於轉注字,《説文》舉出"老"和"考"兩個例字,此外沒有更多的例證和説明。後來對轉注字有很多不同的解釋,一般認爲轉注同漢字本身的結構沒有關係,這裏就不再作討論。

六書的劃分對我們分析漢字的結構、認識字形結構同詞的意義關係有很大的幫助,所以直到今天人們還在使用這名稱。不過六書的劃分有不够科學的地方,形象、指事和會意之間的界限也有模糊不清之處,對漢字的結構類型還可以作更爲科學的分析歸納。

瞭解漢字的結構,考察詞的本義,東漢許慎撰寫的《説文解字》十分重要。這部著作通過對字形的分析探討詞的本義,在中國傳統的語文學中

---

① 《説文解字》"池"字段玉裁注。

有十分重要的地位,受到歷代學者的重視。在《古代漢語常用工具書》(下)中我們還要作進一步介紹。

四 古書的用字

上面説到,漢字雖然是語素文字,但不能簡單地認爲一個漢字只記録一個語素。閲讀古書,我們有一個深切的感受:很多漢字一個字表示好幾個意義,一個字又有幾個不同的讀音。比如"説"這個字,字典裏的解釋有:(1)解説,讀 shuō;(2)説服,讀 shuì;(3)喜悦,讀 yuè;(4)解脱,讀 tuō。相反的情況是:不同的字表示同一個意義,不同的字有相同的讀音。如上面"説"的第(3)項意義又可以寫作"悦",第(4)項意義又寫作"脱"。這給我們閲讀古書帶來很大的困難。

爲什麽古書的用字會出現這樣複雜的情況呢? 從根本上來講,用數量有限的字去記録語言中數量龐大的詞是不可能做到一一對應的,這就造成漢字跟詞的複雜的對應關係。這種對應關係有種種不同的情況,其中繁簡字、異體字、假借字和分化字是我們初學古代漢語應當首先瞭解的。

(一) 繁簡字

如前所説,由繁到簡是漢字形體演變的一個總趨勢。新中國成立後,有關部門對繁體字又進行了有計劃的整理工作,制訂了《漢字簡化方案》;之後,在完善《方案》的基礎上,又頒布了《簡化字總表》(2236 個)。漢字的簡化,一方面是筆畫的減少,另一方面是漢字數量的減少。繁簡字的對應大致有三種情況:

第一,簡化字和繁體字在意義上完全對應。如:

  门/門 处/處 医/醫 盘/盤 剑/劍,劒

"剑"對應的繁體字兩個"劍"和"劒"是異體關係,意義上並無不同。

第二,一個簡化字對應幾個繁體字,這幾個繁體字的意義原本不相干。如:

  坛/壇,罎 发/發,髮 干/乾,幹 钟/鐘,鍾

"壇"是臺子,"罎"是容器。"發"是發出,"髮"是頭髮。"乾"是乾燥,"幹"是事物的主體部分。"鐘"是樂器,"鍾"是一種壺形盛酒器。

第三,用一個已有的字作爲簡化字,這個字跟對應的繁體字原本的意義不同:

谷/穀 面/麵 淀/澱 里/裏 斗/鬥

"谷"是山谷,"穀"是穀物。"面"是臉面,"麵"是麵粉。"淀"是淺水湖泊,"澱"是沉澱。"里"是居住區,"裏"是衣服內層。"斗"讀 dǒu,是一種酒器;"鬥"是打鬥。

我們閱讀古書,自然要認識繁體字。如果一部古書用的是簡化字,就要特別注意上面說的第二、第三種情況。如:

熏之則恐燒其木,灌之則恐敗其塗。(《晏子春秋·社鼠猛狗》)

例中的"塗"本是泥的意思,這裏用的就是本義。如果"塗"寫成簡化字"涂",就很難跟泥這個意思聯繫起來。前面說到"钟"對應的簡化字是"鐘"和"鍾",那麼"钟鼎文"的"钟"到底是哪種器物,要恢復到繁體纔能知道。

(二) 異體字

"異體"就是字形不同。通常說,異體字是形體不同而音義完全相同、在任何情況下都可以互相代替的字。從漢字同詞的對應關係看,異體字實際上是表示同一個詞的幾個不同的書寫形式。漢字的數量龐大,其中一個重要的原因就是異體字很多。《說文解字》收的一千多個"重文"就是異體字,清代編纂的《康熙字典》收了四萬七千多字,其中約三分之一是異體字。

從字形結構看,異體字常見的類型有下面幾種。

第一,都是形聲字,意符不同。如:

暖/煖 貓/猫 甎/磚 覩/睹 咏/詠 雞/鷄

第二,都是形聲字,聲符不同。如:

綫/線 螾/蚓 獀/猿 綉/繡 韻/韵 啖/啗 鐮/鎌

第三,都是形聲字,聲符和意符的位置不同。如:

鄰/隣 甸/胸 畧/略 槀/稿 峰/峯 裹/裡 鵝/鵞

第四,一個是會意字,一個是形聲字。如(會意字在前):

　　岳/嶽　郲/村　泪/淚　岩/巖　躳/躬

第五:隸變後的字形同小篆的寫法成爲異體。如:

　　年—秊　前—歬　享—亯　並—竝　侯—矦

在古書中,幾個漢字在某一些意義上常常有通用或者混用的情況;通用或混用的字,原來的意義可能有聯繫,也可能沒有聯繫。無論有沒有聯繫,如果這幾個字原本表示的不是同一個詞,就不宜看作異體字。比如:

(1) 寡助之至,親戚畔之。(《孟子·公孫丑下》)
(2) 自天子以至於庶人,壹是皆以脩身爲本。(《禮記·大學》)
(3) 朽木不可雕也。(《論語·公冶長》)
(4) 寒則雕,熱則脩。(《呂氏春秋·辨土》)

例(1)叛離的意思當作"叛",古書中也寫作"畔"("畔"是田界)。例(2)修養的意思當作"修",古書中也寫作"脩"("脩"是乾肉)。例(3)彫飾的意思當作"彫",例(4)"凋零"的意思當作"凋"("雕"是一種猛禽)。以上所舉的每個意義都有不同的書寫形式,但我們不能認爲這些不同的書寫形式是異體關係。比如就"雕"而言,它的異體是"鵰",不是"彫"和"凋"。

對異體字的認識有廣義和狹義的不同,學習古代漢語,應當取狹義的標準,這就要看不同的字形原本表示的是不是同一個詞。如果記錄的同是一個詞,就不單是音和義相同,在用法上也應完全相同。在已經公布的《第一批異體字整理表》中,"草""考""創"列爲正體,與之對應的"艸""攷""剏"列爲這三個字的異體,這是一種寬式的處理。實際上"艸"(草類植物)與"草"(櫟實)、"攷"(敲擊)與"考"(年歲大)、"剏"(開創)與"創"(創傷)原本記錄不是一個詞,從狹義的標準看,它們不是異體關係。

(三) 假借字

傳統"六書"說的假借字,《說文》的定義是"本無其字,依聲託事"。和"本無其字"相對應的一種假借是"本有其字",就是一個詞本來有一個專門的字記錄,但書寫時却借用了另外的字。比如:

(1) 多徭役以罷民力,則苦之也。(《說苑·政理》)

(2) 數戰則士疲,數勝則君驕,驕君使疲民,則國危。(《管子·幼官》)

{pí}(疲勞)這個詞,本來有一個專門的字"疲"來記錄,如第(2)例。但在第(1)例中寫作"罷"。"罷"字本來的意思跟"疲"沒有關係,只是因爲語音上的聯繫被借用。這同"本無其字"的假借都是一種文字的借用(從古書用字的角度有人又把這種"本有其字"的假借叫作通假,通假就是通用假借的意思)。再比如:

(1) 今人固與禽獸、麋鹿、蜚鳥、貞蟲異者也。(《墨子·非樂上》)
(2) 尺蠖(huò)之屈,以求信也。(《周易·繫辭下》)
(3) 且以冬春閑月,不妨農事。(《後漢書·劉般傳》)

例(1)的"蜚"假借作"飛"(《説文》釋爲"鳥裔"),"蜚"是一種昆蟲名(《説文》釋爲"臭蟲")。例(2)的"信"假借作"伸",伸展的意思(《説文》釋爲"屈伸"),"信"的意思是信實(《説文》釋爲"誠")。例(3)的"閑"假借作"閒",閒暇的意思。"閑"的意思是栅欄一類的遮攔物(《説文》釋爲"闌")。我們注意到,例(3)的"閑"假借作"閒","閒"《説文》解釋爲"隙",本義是縫隙(讀jiàn)。由間隙引申爲時間上的空閒(讀xián),實際上成了另一個詞。表示這兩個詞的本字都是"閒"。我們還注意到,同一部文獻既用本字,也用假借字。如《荀子·樂論》:"執其干戈,習其俯仰屈伸。"又《不苟》:"剛強猛毅,靡所不信,非驕暴也。"楊倞注:"信,讀爲伸。"

語言中的某個詞,如果專門有一個字記錄,這個字就是本字,借過來用的另外的字就是假借字;本字是對假借字而言。一個字被借用後表示的意義就是這個字的假借義。比如記錄伸展的{shēn}這個詞,"伸"是本字,"信"是假借字,伸展義是"信"這個字的假借義。

就本字的情況看,假借可以分爲三類:無本字的假借、有本字的假借和本字後起的假借。無本字的假借就是一直沒有給一個詞造出一個本字(如記錄第一人稱代詞的"我"、記錄連詞的"而"、記錄形容詞的"難")。有本字的假借如上面所舉的"蜚""信""閑"。本字後起的假借是説一個詞開始沒有本字記錄,後來專門造了一個字來記錄這個詞。如憂傷義的{qī}這個詞,開始是借用表示兵器的"戚"記錄(《詩經·小雅·小明》"心之憂矣,自詒伊戚"),後來專門造出一個"慼"字表示,"慼"這類字叫作後起本字。

中國的古書,越是早的書文字的借用就越多。如果一個字在古書裏經常用的是它的假借義，本義反而不怎麼用，就容易誤認爲這個字就是某個詞的本字。如"草"的本義是草斗（即櫟實，音 zǎo），可記錄草木義的 {cǎo} 經常寫作"草"，就容易誤認爲"草"就是本字，但記錄 {cǎo} 這個詞的本字實際上是"艸"。

文字的假借是依聲託事，認識假借字就必須擺脫字形的束縛。所以清代學者王引之在《經義述聞·經文假借》中說："學者改本字讀之則怡然理順，依借字解之則以文害辭。"

（四）分化字

本書的文選有這樣的例子：

(1) 仁者安仁，知者利仁。（《論語·里仁》）
(2) 使者反，言之公。（《晏子春秋·晏子辭千金不受》）
(3) 見火然，皆當鳴鼓大呼。（《資治通鑑·班超出使西域》）

我們已經知道，例(1)的"知"後來寫作"智"，例(2)的"反"後來寫作"返"，例(3)的"然"後來寫作"燃"。這三組字的關係可以表示如下：

知→智　反→返　然→燃

從每組字兩個字開始使用的時間看，一個在前一個在後，古代的學者就把這樣一前一後的兩個字叫做"古今字"。不過只考慮時間的先後還不够，還需要從字的形音義三方面作進一步的考察。以"反/返"爲例，從字形看，"返"字是在"反"字的上面又加了一個意符"辵"(chuò)；從字音看，"返"與"反"同音，沒有變化（其他例有的字音有變化，如"知/智"）；從意義看，"反"的意思是翻轉，"返"是返回，意義有明顯的聯繫（都有反向變動的意思）。前一個字通常叫作"初文"，後一個字就是我們說的分化字。

爲什麽有了初文又要造分化字呢？我們看到，在"返"字出現以前，"反"字既表示翻轉的意義，有又表示返回的意義（其實不止這兩個意義），這如同一個人承擔了多個職責，難免會引起混淆，所以有必要分散這個字的幾個職責；分散的辦法就是再造分化字，讓它分擔初文承擔的某個職責。由此可知，分化字是爲了區分原來由某個字（初文）表示的幾個意義而造的後起字；從字形上看，通常是在初文之上另加形旁或改變偏旁構成，前後兩個字在字形大多有相承的關係。

分化字分擔的意義大致有以下三種情況("/"後是分化字)：
1. 分化字分擔的是初文的本義：

（1）益/溢　澭水暴益。(《呂氏春秋・察今》)["益"的本義是水溢出]

（2）戚/鏚　是干戚用於古,不用於今也。(《韓非子・五蠹》)["戚"的本義是一種兵器]

（3）然/燃　若火之始然,泉之始達。(《孟子・公孫丑上》)["然"的本義是燃燒]

（4）要/腰　昔者楚靈王好士細要。(《墨子・兼愛中》)["要"的本義是人體的腰部]

2. 分化字分擔的是初文表示的引申義：

（5）取/娶　取妻如之何？(《詩經・齊風・南山》)[婚娶是"取"(取得)的引申義]

（6）景/影　飛鳥之景,未嘗動也。(《莊子・天下》)[影子的意思是"景"(日光)的引申義]

（7）竟/境　亡不越竟,反不討賊。(《左傳・宣公二年》)[邊界是"竟"(終極)的引申義]

（8）解/懈　三日不怠,三月不解。(《禮記・雜記下》)[懈怠是"解"(分解)的引申義]

3. 分化字分擔的是初文的假借義：

（1）采/彩　衣被則服五采。(《荀子・正論》)["采"的本義是採摘,彩色是"采"的假借義]

（2）辟/避　室高足以辟潤濕。(《墨子・辭過》)["辟"的本義是法度,避開是"辟"的假借義]

（3）戚/慼　哭泣無涕,中心不戚。(《莊子・大宗師》)["戚"的本義是一種兵器,悲傷是"戚"的假借義]

（4）厭/饜　學而不厭,誨人不倦。(《論語・述而》)["厭"的本義是壓迫,滿足是"厭"的假借義]

初文同分化字並不完全是一對一的關係,有的初文可以對應幾個分化字。比如：采—彩、採；戚—感、慼、鏚；辟—避、僻、譬、闢。

從讀音來看,分化字同初文的讀音很多是相同的；但也有的讀音不一樣,比如"知(zhī)"和"智(zhì)"、"景(jǐng)"和"影(yǐng)"、"解(jiě)"和"懈(xiè)"。如果讀音和意義都不一樣,實際上就是兩詞。

　　前面説過,雖然漢字是一種語素文字,但不能簡單地認爲一個字對應的就只是一個語素,一個初文表示幾個意義就説明了這一點。

第四單元

講讀文選

尚書

《尚書》原稱《書》,也稱《書經》,是中國上古歷史文件和部分追述古代事迹著作的彙編;其中保存有商周特別是西周初期的一些重要史料,是珍貴的中國古代歷史文獻之一。"尚"即"上",書名是上代以來之書的意思。西漢初存二十八篇,稱《今文尚書》(用當時流行的隸書書寫)。另有相傳在孔子住宅壁中發現的《古文尚書》(用秦漢以前的"古文"書寫)和東晉梅賾所獻的僞《古文尚書》兩種。今通行的《十三經注疏》本《尚書》就是《今文尚書》和僞《古文尚書》的合編(計五十八篇)。《尚書》中很多篇章是當時語言比較真實的記録,但文辭"佶屈聱牙",古奥艱澀,解説歧見很多。通行的注本有唐孔穎達《尚書正義》、清孫星衍《尚書今古文注疏》。

選文據影印本《十三經注疏》(中華書局一九八〇年版)。

盤庚上

【説明】盤庚是商湯九世孫,商的第二十位王。此前商王曾幾次遷都,至盤庚由奄(今山東曲阜一帶)遷至殷(今河南安陽西北)定居下來,此後再未遷都。盤庚遷殷是商歷史上的一件大事。

《盤庚》分上中下三篇,記載了商王盤庚關於遷都問題和臣民的三次對話,完整地記述了遷殷的經過以及圍繞遷都問題產生的一系列矛盾衝突,是研究殷商時期政治、經濟、文化的珍貴文獻。

　　盤庚遷于殷,民不適有居①,率籲衆慼出矢言②。曰:"我王來,既爰宅于兹③,重我民,無盡劉④。不能胥匡以生,卜稽曰其如台⑤?先王有服,恪謹天命,兹猶不常寧⑥。不常厥邑,于今五邦⑦。今不承于古,罔知天之斷命,矧曰其克從先王之烈⑧。若顛木之有由櫱⑨,天其永我命于兹新邑⑩,紹復先王之大業⑪,厎綏四方⑫。"

　　盤庚遷殷,臣民不習慣居住新都。盤庚告誡他們要敬奉天命,遵循祖宗遷都的先例,纔能保持國運,紹復先王大業。

① 適:習慣。有居:指新的居處。
② 率:相當於連詞"用",有因此的意思。籲(yù):呼告;呼求。慼:通作"戚",親近。這裏指親族大臣。出矢言:讓他們出外告諭民衆。矢:陳述。
③ 我王:指盤庚。既爰宅:已經變更居住地。爰:改變。一說句中語氣詞。兹:代詞,此,指殷都。
④ 遷居是爲了保護我們的民衆,不讓他們遭受傷害。重:以……爲重。劉:殺。
⑤ 如果不能相互救助以求生存,那麼即使靠占卜又將怎麼樣呢?胥:相互。匡:救。卜稽:通過占卜考問吉凶。曰:句中語氣詞。其:副詞,有將的意思。如台(yí):如何;怎麼樣。
⑥ 先王有大事,都能恭敬謹慎地順從天命,這樣做了,仍然不能長久安寧。先王:盤庚以前的商王。服:事。恪:恭敬。兹:此。
⑦ 不能定居在一個城邑,到現在已經五次遷都。厥:指示代詞,那。邑:指國都。邦:國,這裏指都城。
⑧ 現在如果不能繼續奉行過去遷都的做法,不知天命將斷絕於舊都,(永續於新都,)又何況還說要追續先王的功業呢?承:繼續。斷命:國運斷絕。矧:何況。克:能。烈:功業。
⑨ 如同倒伏的樹木又長出新的枝芽。顛:仆倒。由:《説文》作"㽕",樹木生出的枝條。櫱(niè):草木砍伐後長出的新枝芽。

⑩ 永我命:使我們的國運永久延續。永:用作使動。
⑪ 紹復:繼承復興。
⑫ 厎(dǐ,舊讀zhǐ)綏四方:安定天下四方。厎:定。綏:安。

盤庚斅于民,由乃在位,以常舊服、正法度①。曰:"無或敢伏小人之攸箴②。"王命衆,悉至于庭③。

王若曰④:"格汝衆⑤,予告汝訓汝,猷黜乃心,無傲從康⑥。古我先王,亦惟圖任舊人共政⑦。王播告之,脩不匿厥指,王用丕欽⑧。罔有逸言,民用丕變⑨。今汝聒聒,起信險膚,予弗知乃所訟⑩!非予自荒兹德,惟汝含德,不惕予一人⑪。予若觀火⑫。予亦拙謀,作乃逸⑬。

這一節責備當時的貴戚大臣妄發謬論,不能像先王的舊臣那樣堅決貫徹王的旨意。

① 盤庚教導民衆,告諭在位大臣,以使遵守舊制,整頓法度。斅(xiào):教導。由:一說通"迪",訓導,告諭。乃:當作"厥",指示代詞,那,那些。常:固守不變。舊服:舊制,舊規。
② 不要敢將我規誡小民的話隱匿起來。無:副詞,不要。或:代詞,有的人。伏:隱匿。攸:用法相當於"所"。跟動詞組合構成名詞性結構。箴(zhēn):勸誡。一說"箴"指小民進諫的話。
③ 衆:羣臣。庭:王庭。
④ 王這樣說。這是殷周史臣記載王講話的習語,史官或大臣代宣王命稱"王若曰"。這裏是王直接對臣下講話,不合當時辭例。
⑤ 格:來。
⑥ 我要告誡你們,教訓你們,是想要去除你們的私心,讓你們不要傲慢追求安樂。猷(yóu):圖謀。黜:減損。乃:代詞,你,你們。康:安逸。
⑦ 從前我們的先王,總是考慮任用貴戚舊臣,與他們共理政事。惟:考慮。圖:謀劃。舊人:久在其位的臣子。
⑧ 先王布告臣下,他們不敢隱匿先王的旨意,先王因此很敬重他們。播告:布告。播:《說文》引作"譒(bò)"。脩:一本作"修"。同

"攸",副詞,加強語氣。匿:隱匿。厥:代詞,用法相當於"其"。指:旨意。用:連詞,因此。丕:大。欽:敬。
⑨ 那些"舊人"從來沒有錯誤言論,民衆因此發生很大的變化。罔:無。逸:失誤。
⑩ 如今你們吵鬧不休,起而申説許多邪惡浮誇的話,我不懂得你們到底争吵什麼。聒(guō):擾嚷喧鬧。此句"聒"《説文》引作"䛿(guō)"。一説"聒"是"䛿"的訛字,拒絶善言自以爲是的意思。信(shēn):通"伸",這裏指申説。險:邪。膚:膚淺。訟:争辯。
⑪ 不是我廢棄前人的德政,是你們丢掉了這種德政,又不樂意聽從我。荒:荒廢。惟:副詞,加強語氣。舍:一説是"舍"的訛字,丢棄。惕:樂,樂意;高興(参孫星衍《注疏》)。一説是畏懼的意思。
⑫ 一説像觀火一樣看得分明。
⑬ 我有時謀事不明,造成你們的過錯。拙:《説文》引作"炪(zhuō)",火有煙無光。作:造成。

"若網在綱,有條而不紊①。若農服田力穡,乃亦有秋②。汝克黜乃心,施實德于民,至于婚友,丕乃敢大言汝有積德③!乃不畏戎毒于遠邇,惰農自安,不昏作勞,不服田畝,越其罔有黍稷④。"

這一節告誡大臣要勤奮努力,如果像農夫惰於農事那樣就不會有好結果。

① 就像漁網有綱提領,纔會有條而不紊。意思是要聽從王的教令。綱:提網的總繩。紊:亂。
② 就像農夫從事農業生産,努力耕作纔能獲得豐收。服:從事;致力於。田:農田(之事),即農事。穡(sè):收穫穀物,泛指農事。秋:收穫。
③ 你們能够去除自己的私心,對民衆施加實實在在的恩德,並擴展到親戚同僚,這纔敢誇說自己有積德。黜:減損。婚:有婚姻關係的親戚。友:同僚。丕乃:於是。
④ (你們不想遷都)就是不怕民衆早晚會遭受大災害,這就如同農夫

怠惰農事,一味追求自己的安逸,不努力去做辛苦的工作,不去耕作田地,將不會有莊稼收穫。戎:大。毒:害。遠邇:指時間的遠近。昏(mǐn):通"暋(mǐn)",勉力。服:從事。越:句首語氣詞。其:副詞,表示推測。黍稷:泛指農作物。

"汝不和吉言于百姓,惟汝自生毒①。乃敗禍姦宄,以自災于厥身②。乃既先惡于民,乃奉其恫,汝悔身何及③!相時憸民,猶胥顧于箴言,其發有逸口,矧予制乃短長之命④!汝曷弗告朕而胥動以浮言,恐沈于衆⑤?若火之燎于原,不可嚮邇,其猶可撲滅⑥?則惟汝衆自作弗靖,非予有咎⑦。

這一節告誡大臣以浮言恐嚇煽惑民衆,後果嚴重。

① 如果你們不把我的善言向民衆宣布,那就是你們自己種下禍害。和:通"宣",宣布。吉言:善言,指遷都的話。百姓:民衆。一説指百官。惟:副詞,加強肯定語氣。毒:害。
② 以致於發生作亂危害之事,危害自身。敗禍:危害。姦宄(guǐ):作亂之事。厥身:其身。
③ 既然你們對民衆倡導爲惡,造成的痛苦就要自己承受,你們屆時悔恨也來不及了。先惡:倡導爲惡。奉:承受。恫(tōng):痛苦。
④ 看看這些見識短淺的小民,尚且要顧及我的規誡之言,擔心自己説錯話,何況你們是由我掌握著生死之命呢?相:察看。時:代詞,這。憸(xiān)民:"憸"謂邪佞,"憸民"這裏指無遠見的小民。胥:副詞,相。發:指説話。逸口:錯誤的話。逸:失誤。矧(shěn):何況。制:控制;掌握。
⑤ 你們爲什麼不告訴我而擅用不實之詞相鼓動,恐嚇蠱惑小民?胥:副詞,相。浮言:無根據的話。恐:恐嚇。沈:一説通"抌(zhěn)"。《説文》:"抌,深擊也。讀若告言不正曰抌。"
⑥ 《左傳·隱公六年》:"《商書》曰:'惡之易也,如火之燎于原,不可鄉邇,其猶可撲滅?'"這一句是説,惡行的蔓延如同大火燎原,不能靠近,難道還能撲滅?燎:放火。嚮:面對。邇:接近。其:副詞,豈,難道。

⑦ 這是你們自己造成的惡果,不是我的過錯。作:造成。靖:善。咎:過失。

"遲任有言曰①:'人惟求舊;器非求舊,惟新②。'古我先王暨乃祖乃父,胥及逸勤,予敢動用非罰③?世選爾勞,予不掩爾善④。茲予大享于先王,爾祖其從與享之⑤。作福作災,予亦不敢動用非德⑥。

"予告汝于難,若射之有志⑦。汝無侮老成人,無弱孤有幼⑧,各長于厥居,勉出乃力,聽予一人之作猷⑨。無有遠邇,用罪伐厥死,用德彰厥善⑩。邦之臧,惟汝眾;邦之不臧,惟予一人有佚罰⑪。凡爾眾,其惟致告⑫;自今至于後日,各恭爾事,齊乃位,度乃口,罰及爾身,弗可悔⑬!"

這一節對大臣申明自己賞罰分明,告誡他們要勤勉爲政。

① 遲任:傳說的一位賢人。
② 用人應當尋求久在其位的老臣;用器物不應當尋求用久了的,要用新的。惟:副詞,加強肯定。
③ 從前我的先王和你們的祖先在一起同甘共苦,我怎麼敢對你們動用不適當的懲處。暨:連詞。乃:你們。胥:相。及:與。逸勤:辛勞。逸:一本引作"肄(yì)"。勞苦。
④ (從先王到我)世世代代都計算你們的功績,我不會掩蓋你們的好處。選(suàn):計數。
⑤ 現在我隆重祭祀先王,你們的祖先也一起受祭。大享:合祀先王的大祭祀。
⑥ 福和禍都由你們自己造成,我也不敢給予你們不適當的恩賞。
⑦ 我告訴你們爲政之難,就像射箭志在射中靶心一樣,不可輕發。于:以。
⑧ 汝無侮老成人:此句當作"汝無老侮成人"。"成人"與下一句"有幼"相對。兩句的意思是,你們不要輕慢年長的人,也不要輕慢幼弱的人。有:名詞詞頭。

⑨ 你們各自都要考慮長久的居處,勤奮出力,聽從我一人作出謀劃。獻:謀略。
⑩ 無論遠近親疏,都要用刑罰懲處其惡,用恩賞表彰其善。罪:刑罰。死:惡。
⑪ 國家治理得好,是你們大家的功勞;國家治理得不好,是我一個人疏失的罪過。臧:善。佚:失誤;疏失。罰:罪。
⑫ 你們大家要把我的話轉告傳達。凡:範圍副詞,表示總括。致告:傳達。
⑬ 從今往後,做好你們的工作敬謹不怠,嚴肅地對待你們的職責,不要信口亂說,(不然的話)懲罰就會降臨到你們身上,那時後悔也來不及了。恭:敬謹不懈怠。齊(zhāi):通"齋",嚴肅莊敬。度:閉。這個意義後作"斁"。

無逸

【說明】《史記·魯周公世家》:"周公歸,恐成王壯,治有所淫佚,乃作《多士》,作《毋逸》。"當時周公還政成王,告誡成王以殷爲鑑,效法文王,勤勉爲政,不要貪圖逸樂。反映了周初統治者居安思危的思想。

周公曰①:"嗚呼!君子所,其無逸②。先知稼穡之艱難,乃逸,則知小人之依③。相小人,厥父母勤勞稼穡,厥子乃不知稼穡之艱難,乃逸乃諺④。既誕,否則侮厥父母曰:'昔之人無聞知⑤。'"

開門見山,告誡成王要"知稼穡之艱難",不要貪圖安樂。

① 周公:姬姓,名旦。周武王之弟。西周初年政治家。曾助武王滅商。
② 君子在位爲政不應貪圖安逸享樂。君子:指在位爲官的人。所:即"處",指處位居官。其:語氣副詞,加強祈使語氣。無:表示禁止。逸:安樂。

③ 先瞭解耕種收穫的艱難,就會瞭解下民的艱辛。稼穡:耕種和收穫,泛指農事。乃逸:二字是衍文。依:通"隱",痛。這裏指辛勞。
④ 看看那些小民,他們的父母勤勞耕作,那些做兒子的却不知道稼穡的艱難,於是就貪圖安樂。相:察看。厥:指示代詞,相當於"其"。諺:《漢石經》作"憲",喜樂。
⑤ 時間既久,於是就輕侮他們的父母説:"上了年歲的人什麼也不知道。"誕:《漢石經》作"延",長久。否則:當作"丕則",於是。無聞知:無聞無知,什麼也不知道。

周公曰:"嗚呼!我聞曰:昔在殷王中宗,嚴恭寅畏,天命自度,治民祗懼,不敢荒寧,肆中宗之享國七十有五年①。其在高宗,時舊勞于外,爰暨小人②。作其即位,乃或亮陰,三年不言;其惟不言,言乃雍③。不敢荒寧,嘉靖殷邦④。至于小大,無時或怨⑤,肆高宗之享國五十有九年。其在祖甲,不義惟王,舊爲小人⑥。作其即位,爰知小人之依,能保惠于庶民,不敢侮鰥寡⑦。肆祖甲之享國三十有三年。自時厥後立王,生則逸⑧!生則逸!不知稼穡之艱難,不聞小人之勞,惟耽樂之從⑨。自時厥後,亦罔或克壽⑩,或十年,或七八年,或五六年,或四三年。"

歷數前代殷王有的"不敢荒寧",享國長久;有的耽於逸樂,不能長久享國。

① 我聽説殷王中宗的時候,他態度莊重,心存敬畏,以天命衡量自己,治理民衆恭敬戒懼,不敢荒廢自安,所以在位享國達七十五年。殷王中宗:有兩説。一説是太戊,商代第五世王;一説是祖乙,商代第七世賢王。嚴:莊重。恭、寅:都是恭敬的意思。度(duó):忖度;衡量。祗(zhī):敬。荒寧:荒廢自安。肆:故,所以。有(yòu):又,用在整數和零數之間。
② 高宗做太子的時候,長久在外服役,惠愛民衆。高宗:即商王武丁,盤庚弟小乙之子。商代第二十二位王,古史説他政績卓著。

時:指高宗做太子時。舊:久。勞于外:指在外服役。據説武丁的父親曾讓他在外從事辛苦的工作(參《史記·魯世家》"爲與小人"集解引孔安國、馬融、鄭玄)。爰:連詞,相當於"於是"。暨:通"怣(ài)",惠愛。

③ 到了高宗即位,他態度誠實,總是沉默不語,三年不輕易發表意見;就是因爲他不輕言,一説出話來就和順在理。作:及,等到。亮(liáng)陰(ān):誠實而沉默。亮:信。陰:默。惟:語氣副詞。雍:和諧。《史記·魯世家》"雍"作"讙(huān)"。意思是一旦説出話來臣民都歡喜。

④ 不敢荒廢自安,把殷國治理得美好安定。嘉:善。《史記·魯世家》"嘉"作"密"。密是安的意思。靖:安定。

⑤ 上上下下没有人怨恨他。時:通"是",代詞(這裏代武丁),作動詞"怨"的賓語前置。或:句中語氣詞,表强調語氣。

⑥ 到了祖甲時,他認爲代兄長做王不合適,就逃到民間做了很長時間的平民百姓。祖甲:武丁的兒子帝甲(一説是商湯的孫子太甲)。惟:爲。《史記·魯世家》"久爲小人"集解引馬融:"祖甲有兄祖庚,而祖甲賢,武丁欲立之。祖甲以王廢長立少不義,逃亡民間。"

⑦ 依:通"隱",痛,這裏指艱辛。保惠:安定惠愛(於民)。保:安。鰥(guān)寡:指孤苦無依的人。鰥:無妻。寡:失去配偶。

⑧ 從此之後,殷王生下來就貪圖安逸。時:通"是",代詞,此。厥:之。立王:在位之王。

⑨ 惟耽樂之從:一味追求享樂。"耽樂"作動詞"從"的賓語前置。代詞"之"複指前置賓語。惟:副詞,表示限止。耽樂:過度的享樂。耽:沉迷。

⑩ 亦罔或克壽:殷王就没有能夠長久在位了。罔或:没有。克:能。壽:長久。

周公曰:"嗚呼!厥亦惟我周太王、王季,克自抑畏①。文王卑服即康功田功②。徽柔懿恭,懷保小民,惠鮮鰥寡③。自朝至于日中昃,不遑暇食,用咸和萬民④。文王不敢盤于遊田,以庶邦惟正之供⑤。文王受命惟中身⑥,厥享國五十年。"

　　周公曰："嗚呼！繼自今嗣王⑦，則其無淫于觀、于逸、于遊、于田⑧，以萬民惟正之供。無皇曰⑨：'今日耽樂。'乃非民攸訓，非天攸若，時人丕則有愆⑩。無若殷王受之迷亂，酗于酒德哉⑪！"

　　周公曰："嗚呼！我聞曰：'古之人猶胥訓告⑫，胥保惠⑬，胥教誨，民無或胥譸張爲幻⑭。'此厥不聽，人乃訓之，乃變亂先王之正刑，至于小大⑮。民否則厥心違怨，否則厥口詛祝⑯。"

贊頌周文王勤於國事，不敢逸樂；告誡以後繼位的王要聽從勸誡，否則就不能持守先王的法度，就會失去民心。

① 我們周國的太王、王季，能夠謙虛戒懼。太王：又稱古公亶父。王季的父親，文王的祖父。王季：文王的父親。克：能。抑：謙下自抑。
② 文王穿著粗劣的衣服，從事開闢山林和耕作農田的工作。卑服：粗劣的衣服。即：就，這裏是從事的意思。康：一說通"墾"，開墾。功：事；工作。
③ 文王有善良仁慈美敬之德，關懷安定小民，惠及鰥寡孤苦之人。徽：善良。柔：仁慈。懿：美。恭：敬。保：安。惠鮮鰥寡：《漢書·景十三王傳》《谷永傳》並作"惠于鰥寡"。
④ 從早上到中午，到黃昏，無暇吃飯，以使萬民和諧。昃（zè）：偏斜。遑暇：空閒。遑：閒暇。用：以。咸：通"諴（xián）"，和洽。
⑤ 文王不敢沉湎於遊樂畋獵，與各諸侯方國全心全意傾力於治理國家。盤：樂。遊：遊樂。田：畋獵。以：與。庶邦：指各方國。惟正（zhèng）之供："正"通"政"，國家政事。供：奉；奉行。"正"作"供"的賓語前置，代詞"之"複指。
⑥ 文王於中年受天命（即王位）。惟：副詞。《禮記·文王世子》說"文王九十七乃終"。
⑦ 繼自今嗣王：自今以後的繼位之王。這裏當指周成王及以後

的王。
⑧ 淫:過度。觀:玩賞。
⑨ 更不要這樣說。皇:《漢石經》作"兄(kuàng)",通"況"。有更加的意思。
⑩ 這不是民衆所能遵從的,不是上天所能依從的,這樣的人有罪過。乃:副詞,表强調。攸:相當於"所"。訓、若:都是順的意思。時:通"是",這。丕則:於是。愆:過失;罪過。
⑪ 受:商王紂一作"受"。酒德:以酒爲德。
⑫ 古之人猶胥訓告:古代從政的人尚且相互訓誡。人:與"民"相對,指有官位的人。胥:相互。
⑬ 保惠:愛護。
⑭ 民無或胥譸(zhōu)張爲幻:下民就没有相互欺誑惑亂的。或:有。譸張:欺誑。幻:惑亂。
⑮ 這些勸誡的話不聽從,在位的人就會順從自己的意願行事,變亂先王的政令法度,以至於大大小小所有的法令。厥:之。訓:順。正:通"政"。
⑯ 下民於是心中懷有怨恨,口中發出詛咒。否則:當作"丕則",於是。厥:代詞,相當於"其"。違:通"愇(wěi)",怨恨。祝:禱告。

周公曰:"嗚呼!自殷王中宗及高宗及祖甲,及我周文王,兹四人迪哲①。厥或告之曰②:'小人怨汝詈汝③!'則皇自敬德④。厥愆,曰:'朕之愆允若時⑤。'不啻不敢含怒⑥。此厥不聽,人乃或譸張爲幻⑦。曰:'小人怨汝詈汝!'則信之⑧。則若時,不永念厥辟,不寬綽厥心,亂罰無罪,殺無辜⑨;怨有同,是叢于厥身⑩。"

周公曰:"嗚呼!嗣王其監于兹⑪。"

告誡成王要聽取民衆的批評,不要濫罰無罪之人。

① 迪哲:踐行聖明之道。迪:蹈;踐。哲:明智。
② 厥:句首語氣詞。或:無定代詞,有的人。
③ 詈(lì):駡。

④ 他們對自己的行爲操守就更加嚴肅審慎。則：就。皇自：《漢石經》作"兄曰"。兄(kuàng)：通"況"，有更加的意思。敬：慎重；不苟且。德：行爲；操守。

⑤ 對於民衆指責的那些過錯，就承認說："我的過錯確實就像這樣。"厥愆：民衆指責的那些過錯(參蔡沈《集傳》)。一說指民衆自己的過錯。厥：其。愆：過失。允：信；確實。若：像。時：通"是"，代詞，這。

⑥ 非但不敢懷有怨怒(還願意多聽取這樣的批評)。啻(chì)：但；止。

⑦ 這樣的批評意見不聽，爲官的人有的就要欺詐惑亂。厥：之。或：代詞，有的人。

⑧ 有人告訴你說："小民在怨恨你咒罵你。"你就輕易相信了他們的話。

⑨ 如果像這樣，不永遠把法度放在心上，不放寬自己的心胸，而是胡亂懲罰那些無罪的人，濫殺無辜之人。永：長久。念：念念不忘。辟：法度。綽：寬。

⑩ 民衆的怨恨就會會合起來，這些怨恨就會聚集在你的身上。同：會合。叢：聚集。

⑪ 繼位之王要以此爲鑑戒。嗣王：這裏指成王。其：副詞，加強祈使語氣。

周易

《周易》原名《易》，漢人通稱《易經》。《周易》本是占筮之書，其後的解說趨於哲理化，成爲儒家的重要經典。"易"的意思，一說是變易(研究事物的發展變化)，一說是簡易(執簡馭繁)。相傳是周人所作，故名《周易》(一說"周"是周遍的意思)。《周易》一書分"經""傳"兩個部分。"經"的部分包括六十四卦和三百八十四爻以及對卦、爻解釋的文辭(稱爲"卦辭"和"爻辭")。不少學者認爲"卦辭"和"爻辭"是西周初期的作品。"傳"的部分是對"經"的解說(有七種文辭共十篇，又稱"十翼")，一般認爲是戰國至秦漢間的儒家學者所作。《周易》通過八卦形式解釋自然、社會和人事的變化，認爲"陰"和"陽"的相互作用是萬物產生變化的根源。

《周易》通行的注本有《周易正義》(三國魏王弼、晉韓康伯注，唐孔穎達疏)、唐李鼎祚《周易集解》、宋朱熹《周易本義》等。

選文據影印本《十三經注疏》(中華書局一九八〇年版)。

乾·文言(節選)

【説明】《文言》是"十翼"之一,是對《乾(qián)》《坤》二卦卦辭、爻辭的解釋和發揮。"文"是文飾的意思。選文是對《乾》卦卦辭、爻辭的解説。《乾》卦居六十四卦之首,象徵天。

《文言》曰:元者善之長也①,亨者嘉之會也②,利者義之和也③,貞者事之幹也④。君子體仁足以長人⑤,嘉會足以合禮⑥,利物足以和義⑦,貞固足以幹事⑧。君子行此四德者,故曰"乾:元,亨,利,貞"。

這一節先解釋《乾》卦的卦辭"元、亨、利、貞",轉而論述人的"四德"修養。

① 元始是衆善之首。"元"是始的意思。元始之德指創始萬物無偏私,善莫先於此,所以説"元"是衆善之首。長(zhǎng):爲首的。
② 亨通是衆美的會聚。"亨"是通的意思。亨通之德指萬物的長育暢茂無礙,莫不嘉美,所以説是衆美的會聚。嘉:美。
③ 利是施利萬物,萬物各得其宜而高度和諧。義:合宜,萬物各得其宜。和:和諧(不相妨礙)。
④ 正固是萬事賴以成功的支柱。貞:正,至正不偏。幹:樹木的主幹。樹木的主幹中正而不偏移,是枝葉的依靠。
⑤ 君子踐行仁德足以爲人尊長。體:踐行。長:用作動詞,做尊長。
⑥ 君子使萬物嘉美會聚,足以合乎禮(禮儀繁富)。
⑦ 君子有利物之心而處事得宜,足以合乎義。
⑧ 君子持守正固之道而不移就,足以賴以成事。幹:用作動詞,成爲……的主幹。

初九曰"潛龍勿用"①,何謂也②?子曰:"龍德而隱者也③。不易乎世,不成乎名④;遯世無悶,不見是而無悶⑤;樂則行之,憂則違之⑥。確乎其不可拔⑦,潛龍也。"

這一節解釋《乾》卦"初九"爻辭"潛龍勿用"。

① 《周易》中組成卦的符號"爻"分兩類:"陽爻"(—)和"陰爻"(- -)。陽爻稱"九",陰爻稱"六"。每卦由六爻排列組合而成,六爻排列的次位由下而上,依次稱"初九、九二、九三、九四、九五、上九"和"初六、六二、六三、六四、六五、上六"。潛龍勿用:大意是巨龍潛伏水中,暫時不施展才用。龍是《乾》卦六爻的象徵物。
② 何謂:說的是什麼意思。疑問代詞"何"作動詞"謂"的賓語前置。
③ 子曰:這是僞託孔子的話。龍德而隱者:"潛龍"是喻指有龍的品性而暫時隱伏的人。
④ 不爲世俗改變心志,不求成就美名(被人所知)。
⑤ 逃離俗世而無煩悶,不被認可而無煩悶。遯:同"遁"。見:表示被動,相當於"被"。是:肯定;認可。
⑥ 稱心高興的事就去做,不高興的事堅決不做。違:離開;避開。
⑦ 意志堅定不可動搖。確:堅定。拔:移易;動搖。

九二曰"見龍在田,利見大人"①,何謂也?子曰:"龍德而正中者也②。庸言之信,庸行之謹③。閑邪存其誠④,善世而不伐⑤,德博而化⑥。《易》曰'見龍在田,利見大人',君德也⑦。"

這一節解釋《乾》卦"九二"爻辭"見龍在田,利見大人"。

① 巨龍出現在地上,利於大德大才之人出世。句中的兩個"見"讀 xiàn。出現。
② 君子有龍的品性而已得中正之道。德:品性。正中:從六爻的位次上說,"九二"處在下卦之中位。
③ 庸言:素常之言。庸:常。信:信實。庸行:素常之行。意思是君子已得中正之道,無一言不信實,無一行不謹慎。

④ 防止邪惡而保持誠實。閑:防。
⑤ 爲善於世而不自誇。伐:(自我)誇耀。
⑥ 中正之德廣大(普施天下),使世俗變化。
⑦ 君德:人君之德。此時"大人"雖未居君位,已有人君之德。

九三曰"君子終日乾乾,夕惕若,厲無咎"①,何謂也?子曰:"君子進德脩業②。忠信所以進德也③;脩辭立其誠,所以居業也④。知至至之,可與言幾也⑤;知終終之,可與存義也⑥。是故居上位而不驕,在下位而不憂。故乾乾因其時而惕⑦,雖危無咎矣。"

這一節解釋《乾》卦"九三"爻辭"君子終日乾乾,夕惕若,厲無咎"。

① 君子終日剛健自強,奮勉不息,至晚猶戒懼不已,雖處危險之中而無咎害。乾(qián)乾:乾而又乾。乾:剛健。若:相當於"然",……的樣子。厲:危險。咎:災害。
② 君子增進美德,營修功業。
③ 持守忠信就可用來增進美德。
④ 言辭的修飾建立在真誠之上,就可用來積蓄功業。辭:言辭。一說指文教,教令。居:蓄積。
⑤ 明瞭事物發展要達到的目標而進取,就可以談論事物發展的徵兆。(知)至:事物發展要達到的某一階段。至(之):到達。幾(jī):微妙的迹象。
⑥ 明瞭事物已經發展到了一個終了階段而能及時終止,則可以進止得宜而得以保全。義:適宜。
⑦ 因其時而惕:依據發展的進程而隨時戒懼慎行。

九四曰"或躍在淵,無咎"①,何謂也?子曰:"上下無常,非爲邪也②;進退無恒,非離羣也③。君子進德脩業,欲及時也④,故'無咎'。"

這一節解釋《乾》卦"九四"爻辭"或躍在淵,無咎"。

① 或躍在淵:巨龍有時騰躍而上,有時退伏在淵。
② (君子)處在上位或下位並沒有不變的常規,並非爲私欲邪念所驅使。常:恒定不變。
③ (君子的)進退出處不一定,並非有意脫離衆人而獨行。
④ 及時:把握時機。

九五曰"飛龍在天,利見大人"①,何謂也?子曰:"同聲相應,同氣相求②;水流濕,火就燥③;雲從龍,風從虎④;聖人作而萬物覩⑤。本乎天者親上,本乎地者親下⑥,則各從其類也⑦。"

這一節解釋《乾》卦"九五"爻辭"飛龍在天,利見大人"。

① 巨龍高飛上天,利於大人出現。
② 同類的聲音相互感應,同類的氣息相互追隨。
③ 就:靠近。
④ 景雲(祥雲)隨龍吟而興,谷風隨虎嘯而生。
⑤ 聖人出世則萬物本色隨之顯現可見。作:興起;出現。覩:同"睹",這裏是被看見,可見的意思。《正義》:"聖人有生養之德,萬物有生養之情,故相感應也。"
⑥ 以天爲本之物(如星辰)親附於上,以地爲本之物(如草木)親附於下。
⑦ 從其類:以類相從。

上九曰"亢龍有悔"①,何謂也?子曰:"貴而無位②,高而無民,賢人在下位而無輔③,是以動而有悔也④。"

這一節解釋《乾》卦"上九"爻辭"亢龍有悔"。

① 巨龍居最高之位將有悔恨。亢:高。依照爻位,"上九"居最上位。

悔：悔恨。指知進而不知退。
② 高貴而無實位（徒有"貴"的虛名）。貴：從位次上說，是處在"上九"最高之位。《集解》引荀爽注："在上故貴，失正故無位。"
③ 無輔：無（賢人）輔助。
④ 動：這裏有輕舉妄動的意思。

繫辭上（節選）

【説明】《周易》的《繫辭》是"十翼"七種之一，分上下兩篇。《繫辭》的意思是"繫屬其辭於爻卦之下"，申説經文的要領和義理，有總論的性質。

　　天尊地卑，乾坤定矣①。卑高以陳，貴賤位矣②。動靜有常，剛柔斷矣③。方以類聚，物以羣分，吉凶生矣④。在天成象，在地成形，變化見矣⑤。是故剛柔相摩，八卦相盪⑥。鼓之以雷霆，潤之以風雨⑦。日月運行，一寒一暑。乾道成男，坤道成女⑧。乾知大始，坤作成物⑨。乾以易知，坤以簡能⑩。易則易知，簡則易從⑪。易知則有親，易從則有功⑫。有親則可久，有功則可大⑬。可久則賢人之德，可大則賢人之業⑭。易簡而天下之理得矣⑮。天下之理得，而成位乎其中矣⑯。

　　這一節先説乾坤的定位（至"變化見矣"），再説陰陽的變化（至"坤道成女"），然後闡述乾坤易簡的哲理。

① 古人觀察萬物的物象從而確定卦的象徵意義。六十四卦中《乾》卦象徵天，《坤》卦象徵地。所以説天尊地卑，乾坤的性質就確定了。尊：高。
② 天地的高卑既已陳列，則萬物的貴賤高下也就各居其位了。以：已。位：用作動詞，居其位，得其位。
③ 天之動和地之靜有一定的規律，剛健和柔順的性質就判然分別

了。《集解》引虞翻:"乾剛常動,坤柔常靜。"《說卦》"乾,健也。坤,順也"孔疏:"乾象天,天體運轉不息,故爲健也。""坤象地,地順承天,故爲順。"常:恆定。斷:分。

④ 萬物有同有異,同類相聚合,異類相區分。順其同則吉,相背逆則凶。方:解說不一。《集解》引《九家易》:"方,道也。"《本義》:"方,事情所向。"似指事情發展遵循的方向道理。

⑤ 在天的(日月星辰)成爲天象,在地的(山川草木)成爲形體,各種變化(如昏曉雲雨等)就顯現出來了。見(xiàn):顯現。

⑥ 所以陽剛與陰柔兩類事物摩切交感,八卦相互激蕩推移。盪:同"蕩"。

⑦ 就像雷霆的鼓蕩,風雨的潤澤。這是舉例說明"相摩""相盪"。

⑧ 乾道化生爲男,坤道化生爲女。道:遵循的自然之理。孔疏:"道謂自然而生,故乾得自然而爲男,坤得自然而成女。"

⑨ 天的所爲是創始萬物,地的所爲是養成萬物。知:爲(參王引之《經義述聞》卷二)。大(tài)始:即"太始",最初創始。

⑩ 天的作爲純發於自然,以平易無奇爲人所知;地的作爲順承於天,以簡約不自勞而發揮功能。韓康伯注:"天地之道,不爲而善始,不勞而善成,故曰'易''簡'。"

⑪ 平易則容易明瞭,簡約則容易遵從。

⑫ 人的所作所爲,其心如果明白易知,親和他的人就多;如果容易遵從,協同的人就多,做事就有功效(參《本義》)。

⑬ 有人親和就能夠持久,做事有功效就能夠積小爲大。

⑭ 能夠持久是賢人的德行,能夠積小爲大是賢人的功業。

⑮ 明白了平易簡約之道,天下萬事的道理也就掌握了。

⑯ 掌握了天下萬事的道理,就能在其中確定陰陽剛柔、上下貴賤之位了。成:定。

......　......

《易》與天地準,故能彌綸天地之道①。仰以觀於天文,俯以察於地理,是故知幽明之故②。原始反終,故知死生之說③。精氣爲物,遊魂爲變,是故知鬼神之情狀④。與天地相似,故不違⑤;知周乎萬物而道濟天下,故不過⑥;旁行而不流⑦,樂天知命,故不憂⑧;安土敦乎仁,故能愛⑨。範圍天地之化而不過,曲成萬物而不遺⑩,通乎晝夜之道而知⑪,故神無方而《易》無體⑫。

　　這一節闡述《易》道廣大,能統攝包容天地間的道理,知《易》者受益無窮。

① 《周易》與天地相模擬,所以能統攝包容天地間萬物的道理。準:模擬;仿照。孔疏:"謂準擬天地。則乾健以法天,坤順以法地之類也。"彌綸:統攝;全部包容。
② 用《易》理仰觀天上日月星辰交錯運行的文采,俯察地上山川原野縱橫起伏的紋理,因此能明瞭有形之物(明)與無形之物(幽)的事理。文:錯雜的色彩。理:條理;紋理,這裏指地形地貌。(之)故:事,這裏指事理。
③ 用《易》理推原事物的初始,反求事物的終結,因此能明瞭對生死變化的解釋說明。
④ 物以聚而生,以散而死;考察精靈之氣聚合而成生物、魂靈遊散而生變的道理,因此能明瞭鬼神的情狀。魂:古人認為魂為陽氣,附於身人則活,離開人則死。鬼:生變而死則為鬼。神:精氣聚合為靈物,則為神。
⑤ 知《易》者德合天地,所以不會違離天地之道。《乾·文言》:"夫大人者,與天地合其德。"
⑥ 《易》的智慧遍及萬物而以《易》之道濟助天下,所以沒有過差。知(zhì):後作"智"。
⑦ 順應萬物變化無不通行,又不漫無節制而偏離正道。旁:普遍(覆蓋)的。韓康伯注:"應變旁通而不流淫也。"
⑧ 樂於順從天道的安排,明瞭命運終與始的分限,泰然接受,所以無憂。
⑨ 隨處而安,篤行仁德,所以能泛愛萬物。敦:厚;篤實。
⑩ 《易》道廣大,總括天地間的變化而沒有超出其外的,成就萬物周全細密沒有遺失的。範圍:總括在內。曲:周全;細密周至。
⑪ "晝夜之道"即幽(夜)明(晝)之道,陰陽之理。《易》道廣大,通曉

此道則無所不知。

⑫ 玄妙之道周遊變化，没有確定不變的處所；《易》道順應萬物之變，没有確定不變的形體。《繫辭上》："陰陽不測謂之神。"

　　一陰一陽之謂道①。繼之者善也，成之者性也②。仁者見之謂之仁，知者見之謂之知③。百姓日用而不知，故君子之道鮮矣④。顯諸仁，藏諸用⑤，鼓萬物而不與聖人同憂⑥。盛德大業，至矣哉⑦！富有之謂大業，日新之謂盛德⑧。生生之謂易⑨，成象之謂乾，效法之謂坤⑩，極數知來之謂占⑪，通變之謂事⑫，陰陽不測之謂神⑬。

這一節闡述"一陰一陽之謂道"，重在說明道的對立變化玄妙不可測。

① 一陰一陽的對立變化叫作道。《本義》："陰陽迭運者氣也，其理則所謂道。"
② 《乾》承接發揚此道而創始萬物，這是善。《坤》成就了道而這個道體現在萬物之中的，就是性。《本義》："性，謂物之所受。言物生則有性，而各具是道也。"
③ 道總攝萬物之理，仁者從中看到仁的一面，就稱之爲仁；智者從中看到智的一面，就稱之爲智。隨其所見就誤認爲這是全體。知(zhì)：後作"智"。
④ 百姓日常莫不用道，但君子所謂"道"的全面意義就很少有人瞭解了。鮮(xiǎn)：少。
⑤ 道顯現於仁德之中，潛藏於應用之中。道之德澤廣施於萬物，所以説"顯"；道之功用並不爲萬物所知，所以説"藏"。
⑥ 道鼓蕩激發萬物純爲自然，無所用心，故無憂；聖人行事則有所用心，故有憂（參《集解》引侯果注）。
⑦ 道的盛德大業已無可超越了。至：極；到頂點。
⑧ 萬物無所不備（"富有"）叫作大業，變化日日更新（"日新"）叫作盛德。
⑨ 陰陽不斷變化，萬物孳生不絕叫作易。孔疏："生生，不絕之辭。"
⑩ 卦形成天之象叫作乾，卦形仿地的法式叫作坤。《繫辭下》："仰則

觀象於天，俯則觀法於地。"
⑪ 窮極蓍策之數以求預知未來叫作占。極：極盡。數：占筮中的蓍策之數。占：占問吉凶。
⑫ 事物發展到極點則需變，變而後能通，這是天下萬物的事態。《繫辭下》："《易》窮則變，變則通。"
⑬ 陰陽變化的玄妙不可測定叫作神。

....

是故《易》有太極，是生兩儀①。兩儀生四象②，四象生八卦。八卦定吉凶，吉凶生大業③。是故法象莫大乎天地④；變通莫大乎四時⑤；縣象著明莫大乎日月⑥；崇高莫大乎富貴；備物致用，立成器以爲天下利，莫大乎聖人⑦；探賾索隱，鉤深致遠，以定天下之吉凶、成天下之亹亹者，莫大乎蓍龜⑧。是故天生神物，聖人則之⑨；天地變化，聖人效之⑩；天垂象，見吉凶，聖人象之⑪；河出圖，洛出書⑫，聖人則之。《易》有四象，所以示也⑬；繫辭焉，所以告也⑭。定之以吉凶，所以斷也⑮。

這一節追溯從"太極"到成"大業"的衍生原理，說明聖人取法蓍龜的神妙之用。

① 太極：又稱"太一""太初"，指天地陰陽未分時混沌爲一的狀態。兩儀：天地陰陽。儀：容儀；容態。
② 四象：說法不一，在時令上指春、夏、秋、冬四時。
③ 卦爻的變動推衍可以判定吉凶；吉凶判定，則趨吉避凶，可以成就"富有"之大業。《繫辭上》："富有之謂大業。"
④ 因此萬物之中，模擬取法的物象沒有什麼能超過天地的了。《繫辭上》："《易》與天地準。"
⑤ 變化會通沒有什麼能超過四時的了。《繫辭上》："變通配四時。"
⑥ 物象高懸顯耀光明沒有什麼能超過日月的了。縣（xuán）：後作"懸"。著：顯耀。

⑦ 備置天下材物,各盡其所用;發揮其功用而造就各種器物,成爲天下之利,沒有什麽人能超過聖人了。立成器:《本義》:"'立'下疑有闕文。"《漢書·翟進傳》引作"立功成器",可取。
⑧ 窺探求取幽深隱秘之理,鉤取招致深遠之物,以求判定天下萬物吉凶之兆,促成天下人勤勉奮進的,沒有什麽能超過蓍草龜甲了(參《集解》引侯果注)。賾(zé):幽深。索:求取。鉤:鉤取。亹(wěi)亹:勤勉。蓍龜:古人用蓍草占問叫筮(shì),用龜甲占問叫卜。
⑨ 神物:指蓍龜。聖人則之:聖人占筮取法於蓍龜。則:用作動詞,以……爲法則;效法,取法。
⑩ 聖人以卦爻的變化仿效天地的變化(如四時晝夜等)。
⑪ 上天垂示陰陽變化之象,顯現吉凶之兆,聖人模仿作《易》卦(參《集解》引宋衷注)。見(xiàn):顯露。象(之):模擬。
⑫ 這是古人解釋《周易》和《尚書·洪範》來源的說法。漢人解釋說,伏羲時有龍馬出於黃河,馬背上有旋毛如星點,稱作龍圖。伏羲取法以畫八卦。夏禹治水時有神龜出於洛水,背上有條紋,紋如文字,大禹取法作"洪範九疇"("九疇"謂治理天下的九類大法)。
⑬ 所以示:用四象顯示各種變化。
⑭ 在卦爻之下綴繫附上卦辭爻辭,用來告知《易》理。
⑮ 定之:確定天下萬物。所以斷:用來判斷行事的利害得失。

閲讀文選

泰誓中(節選)

【説明】《史記·周本紀》:"十一年十二月戊午,師畢渡盟津,諸侯咸會。曰:'孳孳無怠!'武王乃作《太誓》,告于衆庶。"《太誓》即《泰誓》。"泰"是大的意思。周武王伐商,在盟津大會諸侯誓師,所以稱《泰誓》。

《泰誓》分上中下三篇,屬梅賾《古文尚書》。

惟戊午,王次于河朔,羣后以師畢會①。王乃徇師而誓②,曰:"嗚呼!西土有衆,咸聽朕言③。我聞吉人爲善,惟日不足④;凶人爲不善,亦惟日不足。今商王受力行無度⑤,播棄犂老⑥,昵比罪人⑦,淫酗肆虐⑧。臣下化之⑨,朋家作仇⑩,脅權相滅⑪。無辜籲天⑫,穢德彰聞⑬。

這一節歷數紂王的惡行。

① 戊午那一天,周武王駐扎在黄河北岸,各路諸侯率領軍隊全部會合。次:停留;特指軍隊駐扎。河朔:黄河以北地區,這裏指黄河北岸。后:君主。
② 徇:巡視;巡行。
③ 西土有衆:西方的各方國諸侯。周都豐、鎬,在西方;從征伐商的是西方諸侯。咸:都;皆。
④ 我聽説善良的人做善事,整天做還覺得時間不夠。吉人:善良的人。
⑤ 力行:拼命做。無度:没有法度。
⑥ 播棄:棄置;捨棄。犂老:又作"黎老",老人,這裏指箕子(曾被紂王囚禁)等老臣。
⑦ 昵比(舊讀 bì):親近。比:挨近。
⑧ 淫酗:酗酒無度。淫:過度。肆虐:放縱爲虐。肆:放縱。
⑨ 化之:(臣下)受紂王的惡行感染而變化(參蔡沈《集傳》)。之:指紂王的惡行。
⑩ 各立朋黨,相互爲仇。
⑪ 依仗君王的權命相互滅殺。脅:通"挾",依仗。
⑫ 無罪之人呼告上天。籲(yù):呼;呼告。
⑬ 紂王的惡行天下皆知。德:行爲;操守。

"惟天惠民,惟辟奉天①。有夏桀弗克若天,流毒下國②。天乃佑命成湯降黜夏命③。惟受罪浮于桀④,剝喪元良⑤,賊虐諫輔⑥,謂己有天命⑦,謂敬不足行⑧,謂祭無益,謂暴無傷⑨。厥監惟不遠,在彼夏王⑩。天其以予乂民⑪,朕夢協朕卜⑫,襲于休祥⑬,戎商必克⑭。受有億兆夷人⑮,離心離德;予有亂臣十人⑯,同心同德。雖有周親⑰,不如仁人。

這一節説明周王伐商受命於天,又有"仁人"相助,伐商必勝。

① 上天惠愛民衆,君王恭奉上天之命。惟:副詞,表示强調。辟(bì):君主。
② 弗克若天:不能敬順上天。克:能。若:順。流毒下國:傳播禍害天下四方。
③ 佑命成湯:佑助賜大命於成湯。降黜夏命:廢除夏的國運。命:國運。
④ 浮:超過。
⑤ 傷害棄逐良善的大臣。剝:傷害。喪:離去(國都)。元良:指微子。微子是紂王的庶兄,曾勸諫紂王,紂王不聽,被迫離去。元:大。
⑥ 賊:殺害。虐:殘暴對待。諫輔:進諫的輔臣,指比干。比干是紂王的叔父,相傳曾屢次勸諫紂王,被剖心而死。
⑦ 聲稱自己享有上天的福命。
⑧ 聲稱敬天之事不值得去做。
⑨ 暴無傷:施行暴虐沒有妨害。
⑩ 前車之鑑不遠,就在那夏王桀身上。
⑪ 上天要用我治理下民。其:副詞,表示揣測。以:用。乂(yì):治理。
⑫ 我的夢符合我占卜的徵兆。
⑬ 夢和卜兆都很吉祥。襲:重複;重合。休:美。祥:吉。
⑭ 戎:征伐。
⑮ 夷人:智慮見識不相上下的人(參蔡沈《集傳》)。夷:平;齊同。
⑯ 亂臣:善於治世的臣子。亂:治理。十人:指周公旦、召公奭等十人(參孔傳)。
⑰ 周親:至親。

"天視自我民視,天聽自我民聽①。百姓有過,在予一人②,今朕必往。我武惟揚③,侵于之疆④,取彼凶殘;我伐用張,于湯有光⑤。勖哉夫子⑥,罔或無畏⑦,寧執非敵⑧。百姓懍懍,若崩厥角⑨。嗚呼!乃一德一心,立定厥功,惟克永世⑩。"

這一節說明伐紂的正義性,鼓勵將士同心立功。

① 上天所見來自我們民衆所見,上天所聞來自我們民衆所聞。
② 民衆責難(不能及早伐商),這責任在我一個人。過:用作動詞,指責過錯。
③ 我伐商的事業一定要進行。武:武事,指伐商之事。揚:舉;進行。
④ 進入商的疆界。
⑤ 我們征伐的大舉進行,比起商湯征伐夏桀更加有光輝。張:展開。
⑥ 勖(xù):勉力,努力。夫子:指將士。
⑦ 不要有輕敵之心。罔:副詞,表示禁止。無畏:不畏懼,指輕敵。
⑧ 寧可保持一種敵强我弱的戒懼之心。執:持守不放棄。非敵:非我能敵(對方不是我能對抗的)。
⑨ 民衆對紂王畏懼不已,觸地叩頭就像山的崩裂。懍懍:畏懼不安的樣子。厥:頓(首)。一説相當於指示代詞"其"。角:額角;頭。
⑩ 惟克永世:(同心立功)就能永世安民。

繫辭下(節選)

【説明】選文先講包犧作八卦,八卦取法於天地萬物;接著列舉社會文明的發展與六十四卦中的十三卦相聯繫,意在説明《易》卦的神妙之功。

古者包犧氏之王天下也①,仰則觀象於天,俯則觀法於地②;觀鳥獸之文與地之宜③;近取諸身,遠取諸物④,於是始作八卦,以通神明之德⑤,以類萬物之情⑥。作結繩而爲罔罟，以佃以漁，蓋取諸《離》⑦。包犧氏沒，神農氏作⑧，斲木爲耜，揉木爲耒⑨；耒耨之利，以教天下⑩，蓋取諸《益》。日中爲市⑪，致天下之民，聚天下之貨；交易而退⑫，各得其所，蓋取諸《噬嗑》。神農氏沒，黃帝堯舜氏作，通其變，使民不倦⑬；神而化之，使民宜之⑭。《易》窮則變，變則通，通則久⑮。是以自天祐之⑯，吉無不利。黃帝堯舜垂衣裳而天下治，蓋取諸《乾》《坤》⑰。刳木爲舟，剡木爲楫⑱；舟楫之利，以濟不通⑲，致遠以利天下，蓋取諸《渙》。服牛乘馬，引重致遠⑳，以利天下，蓋取諸《隨》。重門擊柝，以待暴客㉑，蓋取諸《豫》。斷木爲杵，掘地爲臼㉒；臼杵之利，萬民以濟，蓋取諸《小過》。弦木爲弧，剡木爲矢；弧矢之利，以威天下㉓，蓋取諸《睽》。上古穴居而野處，後世聖人易之以宮室；上棟下宇㉔，以待風雨，蓋取諸《大壯》。古之葬者厚衣之以薪，葬之中野，不封不樹，喪期無數；後世聖人易之以棺槨，蓋取諸《大過》㉕。上古結繩而治，後世聖人易之以書契㉖；百官以治，萬民以察㉗，蓋取諸《夬》㉘。

① 包（Páo）犧：即"庖犧"，又稱"伏羲"。神話傳說中人類的始祖。《繫辭傳》認爲伏羲創製八卦。
② 也即《繫辭上》說的"仰以觀於天文，俯以察於地理"。《繫辭上》說"法象莫大乎天地"。
③ 鳥獸之文：鳥獸皮毛的紋飾。地之宜：指地上的植物。不同的土地各有所適宜生長的植物。
④ 創製八卦的依據近則取之於人自身，遠則取之於各種物象（如風雷山澤）。
⑤ 以會通萬物神妙顯明的德性（剛健柔順等）。德：品性。
⑥ 以區分萬物的情態。類：用作動詞，分類。
⑦ 作結繩而爲罔罟（gǔ）：結繩做成漁獵用的網。作：是衍文（參《經義述聞》卷二）。罔：後作"網"。罟：網。佃：打獵。蓋取諸《離》：結繩爲網大概是取法於《離》卦。

⑧ 没(mò):亡故。神農氏:傳説中的太古帝王。作:興起;出現。
⑨ 斲(zhuó):砍削。耜(sì):耒下翻土的部分,上有木柄。揉:揉曲。耒:耜上的木柄。一説耒耜爲兩種農具。
⑩ 耨(nòu):小鋤一類的農具。教天下:教導天下人耕作。
⑪ 市:集市;市場。
⑫ 交易:交換貨物。
⑬ 通其變,使民不倦:通達器用、制度的前後變化,使民樂於使用,不知倦怠。
⑭ 使之更加神妙而不斷變化,使民使用各得其宜。
⑮ 《易》之道,窮極則生變,變化則通達,通達則持久。
⑯ 祐:助。《周易·大有》:"上九:自天祐之,吉無不利。"
⑰ 黄帝之前,以毛羽皮革爲衣,其制短小。至於黄帝,始以絲麻製衣裳(cháng)。上衣下裳,如天尊地卑,垂示天下,這大概是取法於《乾》尊《坤》卑之理(參《集解》引《九家易》)。
⑱ 刳(kū):挖。剡(yǎn):削。楫(jí):船槳。
⑲ 濟:助。
⑳ 駕著牛和馬,運載重物可以到達很遠的地方。服、乘:都是駕牛馬的意思。此句《説文》引作"犕(fú)牛乘馬"。
㉑ 房門不止一道,夜間敲著木梆以防備盜賊。柝(tuò):巡夜人敲的木梆。待:應對。
㉒ 杵(chǔ):舂搗穀物用的棒槌。臼:舂搗穀物時盛穀粒的器具。
㉓ 弦木爲弧(hú):在木上加弦使彎曲做成弓。弧:木弓。威:威懾;震懾。
㉔ 棟:屋梁。宇:屋檐。
㉕ 衣(yì):覆蓋;包裹。中野:田野中。封:堆土(爲墳)覆蓋。樹:植樹爲標志。喪期無數:居喪的時間長短没有一定。棺椁:棺木。椁:外棺。
㉖ 結繩而治:指文字出現之前結繩記事。書契:文字。契:刻(文字)。
㉗ 察:(萬民用之)明察其事。
㉘ 夬(guài):《周易》卦名。

練習四

一、熟讀本單元講過的文章。

二、閱讀本單元的閱讀文選。

三、給下面句子中加點的字注音：
1. 盤庚遷于殷，民不適有居，率籲衆慼出矢言。(《尚書·盤庚上》)
2. 不能胥匡以生，卜稽曰其如台？(《尚書·盤庚上》)
3. 予告汝訓汝，猷黜乃心，無傲從康。(《尚書·盤庚上》)
4. 相時憸民，猶胥顧于箴言，其發有逸口，矧予制乃短長之命！(《尚書·盤庚上》)
5. 徽柔懿恭，懷保小民，惠鮮鰥寡。(《尚書·無逸》)
6. 君子終日乾乾，夕惕若，厲無咎。(《周易·乾·文言》)
7. 《易》與天地準，故能彌綸天地之道。(《周易·繫辭上》)
8. 探賾索隱，鉤深致遠，以定天下之吉凶、成天下之亹亹者，莫大乎蓍龜。(《周易·繫辭上》)

四、解釋下面句子中加點的詞：
1. 我王來，既爰宅于兹，重我民，無盡劉。(《尚書·盤庚上》)
2. 今不承于古，罔知天之斷命，矧曰其克從先王之烈。(《尚書·盤庚上》)
3. 乃不畏戎毒于遠邇，惰農自安，不昏作勞，不服田畝，越其罔有黍稷。(《尚書·盤庚上》)
4. 自今至于後日，各恭爾事，齊乃位。(《尚書·盤庚上》)
5. 相小人，厥父母勤勞稼穡，厥子乃不知稼穡之艱難，乃逸乃諺。(《尚書·無逸》)
6. 繼自今嗣王，則其無淫于觀、于逸、于遊、于田。(《尚書·無逸》)
7. 則若時，不永念厥辟，不寬綽厥心，亂罰無罪，殺無辜。(《尚書·無逸》)
8. 遯世無悶，不見是而無悶。(《周易·乾·文言》)
9. 庸言之信，庸行之謹。(《周易·乾·文言》)
10. 在天成象，在地成形，變化見矣。(《周易·繫辭上》)
11. 知周乎萬物而道濟天下，故不過。(《周易·繫辭上》)

12. 天垂象,見吉凶,聖人象之。(《周易·繫辭上》)

五、把下面的句子譯成現代漢語：
1. 先王有服,恪謹天命,茲猶不常寧。(《尚書·盤庚上》)
2. 若網在綱,有條而不紊。若農服田力穡,乃亦有秋。(《尚書·盤庚上》)
3. 若火之燎于原,不可嚮邇,其猶可撲滅?(《尚書·盤庚上》)
4. 自時厥後,亦罔或克壽,或十年,或七八年,或五六年,或四三年。(《尚書·無逸》)
5. 確乎其不可拔,潛龍也。(《周易·乾·文言》)
6. 君子進德脩業。忠信所以進德也。(《周易·乾·文言》)
7. 天尊地卑,乾坤定矣。卑高以陳,貴賤位矣。動靜有常,剛柔斷矣。(《周易·繫辭上》)
8. 仰以觀於天文,俯以察於地理,是故知幽明之故。(《周易·繫辭上》)
9. 樂天知命,故不憂。(《周易·繫辭上》)
10. 仁者見之謂之仁,知者見之謂之知。(《周易·繫辭上》)

六、下面是《楊烈婦傳》中的句子。翻譯句中加點的詞,注意單音詞和複音詞的轉換。
1. 李希烈陷汴州。既又將盜陳州,分其兵數千人抵項城縣。
2. 君縣令,寇至當守。
3. 得吾城不足以威,不如亟去;徒失利,無益也。
4. 以瓦石中賊者與之千錢。
5. 兵與財皆無,將若何?

常用詞

拔　常　道　服　綱　功　后　理　旁
閑　信　修　庸　運　作

1. 拔

《說文》：“拔，擢也。”拔出；拔除。《詩經·大雅·皇矣》：“柞（zuò）棫（yù）斯拔。”(柞、棫：樹名。)《漢書·武帝紀》：“秋七月，大風拔木。”引申爲移易；動搖。《周易·乾·文言》：“確乎其不可拔，潛龍也。”（確：堅定。）成語有［堅韌不拔］。由拔起引申爲選取提升。《莊子·天地》：“拔出公忠之屬而無阿私。”雙音詞有［提拔］［選拔］。由拔起又引申爲高出；超出。《孟子·公孫丑上》：“出乎其類，拔乎其萃。”（萃：人羣，物類。）雙音詞有［海拔］，成語有［出類拔萃］。由拔出又引申爲取得；特指攻取。《戰國策·秦策二》：“明日鼓之，宜陽拔。”《漢書·高帝紀》：“二月攻碭，三日拔之。”

2. 常

《說文》：“常，下帬（裙）也。”指古人穿的下衣（這個意思後通作“裳”）。《逸周書·度邑》：“叔旦涕泣於常。”（叔旦：周公。）常的基本義是恆定不變，恆常。《周易·繫辭上》：“動靜有常，剛柔斷矣。”常可以作修飾語。《老子》一章：“道可道，非常道。”《韓非子·飾邪》：“家有常業，雖飢不餓；國有常法，雖危不亡。”雙音詞有［常規］［常數］。指稱事物，指恆常不變的規律法則。《荀子·天論》：“天行有常，不爲堯存，不爲桀亡。”特指不能改變的道德行爲規範；綱常；倫常。《論衡·問孔》：“五常之道：仁、義、禮、智、信也。”由恆常引申爲事情持續重複地發生，常常。韓愈《雜說》：“千里馬常有而伯樂不常有。”又引申爲不特別，不例外；普通，平常。《史記·商君列傳》：“常人安於故俗，學者溺於所聞。”雙音詞有［常識］［常情］。

3. 道

《說文》：“道，所行道也。”本義是道路。《論語·泰伯》：“任重而道遠。"引申指途經；方法。《孫臏兵法·威王問》："以一擊十，有道乎？"熟語有[養生之道]。特指治國理民遵循的正確途徑和原則；能遵循道達到的理想的政治局面。《論語·學而》："禮之用，和爲貴。先王之道斯爲美，小大由之。"（小大：小事大事。）又《泰伯》："天下有道則見（xiàn），無道則隱。"又抽象引申爲（事物運行變化遵循的）規律；法則。《周易·繫辭上》："一陰一陽之謂道。"行路必經由道路，引申爲萬物產生依據的理據，本原。《老子》二十五章："（有物）可以爲天下母，吾不知其名，字之曰道。"《韓非子·主道》："道者万物之始。"道有方向，引申指取向不同的學説，主張。《論語·里仁》："吾道一以貫之。"又《衛靈公》："道不同，不相爲謀。"成語有[志同道合]。行道有遵循，引申爲依照事情的原樣陳述。《荀子·非相》："相人，古之人無有也，學者不道也。"（相人：給人看相。）

用作動詞，使人行路有所遵循，即引導（後作"導"），讀 dǎo。《論語·爲政》："道之以德，齊之以禮。"

4. 服

《爾雅·釋詁上》："服，事也。"服的基本義是從事，做……事。《尚書·盤庚上》："若農服田力穡，乃亦有秋。"（秋：收穫。）引申指做事有所遵從，奉行。《荀子·宥坐》："故先王既陳之以道，上先服之。"（上：君主。）由此引申爲服從；信服。《荀子·王霸》："如是則不戰而勝，不攻而得，甲兵不勞天下服。"

由做事引申爲承擔（某事）；承受。《論語·爲政》："有事，弟子服其勞。"蘇軾《超然臺記》："余自錢塘移守膠西，釋舟楫之安而服車馬之勞。"由從事轉作名詞：事情；職事。《尚書·盤庚上》："先王有服，恪謹天命，兹猶不常寧。"《荀子·儒效》："都國之民安習其服。"（安習：習慣於。）使承擔（某事）是一種任用，引申爲任用；使用。《荀子·賦》："忠臣危殆，讒人服矣。"《後漢書·梁竦傳》："雖衣食器物，必有加異。竦悉分與親族，自無所服。"特指使用佩飾、衣物等：佩帶；穿戴。《荀子·勸學》："蘭槐之根是爲芷（zhǐ），其漸之滫（xiǔ），君子不近，庶人不服。"（滫：酸臭的淘米水。）《漢書·王莽傳上》："周公服天子之冕。"雙音詞有[佩服]。轉作名詞，指使用的衣物、車馬、宮室、器物等；特指衣服。《孟子·告子下》："子服堯之服，頌堯之言，行堯之行。"雙音詞有[服用]。

5. 綱

《説文》:"綱,維紘(hóng)繩也。"指提網的總繩。《尚書·盤庚上》:"若網在綱,有條而不紊。"成語有[綱舉目張][提綱挈領]。喻指事物最重要的部分;起關鍵作用的部分。《新書·大政下》:"臣忠君明,此之謂政之綱也。"《論衡·程材》:"舉綱持領,事無不定。"雙音詞有[綱要]。特指法度。《白虎通·號》:"古之時未有三綱六紀,民人但知其母,不知其父。"雙音詞有[綱紀]。

6. 功

《小爾雅·廣詁》:"功,事也。"做的事情;工作。《尚書·無逸》:"文王卑服即康功田功。"《史記·五帝本紀》:"信飭百官,衆功皆興。"(衆功:各項事業。)雙音詞有[事功]。引申指(做事的)成效。《周易·繫辭上》:"易知則有親,易從則有功。"《荀子·勸學》:"駑馬十駕,功在不舍。"雙音詞有[成功][功效],成語有[急功近利]。由此引申爲功勞。《戰國策·趙策》:"位尊而無功,奉厚而無勞。"

7. 后

《爾雅·釋詁上》:"后,君也。"指君主;諸侯。《尚書·泰誓中》:"王次于河朔,羣后以師畢會。"《楚辭·離騷》:"昔三后之純粹兮,固衆芳之所在。"(三后:禹、湯、文王。)君主的正妻也稱后。《左傳·僖公二十四年》:"將以其女爲后。"【提示】"后"與"後"意義有別:"後"與"先"相對。現"後"簡化爲"后"。

8. 理

《説文》:"理,治玉也。"順著玉石的條紋把玉剖分出來。《韓非子·和氏》:"王乃使玉人理其璞而得寶焉。"(璞:未經加工的玉石。)引申爲治理;處置;管理。《周易·繫辭下》:"理財正辭,禁民爲非曰義。"《吕氏春秋·長利》:"堯理天下,吾子立爲諸侯。"雙音詞有[處理]。由玉的紋理泛指事物的紋路;條理。《周易·繫辭上》:"仰以觀於天文,俯以察於地理,是故知幽明之故。"《荀子·正名》:"形體色理以目異。"《韓非子·解老》:"凡理者,方圓短長麤靡堅脆之分也。"(麤靡:粗細。)條理有規則,由此引申爲建構萬物的規則理據:道理;原理。《韓非子·解老》:"理者,成物之文也。"

《周易·繫辭上》:"易簡而天下之理得矣。"雙音詞有[事理],成語有[理所當然]。

9. 旁
《説文》:"旁,溥(pǔ)也。"範圍廣大;普遍。《尚書·説命下》:"旁招俊乂,列于庶位。"(俊乂:傑出人物。)《周易·繫辭上》:"旁行而不流,樂天知命,故不憂。"成語有[旁徵博引]。引申偏指一面:旁邊;側面。《漢書·黃霸傳》:"官吏出,不敢舍郵亭,食於道旁。"由此引申爲另外一方的,別的。杜甫《堂成》:"旁人錯比揚雄宅,懶惰無心作《解嘲》。"

10. 閑
《説文》:"閑,闌也。"遮攔用的栅欄。《周禮·夏官·虎賁氏》:"舍則守王閑。"(舍:王在外歇宿。)轉指馬廄(馬廄有圍欄)。《周禮·夏官·校人》:"天子十有二閑,馬六種。"由遮攔引申爲防止;約束。《周易·乾·文言》:"閑邪存其誠。"《左傳·昭公六年》:"是故閑之以義。"雙音詞有[防閑]。轉指規範;法度。《論語·子張》:"大德不逾閑,小德出入可也。"【提示】閑作閒暇講是假借義,本應寫作"閒"(參"間")。白居易《觀刈麥》:"田家少閑月,五月人倍忙。"

11. 信
《説文》:"信,誠也。"本義是言語真實。《老子》八十一章:"信言不美,美言不信。"泛指誠實;守信用。《論語·學而》:"與朋友交而不信乎?"《左傳·宣公二年》:"賊民之主,不忠;棄君之命,不信。"雙音詞有[誠信],成語有[信而有徵]。真實則可信,引申爲相信;信任。《論語·公冶長》:"始吾於人也,聽其言而信其行。"由相信引申爲崇奉;信仰。《文心雕龍·正緯》:"至於光武之世,篤信斯術。"(術:術數。)雙音詞有[信奉][信徒]。由真實轉指經過驗證真實可信的信息,信驗,又指承載真實信息的物件;憑證;信物。《老子》二十一章:"其精甚真,其中有信。"(其:指道。)《墨子·旗幟》:"門二人守之,非有信符勿行,不從令者斬。"轉指轉遞信息的使者,信使;承載信息的文字,書信。元稹《得樂天書》:"遠信入門先有淚,妻驚女哭問何如。"李紳《端州江亭得家書》:"開拆遠書何事喜,數行家信抵千金。"

12. 修

《説文》：“修，飾也。”本義是修飾。《周易·乾·文言》：“脩辭立其誠，所以居業也。”（大意：言辭的修飾建立在真誠之上，就可用來積蓄功業。）由此引申爲加强整治，使臻於完美。《尚書·武成》：“（周武王）乃偃武修文。”（偃：止息。文：文教。）《左傳·桓公六年》：“隋侯懼而修政，楚不敢伐。”特指學行品德的培養完善。《論語·述而》：“德之不修，學之不講，聞義不能徙，不善不能改，是吾憂也。”雙音詞有［進修］。泛指整治；建造；修理。《詩經·秦風·無衣》：“王于興師，修我戈矛。”《荀子·王制》：“修堤梁，通溝澮（kuài）。”（澮：排水溝。）由臻於完美引申爲美善。《楚辭·離騷》：“老冉冉其將至兮，恐修名之不立。”【提示】修飾、修治的意思有時寫作"脩"。脩的本義是乾肉，修飾、修治的意思是脩的假借義。

13. 庸

《爾雅·釋詁上》：“庸，常也。”平常；常態的。《荀子·不苟》：“庸言必信之，庸行必慎之。”（信之：使誠信。）《論語·雍也》：“中庸之爲德也，其至矣乎！”雙音詞有［庸常］。引申爲不出衆，平凡。《戰國策·秦策三》：“夏育、太史啓叱呼駭三軍，然而身死於庸夫。”雙音詞有［平庸］［凡庸］。

庸的另一個意思是用；使用；任用。《尚書·大禹謨》：“無稽之言勿聽，弗詢之謀勿庸。”（稽：考查。詢：咨詢。）韓愈《進學解》：“占小善者率以錄，名一藝者無不庸。”（占：具有。名：著稱。）《國語·吳語》：“王其無庸戰。”（無庸：不用，用不著。）成語有［毋庸諱言］。由此引申爲功效；功勞。《國語·晉語七》：“臣聞之，曰無功庸者不敢居高位。”

14. 運

《廣雅·釋詁四》：“運，轉也。”運轉；轉動。《周易·繫辭上》：“日月運行，一寒一暑。”《莊子·徐無鬼》：“匠石運斤成風。”（運斤：掄轉斧頭。）泛指移動；運行。《楚辭·九章·哀郢》：“將運舟而下浮兮，上洞庭而下江。”《新語·慎微》：“因天時而行罰，順陰陽而運動。”特指運送。《三國志·魏書·牽招傳》：“若欲潛襲，則山溪艱險，資糧轉運，難以密辦。”

15. 作

《説文》：“作，起也。”起來。《論語·先進》：“舍瑟而作”（舍：放下。）

《禮記‧少儀》：“客作而辭。”泛指興起；出現；發生。《周易‧繫辭下》：“包犧氏沒，神農氏作。”柳宗元《段太尉逸事狀》：“吾疾作，願留宿門下。”《池北偶談‧女俠》：“三更，大風驟作。”雙音詞有［發作］，成語有［興風作浪］。興起是從無到有，由此引申爲開始；創始。《老子》六十三章：“天下難事，必作於易；天下大事，必作於細。”《論語‧述而》：“述而不作，信而好古。”（述：傳述。）由興起創始又引申爲興造；創製。《尚書‧康誥》：“（周公）作新大邑于東國洛。”《周易‧繫辭下》：“於是始作八卦，以通神明之德。”雙音詞有［創作］。泛指製作（某種產品）；從事某種活動、某種工作。《周禮‧考工記‧序》：“作車以行陸，作舟以行水。”《周易‧繫辭下》：“作《易》者，其有憂患乎？”《後漢紀‧靈紀下》：“國家作事如此，漢祚衰亡之徵。”《禮記‧樂記》：“春作夏長，仁也；秋斂冬藏，義也。”雙音詞有［工作］［勞作］，成語有［爲非作歹］。轉指從事的事情、活動；撰述的文章等。《逸周書‧祭公》：“汝無以小謀敗大作。”（大作：大事。）《管子‧治國》：“舍本事而事末作。”（末作：商業活動。）陸機《〈文賦〉序》：“余每觀才士之作，竊有以得其心。”雙音詞有［作品］［傑作］。

古漢語常識

古代漢語的詞彙（上）

　　學習古代漢語，語音、文字、詞彙、語法幾方面的知識都需要瞭解。同語音、語法比較，詞彙是開放的，數量巨大，對社會發展的反應最爲敏感，處在不斷變化當中，這給我們的學習帶來不小的困難。提高閱讀古書的能力，掌握古漢語的詞彙（特別是常用詞）是十分關鍵的一環。

一　單音節詞的優勢地位

　　從詞的音節構成看，古代漢語中單音詞占有優勢地位，現代漢語中複音詞特別是雙音詞占有優勢地位,這種差異使得古代漢語的詞彙面貌跟現代漢語有明顯的不同。把一段古文譯成現代漢語,譯文往往比原文長許多,主要原因就是要把古文中的很多單音詞譯成複音詞。比如:

(1) 儵與忽謀報渾沌之德。(《莊子·應帝王》)
(2) 樂羊爲魏將而攻中山。(《韓非子·説林上》)

把上面的句子譯成現代漢語,可以比較單音詞同雙音詞的對應:

謀/謀劃　報/報答　德/恩德　爲/擔任　將/將領　攻/攻打

所以讀古書的時候要注意不要把一些單音詞的組合輕易看作是一個雙音詞。如:

(1) 若賴兵權,滅亡可待矣。(《列子·説符》)("兵權"指軍隊與權謀)
(2) 今齊地方千里,百二十城。(《戰國策·齊策一》)("地方"中的"地"是土地,"方"是方圓範圍)
(3) 人不學,不知道。(《禮記·學記》)("知道"指對"道"的領悟)

單音詞轉換爲雙音詞,大致有三種情況:第一,原來是由兩個單音詞構成的一個短語,後來成爲一個雙音詞。比較:(與我)同志/同志(們)。第二,在原來構成一個單音詞的詞根語素上再加上另外一個詞根語素。比較:謀/謀劃;德/恩德。第三,雙音詞由另外兩個不同的詞根語素構成。比較:爲/擔任。

雖然説單音詞在古代漢語中占有優勢地位,但古代漢語中也有一些複音詞。其中有兩類複音詞值得注意:一類是聯綿詞,一類是偏義複詞。聯綿詞的例子如:

參差荇菜,左右流之。(《詩經·周南·關雎》)

"參差"的"參"和"差"只表音,分開來講沒有意義。這樣的詞還可以舉出不少,比如:崎嶇、踟躕、鴛鴦、猶豫、婆娑、崔巍、逍遥、荒唐等。通常把這樣一類詞叫作聯綿詞(又叫聯綿字、謰語)。關於聯綿詞,有幾點需要説明。

第一,聯綿詞雖然由兩個音節構成,但一般認爲它是單純詞。構成聯綿詞的兩個音節(書面上是兩個字)分開來沒有意義。遇到這類詞,我們不能死摳字面意思强作解釋。如：

> 於是焉，河伯始旋其面目，望洋向若而歎。(《莊子·秋水》)

"望洋"的意思，據《經典釋文》所引，是仰視的樣子。"洋"這個詞，當時還没有海洋的意思。過去有的人説"洋"應該寫作"陽"，因爲"太陽在天，宜仰而觀"，這樣解釋是不對的。

第二，在讀音上（古代的讀音），聯綿詞的兩個音節往往有一定的聯繫。有的是聲母相同，稱作雙聲；有的是韻（主要元音和韻尾）同，稱作叠韻（參看下册第十五單元"古書的讀音"一節）。

第三，表示聯綿詞的兩個字只是表音，所以書寫形式就不是十分固定，有的詞有好幾種書寫形式。上面提到的"望洋"，又寫作"盳洋、妄羊、望陽"；"猶豫"一詞，又寫作"遊預、猶與、冘(yóu)豫、由預、優與、由與、容與、猶予"。幾個不同的書寫形式表示的是同一個詞。

關於偏義複詞，先看下面的例子：

> 宫中府中，俱爲一體；陟罰臧否，不宜異同。(諸葛亮《出師表》)

句中"異同"的意思是異，不是有異有同。整個詞的意義只取其中一個語素的意義，另一個語素只是作爲陪襯，所以叫偏義複詞。可見偏義複詞同一般的複合詞有所不同。再比如：

(1) 鼓之以雷霆，潤之以風雨。(《周易·繫辭下》)("風雨"只是雨的意思)

(2) 大夫不得造車馬。(《禮記·玉藻》)("車馬"只是車的意思)

(3) 生子不生男，有緩急，非有益也。(《史記·孝文本紀》)("緩急"只是急的意思)

(4) 晝夜勤作息，伶俜縈苦辛。(《古詩爲焦仲卿妻作》)("作息"只是"作"的意思)

二 單音詞的多個意義

跟複音詞比較，在意義上古今漢語詞彙還有一個顯著的不同：古代漢語的一個單音詞往往有多個意義，而現代漢語一個複音詞的意義往往比較單一。比如"兵"：

(1) 兵器　兵不血刃。(《荀子·議兵》)
(2) 軍隊　函谷關有兵守關。(《史記·項羽本紀》)
(3) 戰爭　今兵不起七年矣。(《莊子·則陽》)

我們要知道單音詞"兵"在上面三句話中是什麼意思，需要根據上下文加以判斷；把上面三例中的"兵"分別轉換成"兵器""軍隊""戰爭"，它們的意義就變得單一明確，不再有判斷上的困難。

一個單音詞有多個意義在古代漢語中是常見的。再比如"管"：

(1) 是直用管窺天，用錐指地也。(《莊子·秋水》)
(2) 百姓聞王鐘鼓之聲，管籥之音。(《孟子·梁惠王下》)
(3) 鄭人使我掌其北門之管。(《左傳·僖公三十二年》)
(4) (趙高)幸得以刀筆之文進入秦宮，管事二十餘年。(《史記·李斯列傳》)

"管"在例(1)中的意思是管子，在例(2)中的意思是管樂器，在例(3)中的意思是鑰匙，在例(4)中的意思是掌管。

漢語音節的數量是有限的，一個單音詞派生的新義往往還要與舊義使用同一個語素，這就造成了古漢語中大量的一詞多義的情況。如果派生出的新義使用的是一個雙音的形式，那麼其中一個語素就限定了另一個語素表示的意義(如"兵器"中的"器"限定"兵"的意義)，所以雙音詞的意義比較單一明確。

單音詞的多義性是一個詞有幾個意義；在書面上，一個漢字記錄一個單音形式，這樣顯示出來的就是一個字記錄了幾個意義。一個字記錄的幾個意義，有的是有聯繫的，有的是沒有聯繫的。這是性質不同的兩種情況，需要加以區分。比如"說"：

(1) 燕相受書而說之。(《韓非子·外儲說左上》)
(2) 世道衰微，邪說暴行有作。(《孟子·滕文公下》)
(3) 學而時習之，不亦說乎？(《論語·學而》)
(4) 文王有疾，武王不說冠帶而養。(《禮記·文王世子》)

上面四例中的"說"，例(1)是解說的意思；例(2)是學說主張的意思；例(3)是喜悅的意思；例(4)是脫下的意思。前兩個意思相互有聯繫，後兩個意思同前兩個意思沒有聯繫；"喜悅"和"脫下"相互間也沒有關係。聯繫第三單元講過的假借字知識，可以知道"喜悅"和"脫下"都是"說"的假借義。

三　詞的古義和今義

詞義在不斷地變化。觀察詞義的變化,一是看詞義發生了什麽樣的變化(變化的結果);二是看這樣的變化發生在什麽時候(變化的時間);三是要看這些變化是怎樣發生的(變化的路徑、機制和規律)。

基本詞彙是詞彙中跟人們的社會生活關係最密切、最穩定的一部分,變化相對比較小,我們今天所以還能看懂古書,原因之一就是漢語中很多最基本的詞語的意義變化不大。如:

人、馬、牛、羊、魚、犬;
天、地、山、水、風、霜、雨、雪;
東、南、西、北、上、下、左、右、前、後;
大、小、輕、重、長、短;
行、迎、過、追、進、退、遇、逃。

但的確也有很多詞的意義發生了變化。變化的情況大致有兩類。第一,古義同今義差別很大,難以用一個詞的今義去解釋這個詞在古代的含義。比如:

(1) 力田不如逢年,善仕不如遇合。(《史記·佞幸列傳》)
(2) 或脱簡,或脱編。(劉歆《移書讓太常博士》)
(3) 兒寬既通《尚書》,以文學應郡舉,詣博士受業。(《史記·儒林列傳》)

例(1)的"年"是收成好意思,例(2)的"編"指用來穿連竹簡的繩子,例(3)的"文學"指文獻典籍。

第二,古義同今義差別似乎不是十分顯著,好像可以用今義去解釋它在古代的含義。如:

(1) 懲惡而勸善。(《左傳·成公十四年》)
(2) 今日病矣,予助苗長矣。(《孟子·公孫丑上》)
(3) 空谷傳響。(《水經注·江水》)

例(1)的"勸"似乎可以理解爲勸説,但句中是勉勵的意思;例(2)的"病"似乎可以理解爲生病,但句中是十分疲勞的意思;例(3)的"響"似乎可以理解爲一般的響聲,但句中指回聲。同前一種"迥別"的情況(今義同古義離得比較遠)比較起來,第二種"微殊"的情況(今義同古義挨得比較近)很容易引起誤解,特別需要我們注意。

　　上面説到,一個詞有多個意義是古漢語詞彙的一個顯著特點(如"管")。到了現在,這多個意義中有的意義還可以單用,比如"管"的掌管的意義(如説"管孩子""管不了");有的用起來不自由、或者説不能單用了,比如"管"的竹管、樂器的意義(要説成"管子""管中窺豹""管弦樂");有的已經不用了,比如"管"的鑰匙的意義。這樣看來,現在"管"作爲一個單音詞,它的意義的數量減少了,這是古今詞義變化的另一個顯著方面。

　　在我們討論詞的古義和今義時,還需要區分詞和字這兩個概念。比如"畢",在古代有一個意思是指打獵用的有長柄的網;作動詞用,指用畢捕取鳥獸。①這兩個意思現在都不用了,"畢"在今天是完畢的意思。我們能不能由此説"畢"這個詞的意義發生了很大的變化呢?不能。因爲"長柄網"的"畢"跟"完畢"的"畢"原本就不是一個詞,只是"畢"這一個字記錄了這兩個詞。再比如"的(dì)",古代有明亮的意思,又有目的、目標的意思:

　　　　(1) 朱唇的其若丹。(宋玉《神女賦》)
　　　　(2) 人主之聽言也,不以功用爲的。(《韓非子·外儲説左上》)

"的"的明亮義現在沒有了,"的"的目標義還保留在成語和一些詞語中(如"無的放矢""目的"),我們也不能由此説"的"這個詞的意義發生了很大的變化,因爲兩個意思不在同一個詞的範圍之内,是"的"這一個字記錄了兩個詞。

四　詞義的探求和訓釋

　　對古書中詞句的解釋傳統上叫訓詁,在中國有很長的歷史,在詞義的研究方面給我們留下了豐富的成果。在探求和解釋詞義的方法上,有所謂形訓、義訓和聲訓的説法。

　　形訓的"形"指的是漢字的字形結構。很多漢字的字形結構同字所記

---

① 《詩經·小雅·鴛鴦》:"鴛鴦于飛,畢之羅之。"

錄的詞的意義有關,形訓就是通過對字形結構的分析探求詞的意義。在先秦的一些古籍中就有分析字形的例子(不一定符合字的本義)。如:

(1) 夫文,止戈爲武。(《左傳·宣公十二年》)
(2) 於文,皿蟲爲蠱。(《左傳·昭公元年》)

前面介紹的《説文解字》系統地運用這種方法推求字的本義。比如:

(1) 呂:脊骨也。象形。(段玉裁注:"呂象顆顆相承,中象其繫聯也。")
(2) 本:木下曰本。從木,一在其下。(徐鍇《説文解字繫傳》:"一,記其處也。")
(3) 炙:炮(páo)肉也。從肉在火上。
(4) 弄:玩也。從廾持玉。
(5) 肖:骨肉相似也。從肉,小聲。
(6) 喬:高而曲也。從夭,從高省。

上面每個詞的意義都可以從字形結構上得到反映,《説文》的解釋也可以在文獻中得到印證。比如:

(1) 作股肱心膂。(《尚書·君牙》)("膂"是"呂"的異體)
(2) 伐木不自其本,必復生。(《國語·晉語一》)
(3) 有兔斯首,燔之炙之。(《詩經·小雅·瓠葉》)
(4) 乃生男子,載寢之牀,載衣之裳,載弄之璋。(《詩經·小雅·斯干》)

例(1)以"股肱心膂"比喻得力的輔佐之臣,例(2)"木本"就是樹的根部,例(3)"燔"是燒烤的意思,例(4)"弄"是把玩的意思。這些用例都可以印證《説文》釋義的可信性。

前面説過,漢字是一種語素文字,一些字的字形同語素的意義有聯繫,所以對字形結構的分析就成了探討詞的本義的一條重要途徑。不過這裏有三個問題要注意。第一,《説文》對字形的解釋並不一定完全正確。比如《説文》把"爲"解釋成"母猴",這是一種臆測。第二,字形反映的直觀意義並不都是詞的本義。比如《説文》解釋"牧"爲"養牛人","養牛人"是字形反映的直觀意義,這個詞的意思是放養牲畜,不限於牛。第三,運用形訓的方法探求詞義,主要是象形、指事和會意這三類字;對於占漢字絕大多數的形聲字來説,運用這一方法就有局限性,因爲形聲字的意符只是表示一個意義範圍。

義訓就是不借助對讀音和字形的分析,用另外一個意思差不多的詞或一段話直接說明某個詞的意義。下面是《爾雅》一書對幾個詞的解釋:

(1) 元:始也。(《釋詁上》)
(2) 愧:慚也。(《釋言》)
(3) 善父母爲孝,善兄弟爲友。(《釋訓》)
(4) 兕:似牛。(《釋獸》)
(5) 二足而羽謂之禽,四足而毛謂之獸。(《釋鳥》)
(6) 宫謂之室,室謂之宫。(《釋宫》)

形訓著重於對詞的本義的探求,義訓的情況比較複雜,對詞義的解釋很多取自古人對文獻中詞的注釋,這些注釋往往要考慮解讀上下文的需要。

聲訓就是通過詞的讀音探求一個詞的意義,特別是探求語源。雖說形訓是探求詞義的一種重要途徑,但並不能夠完全解決問題,因爲並不是所有的字形都能顯示詞的意義。其次,從漢字的發展看,假借字占有一定的比例,而假借字表示的詞義跟字形是沒有關係的。第三,詞是音和義的結合體,漢語中很多詞的意義同聲音有密切的聯繫,不瞭解這種聯繫就不能更深入地理解詞的深層含義。所以,通過讀音探求詞義就是另外一條重要的途徑。

在對古書的訓釋中,聲訓的資料十分豐富。東漢劉熙的《釋名》是系統使用聲訓的一部著作,他這部書是要探求事物命名的"所由之意"。下面是《釋名》對一些詞的解釋:

(1) 山夾水曰澗。澗,間也。言在兩山之間也。(《釋水》)
(2) 肢,枝也。似木之枝格也。(《釋形體》)
(3) 頰,夾也。面旁稱也。(《釋形體》)
(4) 帽,冒也。(《釋首飾》)
(5) 梳,疏也。言其齒疏也。(《釋首飾》)

上例中以"間"解釋"澗",以"枝"解釋"肢",以"夾"解釋"頰",以"冒"解釋"帽",以"疏"解釋"梳"都是聲訓。我們注意到:"澗""肢""頰""帽""梳"都是形聲字,用來解釋的"間""枝(本作"支")""夾""冒"都是這些字的聲符("梳"的聲符是"疏"的省寫),可見有些漢字記錄的意義跟讀音有很大的關係。

不過古代的聲訓有的有道理，也有的有很大的隨意性。如《釋名》：

景，竟也。所照處有竟限也。(《釋天》)

瘖，忤也。能與物相接忤也。(《釋姿容》)

這樣的解釋隨意附會，讀書時要注意鑒別。

後來所説的"因聲求義"就不再限於探求事物的得名之由，特別關注擺脱字形的束縛而通過讀音求得正確的詞義解釋，即對字的假借義的解釋(參第三單元"漢字"一節)。第二方面就是對詞的同源關係的研討。比如"決""玦""缺""闕"這四個詞："決"是"行流"(《説文》)，"玦"是"佩如環而有缺"(《廣韻·屑韻》)，"缺"是"器破"(《説文》)，"闕"是"中央闕而爲道"(《説文繫傳》)。四個詞同源，都有缺失不完整的意思。[①]

---

① 參王力《同源字典》。

第五單元

講讀文選

左傳

　　《左傳》原稱《左氏春秋》，後稱《春秋左氏傳》，簡稱《左傳》。漢代學者認爲此書是爲解釋魯國史書《春秋》寫的。舊說是春秋末期魯國史官左丘明所作，後一般認爲非成書於一人之手。有學者認爲成書大約在戰國初期。

　　《左傳》是中國第一部敘事詳明、體系完整的編年體通史。紀事起於魯隱公元年（前722），止於魯哀公二十七年（前468）。全書約十八萬字，比較全面地記述了春秋時期周王室和各諸侯國在政治、經濟、軍事和文化等方面的活動，真實地展現了各諸侯國內部以及各諸侯國之間的鬥爭，是研究春秋社會的主要歷史文獻。

　　《左傳》是一部重要的史學著作，也是一部著名的文學著作。它善於記述紛繁複雜的歷史事件，尤其是大規模的戰爭和曲折的外交鬥爭，有緊張生動的戲劇性情節，人物性格各具特徵，結構縝密，布局巧妙，語言簡練生動，對後代的文學創作有很大影響。

　　《左傳》在漢代以後有很多注本，通行的是《十三經注疏》中的《春秋左傳正義》（晉杜預注，唐孔穎達等正義），今人楊伯峻《春秋左傳注》可資參考。

　　選文據影印本《十三經注疏》（中華書局一九八〇年版）。文章題目爲後加。

鄭伯克段于鄢①(《隱公元年》)

【説明】本文記述鄭莊公同他的胞弟共叔段之間爲爭奪君權而進行的一場生死鬥爭。共叔段在母親姜氏的幫助下陰謀奪取君位,莊公欲擒故縱,一舉打敗了共叔段。作者著力刻畫了鄭莊公陰險僞善、姜氏偏心自私、共叔段貪婪愚蠢的性格。題目爲後加。

初,鄭武公娶于申,曰武姜②,生莊公及共叔段。莊公寤生,驚姜氏,故名曰寤生,遂惡之③。愛共叔段,欲立之,亟請於武公④。公弗許。

開頭追述武姜由於"莊公寤生"而偏愛共叔段,點明這場鬥爭的起因。

① 鄭伯:指鄭莊公,鄭屬伯爵,所以稱鄭伯。鄭,春秋時國名,姬姓,在今河南新鄭一帶。克:戰勝。段:鄭莊公的弟弟共(Gōng)叔段。名段,叔是排行。叔段叛亂失敗,出奔共國,所以又稱共叔段。鄢(Yān):鄭邑名,在今河南鄢陵一帶。
② 初:當初,追叙往事的習慣用語。鄭武公:莊公之父,名掘突,"武"是謚號。申:國名,姜姓,在今河南南陽一帶。武姜:鄭武公之妻,"武"是她丈夫的謚號,"姜"是她娘家的姓。
③ 寤(wù)生:出生時脚先出,即難産。寤:通"牾",逆,倒著。驚:用作使動,使……驚。惡(wù):不喜歡,厭惡。
④ 立之:立他(爲太子)。亟(qì):屢次;多次。

及莊公即位,爲之請制①。公曰:"制,巖邑也,虢叔死焉②。佗邑唯命③。"請京,使居之,謂之京城大叔④。祭仲曰⑤:"都城過百雉,國之害也⑥。先王之制,大都不過參國之一,中五之一,小九之一⑦。今京不度,非制也,君將不堪⑧。"公曰:"姜氏欲之,焉辟害⑨?"對曰:"姜氏何厭之有⑩!

不如早爲之所,無使滋蔓⑪。蔓,難圖也⑫。蔓草猶不可除,況君之寵弟乎⑬?"公曰:"多行不義,必自斃,子姑待之⑭!"

姜氏請求把制邑作爲共叔段的封邑,但她的這一企圖被莊公識破。

① 及:到。即位:就位;登上君位。鄭莊公在公元前743年即位。爲(wèi)之請制:(武姜)替共叔段請求把制城作爲他的封邑。爲:介詞,給。制:城邑名,又名虎牢,在今河南滎陽西北。
② 巖邑:險要的城邑。虢(Guó)叔:東虢國君。虢:古國名。有東虢、西虢、北虢之分。焉:指示代詞兼語氣詞,(在)那裏。
③ 意思是除了制城,別的地方作封邑都聽你的。佗:同"他",指示代詞,別的。唯命:"唯命是從"的省略。
④ 京:地名,在今河南滎陽東南。大(tài):對位次(地位、輩分等)高的人的尊稱,這個意義後來寫作"太"。
⑤ 祭(Zhài)仲:鄭國大夫,字仲足。"祭"是氏,全稱是"祭仲足",簡稱"祭足"或"祭仲"。
⑥ 都:城邑。城:城牆。過:超過。雉(zhì):古代城牆長三丈高一丈稱爲一雉。國之害:國家的禍害。
⑦ 先王:指周文王和周武王。參(sān)國之一:三分其國(指國都的城牆)而有其一。參:三。國:國都。中五之一:"中都不過五國之一"的省略。小九之一:"小都不過九國之一"的省略。據說當時侯伯國都的城牆爲三百雉;鄭屬伯爵,所以鄭國國都的城牆是三百雉。鄭國城邑的城牆,大的不能超過國都的三分之一,即不能超過"百雉"。
⑧ 不度:不合制度。度:用作動詞,合制度。不堪:受不了。堪:承受。
⑨ 焉:哪裏,怎麼。辟:避免。這個意義後來寫作"避"。
⑩ 何厭(yàn)之有:意思是"有何厭",有什麼滿足。厭:後來作"饜",滿足。"何……之有"是一個固定格式。"何厭"作動詞"有"的賓語前置,代詞"之"複指前置賓語。
⑪ 早爲之所:早點給他安排一個地方。爲:動詞,這裏有安排的意思。之:代詞,指共叔段。無:通"毋",不要。滋蔓:滋生蔓延,指不斷擴展自己的勢力。

⑫ 圖:謀劃,這裏指設法對付。
⑬ 寵:寵貴。
⑭ 不義:指不合道義的事情。斃:倒下。子:古時對男子的尊稱。姑:暫且。之:指共叔段"自斃"的事。

　　既而大叔命西鄙北鄙貳於己①。公子呂曰②:"國不堪貳,君將若之何③?欲與大叔,臣請事之④;若弗與,則請除之。無生民心⑤。"公曰:"無庸,將自及⑥。"大叔又收貳以爲己邑,至于廩延⑦。子封曰:"可矣,厚將得衆⑧。"公曰:"不義不暱,厚將崩⑨。"

　　共叔段大肆擴張自己的勢力,鄭莊公老謀深算,隱忍不發。

① 既而:不久。鄙:邊遠地區。貳於己:意思是原來屬鄭莊公管轄的地方又同時歸自己管轄。貳:兩屬,屬於二主管轄。
② 公子呂:鄭國大夫,字子封。
③ 貳:兩屬的局面。若之何:對……怎麼辦。之:代詞,代兩屬的局面。"若之何"是一種固定格式。
④ 與:給予。請事之:請允許我侍奉他。事:侍奉。
⑤ 生民心:使民產生二心。生:用作使動,使……產生。
⑥ 無庸:不用,用不著。庸:用。自及:自己遇上(災禍)。及:趕上。
⑦ 貳:指兩屬的"西鄙""北鄙"。以爲:把它作爲(自己的地盤)。至:到達。廩延:鄭國地名,在今河南延津北。
⑧ 厚:這裏指土地擴大。衆:百姓。
⑨ 不義不暱(nì):意思是共叔段做事不合道義,人們就不會親附他。暱:通"昵",親近。崩:崩潰,垮臺。

　　大叔完聚,繕甲兵,具卒乘,將襲鄭①。夫人將啓之②。公聞其期③,曰:"可矣。"命子封帥車二百乘以伐京④。京叛大叔段。段入于鄢。公伐諸鄢⑤。五月辛丑,大叔出奔共⑥。

鄭莊公後發制人,一舉擊敗共叔段。

① 完:把城牆修補完整。聚:聚集人衆(一説聚集糧食)。繕(shàn):修理整治。甲兵:鎧甲和兵器。具:準備。卒:步兵。乘(shèng):兵車。
② 夫人:指武姜。啓:打開(城門)。這裏指做内應。
③ 期:指共叔段襲鄭的日期。
④ 乘(shèng):古代軍隊編制單位,一乘有甲士(乘車帶盔甲的兵士)三人,步卒七十二名。
⑤ 諸:"之"和"於"的合音。這裏"之"指共叔段。
⑥ 辛丑:魯隱公元年五月二十三日。"辛丑"是干支記日。出奔:特指逃亡到國外去避難。共:國名,在今河南輝縣一帶。

……………

遂寘姜氏于城潁,而誓之曰①:"不及黄泉,無相見也②!"既而悔之③。

記述鄭莊公對姜氏的處置。

① 寘(zhì):放置;安置。城潁(yǐng):地名,在今河南臨潁西北。誓之:對她(姜氏)發誓。
② 意思是不到死後不相見,即今生永不相見。及:到。黄泉:地下的泉水。
③ 悔之:對這件事感到後悔。之:指"寘姜氏於城潁而誓之"這件事。

潁考叔爲潁谷封人,聞之,有獻於公①。公賜之食②。食舍肉③。公問之。對曰:"小人有母,皆嘗小人之食矣,未嘗君之羹④。請以遺之⑤。"公曰:"爾有母遺,繄我獨無⑥!"潁考叔曰:"敢問何謂也⑦?"公語之故,且告之悔⑧。對曰:"君何患焉⑨?若闕地及泉,隧而相見⑩,其誰曰不然⑪?"公從之。公入而賦⑫:"大隧之中,其樂也融融⑬。"姜出而賦:

"大隧之外,其樂也洩洩⑭。"遂爲母子如初⑮。

鄭莊公聽從穎考叔的建議,與母親"隧而相見",恢復母子關係如初,結尾富於戲劇性。

① 穎考叔:鄭國大夫。穎谷:鄭國邊邑,在今河南登封西南。封人:管理疆界的官。封:疆界。獻:指進獻的物品。
② 賜之食:賞給他吃的。"之""食"都是動詞"賜"的賓語。這是一種雙賓語結構。下文"語之故""告之悔"結構相同。
③ 舍:放棄。這個意義後來寫作"捨"。
④ 皆嘗小人之食:我的飯食都吃過。羹(gēng):帶汁的肉食。
⑤ 遺(wèi):贈與、送給。
⑥ 爾:你。繄(yī):句首語氣詞。獨:語氣副詞,有"偏偏"的意思。
⑦ 敢:表謙敬的副詞,有"冒昧"的意思。何謂:說的什麼意思。疑問代詞"何"作動詞"謂"的前置賓語。下文"何患"的結構相同。
⑧ 語(yù):告訴。故:緣故。
⑨ 何患:憂慮什麼。焉:於此,在這件事情上。
⑩ 闕(jué):通"掘",挖掘。隧:名詞用作動詞,挖隧道。
⑪ 誰說不是這樣呢? 其:語氣副詞,加強反問語氣。然:指示代詞,這樣。指黃泉相見。
⑫ 賦:賦詩。
⑬ 其:指示代詞,那。融融:和樂的樣子。
⑭ 洩(yì)洩:與"融融"義近,舒暢的樣子。
⑮ 爲:作爲。如初:像當初一樣的母子關係。

秦晉殽之戰(《僖公三十二年》《僖公三十三年》)

【説明】秦晉殽(Xiáo)之戰是春秋時期的一次著名戰役。僖公三十二年(前628)晉文公死,秦穆公舉兵偷襲鄭,次年晉軍於殽敗秦軍。《左傳》對戰爭場面並未作過多描述,而是著墨於對戰爭勝負的分析、人物形象的刻畫和細節的描寫。蹇叔的遠見、弦高的機智、先軫的決斷和秦穆公的悔悟等都給人以鮮明的印象。題目爲後加。

　　冬,晉文公卒①。庚辰,將殯于曲沃②。出絳,柩有聲如牛③。卜偃使大夫拜曰④:"君命大事:將有西師過軼我⑤;擊之,必大捷焉。"

卜偃預知秦將襲鄭。

① 晉文公:晉國國君(前636—前628年在位),名重耳,春秋五霸之一。
② 庚辰:僖公三十二年十二月十日。殯(bìn):死者入殮後停柩待擇日安葬。曲沃:晉地名,在今山西聞喜東北,是晉宗廟的所在地。
③ 絳(Jiàng):晉地名,在今山西翼城東南,時爲晉國都。柩:裝了屍體的棺木。
④ 卜偃:晉國掌卜筮的大夫。卜是氏,名偃。
⑤ 君:指晉文公。大事:指戰爭。《左傳·成公十三年》:"國之大事,在祀與戎。"西師:指秦軍。過軼(yì):經過(我晉國)。晉在秦鄭之間,秦襲鄭,必經過晉國。軼:後車超過前車。

　　杞子自鄭使告于秦曰①:"鄭人使我掌其北門之管,若潛師以來,國可得也②。"穆公訪諸蹇叔③,蹇叔曰:"勞師以襲遠,非所聞也④。師勞力竭,遠主備之,無乃不可乎⑤?師之所爲,鄭必知之;勤而無所,必有悖心⑥。且行千里,其誰不知?"公辭焉⑦。召孟明、西乞、白乙⑧,使出師於東門之外。蹇叔哭之⑨,曰:"孟子,吾見師之出而不見其入也⑩!"公使謂之曰:"爾何知⑪?中壽,爾墓之木拱矣⑫。"蹇叔之子與師⑬,哭而送之,曰:"晉人禦師必於殽⑭。殽有二陵焉⑮:其南陵,夏后皋之墓也⑯;其北陵,文王之所辟風雨也⑰。必死是間,余收爾骨焉⑱。"秦師遂東⑲。

記述蹇叔哭師。他料定秦軍有去無回,凸顯其遠見卓識。

① 杞子：秦國大夫。《僖公三十年》記載，秦曾與晉合圍鄭，後秦穆公又與鄭國結下盟約，派秦大夫杞子、逢孫和楊孫留守鄭國。
② 管：鎖鑰，這裏指鑰匙。潛師：秘密派軍隊。
③ 訪：徵求意見。諸："之、乎"的合音。"之"代潛師襲鄭這件事。蹇叔：秦國元老。
④ 勞：用作使動，使（軍隊）疲勞。非所聞：這不是我聽見過的事（意思是我沒有聽說過）。這是委婉的話，實際上是不贊成襲鄭。
⑤ 遠主：鄭國國君。無乃：副詞，表示委婉語氣，恐怕。
⑥ 勞苦而無用武之地，必有背逆之心。勤：辛苦。
⑦ 辭：不接受。
⑧ 孟明：姓百里，名視，字孟明，秦國元老百里奚之子。西乞：姓西乞，名術。白乙：姓白乙，名丙。三人都是秦國的大將。
⑨ 之：指代秦師。
⑩ 其：代詞，相當於"師之"。
⑪ 你知道什麼？疑問代詞"何"作動詞"知"的賓語前置。
⑫ 意思是你如果在中壽的年齡死去，你墓上的樹也該兩手合抱那麼粗了。這是罵蹇叔早該死了（蹇叔當時已經超過中壽的年齡）。中壽：說法不一。一說是活到六七十歲的年齡。拱：兩手合圍。
⑬ 與(yù)師：參加軍隊。
⑭ 殽(Xiáo)：通"崤"，山名。在今河南洛寧縣西北。
⑮ 二陵：殽有東陵（即下文北陵）和西陵（即下文南陵）兩山，地勢極險。陵：山。
⑯ 夏后皋：夏代的君主皋（夏桀的祖父）。后：君主。
⑰ 文王：周文王。所辟風雨：避風雨的地方。
⑱ 是間：這之間。焉：在那裏。
⑲ 東：向東行進。

　　三十三年春，秦師過周北門①，左右免冑而下②，超乘者三百乘③。王孫滿尚幼，觀之，言於王曰④："秦師輕而無禮⑤，必敗。輕則寡謀，無禮則脫⑥。入險而脫⑦，又不能謀，能無敗乎？"

王孫滿雖年幼,但眼光敏鋭,預言秦軍必敗。

① 周北門:周王都城洛邑的北門。
② 兵車上左右的力士脱下頭盔下車致禮(中間的御者不下車)。免:脱離。
③ 隨即又一躍上車的有三百輛兵車的兵士。超乘(chéng):跳上車。乘(shèng):春秋時一車四馬爲一乘。
④ 王孫滿:《通志·氏族略》説是周共王兒子圈的曾孫。王:周襄王。
⑤ 輕:輕狂放肆。指"超乘"。無禮:依照禮儀,過天子之都應收束鎧甲兵器,秦軍左右僅"免冑",不合禮(參《吕氏春秋·悔過》)。
⑥ 脱:疏略;隨便。
⑦ 險:指殽山。

及滑,鄭商人弦高將市於周①。遇之,以乘韋先②,牛十二犒師,曰:"寡君聞吾子將步師出於敝邑,敢犒從者③。不腆敝邑④,爲從者之淹,居則具一日之積,行則備一夕之衞⑤。"且使遽告于鄭⑥。

鄭穆公使視客館⑦,則束載、厲兵、秣馬矣⑧。使皇武子辭焉⑨,曰:"吾子淹久於敝邑,唯是脯資餼牽竭矣⑩。爲吾子之將行也⑪,鄭之有原圃,猶秦之有具囿也⑫。吾子取其麋鹿⑬,以間敝邑,若何⑭?"杞子奔齊,逢孫、楊孫奔宋⑮。

孟明曰:"鄭有備矣,不可冀也⑯。攻之不克,圍之不繼⑰。吾其還也。"滅滑而還。

鄭商人弦高及時報告秦軍襲擊鄭國的行動。

① 滑:國名,在今河南。周:周王都城。
② 以乘(shèng)韋先:先送四張熟牛皮(再送十二頭牛)。四張熟牛皮是送禮前的先行禮物。乘:四。春秋時一車四馬爲一乘,故乘有四義。韋:熟牛皮。先:動詞,先行致送。

③ 我們的國君聽說你們行軍要去往敝國,冒昧地犒勞隨從的將士。吾子:對對方的敬稱。步師:行軍。敢:謙辭。從者:跟從的人。
④ 敝國不富裕。腆(tiǎn):厚。
⑤ 為了你們的軍隊在外停留,如果住下來就備辦每一天的糧米草料,如果離開也要準備最後一夜的守衛。淹:久留。
⑥ 遽(jù):即傳車,古代驛站的專用車輛。
⑦ 客館:賓客住的館舍。當時杞子、逢孫和楊孫住在那裏。
⑧ 束載:車載的東西已經捆束。厲兵:兵器已經磨快。厲:磨。秣(mò)馬:餵飽馬匹。秣:牲畜的草料。這裏用作動詞,餵草料。
⑨ 皇武子:鄭大夫。辭焉:就下面一事告知。辭:告知。焉:代詞兼語氣詞。
⑩ 脯(fǔ)資:食物。脯:乾肉。資:通"粢",食糧。餼(xì)牽:供宰殺食用的牲畜。餼:活的牲畜,也指生肉。牽:牛羊之類的牲畜。
⑪ 一說是為你們要離開考慮。這時暗示已知其陰謀。
⑫ 原圃和具囿(yòu)是鄭國和秦國養禽獸的園子(分別在今河南和陝西)。
⑬ 麋(mí):一種哺乳動物,俗稱"四不像"。這裏麋鹿泛指苑囿中的禽獸。
⑭ 讓敝國有一個閒暇,怎麼樣?以上兩句是說,鄭國和秦國一樣,也有打獵的園囿,你們最好自行去獵取一些禽獸供路上食用,就不要再勞煩我們鄭國採取行動了。間:當作"閒(xián)"。
⑮ 奔:出逃。
⑯ 冀:指望。
⑰ 繼:指後援。

······ ······

晉原軫曰:"秦違蹇叔而以貪勤民,天奉我也①。奉不可失,敵不可縱②。縱敵患生,違天不祥,必伐秦師!"欒枝曰③:"未報秦施而伐其師,其為死君乎④?"先軫曰:"秦不哀吾喪而伐吾同姓⑤,秦則無禮,何施之為⑥?吾聞之:'一日縱敵,數世之患也。'謀及子孫,可謂死君乎⑦。"遂發命,遽興姜戎⑧,子墨衰絰⑨。梁弘御戎,萊駒為右⑩。

夏四月辛巳，敗秦師于殽，獲百里孟明視、西乞術、白乙丙以歸。遂墨以葬文公，晉於是始墨⑪。

先軫主戰，敗秦師於殽，且活捉秦軍三帥。

① 原軫：即下文先軫。晉大將。封地在原（在今河南），又稱原軫。以貪勤民：因爲貪婪而使民衆受苦。勤：辛苦。奉：給予。
② 縱：放，放走。
③ 欒枝：晉大夫。欒是氏，枝是名。
④ 沒有報答秦的恩施就攻打它的軍隊，心目中還有死去的國君嗎？秦施：晉文公流亡在外，曾得秦穆公幫助返國。其：副詞，表示反問。爲：有。
⑤ 哀吾喪：對晉文公之死表示哀悼。同姓：滑國、鄭國和晉國都是姬姓。
⑥ 何施之爲：還報答什麽恩施？"何施"作動詞"爲"的賓語前置。爲：這裏有報答的意思。《史記·晉世家》："秦侮吾孤，伐吾同姓，何德之報。"
⑦ 伐秦師是爲後代子孫打算，對死去的君主可以有話說了。謂：對……説。
⑧ 遽(jù)興姜戎：緊急發動姜姓戎族的軍隊（姜戎與晉國友好）。遽：疾速。
⑨ 子：晉文公之子晉襄公。當時晉文公未葬，故稱"子"。墨：染成黑色。衰絰(cuīdié)：指喪服。衰：後作"縗"。用粗麻布做的喪服。絰：古代喪服繫在腰間或頭上的麻帶。居喪穿白色孝服作戰不吉利，所以染黑。
⑩ 御戎：駕兵車。爲右：擔任車右（在御者右邊的武士）。
⑪ 始墨：從此用黑色喪服。

文嬴請三帥①，曰："彼實構吾二君②。寡君若得而食之，不厭③，君何辱討焉④？使歸就戮于秦，以逞寡君之志⑤，若何？"公許之。先軫朝，問秦囚，公曰："夫人請之，吾舍之矣⑥。"先軫怒曰："武夫力而拘諸原，婦人暫而免諸國⑦，墮軍實而長寇讎⑧,亡無日矣!"不顧而唾⑨。公使陽處父追之。及諸河⑩,則在舟中矣。釋左驂,以公命贈孟明⑪。孟明稽首曰⑫:"君之惠,不以纍臣釁鼓⑬,使歸就戮于秦。寡君之以爲戮⑭,死且不朽;若從君惠而免之,三年將拜君賜⑮。"

秦伯素服郊次,鄉師而哭⑯,曰:"孤違蹇叔以辱二三子⑰,孤之罪也。"不替孟明⑱,曰:"孤之過也,大夫何罪?且吾不以一眚掩大德⑲。"

文嬴拯救孟明等三人,秦穆公悔恨自責。

① 文嬴:晉文公的夫人,晉襄公的嫡母,秦穆公之女。嬴是姓。請三帥:向晉襄公請求釋放孟明等三人。
② 實在是他們三人離間我們兩國國君的關係。構:離間。
③ 寡君:指秦穆公。不厭:食其肉猶嫌不滿足。意思是恨之入骨。厭:滿足。
④ 又何必屈辱你去懲處他們呢?辱:敬辭。討:懲治有罪。
⑤ 逞寡君之志:滿足寡君的心願。逞:快(意);滿意。
⑥ 舍:釋放。
⑦ 武夫:指軍隊的將士。拘:捉拿。原:指戰場。婦人:指文嬴。暫:極短的時間。一說通"漸(jiān)":欺詐。免:免罪;免死。
⑧ 毀棄戰果而助長敵人的氣勢。墮(huī):同"隳",毀敗。軍實:戰果。讎(chóu):同"仇"。
⑨ 不回頭就在襄公面前吐唾沫。一說"顧"是顧忌的意思。
⑩ 追他們到了黃河邊。及:追趕。
⑪ 解下左邊的驂馬,以襄公的名義把馬送給孟明。驂(cān):駕車時轅馬外側的馬。
⑫ 稽(qǐ)首:古代叩頭至地的一種很恭敬的禮節。
⑬ 蒙晉君之恩,不拿被囚之臣的血去行祭。纍(léi):捆束;囚繫。釁(xìn):殺生(人或牲畜)取血塗在器物(如鐘、鼓)上行祭。這裏釁鼓指處死。
⑭ 以爲戮:即"以之爲戮"。把我們處死。
⑮ 從君惠:託晉君的恩惠。拜君賜:拜謝晉君的恩賜。意思是復仇。

⑯ 秦伯:秦穆公。素服:遭遇凶事時穿的白色衣服。郊次:在郊外停留等候。次:停留。鄉(xiàng):面向。
⑰ 辱:使……受辱。二三子:你們幾個人(指孟明等人)。
⑱ 替:廢棄。"不替"是說不革除孟明之職。
⑲ 以一眚(shěng)掩大德:因爲一次過錯就抹殺了他的大功德。眚:過失。

鞌之戰(《成公二年》)

【説明】鞌之戰記述公元前589年齊、晉兩個大國爲爭霸在鞌地進行的一場戰争。齊頃公在鞌之戰中驕傲輕敵,晉軍則同仇敵愾,戰争最後以齊敗晉勝告終。文章對戰争的一些細節描寫引人入勝。

癸酉,師陳于鞌①。邴夏御齊侯,逢丑父爲右②。晉解張御郤克,鄭丘緩爲右③。齊侯曰:"余姑翦滅此而朝食④!"不介馬而馳之⑤。郤克傷於矢,流血及屨,未絶鼓音⑥。曰:"余病矣⑦!"張侯曰:"自始合,而矢貫余手及肘,余折以御,左輪朱殷⑧。豈敢言病?吾子忍之⑨!"緩曰:"自始合,苟有險,余必下推車⑩。子豈識之⑪?然子病矣⑫!"張侯曰:"師之耳目,在吾旗鼓,進退從之。此車一人殿之,可以集事⑬。若之何其以病敗君之大事也⑮?擐甲執兵,固即死也⑯。病未及死,吾子勉之⑰!"左并轡,右援枹而鼓⑱。馬逸不能止⑲,師從之。齊師敗績⑳。逐之,三周華不注㉑。

齊晉兩國軍隊交鋒,齊侯驕傲輕敵,晉軍同仇敵愾,齊軍潰敗。

① 癸酉:成公二年(前589)六月十七日。師:指齊晉兩國軍隊。陳:擺開陣勢。鞌:地名,在今山東濟南附近。
② 邴夏給齊侯駕車,逢(Páng)丑父擔任車右。邴夏:齊國大夫。邴是姓,夏是名。御:駕車。齊侯:齊國的國君齊頃公,名無野。逢

丑父：齊國大夫。逢是姓，丑父是名。爲右：擔任車右。古代車戰，普通的車尊者居左，御者居中，陪乘的武士居右。如果是指揮者的車，君主或主帥居中，御者居左。
③ 解(Xiè)張：晉國的臣子。姓解，字張，名侯，下文又稱"張侯"。郤(Xì)克：晉軍的主帥。鄭丘緩：晉國的臣子，"鄭丘"是複姓，名緩。
④ 姑：姑且。翦(jiǎn)滅：消滅。翦：剪除。朝(zhāo)食：吃早飯。
⑤ 介馬：用帶子把馬尾束起來。介：用帶子束馬尾。馳之：指代晉軍。
⑥ 傷於矢：被箭射傷。流血及屨(jù)：血一直流到鞋上。屨：鞋。絕：斷絕，使…停下來。鼓音：古代車戰，主帥指揮軍隊，擊鼓是進擊的號令。
⑦ 病：本指病重，這裏指傷勢重。郤克這樣説，表示難以堅持。
⑧ 自始合：從開始交鋒。矢貫余手及肘：箭就射進了我的手掌和胳膊肘。貫：穿。及：連詞，和。殷(yān)：紅中帶黑的顏色。
⑨ 吾子：對人尊稱，比稱"子"更親熱些。忍：忍住(傷痛)。
⑩ 苟：連詞，表示假設。險：地勢不平，路難走。
⑪ 豈：難道。識：知道。
⑫ 然：不過。鄭丘緩發現郤克的傷勢確實很重，已經不能堅持擊鼓。這句話表示一種惋惜的心情。
⑬ 軍隊關注的是我們旗鼓的指揮，前進、後退都聽從它們。
⑭ 殿：鎮守。可以集事：就可依靠它(主帥的車)成事。以：介詞，憑藉。集事：成事，指戰事成功。
⑮ 怎麼能因爲受傷就壞了國君的大事呢？若之何：表示反問的固定格式，怎麼，如何。其：語氣副詞，加強反問語氣。以：介詞，因爲。敗：敗壞。大事：指戰爭。
⑯ 擐(huàn)甲：穿上鎧甲。擐：貫穿。執兵：拿起武器。固：本來。即：就，靠近。
⑰ 勉：努力，這裏有"盡力而爲"的意思。
⑱ 左并轡(pèi)：解張把馬韁繩合並到左手裹握著。轡：馬韁繩。援：拿過來。枹(fú)：鼓槌。鼓：動詞，擊鼓。
⑲ 逸：狂奔。
⑳ 敗績：軍隊崩潰。
㉑ 周：動詞，繞行。華不注：山名，在今山東濟南東北。

韓厥夢子輿謂己曰①："旦辟左右②！"故中御而從齊侯③。邴夏曰："射其御者，君子也④。"公曰："謂之君子而射之，非禮也⑤。"射其左，越于車下⑥；射其右，斃于車中⑦。綦毋張喪車⑧，從韓厥曰："請寓乘⑨！"從左右，皆肘之⑩，使立於後。韓厥俛定其右⑪。

晉軍的韓厥依照父親夢中"辟左右"的囑咐，勇追齊侯。

① 韓厥：晉大夫，在這次戰役中任司馬（掌祭祀、賞罰等）。子輿：韓厥的父親。
② 旦：（第二天）早晨。辟（bì）左右：避開戰車上左右兩側的位置。辟：避開，這個意義後來寫作"避"。
③ 中御：立在車的中央（代替御者）駕車。春秋時車戰，一般的戰車上將領居車之左，御者居中。韓厥本應居車之左，因爲要避左右，所以居中。從：追趕。
④ 君子：春秋時期貴族男子的統稱，這裏指軍隊的將領。
⑤ 非禮：不合於禮。
⑥ 越：墜。
⑦ 斃：倒下。
⑧ 綦（Qí）毋張：晉大夫，複姓綦毋，名張。喪：失去，這裏指車子毀壞不能再用。
⑨ 寓乘：搭車。寓：寄居，這裏指搭乘。
⑩ 從左右：往左邊、右邊站。肘：用作動詞，用肘撞。
⑪ 俛（fǔ）：同"俯"，彎下身子。定：穩定，這裏是放穩當的意思。

逢丑父與公易位①。將及華泉②，驂絓於木而止③。丑父寢於轏中，蛇出於其下，以肱擊之，傷而匿之，故不能推車而及④。韓厥執縶馬前，再拜稽首，奉觴加璧以進⑤，曰："寡君使羣臣爲魯衛請⑥，曰：'無令輿師陷入君地⑦。'下臣不幸，屬當戎行，無所逃隱，且懼奔辟而忝兩君⑧。臣辱戎士，敢告不敏，攝官承乏⑨。"丑父使公下，如華泉取飲⑩。鄭周父御佐車,宛茷爲右,載齊侯以免⑪。韓厥獻丑父,郤獻子將戮之⑫。呼曰:"自今無有代其君任患者⑬,有一於此,將爲戮乎⑭?"郤子曰:"人不難以死免其君⑮,我戮之不祥。赦之,以勸事君者⑯。"乃免之⑰。

晉軍追上了齊侯,齊侯的車右逢丑父設計讓齊侯逃脫。逢丑父遭晉軍俘獲後被郤克釋放。

① 易位:交換位置。逢丑父估計齊侯有被俘的危險,故趁韓厥"俛定其右"的空當與頃公交換了位置。
② 及:到。華泉:泉名,在華不注山下,流入濟水。
③ 驂(cān):驂馬。古代用三馬或四馬駕車,中間夾轅的馬叫服馬,左右兩邊的馬叫驂馬。絓(guà):絆住,纏住。木:樹。
④ 輚(zhàn):棧車,一種輕便的車子,車箱用竹木編成。肱(gōng):胳膊從肩至肘的部分。匿:藏,指隱瞞被蛇咬傷。及:被趕上。這是插敘頭天晚上的事。
⑤ 縶(zhí):絆馬索。再拜:拜了兩次。再:兩次。稽(qǐ)首:叩頭,古代一種十分恭敬的跪拜禮,雙手至地,頭也著地。奉:捧。觴(shāng):盛酒器。璧:一種中間有孔的圓形玉器。進:進獻。以上三句寫韓厥追上齊侯後按當時的禮節向齊侯行臣僕之禮。
⑥ (這次打仗,不是我們要進攻貴國)是我國的國君讓我們這些臣子替魯、衛兩國來請求(請求您不要進攻魯、衛兩國)。寡君:謙稱本國的國君(晉景公)。爲(wèi):介詞,替。韓厥的話是一種外交辭令。
⑦ 無:通"毋",不要。令:使,讓。興師:軍隊。陷入:指深入。君地:您的國土,指齊國國土。
⑧ 下臣:韓厥自稱。這是人臣對別國國君稱自己的謙詞。屬(zhǔ):恰巧。當:面對著,這裏指遇上。戎行(háng):兵車的行列,這裏指齊國的軍隊。逃隱:逃避躲藏。奔辟(bì):逃跑躲避。忝(tiǎn)兩君:給兩國的國君帶來恥辱。忝:辱,這裏是使動用法。
⑨ 辱戎士:使戰士受辱,意思是我不稱職地當了名士兵。戎士:戰士。敢:表敬副詞,冒昧。不敏:謙詞,(說自己)才智低下。敏:聰

明機智。攝(shè)官承乏:在人才缺乏的情況下暫時代理一個官職。攝:代理。承:承擔。乏:這裏指人員缺乏。這句話暗示,我擔任了這個官職就要履行職責將你俘虜。

⑩ 如:往;到……去。飲:喝的水。逢丑父讓齊侯去取水以便借機逃脱。

⑪ 鄭周父、宛茷(Fèi):都是齊臣。佐車:副車,隨從主帥戰車的車。免:免於難,這裏指免於被俘。

⑫ 郤獻子:即郤克。獻是謚號。

⑬ 自今:自今以前。任患:承擔患難。

⑭ 爲戮(lù):被殺。

⑮ 意思是不把"以死免其君"看作難事。難:用作意動,把……看作難事。免:用作使動,使……免於禍難。

⑯ 勸:鼓勵。

⑰ 乃:於是,就。免:赦免不殺。

崔杼弑其君(《襄公二十五年》)

【説明】選文記載的是一樁齊國宮廷醜聞。齊國的執政大夫崔杼强娶寡婦棠姜爲妻,齊莊公與棠姜私通,崔杼怒而殺莊公,立其弟爲君(齊景公)。崔杼欲專國政,遭到晏子的斷然拒絶。事件極富戲劇性。

齊棠公之妻,東郭偃之姊也①。東郭偃臣崔武子②。棠公死,偃御武子以吊焉③。見棠姜而美之,使偃取之④。偃曰:"男女辨姓,今君出自丁,臣出自桓⑤,不可。"武子筮之⑥,遇《困》䷮之《大過》䷛,史皆曰"吉"⑦。示陳文子⑧,文子曰:"夫從風⑨;風隕,妻不可娶也⑩。且其繇曰⑪:'困于石,據于蒺藜,入于其宮,不見其妻⑫,凶。'困于石,往不濟也⑬。據于蒺藜,所恃傷也⑭。入于其宮,不見其妻,凶,無所歸也⑮。"崔子曰:"嫠也何害?先夫當之矣⑯。"遂取之。

崔杼見到美貌的棠姜，執意娶之爲妻。

① 齊棠公：齊國棠邑的大夫。東郭偃：崔杼的家臣。
② 崔武子：即崔杼。"武"是謚號。
③ 御武子以弔：給崔杼駕車去弔唁。
④ 棠姜：棠是棠公的封邑，姜是她母家的姓，所以稱棠姜。美之：覺得她很漂亮。美：用作意動，認爲……美。取之：把她娶過來。取：後作"娶"。
⑤ 男女辨姓：男方女方的姓要區分。上古男女同姓不能結婚。君出自丁，臣出自桓：崔杼是齊丁公之後，東郭偃是齊桓公之後，都是姜姓。
⑥ 筮：用蓍草卜問吉凶。
⑦ 遇《困》卦變爲《大過》卦（第三爻由陰爻變爲陽爻）。之：動詞，至，這裏是變爲的意思。史：掌卜筮的人。太史說"吉"，這是迎合崔杼的話。
⑧ 給齊大夫陳文子看。
⑨ 《困》卦的組成是下《坎》上《兌》，《大過》卦的組成是下《巽》上《兌》。《坎》的喻象是中男，所以稱夫；變而爲《巽》，《巽》的喻象是風，所以說是丈夫跟從風。
⑩ 變卦的結果是《巽》。《巽》爲風，風能使東西墜落；變的結果而導致隕落，所以說這妻子不能娶。杜注："風能隕落物者，變而隕落，故曰'妻不可娶。'"
⑪ 繇（zhòu）：占卜的文辭。下面是《困》卦"六三"的爻辭。
⑫ 爻辭的大意是：困在堅石之下，處於蒺梨（即"蒺藜"，有刺）之上，即使退居其室，也見不到配偶（參王弼注）。《周易·繫辭下》："子曰：'非所困而困焉，名必辱；非所據而據焉，身必危。既辱且危，死期將至，妻其可得見耶？'"
⑬ 困於堅石之下，雖然前往也不能成功。
⑭ 處於有刺的蒺梨之上，依憑這樣的地方必然受傷害。
⑮ "入于其宮，不見其妻"，這意味著無所歸身。
⑯ 嫠（lí）：寡婦。先夫當之：這個禍害已由她的前夫承當了。

莊公通焉，驟如崔氏①，以崔子之冠賜人②。侍者曰：

"不可。"公曰:"不爲崔子,其無冠乎③?"崔子因是④。又以其間伐晉也⑤,曰:"晉必將報。"欲弑公以說于晉,而不獲間⑥。公鞭侍人賈舉而又近之⑦,乃爲崔子間公⑧。

崔杼因莊公與棠姜私通,欲伺機殺莊公。

① 通:私通。驟:屢次。如:到……去。
② 把崔杼的帽子賜給別人。
③ 不是崔子,難道就應當沒有帽子戴嗎?意思是不是崔子,也應有帽子戴。其:副詞,相當於"豈"。
④ 因是:因此(對莊公十分惱恨)。
⑤ 又因爲莊公曾利用晉國之難攻打晉國(參《左傳·襄公二十三年》)。間(jiàn):乘機;利用……空子。
⑥ 說于晉:討好晉國。間(jiàn):間隙;機會。
⑦ 侍人:君主身邊的侍從。又近之:鞭打之後又親近他。
⑧ 賈舉於是爲崔杼在莊公那裏尋找動手的機會。間(jiàn):動詞,窺伺機會。

夏五月,莒爲且于之役故,莒子朝于齊①。甲戌,饗諸北郭②。崔子稱疾不視事③。乙亥,公問崔子,遂從姜氏④。姜入于室,與崔子自側戶出⑤。公拊楹而歌⑥。侍人賈舉止衆從者而入⑦,閉門。甲興,公登臺而請⑧,弗許;請盟⑨,弗許;請自刃於廟⑩,弗許。皆曰:"君之臣杼疾病,不能聽命⑪。近於公宮,陪臣干掫有淫者,不知二命⑫。"公踰牆,又射之。中股,反隊⑬,遂弑之。賈舉、州綽、邴師、公孫敖、封具、鐸父、襄伊、僂堙皆死⑭。祝佗父祭於高唐⑮,至,復命,不說弁而死於崔氏⑯。申蒯,侍漁者⑰,退謂其宰曰:"爾以帑免⑱,我將死。"其宰曰:"免,是反子之義也⑲。"與之皆死。崔氏殺鬷蔑于平陰⑳。

崔杼稱病不視事,誘莊公至其家殺之。

① 襄公二十三年齊國與莒國曾有且于之戰。且(Jū)于:地名。莒子:莒國國君。
② 甲戌:十六日。饗:以隆重的禮儀宴請。北郭:北城。
③ 稱病不去辦公理事。
④ 乙亥:十七日。問:探問。從姜氏:在後面追姜氏。
⑤ 側戶:側門。
⑥ 拊(fǔ)楹:拍著柱子。
⑦ 侍人賈舉擋住莊公的隨從,自己進入崔宅。
⑧ 甲興:崔杼的甲士一躍而起。請:請求饒命。
⑨ 盟:達成一個協議。
⑩ 自刃:自殺。廟:祖廟。
⑪ 不能聽命:難以親自聽取你的命令。
⑫ 這裏靠近國君的宮室,陪臣只知奉命巡夜捕擊淫亂的人,不知道有別的命令。陪臣:崔杼爲莊公的臣子,崔杼的臣子對莊公稱陪臣。干掫(gānzōu):巡夜捕擊。
⑬ 股:大腿。反隊:墜落在牆內。隊:後作"墜"。
⑭ 八人皆莊公勇力之臣。賈舉:跟侍人賈舉是兩個人。
⑮ 祝佗父:莊公寵幸的臣子。高唐:地名,在今山東,其地有齊的別廟(太廟之外另立的廟)。
⑯ 回到國都復命,禮帽還沒有脫就在崔杼家裏被殺。説:通"脱"。弁(biàn):祭祀時戴的帽子。
⑰ 侍漁者:掌管漁業事務的官。其宰:家裏的總管。
⑱ 你帶著我的妻子兒女逃命。帑(nú):通"孥",妻子兒女(杜注認爲是家宰的妻子兒女)。免:免死。
⑲ 我逃命,這樣做違背你忠君的大義。是:這。
⑳ 嬰(Zōng)蔑:平陰大夫。平陰:齊國地名,是臨淄外圍險邑。

　　晏子立於崔氏之門外①,其人曰:"死乎②?"曰:"獨吾君也乎哉③,吾死也?"曰:"行乎④?"曰:"吾罪也乎哉,吾亡也⑤?"曰:"歸乎⑥?"曰:"君死安歸⑦?君民者豈以陵民?社稷是主⑧。臣君者豈爲其口實？社稷是養⑨。故君爲社稷死則死之，爲社稷亡則亡之⑩。若爲己死，而爲己亡，非其私暱，誰敢任之⑪？且人有君而弒之，吾焉得死之？而焉得亡之⑫？將庸何歸⑬？"門啓而入，枕尸股而哭⑭。興，三踊而出⑮。人謂崔子："必殺之。"崔子曰："民之望也，舍之得民⑯。"

盧蒲癸奔晉，王何奔莒⑰。

記述莊公死後晏子的一段議論，從中可窺見晏子對君、臣、民和國家關係的看法。

① 杜注："聞難而來。"
② 其人：晏子的隨從。死乎：爲國君殉死嗎？
③ 只是我一個人的君主嗎？意思是我與別的臣子並無不同。
④ 行：出奔。
⑤ 是我的罪過嗎？我逃亡？
⑥ 歸：回去。
⑦ 國君死了我還回到哪去？
⑧ 做百姓的君主難道能凌駕於百姓之上？做君主是爲了管理國家。君：用作動詞，做君主。陵：居於……上。社稷是主：名詞"社稷"作動詞"主"的賓語前置，代詞"是"複指前置賓語。主：主持；掌管。
⑨ 做君主的臣子難道是爲了拿俸祿奉養自己？做臣子是爲了養護國家。臣：用作動詞，做臣子。口實：口中食物，這裏指俸祿。社稷是養：名詞"社稷"作動詞"養"的賓語前置，代詞"是"複指前置賓語。
⑩ 死之：爲之死。亡之：爲之亡。亡：逃亡。
⑪ 假如國君是因爲一己私欲而死，因爲一己私欲而逃亡，如果不是國君個人親暱的人，誰敢承擔這樣的禍難？意思是這樣的禍難理應由私暱之人去承擔。而：連詞，與"若"都是如果的意思。私暱：個人親暱的人。暱：同"昵"。任：承擔。《史記·齊太公世家》："若爲己死己亡。"

⑫ 況且是別人擁立了君主而又殺了他,我怎麽能爲他去死,又爲他而逃亡?這是説莊公當年是崔杼所立(參《左傳·襄公十九年》),我不能爲他去死去逃亡。人:指崔杼。
⑬ 又能回到哪裏去?庸何:代詞,哪裏。
⑭ 啓:開。枕尸股:讓屍體枕在自己的大腿上(參杜注)。
⑮ 興:起來。三踊:頓脚三次。這是向死者表示哀痛的一種禮儀。《史記·管晏列傳》:"方晏子伏莊公尸哭之,成禮然後去。"
⑯ 這是百姓仰望的人,放了他可得民心。
⑰ 盧蒲癸、王何:二人是莊公一黨的人。

　　叔孫宣伯之在齊也①,叔孫還納其女於靈公②,嬖,生景公③。丁丑,崔杼立而相之,慶封爲左相④。盟國人於大宫⑤,曰:"所不與崔、慶者……"⑥晏子仰天歎曰:"嬰所不唯忠於君、利社稷者是與,有如上帝⑦!"乃歃⑧。辛巳,公與大夫及莒子盟⑨。

　　大史書曰⑩:"崔杼弑其君。"崔子殺之。其弟嗣書,而死者二人⑪。其弟又書,乃舍之⑫。南史氏聞大史盡死,執簡以往⑬。聞既書矣,乃還。

　　晏子斷然改變盟書内容。齊太史冒死秉筆直書"崔杼弑其君"。杜注説"《傳》言齊有直史,崔杼之罪所以聞"。

① 魯國大夫叔孫宣伯於成公十六年逃奔齊國,所以説"在齊"。
② 叔孫還把叔孫宣伯的女兒獻給了齊靈公。叔孫還:齊國公子。納:獻出。
③ 嬖:受寵幸。景公:名杵臼。莊公的同父異母弟。
④ 丁丑:五月十九日。相:輔佐。左相:地位次於右相。《史記·齊太公世家》:"崔杼爲右相。"
⑤ 與國人在大宫立盟約。盟:用作動詞,立盟約。國人:住在國都的人。大(tài)宫:齊太公吕尚的廟。《史記·齊太公世家》:"二相恐亂起,乃與國人盟曰:'不與崔、慶者死!'"

⑥ 不親附崔杼、慶封的。與(yǔ):親附。這是一句誓詞,但這句話没有讀完就被晏子打斷改了。
⑦ 晏子如果不親附忠君利國的人,有上帝爲證。唯忠於君、利社稷者是與:"忠於君、利社稷者"作動詞"與"的賓語前置,"是"複指前置賓語。唯:限止副詞,只。《史記·齊太公世家》:"晏子仰天曰:'嬰所不獲,唯忠於君利社稷者是從!'不肯盟。"
⑧ 歃(shà):歃血,古代盟會中的一種儀式。盟約宣讀後,參加者用嘴吸一點殺牲的血以示誠意(一説用血塗在口旁)。這裏是晏子自歃血。
⑨ 辛巳:二十三日。莒子朝齊,因崔氏之亂未結盟約,至辛巳日景公與大夫和莒子立盟約。
⑩ 大史:官名。掌記載史事、編寫史書、國家典籍等。
⑪ 嗣(sì):接續。二人:除太史又有二人。杜注:"並前有三人死。"
⑫ 《史記·齊太公世家》:"少弟復書,崔杼乃舍之。"
⑬ 簡:書寫用的竹簡。

子産不毁鄉校（《襄公三十一年》）

【説明】子産是春秋時期傑出的政治家,他在鄭國執政二十餘年,政績卓著,受到各國的尊重。從這段記述可以看出他樂於聽取批評意見的政治胸懷。

鄭人游于鄉校以論執政①。然明謂子産曰②:"毁鄉校何如?"子産曰:"何爲③?夫人朝夕退而游焉④,以議執政之善否⑤。其所善者吾則行之,其所惡者吾則改之⑥。是吾師也,若之何毁之⑦?我聞忠善以損怨,不聞作威以防怨⑧。豈不遽止⑨?然猶防川⑩:大決所犯,傷人必多,吾不克救也⑪;不如小決使道⑫。不如吾聞而藥之也⑬。"然明曰:"蔑也今而後知吾子之信可事也⑭,小人實不才⑮。若果行此,其鄭國實賴之,豈唯二三臣⑯?"

仲尼聞是語也,曰:"以是觀之,人謂子產不仁,吾不信也⑰。"

① 鄉校:鄉間的公共場所,既是學校,又是鄉人聚會的場所。論:評論。執政:掌管國家政事的大臣。
② 然明:鄭國大夫,姓鬷(Zōng)名蔑,字然明。子產:鄭穆公之孫,名僑,又稱公孫僑,字子產。
③ 何爲:幹什麼?
④ 夫:句首語氣詞,引起議論。退:工作結束回來。焉:代詞兼語氣詞,有"於此"的意思。
⑤ 善否:好還是不好。
⑥ 所善者:喜好的。所惡(wù)者:憎惡的。
⑦ 是:這。若之何:一種固定結構。相當於"爲什麼""怎麼能",用於反詰語氣。
⑧ 損怨:減少怨恨。作威:用威權濫施懲處。防:堵塞。
⑨ 難道不能(作威)很快地制止?遽:疾速。
⑩ 川:河流。
⑪ 大決:堤防決開大口。克:能。
⑫ 小決:開個小口。道(dǎo):疏導流通。這個意思後作"導"。
⑬ 藥之:把人們的議論當作藥。藥:用作動詞,當作藥對待。
⑭ 從今以後我知道您確實是能够擔當大事的。信:確實。
⑮ 不才:沒有才能。
⑯ 如果照這樣做,豈只是我們這些做官的人依賴於此,整個鄭國都有依靠的了。二三臣:泛指做官的人。
⑰ 這時孔子年僅十一歲,這句話應是後來說的。

閱讀文選

宋楚泓之戰（《僖公二十二年》）

【説明】宋楚泓之戰，宋國戰敗，完全是由於宋襄公迂腐的主張所致（後被稱爲"宋襄之仁"）。子魚對戰爭則有傑出的見解。文章題目爲後加。

冬十一月己巳朔，宋公及楚人戰于泓①。宋人既成列，楚人未既濟②。司馬曰："彼衆我寡，及其未既濟也，請擊之。"公曰："不可。"既濟而未成列，又以告，公曰："未可。"既陳而後擊之，宋師敗績。公傷股，門官殲焉③。

① 朔：夏曆每月初一日。泓：水名，在今河南柘城一帶。
② 濟：渡水。
③ 門官：杜注說門官是"守門者，師行則在君左右"。殲：全部被殺。

國人皆咎公①，公曰："君子不重傷，不禽二毛②。古之爲軍也，不以阻隘也③。寡人雖亡國之餘，不鼓不成列④。"子魚曰⑤："君未知戰。勍敵之人，隘而不列⑥，天贊我也。阻而鼓之，不亦可乎？猶有懼焉。且今之勍者皆吾敵也，雖及胡耇，獲則取之，何有於二毛⑦？明恥教戰⑧，求殺敵也。傷未及死，如何勿重？若愛重傷，則如勿傷⑨；愛其二毛，則如服焉⑩。三軍以利用也，金鼓以聲氣也⑪。利而用之，阻隘可也；聲盛致志，鼓儳可也⑫。"

① 咎：怪罪；責備。
② 重（chóng）傷：對受傷害者再次加以傷害。二毛：頭髮有兩種顏

色,指頭髮花白的老人。
③ 爲軍:實施軍事行動。阻隘:在敵方處於險隘之處時加以阻擊。一說阻隘是險隘之地。
④ 亡國之餘:宋的開國君主是商王紂的庶兄微子啓,所以這樣說。鼓:擊鼓進擊。
⑤ 子魚:宋襄公的庶兄,字子魚。
⑥ 勍(qíng):強;有力。隘:處於險隘之處。
⑦ 雖及:即使是打擊到。胡耇(gǒu):很老的人。耇:高壽。何有:意思是有什麼憐惜的。
⑧ 恥:同"耻"。明恥:使認識到戰敗是耻辱(即作戰有羞耻心)。教戰:教以戰術。
⑨ 愛:憐惜。如:應當(參《經傳釋詞》)。
⑩ 服:順服(他們)。
⑪ 軍隊憑藉有利的條件作戰用兵,金鼓憑藉其聲音振奮士氣。以:憑藉。
⑫ 致志:使士氣高昂。儳(chán):行列不整齊。

展喜犒師(《僖公二十六年》)

【說明】選文記述的是一篇外交辭令。面對強敵,展喜表明魯國有恃無恐,一是因爲有周成王"世世子孫無相害"盟約的保護,二是推想齊孝公不會"弃命廢職"。其言辭緣情入理,齊侯無言以對,只得退兵。題目爲後加。

夏,齊孝公伐我北鄙,衛人伐齊①,洮之盟故也②。
公使展喜犒師,使受命于展禽③。齊侯未入竟,展喜從之,曰:"寡君聞君親舉玉趾,將辱於敝邑④,使下臣犒執事。"齊侯曰:"魯人恐乎?"對曰:"小人恐矣,君子則否⑤。"齊侯曰:"室如縣罄⑥,野無青草,何恃而不恐?"對曰:"恃先王之命⑦。昔周公、大公股肱周室⑧,夾輔成王。成王勞之而賜之盟曰⑨:'世世子孫無相害也。'載在盟府,大師職之⑩。桓公是以糾合諸侯，而謀其不協⑪，彌縫其闕⑫，而匡救其災，昭舊職也⑬。及君即位，諸侯之望曰：'其率桓之功⑭。'我敝邑用不敢保聚⑮，曰：'豈其嗣世九年而弃命廢職⑯？其若先君何⑰？君必不然。'恃此以不恐。"齊侯乃還。

① 齊孝公：齊桓公之子，名昭。鄙：邊疆地區。衛人伐齊：衛與魯有盟約，所以伐齊相救。
② 洮（Táo）之盟：魯僖公二十五年冬，僖公與衛君在洮（魯地名）結盟，引起齊國的不滿。
③ 展喜：魯大夫。受命：接受教導（即請教應對之辭）。展禽：魯大夫。展是氏，名獲，字禽。展禽又稱柳下惠。
④ 玉趾：尊貴的脚。敬辭。"舉玉趾"猶言"舉步"。辱於敝邑：辱臨敝國。
⑤ 小人：下層人。君子：上層人。
⑥ 家中像懸掛的磬（形容空無所有）。縣：懸掛。磬：一作"罄"，一種懸挂的打擊樂器。
⑦ 先王：指周成王。
⑧ 周公：周公旦是魯國的始祖。大（tài）公：太公吕尚是齊國的始祖。股肱（gōng）：（有力）輔佐。
⑨ 賜之盟：賜給齊國、魯國盟約。
⑩ 載：盟書。盟府：管理盟約的機構。大師：指管理盟約的官。一說大師即齊太公。職之：掌管盟約。職：動詞，掌管。
⑪ 謀其不協：諸侯有矛盾，則想辦法解決。
⑫ 彌縫：縫合；補救。闕：通"缺"，缺失。
⑬ 昭舊職：昭示太公的職責。
⑭ 率：遵循。
⑮ 用：因而。保聚：聚衆守衛。
⑯ 嗣世九年：其時齊孝公繼承齊桓公之位九年。弃命：丟棄先王之命。廢職：廢棄先君之職。
⑰ （這樣做）又怎麼對待先君？

楚子問鼎（《宣公三年》）

【説明】公元前606年，楚莊王在攻伐陸渾之戎後，陳兵周王室的疆界示威，公然探問九鼎的輕重大小，暴露了他覬覦王權的野心。周大夫王孫滿嚴正地告誡他，王朝的興亡"在德不在鼎"，"鼎之輕重未可問"。文章題目爲後加。

楚子伐陸渾之戎，遂至於雒①，觀兵于周疆②。定王使王孫滿勞楚子③，楚子問鼎之大小輕重焉④。對曰："在德不在鼎⑤。昔夏之方有德也⑥，遠方圖物⑦，貢金九牧⑧，鑄鼎象物，百物而爲之備⑨，使民知神姦⑩。故民入川澤、山林，不逢不若⑪。螭魅罔兩⑫，莫能逢之。用能協于上下，以承天休⑬。桀有昏德，鼎遷于商，載祀六百⑭。商紂暴虐，鼎遷于周。德之休明⑮，雖小，重也。其姦回昏亂⑯，雖大，輕也。天祚明德，有所厎止⑰。成王定鼎于郟鄏⑱，卜世三十，卜年七百⑲，天所命也。周德雖衰，天命未改。鼎之輕重，未可問也。"

① 楚子：楚莊王，名旅。陸渾之戎：戎（古族名）的一支。原居秦、晉西北，後遷至今河南伊河一帶。雒：即今河南洛河。
② 觀兵：陳兵示威。觀：展示。周疆：周王室的疆界。
③ 王孫滿：周大夫。
④ 鼎：相傳夏禹時鑄九鼎，夏、商、周三代爲傳國之寶，象徵王朝權力。
⑤ 鼎的輕重在於君王之德，不在於鼎本身的大小。
⑥ 方：正當（有德之時）。
⑦ 遠方之國繪出山川珍奇之物進獻給夏王朝。
⑧ 讓九州之長貢獻青銅（即天下貢金）。金：金屬的總稱。這裏特指青銅。九牧：這裏指九州之長（相傳大禹時劃分天下爲九州）。

⑨ 象物:模擬所繪之物鑄造在鼎上(昭示於民)。百物而爲之備:既有鬼神百物之形,民衆能預先有所戒備。
⑩ 知神姦:認識神怪害人之物。
⑪ 不逢不若:不會碰上於自己不利的東西。若:順。
⑫ 泛指害人的精怪。罔兩:即"魍魎(wǎngliǎng)"。
⑬ 因而能使上下和協,承受上天的福佑。
⑭ 昏:同"惛",昏亂。載祀六百:前後六百年。載、祀:年有時稱"載",有時稱"祀"。
⑮ 休明:美善光明。
⑯ 回:邪僻。
⑰ 上天降福於有德之人,有一定期限。祚(zuò):賜福。底(dǐ)止:到達;終止。
⑱ 定鼎:九鼎象徵王權,置於國都,因稱定都爲"定鼎"。郟鄏(Jiárǔ):地名,西周東都所在地,即今河南洛陽。
⑲ 占卜的結果是傳世三十代,享國七百年。

練習五

一、熟讀本單元講過的文章。
二、閱讀本單元的閱讀文選。
三、給下面句子中加點的字注音:
　1. 爾有母遺,繄我獨無!(《左傳·鄭伯克段于鄢》)
　2. 庚辰,將殯于曲沃。出絳,柩有聲如牛。(《左傳·秦晉殽之戰》)
　3. 其南陵,夏后皋之墓也;其北陵,文王之所辟風雨也。(《左傳·秦晉殽之戰》)
　4. 吾子淹久於敝邑,唯是脯資餼牽竭矣。(《左傳·秦晉殽之戰》)
　5. 墮軍實而長寇讎,亡無日矣!(《左傳·秦晉殽之戰》)
　6. 君之惠,不以纍臣釁鼓,使歸就戮于秦。(《左傳·秦晉殽之戰》)
　7. 將及華泉,驂絓於木而止。(《左傳·鞌之戰》)

8. 韓厥執縶馬前,再拜稽首,奉觴加璧以進。(《左傳·鞌之戰》)
9. 屬當戎行,無所逃隱,且懼奔辟而忝兩君。(《左傳·鞌之戰》)
10. 公踰牆,又射之。中股,反隊,遂弒之。(《左傳·崔杼弒其君》)

四、解釋下面句子中加點的詞：
1. 先王之制,大都不過參國之一。(《左傳·鄭伯克段于鄢》)
2. 今京不度,非制也,君將不堪。(《左傳·鄭伯克段于鄢》)
3. 秦師過周北門,左右免冑而下,超乘者三百乘。(《左傳·秦晉殽之戰》)
4. 輕則寡謀,無禮則脫。(《左傳·秦晉殽之戰》)
5. 遇之,以乘韋先,牛十二犒師。(《左傳·秦晉殽之戰》)
6. 擐甲執兵,固即死也。(《左傳·鞌之戰》)
7. 射其左,越于車下;射其右,斃于車中。(《左傳·鞌之戰》)
8. 欲弒公以說于晉,而不獲間。(《左傳·崔杼弒其君》)
9. 南史氏聞大史盡死,執簡以往。聞既書矣,乃還。(《左傳·崔杼弒其君》)
10. 我聞忠善以損怨,不聞作威以防怨。(《左傳·子產不毀鄉校》)

五、把下面的句子譯成現代漢語：
1. 制,巖邑也,虢叔死焉。佗邑唯命。(《左傳·鄭伯克段于鄢》)
2. 姜氏何厭之有！不如早爲之所,無使滋蔓。(《左傳·鄭伯克段于鄢》)
3. 君何患焉？若闕地及泉,隧而相見,其誰曰不然？(《左傳·鄭伯克段于鄢》)
4. 師勞力竭,遠主備之,無乃不可乎？(《左傳·秦晉殽之戰》)
5. 自始合,而矢貫余手及肘,余折以御,左輪朱殷。(《左傳·鞌之戰》)
6. 人不難以死免其君,我戮之不祥。(《左傳·鞌之戰》)
7. 甲興,公登臺而請,弗許；請盟,弗許；請自刃於廟,弗許。(《左傳·崔杼弒其君》)
8. 君民者豈以陵民？社稷是主。(《左傳·崔杼弒其君》)
9. 其所善者吾則行之,其所惡者吾則改之。(《左傳·子產不毀鄉校》)
10. 然猶防川：大決所犯,傷人必多,吾不克救也。(《左傳·子產不毀鄉校》)

六、查閱工具書,説明詞的本義:
　　本　發　封　復　鑒　顧　及　覆
七、舉例説明古今詞義不同。

常用詞

報　鄙　斃　超　國　管　及　即　聞(間)
免　勤　任　事　興　援

1. 報

《説文》:"報,當罪人也。"依照罪人的罪行斷獄,判決。《韓非子·五蠹》:"聞死刑之報,君爲流涕。"斷獄是對照罪人罪行的一種回應,引申泛指一方對另一方行爲的回報。《詩經·衛風·木瓜》:"投我以木瓜,報之以瓊琚。匪報也,永以爲好也。"《荀子·宥坐》:"爲善者天報之以福,爲不善者天報之以禍。"雙音詞有[報應]。特指對恩仇的回報:報恩,報仇。《左傳·成公三年》:"無怨無德,不知所報。"《左傳·秦晉殽之戰》:"未報秦施而伐其師,其爲死君乎?"《史記·刺客列傳》:"今智伯知我,我必爲報讎而死。"又指以言語回應,報告。《戰國策·齊策》:"廟成,還報孟嘗君。"

2. 鄙

《廣韻·旨韻》:"鄙,邊鄙也。"邊疆區域;邊邑。《左傳·鄭伯克段于鄢》:"既而大叔命西鄙北鄙貳於己。"又指郊野,遠離都邑的區域。《史記·商君列傳》:"君之危若朝露,尚將欲延年益壽乎?則何不歸十五都,灌園於鄙。"(都:城邑。)《戰國策·趙策三》:"臣南方草鄙之人也,何足問?"雙音詞有[野鄙]。由邊鄙之人引申爲鄙陋;粗俗低下。《左傳·莊公十年》:"肉食者鄙,未能遠謀。"雙音詞有[鄙陋][鄙俗]。由此用作謙詞。《戰國策·齊策一》:"鄙臣不敢以死爲戲。"雙音詞有[鄙見][鄙意]。

3. 斃

"斃"本作"獘"。《說文》："獘，頓仆也。"意思是倒下。《左傳·鞌之戰》："射其左，越于車下；射其右，斃于車中。"抽象引申爲敗亡；失敗。《左傳·鄭伯克段于鄢》："多行不義必自斃。"《國語·楚語下》："子修德以待吳，吳將斃矣。"由倒下不起引申爲死去；使死亡。《禮記·表記》："俛(miǎn)焉日有孳孳，斃而後已。"（大意：勤勉不懈地實行仁道，死而後已。）《禮記·檀弓下》："射之，斃一人。"雙音詞有［斃命］［暴斃］。

4. 超

《說文》："超，跳也。"意思是躍(上)；躍(過)。《左傳·秦晉殽之戰》："秦師過周北門，左右免冑而下，超乘者三百乘。"《墨子·兼愛下》："猶挈泰山以超江河也。"引申爲高出；勝過。《韓非子·五蠹》："超五帝侔三王者，必此法也。"熟語有［超水平］。又引申爲越出一定範圍。《戰國策·秦策三》："范蠡知之，超然避世，長爲陶朱。"（陶朱：范蠡經商致富，稱陶朱公。）雙音詞有［超脫］，熟語有［超現實］。

5. 國

國本指有疆界的地區；疆域。《尚書·梓材》："皇天既付中國民越厥疆土於先王。"（付：給予。越：與。先王：周人的祖先。）後指諸侯國；侯王的封地。《禮記·祭法》："天下有王，分地建國，置都立邑。"《戰國策·齊策四》："孟嘗君就國於薛。"《史記·孝景本紀》："廣川、長沙王皆之國。"雙音詞有［邦國］。轉指都城；城邑。《左傳·鄭伯克段于鄢》："先王之制，大都不過參國之一。"《國語·周語中》："國有班事，縣有序氏。"泛指國家。《商君書·更法》："治世不一道，便國不必法古。"（道：方法。）

6. 管

管指竹管或用竹管製成的物品。《莊子·秋水》："是直用管闚天，用錐指地也。"《商君書·靳令》："四寸之管無當，必不可滿也。"（當：底。）成語有［管窺蠡測］。特指竹製的管狀樂器，管樂器。《詩經·周頌·有瞽》："簫管備舉。"《漢書·律歷志上》："八音：土曰塤，匏曰笙，皮曰鼓，竹曰管，絲曰絃，石曰磬，金曰鐘，木曰柷(zhù)。"轉指鑰匙（古代的鑰匙爲管狀）。《左傳·秦晉殽之戰》："鄭人使我掌其北門之管。"由此引申爲掌管；管理。

《史記·李斯列傳》："（趙高）幸得以刀筆之文進入秦宮，管事二十餘年。"《後漢書·仲長統傳》："籍外戚之權，管國家之柄。"

7. 及

《說文》："及，逮也。"本義是追上。《荀子·修身》："夫驥一日而千里，駑馬十駕亦及之矣。"《後漢書·虞詡傳》："虜衆多，吾兵少，徐行則易爲所及，速進則彼所不測。"雙音詞有[及時]，成語有[望塵莫及]。由追上引申爲到達（某地、某時、某一範圍）。《左傳·鞌之戰》："將及華泉，驂絓於木而止。"又："病未及死，吾子勉之。"《孟子·梁惠王上》："老吾老以及人之老，幼吾幼以及人之幼。"雙音詞有[普及]，成語有[由表及裏]。由追得上又引申爲比得上。《戰國策·齊策一》："君甚美，徐公何能及君也！"

8. 即

《玉篇》："即，就也。"意思是靠近；到……位置上。《戰國策·趙策一》："虎將即禽，禽不知虎之即己也。"（禽：野獸。）《左傳·鞌之戰》："擐甲執兵，固即死也。"《左傳·鄭伯克段于鄢》："及莊公即位，爲之請制。"成語有[若即若離][可望不可即]。由靠近引申爲做事有所依附；依憑著……做事。《左傳·僖公二十四年》："即聾、從昧、與頑、用嚚（yín），姦之大者也。"（前一句大意：依附任用暗昧奸邪之人。）《史記·吳王濞列傳》："即山鑄錢，煮海水爲鹽。"《漢書·高帝紀上》："項伯許諾，即夜復去。"由做事依憑某一時間虛化作副詞：就在當前的時刻，即時。《三國志·蜀書·諸葛亮傳》："即遣兵三萬人以助備。"（備：劉備。）《東觀漢記·和熹登后傳》："宮人盜者，即時首服。"（首服：坦白服罪。）雙音詞有[立即][即刻]。

9. 閒（間）

《說文》："閒，隙也。"讀 jiàn，本義是縫隙。後寫作"間"，"間"是"閒"的分化字。《莊子·養生主》："彼節者有閒，而刀刃者無厚。"（節：骨節。）《史記·管晏列傳》："晏子爲齊相，出，其御之妻從門閒而闚其夫。"抽象引申爲隔閡、嫌隙。《左傳·哀公二十七年》："故君臣多間。"又引申爲可利用的空子；機會。《左傳·崔杼弑其君》："欲弑公以説于晉，而不獲間。"《史記·呂太后本紀》："太后欲殺之，不得間。"用作動詞：隔開；離間。《漢書·西域傳》："車師去渠犁千餘里，間以河山。"《史記·陳丞相世家》："行反間，間其君臣，以疑其心。"

由間隔引申爲空間或時間上的區域,中間(讀 jiān)。《左傳·秦晉殽之戰》:"其北陵,文王之所辟風雨也。必死是間。"《國語·梗陽人有獄》:"吾子一食之間而三歎,何也?"《孟子·梁惠王上》:"七八月之間旱,則苗槁矣。"雙音詞有[區間]。引申用作量詞。《池北偶談·女俠》:"入門,有廳廨三間。"

引申指空餘的時間:空閒;安閒,安静(讀 xián)。《史記·李斯列傳》:"吾常多閒日。"《莊子·大宗師》:"其心閒而無事。"這個意思又作"閑"。

10. 免

《廣雅·釋詁四》:"免,脱也。"意思是脱離。《論語·陽貨》:"子生三年,然後免於父母之懷。"《左傳·秦晉殽之戰》:"三十三年春,秦師過周北門,左右免胄而下。"由此引申爲避開。《禮記·曲禮上》:"臨財毋苟得,臨難毋苟免。"雙音詞有[避免]。由避開引申爲去除;解除。《禮記·樂記》:"夫樂者,樂也。人情之所不能免也。"《漢書·貢禹傳》:"犯者輒免官削爵,不得仕宦。"特指免難,免死;赦免,釋放。《左傳·鞌之戰》:"鄭周父御佐車,宛茷爲右,載齊侯以免。"又:"赦之,以勸事君者。乃免之。"《左傳·秦晉殽之戰》:"武夫力而拘諸原,婦人暫而免諸國。"雙音詞有[幸免]。由去除引申爲不必再實施。《宋史·選舉志一》:"得免試入學者,多當官子弟。"雙音詞有[免檢]。

11. 勤

《説文》:"勤。勞也。"勞苦,辛苦。《墨子·兼愛下》:"萬民多有勤苦凍餒轉死溝壑中者。"《左傳·秦晉殽之戰》:"勤而無所,必有悖心。"(無所:無用武之地。)由爲……勞苦引申爲盡心盡力地做,努力於。《左傳·僖公二十八年》:"令尹其不勤民,實自敗也。"《漢書·宣帝紀》:"賜天下勤事吏爵二級。"雙音詞有[勤奮][勤政]。由努力做引申爲做事頻繁,經常。韓愈《木芙蓉》:"願得勤來看,無令便逐風。"

12. 任

《正字通》:"任,負也,擔也。"意思是承擔。《國語·齊語》:"(商賈)以知其市之賈(jià),負、任、擔、荷……以周四方。"(賈:價格。)《左傳·鞌之戰》:"自今無有代其君任患者,有一於此,將爲戮乎?"成語有[任勞任怨]。用作名詞:責任;擔子;行李等。《論語·泰伯》:"仁以爲己任。"《孟子·滕文公上》："昔者孔子没，三年之外，門人治任將歸。"雙音詞有［重任］。由使承擔（職責）引申爲委任。《韓非子・外儲説左上》："舉賢而任之。"雙音詞有［任命］，成語有［任人唯賢］。由使承擔又引申爲信任。《史記・屈原賈生列傳》："王甚任之。"

13. 事

"事"的基本義是辦事，理事；奉行……之事。《左傳・子産不毀鄉校》："蔑也今而後知吾子之信可事也。"《論語・顏淵》："回雖不敏，請事斯語矣。"（回：顏回。）《商君書・開塞》："今世強國事兼并，弱國務力守。"由爲……做事引申爲服事；侍奉。《左傳・鞌之戰》："赦之，以勸事君者。"禰衡《鸚鵡賦》："女辭家而適人，臣出身而事主。"用作名詞，事情。《論語・八佾》："子入太廟，每事問。"《禮記・大學》："物有本末，事有終始。"特指職事；職務。《韓非子・五蠹》："無功而受事，無爵而顯榮。"《禮記・曲禮上》："大夫七十而致事。"（致事：辭官。）由使承擔某事引申爲使用；任用。《韓非子・亡徵》："境内之傑不事而求封外之士。"（封：國境。）《史記・淮陰侯列傳》："王必欲長王漢中，無所事信。"（無所事信：没有用著韓信的地方。）

14. 興

《説文》："興，起也。"起來。《尚書・微子》："小民方興，相爲敵讎。"又指起身。《左傳・崔杼弑其君》："門啓而入，枕尸股而哭。興，三踊而出。"成語有［夙興夜寐］。抽象引申爲興起；産生。《左傳・莊公十一年》："禹湯罪己，其興也悖（bó）焉。"（悖：盛。）《漢書・鼂錯傳》："臣聞漢興以來，胡虜數入邊地。"興起是從無到有，引申爲創辦；建立。《史記・五帝本紀》："信飭百官，衆功皆興。"（衆功：各項事業。）《鹽鐵論・本議》："邊用度不足，故興鹽鐵，設酒榷（què）。"（酒榷：酒類專賣制度。）雙音詞有［興辦］。由興起之勢引申爲興盛。《論語・子路》："一言而可以興邦，有諸？"雙音詞有［興旺］。

15. 援

《説文》："援，引也。"拉；以手牽引。《孟子・離婁上》："嫂溺援之以手。"《後漢書・王符傳》："（皇甫規）衣不及帶，屣（xǐ）履出迎，援符手而還。"（屣履：拖著鞋子。）雙音詞有［攀援］。轉指拿過來。《左傳・鞌之戰》:"左并轡,右援枹而鼓。"由拉引申爲援助。《國語·魯語上》:"爲四鄰之援,結諸侯之信。"《後漢書·臧洪傳》:"城中糧盡,外無援救。"成語有[孤立無援]。又引申指牽引資料論證,引用。郭璞《〈爾雅〉序》:"事有隱滯,援據徵之。"雙音詞有[援例][援引]。

古漢語常識

古代漢語的詞彙(下)

一　詞的本義和引申義

我們已經知道,古代漢語中單音詞占優勢,單音詞很多是多義的。從詞義的發展看,一個詞所以會有多個意義,是因爲詞的舊義可以延伸派生出新的意義。我們把一個詞生成時那個最初的意義叫作詞的本義,由本義延伸派生出來的意義叫詞的引申義。比如第三單元說到[兵]有三個意義:兵器,軍隊,戰爭。其中兵器是本義,軍隊和戰爭是引申義。再比如"引":

(1) 臣爲王引弓虛發而下鳥。(《戰國策·楚策四》)
(2) 讀書欲睡,引錐自刺其股。(《戰國策·蘇秦以游説致富貴》)
(3) 項梁乃引兵入薛。(《史記·項羽本紀》)

例(1)的意思是拉開弓,例(2)的意思是拿過來,例(3)的意思是引導率領。拉開弓是本義,後兩項是引申義。

本義和引申義都是對語言中的詞而言;古人沒有詞的概念,他們常常是就字解說意義(比如段玉裁的《説文解字注》對字的本義就有反復的說明)。今天看來,他們説的字的本義往往指字形結構可以印證的詞的意義。

引申義是由本義派生出來的意義，派生出來的意義往往不止一個。比如[間]：

(1) 從門間窺其夫。(《史記·管晏列傳》)
(2) 彼節者有間，而刀刃者無厚。(《莊子·養生主》)
(3) 道里悠遠，山川間之。(《穆天子傳》卷三)
(4) 月出於東山之上，徘徊於斗牛之間。(蘇軾《赤壁賦》)
(5) 因作小樓二間與月波樓通。(王禹偁《黃州新建小竹樓記》)
(6) 有間，雁從東方來。(《戰國策·楚策四》)
(7) 笙鏞以間。(《尚書·益稷》)
(8) 諸侯有間矣。(《左傳·昭公十三年》)
(9) 竭忠盡智以事其君，讒人間之，可謂窮矣。(《史記·屈原列傳》)

《說文》："間，隙也。"縫隙是間的本義，如例(1)(2)。縫隙是空間的分隔，由此能引申為例(3)的隔開。由縫隙進而泛指空間的距離、區域，如例(4)。用作量詞，指房屋的單位(房子有空間)，如例(5)。由空間向時間方面引申，指時間上的間隔，如例(6)。進而又指更迭交替(間隔一段時間交替進行)，如例(7)。詞義的引申由具體到抽象，由此引申為人與人的嫌隙隔閡，如例(8)。用作動詞，就是例(9)的離間(使人與人產生隔閡)。

這樣一個複雜的引申序列，既有意義的變化，也有讀音的變化，如果不從根本上入手，對這個詞的各項意義就很難有一個系統清晰的瞭解。所以學習古代漢語，把握詞的本義有著極端的重要性。本義是根本，引申義是分枝。掌握一個意義複雜的詞，首先要探明它的本義；本義清楚了，就可以從根本入手，以簡馭繁。

那麼如何考察一個詞的本義和引申義呢？我們已經知道，很多漢字的字形結構與詞義有聯繫，因此要重視對字形結構的分析；事實也證明，這是探求詞的本義的重要途徑之一。拿上面說到的[兵]和[間]來說，"兵"的字形從雙手持斤會意，斤表示兵器。"間"也是一個會意字，本作"閒"，表示月光從門縫照進來。再比如《說文》："牢，養牛馬圈也。""牢"字從"牛"從"宀(mián)"會意；"宀"表示房舍，字形同"養牛馬圈"有直接的聯繫。漢字絕大部分都是形聲字，形聲字的意符表示一個意義範疇，通過對意符的分析有助於對形聲字意義的理解。比如"顏、顛、頗、顧、頤"這幾個字的意符都是"頁(xié)","頁"本來的意思是頭,以上幾個字的意義都跟頭有關:顏的意思是額,顛的意思是頭頂,頗的意思是頭偏,顧的意思是回頭看,頤的意思是下巴。這樣的例子還可以舉出很多。

其次,一定要把字形分析同文獻語料結合起來,要十分重視對語言事實的考察。比如前面說過,《說文》把"爲"解釋爲"母猴"(猴的一種,又叫沐猴、獼猴、馬猴),但在文獻中找不到這樣的意思(跟古文字形也不合),這樣的解釋就值得懷疑。

第三,要注意詞義引申關係的分析,對意義之間的聯繫找出合理的解釋。拿前面說到的"管"的四個意義來說,古代管樂器是竹管製成的,古代的鑰匙是管狀的,因此把管樂器、鑰匙稱爲管,又由鑰匙的鎖閉、打開引申爲掌管。這樣的分析合乎情理,也得到了文獻資料的印證。

二 詞義演變的趨勢和引申方式

由具體到抽象、由個別到一般是詞義演變的基本趨勢,這種趨勢反映了人們認識事物的一般規律。從具體到抽象的例子如上面說到的[引],本義是"拉弓",是具體的;引申義是"引導",是抽象的。再比如[素]:

(1) 新人工織縑,故人工織素。(古詩《上山採蘼蕪》)
(2) 雖欲率物,亦緣其性真素。(《世說新語・德行》)

"素"的本義是沒有加工染色的生絹,如例(1);由此引申爲質樸、自然,如例(2)。"生絹"是具體,"質樸自然"是抽象。再比如[道]:

(1) 民扶老攜幼,迎君道中。(《戰國策・齊策四》)
(2) 君飲太過,非攝生之道。(《世說新語・任誕》)
(3) 治國之道,愛民而已。(《說苑・政理》)

"道"的本義是道路,如例(1);由此引申爲途徑、方法,如例(2)(3)。"道路"是具體,"途徑、方法"是抽象。

從個別到一般的例子如[集]:

(1) 黃鳥于飛,集于灌木。(《詩經・周南・葛覃》)
(2) 天下雲集響應。(賈誼《過秦論》)

集的本義是鳥聚集棲息,是個別;泛指聚集,是一般。再比如[習]:

(1) 鷹乃學習。(《禮記·月令》)
(2) 學而時習之，不亦説乎？(《論語·學而》)

習的本義是鳥反復地飛，是個別；泛指行爲動作的重復進行，如練習、演習等，是一般。

關於詞義的引申方式，一般認爲有三種類型：連鎖型、輻射型和綜合型。比如[節]：

(1) 竹節　竹，外有節理，中直空虛。(《史記·龜策列傳》)
(2) 物的分段　彼節者有間，而刀刃者無厚。(《莊子·養生主》)
(3) (恰當的)分寸，限度　喜怒哀樂之未發謂之中，發而皆中節謂之和。(《禮記·中庸》)
(4) 時節　四時八位十二度二十四節。(《史記·太史公自序》)
(5) 法度　禮不逾節。(《禮記·曲禮上》)
(6) 節操　妻有節操。(周)新未遇時，縫紉自給。(《明史·周新傳》)
(7) 節奏　歌者不期於利聲而貴在中節。(《鹽鐵論·相刺》)
(8) 節制　不以禮節之，亦不可行也。(《論語·學而》)

上面八個意義的序列可以圖示如下：

由上面的圖示可以看出：由"竹節"到"物的分段"再到"限度"，是一種逐層引申的意義序列，引申義順序生成，有前後相承的派生關係，這就是連鎖型。"時節""法度""節操""節奏""節制"五個引申義都是由"限度"這一個意義派生出來的；派生出的五個引申義向不同的方面、不同的事物(時間、禮法、品行、音樂、行爲等)延伸，呈輻射狀。它們相互之間沒有派生關係，在節的引申序列中地位是平等的，這就是輻射型。綜合型是説在一個引申序列中既有連鎖型，又有輻射型，節的引申序列就是綜合型。

進一步觀察可以知道,"物的分段"是由節的本義"竹節"(竹的分段)直接派生出來的(由個別到一般),這是一種直接引申。"限度"是由"物的分段"這個引申義派生出來的(由具體到抽象),是引申了再引申;對本義來說,就是一種間接引申。"時節"等五個意義也是間接引申。再拿[年]這個詞來說,本義是收成,由穀物的收成轉指一年的時間,由一年的時間引申指年齡。對年的本義來說,一年的時間是直接引申,年齡是間接引申。

直接引申是就相鄰的兩個意義而言,意義有明顯的聯繫。不相鄰的是間接引申,兩個意義離得比較遠;離得越遠,意義上的聯繫就越弱,甚至會導致斷裂。

三　詞義的增減和詞義範圍的變化

詞義的變化會有一個結果。詞義變化的結果有兩種情況:第一,詞義的增加或減少。第二,詞義範圍的變化。詞義的增加或減少是就一個詞意義的多少說的,大致有三種情況。

第一,從古到今沒有什麼大的變化。比如[吹]指吹氣。《老子》二十九章:"或吹或噓。"轉指風吹。又特指吹奏。《韓非子·內儲說上》:"齊宣王使人吹竽。"再比如[粗],指粗米。《左傳·哀公十三年》:"粱則無矣,粗則有之。"引申指粗大。《禮記·月令》:"其器高以粗。"又引申爲粗疏,不精細。《顏氏家訓·勉學》:"粗通經義。""吹"和"粗"這幾個意義至今沒有變化。

第二種情況是意義的減少。一個多義詞,有的意義消亡了,有的還在用。比如[私],是對公而言。《左傳·昭公五年》:"爲政者不賞私勞,不罰私怨。"古代私還有偏愛的意思。《戰國策·齊策一》:"臣之妻私臣。"偏愛的意思後來消亡了,這是意義的減少。

第三種情況是意義的增加,新的意義生成後一直沿用到現在。比如[湯]指熱水、沸水。《孟子·告子上》:"冬日則飲湯,夏日則飲水。"這個意思還保留在一些複音結構中,如雙音詞有[湯壺][湯盆],成語有[赴湯蹈火]。[湯]後來又增加了一個意思,指烹調後汁水特別多的副食。《水滸傳》三十八回:"宋江道:'得些辣魚湯醒酒最好。'"

這三種情況比較起來,最值得注意的是第二種。因爲對那些消亡的意義我們往往感到很陌生,理解起來不免就有困難。

詞的意義有一定的指稱範圍。詞義範圍的變化,是説詞義指稱的事物的範圍前後有大小的不同。比如上面説到的[節],"竹節"的範圍小,"物的分段"指稱的範圍就大。通常認爲,詞義範圍的變化有三種情況:擴大、縮小和轉移。下面分别加以説明。

第一,擴大。比如:

(1) 菜 《説文》:"菜,草之可食者。"指植物性的蔬菜。《論語·鄉黨》:"雖疏食菜羹,必祭。"後來肉類、蛋類都可以稱作菜,不再限於植物類蔬菜。

(2) 匠 《説文》:"匠,木工也。"本指木匠。《孟子·告子上》:"大匠誨人必以規矩。"後來指各種有技術的工人。

(3) 響 《玉篇》:"響,應聲也。"指回聲。《水經注·江水》:"空谷傳響,哀轉久絶。"後來泛指聲響。

第二,縮小。比如:

(1) 宫 《説文》:"宫,室也。"秦以前,非帝王居住的房屋也可以稱宫。《左傳·莊公十九年》:"邊伯之宫近於王宫。"秦以後,主要指帝王住的宫殿。

(2) 蟲 《説文》:"蟲,有足謂之蟲。"《大戴禮記·曾子天圓》:"毛蟲之精者曰麟,羽蟲之精者曰鳳,介蟲之精者曰龜,鱗蟲之精者曰龍,倮蟲之精者曰聖人。"後來蟲單用的時候主要指昆蟲。

(3) 禽 《説文》:"禽,走獸總名。"指獵獲的對象,包括飛禽和走獸。《孟子·滕文公下》:"終日不獲一禽。"《三國志·魏書·華佗傳》:"吾有一術,名曰五禽之戲:一曰虎,二曰鹿,三曰熊,四曰猿,五曰鳥。"後來主要指飛禽。

第三,轉移。轉移是詞義指稱的對象由一個範圍移動到了另一個範圍。比如[兵],本來的意思是兵器,後來指士兵。從指稱的對象看,兵器是一種器物,士兵是人,屬於不同的範圍,可見兵的詞義範圍發生了轉移。再比如:

(1) 室 指屋室。《孟子·梁惠王下》:"爲巨室,則必使工師求大木。"轉指妻室。《史記·仲尼弟子列傳》:"商瞿年長無子,其母爲取室。"

（2）史　《説文》："記事者也。"史是古代的一種文職人員，包括在王的身邊負責卜筮、星曆的人，後來專指記事的人。《左傳·宣公二年》："董狐，古之良史也。"後來轉指歷史。

（3）樂府　樂府原是一種官署，是漢代採詩的音樂機關。《漢書·禮樂志》："內有掖庭（官署名）材人，外有上林樂府。"後轉指一種詩體（樂府詩原來是配樂的）。

在討論詞義變化的時候，詞義輕重的變化和色彩的變化也值得注意。不同的詞，詞義的輕重或許不一樣。拿表示溫度的詞來說，［冷］與［涼］不同，［熱］與［溫］也不同。同一個詞，新義同舊義比較，意義的輕重有的也不一樣，有的加重了，有的減輕了。詞義加重的例子如：

（1）誅　《説文》："誅，討也。"意思是責備；譴責。《周禮·地官·司救》："司救，掌萬民之邪惡過失而誅讓之。"後來詞義加重，引申爲懲罰。《韓非子·姦劫弑臣》："聖人之治國也，賞不加於無功，而誅之必行於有罪者也。"

（2）謗　《玉篇》："謗，對他人道其惡也。"原是議論批評過失的意思。《國語·楚語》："近臣諫，遠臣謗。"引申爲毀謗。《史記·屈原列傳》："信而見疑，忠而被謗。"

詞義減輕的例子如：

（1）購　指懸賞（不限於錢）徵求。《戰國策·韓策二》："韓取聶政屍暴於市，懸購之千金。"後指一般的購買。

（2）取　古代捕獲到野獸或戰俘時割取左耳。引申常指用強力取得，據爲己有。《商君書·去強》："興兵而伐，必取，取必能有之。"後指一般的獲得。

詞義的色彩指詞義的情感色彩。情感色彩表明說話人的態度：或表示肯定滿意，就是褒義；或表示否定不滿，就是貶義。一些詞的情感色彩古今也有變化。

有的詞意義變化之後含貶義。比如［爪牙］，本指得力的武臣、衛士，含褒義。《詩經·小雅·祈父》："祈父（官名），予王之爪牙。"朱熹《詩集傳》："爪牙，鳥獸所用以爲威者也。"《國語·越語上》："夫雖無四方之憂，然謀臣與爪牙之士，不可不養而擇也。"後指幫凶一類的人。

也有的詞義變化之後帶有褒義。如［祥］，原來指預兆，是一個中性詞。《左傳·僖公十六年》:"是何祥也？吉凶安在？"《論衡·異虛》:"善惡同時,善祥出,國必興;惡祥見,國必亡。"後來主要指吉兆。

詞義的變化是十分複雜的,我們讀古書,特別要注意不能以今律古,望文生義,要綜合考慮各種因素,仔細加以判斷。

第六單元

講讀文選

國語

《國語》是一部最早的國別史,全書二十一卷,記載西周末年至春秋時期周、魯、齊、晉、鄭、楚、吳、越等八國的史實,是研究春秋史乃至上古史的重要典籍。《國語》所記八國史料詳略不一,其中以《晉語》爲最詳。《國語》一書主要通過人物的對話、相互辯難來記述歷史事件,反映對治國理民、興亡成敗的看法;文辭渾厚古樸,對人物、事件間有生動的描寫。《國語》以記言爲主,可以與《左傳》相參證(《左傳》以記事爲主),傳統上又稱《春秋外傳》。

《國語》的作者已不可考,有學者認爲其成書的時間早於《左傳》。《國語》現存的注本以三國時吳國韋昭的《國語解》爲最早。清人董增齡的《國語正義》、近人徐元誥的《國語集解》可資參考。

選文據校點本《國語》(上海古籍出版社一九七八年版)。文章題目爲後加。

邵公諫厲王弭謗(《周語上》)

【説明】文章記述邵公勸阻周厲王"弭謗"(打壓批評言論)的一番議論,提出"防民之口,甚於防川"的卓越見解,規諫厲王通過不同渠道瞭解民情。厲王不聽,終於被放逐。

　　厲王虐,國人謗王①。邵公告曰②:"民不堪命矣③!"王怒,得衛巫,使監謗者④;以告⑤,則殺之。國人莫敢言,道路以目⑥。

　　王喜,告邵公曰:"吾能弭謗矣,乃不敢言⑦。"邵公曰:"是障之也⑧。防民之口,甚於防川⑨。川壅而潰,傷人必多,民亦如之⑩。是故爲川者決之使導⑪,爲民者宣之使言⑫。故天子聽政⑬,使公卿至於列士獻詩⑭,瞽獻曲⑮,史獻書⑯,師箴⑰,瞍賦⑱,矇誦⑲,百工諫⑳,庶人傳語㉑,近臣盡規㉒,親戚補察㉓,瞽、史教誨㉔,耆、艾修之㉕,而後王斟酌焉㉖,是以事行而不悖㉗。民之有口,猶土之有山川也,財用於是乎出㉘;猶其原隰之有衍沃也,衣食於是乎生㉙。口之宣言也,善敗於是乎興㉚,行善而備敗㉛,其所以阜財用、衣食者也㉜。夫民慮之於心而宣之於口㉝,成而行之,胡可壅也㉞?若壅其口,其與能幾何㉟?"

　　王不聽,於是國莫敢出言㊱,三年,乃流王於彘㊲。

① 厲王:周厲王,名胡,公元前878—前842年在位。虐:殘暴。國人:居住在國都的人,有議論國事的權利。謗:公開指責別人的過失。
② 邵公:名虎,周的卿士。
③ 民衆已經忍受不了暴虐的政令了。堪:承受。
④ 衛巫:衛國的巫師。巫:古時以降神事鬼爲職業的人。監:監視。
⑤ 把謗者報告給厲王。
⑥ 莫:沒有什麽人。道路以目:路上相遇,人們只能用眼睛相互示意,不敢説話。目:用作動詞,以目示意。
⑦ 弭(mǐ):止息;消除。乃:這裏有終究的意思。
⑧ 是:指這種弭謗的做法。障:阻擋。
⑨ 堵塞民衆的嘴,後果比堵塞江河水流還要嚴重。防:堵塞。甚於:

⑩ 川壅而潰:水流堵塞就會潰決泛濫。民亦如之:堵塞民衆言論的後果也像是這樣。

⑪ 所以治理河流要疏浚河道使水流暢通。爲:治理。導:水流暢通。

⑫ 治理民衆要開放言路使他們敢於説話。宣:放開;擴大。

⑬ 聽政:處理政事。

⑭ 公卿至於列士:周王室的官員有公、卿、大夫、士各級。士有三個等級,所以稱"列士"。獻:進獻。詩:從民間採來的諷諫的詩。

⑮ 瞽(gǔ):盲人,這裏指盲人樂官。曲:指反映民意的樂曲。

⑯ 史官進獻記載史實的典籍。

⑰ 少師進獻箴(zhēn)言。師:少師,樂官名。箴:一種規諫得失的文辭。

⑱ 瞍(sǒu):無眼珠的盲人。賦:吟誦(那些公卿列士進獻的詩)。

⑲ 矇(méng):有瞳仁的盲人。誦:誦讀(那些諷諫的文辭)。

⑳ 百工:(侍奉王的)各種工匠。

㉑ 平民意見不能直接上達,只能通過他人傳達給王。庶人:平民。

㉒ 近臣:在身邊侍奉王的臣子。盡規:進獻規諫的話。盡:通"進"。

㉓ 親戚:父兄子弟等同族的親屬。補察:彌補過失,監督王的行爲。

㉔ 樂官用樂曲、太史用掌握的有關知識對王進行教誨。史:太史,官名。掌記述史事、編寫史書、起草文書,兼管國家典籍和天文曆法等。

㉕ 耆(qí)、艾:王的師傅和老臣。六十歲稱耆,五十歲稱艾,泛指老年人。修之:整理瞽、史的教誨上告王。

㉖ 斟酌焉:對上告的意見考慮取捨。焉:於此。

㉗ 所以政事能够實行而不違背情理。悖(bèi):違背(情理)。

㉘ 民衆有口,就如同土地有山川,財物器用從這裏生出來。於是:在這裏。意思是山川可以使地氣暢通生出財用,民衆有口可以使人心舒展敞開發表各種意見。

㉙ 如同那平原低地上有水分充足的平坦沃土,衣食從這裏生出來。原:廣平的土地。隰(xí):低濕的土地。衍(yǎn):低下平坦的土地。沃:有水流灌溉的土地。

㉚ 民衆的口發表言論,贊美或批評的意見就從這裏產生。善:認爲好(的話)。敗:認爲不好(的話),批評(的話)。

㉛ 實行認爲好的,防範所批評的。
㉜ 這纔是用來增加財用、衣食的好辦法。阜:豐厚。這裏用作使動,使增多。所以……者:用來……的辦法。
㉝ 慮之於心:用心考慮。宣之於口:用口表達。宣:説出來。
㉞ 成:考慮成熟。行:(就會)自然傳布開來。胡可壅(yōng):怎麼可以堵塞呢?胡:何;怎麼。
㉟ 其與能幾何:親附的人還能有多少呢?與:親附。能幾何:韋注説"言不久也"。
㊱ 國莫敢出言:一本作"國人莫敢出言"。國人没有人再敢説話。
㊲ 流王於彘(zhì):把厲王放逐到彘地。彘:地名,今屬山西。《史記·周本紀》:"於是國莫敢出言,三年,乃相與畔,襲厲王。厲王出奔於彘。"

梗陽人有獄(《晉語九》)

【説明】文章記述晉國的閻没、叔寬勸諫正卿魏獻子拒絕納賄的故事。閻没、叔寬十分講究勸諫的方式,借一食之間三嘆對魏獻子委婉規勸,使對方欣然接受。文中"願以小人之腹爲君子之心"演變爲成語"以小人之心度君子之腹"。這段記事又見《左傳·昭公二十八年》。

　　梗陽人有獄①,將不勝②,請納賂於魏獻子,獻子將許之③。閻没謂叔寬曰④:"與子諫乎⑤!吾主以不賄聞於諸侯⑥,今以梗陽之賄殃之⑦,不可。"二人朝,而不退⑧。
　　獻子將食,問誰於庭⑨,曰:"閻明、叔褒在。"召之,使佐食⑩。比已食,三嘆⑪。既飽,獻子問焉⑫,曰:"人有言曰:唯食可以忘憂。吾子一食之閒而三嘆⑬,何也?"同辭對曰⑭:"吾小人也,貪。饋之始至,懼其不足⑮,故嘆。中食而自咎也⑯,曰:豈主之食而有不足⑰?是以再嘆⑱。主之既已食⑲,願以小人之腹爲君子之心⑳:屬饜而已㉑,是以三嘆。"獻子曰:"善。"乃辭梗陽人㉒。

① 梗陽:地名,今屬山西。當時是晉國貴族魏氏的領地。獄:訴訟。
② 不勝:敗訴。
③ 納賂:行賄。納:獻出。賂:財物。魏獻子:名舒,是當時晉國的正卿。
④ 閻沒:字明。叔寬:姓女,字褒(bāo),《左傳》作"女寬"。二人都是晉國的大夫。
⑤ 子:對對方的尊稱。諫:勸諫。
⑥ 吾主:指魏獻子。不賄:不收受賄賂。聞:聞名。
⑦ 殃:殃及,傷害。
⑧ 朝:朝見魏獻子。退:退出,離開。
⑨ 於:一本作"在"。庭:院子。
⑩ 佐食:陪同吃飯。
⑪ 比(舊讀 bì):及,等到。已食:停下不再吃。已:停止。此句《左傳》作"比置,三歎"。
⑫ 焉:於此。指三歎這件事。
⑬ 吾子:對對方親近的稱呼(一般用於男子之間)。閒:後作"間"。
⑭ 同辭:説一樣的話。
⑮ 饋(kuì):贈送的(飯食)。不足:不夠。
⑯ 中食:飯吃到一半。自咎(jiù):自己責備自己。咎:責備。
⑰ 豈:副詞,難道。
⑱ 再:第二次。
⑲ 主:指魏獻子。既已食:一本無"已"字。
⑳ 但願我們的小人之腹能像您的君子之心。
㉑ 屬饜(zhǔyàn)而已:剛剛吃飽就停下不再吃了(意思是知足,有節制)。屬:恰好。饜:飽,足。已:停止。
㉒ 辭:拒絕,不接受。

戰國策

《戰國策》三十三篇,是記錄戰國歷史的一部史料彙編。全書分國編排,分爲西周、東周、秦、齊、楚、趙、魏、韓、燕、宋、衛、中山十二國,反映了戰國二百多年間各國在政治、軍事、外交等方面尖鋭複雜的矛盾和鬥争。

它記載的主要是當時一些謀臣和遊走於各國間的策士的活動,對他們的種種言行謀略有細緻地描繪,敘事生動,人物形象逼真,善於用寓言故事說明事理。

《戰國策》原來有《國策》《國事》《事語》《短長》《長書》《修書》等不同的名稱和本子。西漢末年劉向在校理圖書時"以爲戰國時游士輔所用之國爲之策謀",經編訂定名爲《戰國策》。一九七三年,湖南長沙馬王堆三號漢墓出土了一批内容類似《戰國策》的帛書,定名爲《戰國縱橫家書》,可以和今本《戰國策》相參證。

對《戰國策》的注釋始於東漢。一九七八年上海古籍出版社出版的校點本收錄了《戰國策》古代注釋的主要成果。

選文據校點本《戰國策》(上海古籍出版社一九八五年版)。文章題目爲後加。

蘇秦以游説致富貴①(《秦策一》)

【説明】選文記述蘇秦游説秦王未能成功,不甘失敗,爲追求"勢位富貴"發憤自勵,又繼而游説趙王,鼓吹合縱,終於大獲成功。文章生動地刻畫了一個戰國縱橫家的形象。

(蘇秦)説秦王書十上而説不行②。黑貂之裘弊③,黄金百斤盡,資用乏絶④,去秦而歸。嬴縢履蹻⑤,負書擔橐⑥,形容枯槁⑦,面目犁黑⑧,狀有歸色⑨。歸至家,妻不下絍⑩,嫂不爲炊,父母不與言。蘇秦喟歎曰:"妻不以我爲夫⑪,嫂不以我爲叔,父母不以我爲子,是皆秦之罪也。"乃夜發書⑫,陳篋數十⑬,得《太公陰符》之謀⑭,伏而誦之⑮,簡練以爲揣摩⑯。讀書欲睡,引錐自刺其股⑰,血流至足。曰:"安有説人主不能出其金玉錦繡,取卿相之尊者乎⑱?"期年揣摩成⑲,曰:"此真可以説當世之君矣⑳!"

蘇秦游説秦王未能成功,狼狽而歸,備受家人鄙視。他不甘失敗,發憤讀書。

① 蘇秦(前？—前284):字季子,東周洛陽(今屬河南)人,戰國時縱橫家的代表人物之一,主張聯合六國抗秦。
② 指最初蘇秦向秦惠王提出兼并天下的主張而未被採納。説(shuì):游説,勸説。書:文書。上:遞送給國君。説:言論,主張。行:接受。
③ 裘:皮衣。弊:破。
④ 資用:用的財物。
⑤ 羸縢(léiténg):纏著裹腿。羸:通"累",纏繞。縢:裹腿的布。履蹻(juē):穿著草鞋。履:脚踏。蹻:通"屩",草鞋。
⑥ 擔橐(tuó):扛著行李。橐:口袋。
⑦ 形容:容貌。枯槁(gǎo):憔悴。槁:枯乾。
⑧ 犂黑:黑黃色。犂:通"黧",黑。
⑨ 看樣子很羞愧。歸(kuì):通"愧",慚愧,羞愧。色:神色。
⑩ 下紝(rèn):從織機上下來。紝:紡織,這裏指織機。
⑪ 妻子不把我作爲她的丈夫(對待)。
⑫ 發書:打開藏書。
⑬ 陳篋(qiè):攤開書箱。篋:小箱子。
⑭ 太公:西周初人,姜姓,吕氏,名尚,號太公望,輔佐周武王滅商。又稱姜太公。《太公陰符》:傳説是姜太公寫的一部兵書。謀:謀略。
⑮ 誦:誦讀。
⑯ 挑選書中的精華研讀,用來揣摩人主的心思。簡練:挑選。揣摩:估量研求。一説"揣、摩"是蘇秦寫的文章。《史記·蘇秦列傳》:"於是得周書《陰符》,伏而讀之。期年,以出揣摩,曰……"
⑰ 引:拿過來。
⑱ 哪有游説人主而不能説服他,讓他拿出金玉錦繡來賞賜自己,使自己取得卿相的尊貴之位呢?安:疑問代詞,哪裏。出:使拿出。錦繡:花色圖案精美的絲織品。尊:高貴。
⑲ 期(jī)年:一周年。
⑳ 當世之君:當今的君主。

於是乃摩燕烏集闕①,見說趙王於華屋之下②,抵掌而談③。趙王大悅,封爲武安君④。受相印⑤,革車百乘⑥,錦繡千純⑦,白璧百雙⑧,黃金萬溢⑨,以隨其後。約從散橫⑩,以抑強秦⑪。故蘇秦相於趙而關不通⑫。

蘇秦游說趙王成功,受相印,力倡合縱之策。

① 摩:迫近,這裏指到達。燕烏集:趙國宮殿名。闕(què):宮門、城門兩邊的高臺,中間有道路,臺上建有樓觀。
② 見:晉見。說:游說。趙王:趙肅侯。華屋:華麗的宮室。
③ 形容談話時激動興奮,拍起手來。抵(zhǐ):"抵"的訛字。抵:拍擊。
④ 武安:地名,在今河北。
⑤ 受:授予,後作"授"。
⑥ 革車:古代的一種兵車。乘(shèng):一車四馬爲一乘。
⑦ 純(tún):束,量詞,用於絲織品,相當於段、匹。
⑧ 璧:一種中心有孔的圓形玉器。
⑨ 溢:通"鎰",重量單位,二十兩爲一鎰(一說二十四兩)。
⑩ 約從:約定"合縱"。從:後作"縱"。合縱是戰國時蘇秦游說六國諸侯聯合抗秦的主張。秦在西方,東方六國地處南北,所以稱合從。散橫:離散"連橫"。連橫(又作"連衡")是戰國時張儀游說東方六國共同事奉西方秦國稱連橫,與蘇秦的"合縱"相對。
⑪ 抑:壓制。
⑫ 關不通:這是說六國合縱抗秦使得函谷關交通斷絕。函谷關:關名,在今河南,是六國通往秦國的要道。

　　當此之時,天下之大,萬民之衆,王侯之威,謀臣之權①,皆欲決蘇秦之策②。不費斗糧,未煩一兵③,未戰一士,未絕一絃④,未折一矢,諸侯相親,賢於兄弟⑤。夫賢人在而天下服,一人用而天下從⑥。故曰:式於政,不式於勇⑦;式於廊廟之內,不式於四境之外⑧。當秦之隆⑨,黃金萬溢爲用⑩,

轉轂連騎⑪,炫煌於道⑫;山東之國,從風而服⑬,使趙大重⑭。且夫蘇秦特窮巷掘門、桑户棬樞之士耳⑮,伏軾撙銜⑯,横歷天下⑰,廷説諸侯之王,杜左右之口⑱,天下莫之能伉⑲。

蘇秦推行合縱之策,不費一兵一卒,大獲成功。

① 威:威勢。權:權術,謀略。
② 都取决於蘇秦的計謀。
③ 兵:兵器。
④ 絶:斷。絃:弓弦。
⑤ 賢:勝過。
⑥ 服:信服。一人:指蘇秦。從:順從。
⑦ 把力量用在政治謀略上,不用在勇武戰争上。式:用。勇:勇武,指戰争。
⑧ 廊廟之内:指朝廷上的謀劃。廊:堂周圍的屋。廟:太廟。式於四境之外:指對外用兵。
⑨ 秦:蘇秦。隆:盛。指蘇秦貴盛的時候。
⑩ 爲用:被(他)使用。
⑪ 形容車輛隨從衆多。轂(gǔ):車輪上穿車軸的部件,代指車子。騎(舊讀 jì):騎馬的人;騎士。
⑫ 炫煌(xuànhuáng):光彩閃耀。煌,同"煌"。
⑬ 山東之國:指戰國時崤山以東的東方六國。山:崤山,在今河南。從風而服:形容迅速順服。從風:順著風勢。
⑭ 使得趙國極大地提高了地位。
⑮ 特:只(是)。窮巷:冷僻狹窄的里巷。掘(kū)門:開鑿洞穴作爲居處。掘:通"窟",挖洞。門:當作"穴"。桑户:用桑樹枝條編的門扇。户:門扇。棬(quān)樞:用彎曲的木條做門軸。棬:彎曲的木頭。樞:門軸。
⑯ 伏軾:身子伏在車的横木上。軾:車箱前的横木。撙(zǔn)銜:勒著馬嚼子。撙:抑制。銜:嚼子,横放在牲口嘴裏的小鐵鏈。
⑰ 横歷:横行,指周遊天下。
⑱ 廷説(shuì):在朝廷上游説。杜:堵塞。左右:國君身邊的人。

⑲ 莫之能伉(kàng):沒有什麽人能與他抗衡。莫:否定性無定代詞。之:代蘇秦。"之"作動詞"伉"的賓語前置。伉:通"抗"。

將説楚王①,路過洛陽,父母聞之,清宮除道②,張樂設飲③,郊迎三十里④。妻側目而視⑤,傾耳而聽⑥;嫂虵行匍伏⑦,四拜自跪而謝⑧。蘇秦曰:"嫂,何前倨而後卑也⑨?"嫂曰:"以季子之位尊而多金⑩。"蘇秦曰:"嗟乎!貧窮則父母不子⑪,富貴則親戚畏懼。人生世上,勢位富貴⑫蓋可忽乎哉⑬!"

蘇秦富貴還鄉,家人熱情相迎,蘇秦感嘆人生在世"勢位富貴"不可忽視。

① 楚王:指楚威王(前339—前329年在位)。
② 清宮:打掃屋子。除道:修整道路。除:修治。
③ 張樂(yuè):安排奏樂。設飲:擺設酒宴。
④ 郊迎:在郊外迎接。名詞"郊"作"迎"的狀語。
⑤ 側目:斜著眼睛,不敢正視。
⑥ 傾耳:側著耳朵,形容恭敬地聽。
⑦ 虵行:像蛇一樣爬行。虵:同"蛇"。
⑧ 謝:道歉。
⑨ 怎麽以前那麽傲慢,現在這麽謙卑呢?倨(jù):傲慢。卑:低下。
⑩ 以:因爲。季子:蘇秦字季子。尊:高。
⑪ 不子:不當作自己的兒子對待。子:名詞用作動詞。
⑫ 勢位:權勢地位。
⑬ 怎麽能忽視呢?蓋(hé):通"盍",疑問代詞。忽:不放在心上。

吕不韋相秦(《秦策五》)

【説明】文章記述吕不韋爲追求"無數"之利,以商人特有的眼光敏鋭地發現秦質子異人的"商業"價值,於是赴秦國奔走游説,幫助異人立爲國君,終於如願以償,取得了預期的成功。

　　濮陽人呂不韋賈於邯鄲①,見秦質子異人②,歸而謂父曰:"耕田之利幾倍③?"曰:"十倍。""珠玉之贏幾倍④?"曰:"百倍。""立國家之主贏幾倍⑤?"曰:"無數。"曰:"今力田疾作,不得煖衣餘食⑥;今建國立君,澤可以遺世⑦。願往事之⑧。"

　　呂不韋發願立異人爲君,以圖贏無數之利。

① 濮陽:衛國的都城,在今河南。呂不韋(前?—前235):原是一個富商,後幫助子楚立爲秦太子。子楚繼位爲秦莊襄王,任用呂不韋爲相國。秦王政(即秦始皇)繼位,繼任相國。後被放逐到蜀郡,憂懼自殺。呂不韋的事迹參見《史記·呂不韋列傳》。賈(gǔ):做買賣。邯鄲:戰國時趙國的都城,在今河北省南部。
② 質子:派往別國去作人質的太子或宗室子弟。異人:秦孝文王的庶子,當時在趙國作人質。《史記·秦始皇本紀》"秦始皇帝者,秦莊襄王子也"索隱:"莊襄王者……《戰國策》本名子異,後爲華陽夫人嗣,夫人楚人,因改名子楚也。"
③ 利:贏利。
④ 珠玉之贏:做珠寶生意的贏利。
⑤ 國家之主:國君。
⑥ 力田:努力耕田。疾作:盡力勞作。煖:同"暖"。
⑦ 澤:恩澤。遺世:留給後代子孫。
⑧ 事之:做"建國立君"這件事。事:爲,動詞,做……事。

　　秦子異人質於趙,處於廥城①。故往說之曰:"子傒有承國之業②,又有母在中③。今子無母於中,外託於不可知之國④,一旦倍約,身爲糞土⑤。今子聽吾計事,求歸,可以有秦國⑥。吾爲子使秦,必來請子⑦。"

呂不韋爲異人分析形勢，勸其歸國。

① 廖(Liáo)城：地名。高誘的注說廖城在趙國。
② 子傒(xī)：秦孝文王之子，異人的同父異母兄長。高誘注："子傒，秦太子也。異人之異母兄弟。"承國：繼承王位。業：事業。
③ 中：宮中。
④ 無母於中：如同沒有母親在宮中一樣。《史記·呂不韋列傳》說"子楚母曰夏姬，毋愛"。託：寄託。不可知：安危不可測。國：指趙國。
⑤ 一日倍約：(趙國)一旦背棄盟約。倍：通"背"。糞土：比喻極其卑賤。
⑥ 有：擁有。
⑦ 爲(wèi)子：爲你。必來請子：一定請你回去。

乃說秦王后弟陽泉君曰①："君之罪至死②，君知之乎？君之門下無不居高尊位③，太子門下無貴者④。君之府藏珍珠寶玉，君之駿馬盈外廄⑤，美女充後庭⑥。王之春秋高⑦，一日山陵崩⑧，太子用事⑨，君危於累卵⑩，而不壽於朝生⑪。說有可以一切⑫，而使君富貴千萬歲⑬，其寧於太山四維⑭，必無危亡之患矣。"陽泉君避席⑮，請聞其說⑯。不韋曰："王年高矣，王后無子，子傒有承國之業，士倉又輔之⑰。王一日山陵崩，子傒立，士倉用事，王后之門，必生蓬蒿⑱。子異人賢材也⑲，棄在於趙⑳，無母於內，引領西望㉑，而願一得歸㉒。王后誠請而立之㉓，是子異人無國而有國㉔，王后無子而有子也。"陽泉君曰："然。"入說王后，王后乃請趙而歸之㉕。

呂不韋對王后的弟弟陽泉君講明利害：如子傒立爲國君，必將威脅到他和太后。

① 秦王后弟陽泉君：秦孝文王之妻華陽夫人的弟弟陽泉君。
② 意思是你有不能深謀遠慮之罪。至死：導致死。

③ 門下：手下的人。高尊位：高位。
④ 太子：指子傒。
⑤ 外廐(jiù)：宮廷外的馬圈。
⑥ 後庭：後面的房室，指女眷住的地方。
⑦ 王：秦孝文王。春秋：年歲。
⑧ 山陵崩：比喻帝王死。
⑨ 用事：掌權。
⑩ 危險就如同摞起來的蛋，隨時可能翻倒摔碎。形容形勢極其危險。
⑪ 不比朝開暮落的木槿花長命。不壽於：不比……長壽。朝生：指木槿花。
⑫ 意思是我有一個權宜之計。説：計謀，主意。一切：權宜；變通。《史記·吕不韋列傳》"此奇貨可居"正義："《戰國策》云：'今有計可以使君富千萬，寧於泰山，必無危亡之患矣。'"
⑬ 富貴千萬歲：永遠富貴。
⑭ 比以泰山爲四維還要安穩牢固。寧：安寧。太山：即泰山。四維：四角。
⑮ 避席：離席。古人坐於席上，離席表示恭敬。
⑯ 説：解説，解釋。
⑰ 士倉：秦臣。
⑱ 門前必然長出飛蓬和蒿草。形容門庭冷落。
⑲ 賢材：才質優秀的人。
⑳ 棄：被拋棄。指在趙國爲質。
㉑ 引領：伸著脖子。領：脖子。望：向遠處看，表示企盼。
㉒ 希望有一天能夠回國。得：能。
㉓ 王后如果能夠請求秦王立他爲太子。
㉔ 是：這樣（的話）。無國而有國：本來不能成爲國君，（立爲太子後）就可以繼承王位。無國：指原不能做國君。有國：指繼承王位。
㉕ 請趙而歸之：請求趙國讓異人回來。

趙未之遣①，不韋説趙曰："子異人，秦之寵子也②，無母於中，王后欲取而子之③。使秦而欲屠趙④，不顧一子以留計⑤,是抱空質也⑥。若使子異人歸而得立,趙厚送遣之⑦,是不敢倍德畔施⑧,是自爲德講⑨。秦王老矣,一日晏駕⑩,雖有子異人,不足以結秦⑪。"趙乃遣之。

吕不韋勸説趙國遣送異人回秦。

① 未之遣:没把異人遣送回來。"之"作動詞"遣"的賓語前置。遣:打發離開。
② 寵子:疑爲"中子"。《史記·吕不韋列傳》:"安國君中男名子楚。"
③ 取而子之:接回來認作自己的兒子。
④ 使:假使。屠趙:攻打趙國。
⑤ 就不會顧惜一個作人質的兒子而停止攻趙的計劃。顧:關懷愛惜。留:停止不動。
⑥ 這是抓著一個無用的人質。是:這。空:虛有其名;無用。
⑦ 厚:用厚禮。
⑧ 這樣自然不敢忘恩負義。倍德:背棄別人對自己的恩德。倍:通"背"。畔:通"叛",也是背棄的意思。施:施予的恩德。
⑨ 這樣他自然會以恩德與趙國結好。爲:以。講:結好。
⑩ 晏(yàn)駕:帝王的車駕晚出,指帝王死。晏:晚。駕:車駕。
⑪ 結秦:與秦國結好。

異人至,不韋使楚服而見①。王后悦其狀②,高其知③,曰:"吾楚人也。"而自子之,乃變其名曰楚④。王使子誦⑤,子曰:"少棄捐在外⑥,嘗無師傅所教學,不習於誦⑦。"王罷之,乃留止⑧。間曰⑨:"陛下嘗軔車於趙矣⑩,趙之豪桀,得知名者不少⑪。今大王反國,皆西面而望。大王無一介之使以存之⑫,臣恐其皆有怨心。使邊境早閉晚開⑬。"王以爲然,奇其計⑭。王后勸立之。王乃召相⑮,令之曰:"寡人子莫若楚⑯。"立以爲太子。

子楚立⑰,以不韋爲相,號曰文信侯,食藍田十二縣⑱。王后爲華陽太后,諸侯皆致秦邑⑲。

異人返秦,博得王后和秦王的歡心,終於即位爲國君。

① 楚服而見:穿上楚國的服裝見華陽夫人(華陽夫人是楚國人)。
② 悅其狀:喜歡他(穿楚服)的樣子。
③ 高其知(zhì):認爲他很聰明。高:用作意動,認爲……高。知:後作"智"。
④ 而:乃,於是。變其名曰楚:《史記·呂不韋列傳》:"安國君中男曰子楚。"
⑤ 誦:誦讀經典之書。
⑥ 很小就被拋棄在外(指在趙國爲人質)。捐:捨棄。
⑦ 習:熟悉。
⑧ 罷之:不再讓異人誦讀經典。罷:停止不再做某件事。之:指叫異人誦讀經典一事。留止:留在宮中居住。
⑨ 間(jiàn)曰:(子楚)乘著空閒的機會進言。間:空隙。
⑩ 陛下:指秦孝文王。軔車於趙:這是説孝文王過去曾在趙爲質。軔(rèn)車:停下車來。這裏指留居爲質,是委婉的説法。軔:墊在車輪前不讓車輪轉動的木頭。
⑪ 豪桀:才能出眾的人。桀:後作"傑"。得知名者:以其名能讓大王知道的人,指與孝文王結識的人。
⑫ 一介:一個。存:慰問,問候。
⑬ 還是讓邊境關卡早閉晚開爲好(意思是加強警戒)。
⑭ 奇其計:認爲他的謀略不一般。計:一説當作"材"。奇:用作意動。
⑮ 相:相國,官名,爲百官之長。
⑯ 莫若楚:沒有什麼人像子楚一樣。
⑰ 立:即位爲君。就是秦莊襄王。
⑱ 食藍田十二縣:以藍田等十二縣的稅賦供呂不韋享用。食:享用稅賦。藍田:縣名,在今陝西。
⑲ 秦:當作"奉"(參王念孫《讀書雜志》)。這是説諸侯都奉送土地作爲太后的奉養之地。致:送。奉邑:即養邑,收取賦稅以供給生活資料的封地。

靖郭君善齊貌辨（《齊策一》）

【説明】靖郭君的門客齊貌辨雖"多疵"，但靖郭君深知他有過人之處。齊貌辨遭人非難，靖郭君用人不疑，在最困難的時候能得齊貌辨捨生忘死相報。選文的内容可參《吕氏春秋・季秋紀・知士》。

靖郭君善齊貌辨①。齊貌辨之爲人也多疵②，門人弗説③。士尉以証靖郭君④，靖郭君不聽，士尉辭而去⑤。孟嘗君又竊以諫⑥，靖郭君大怒曰："剗而類，破吾家⑦。苟可慊齊貌辨者，吾無辭爲之⑧。"於是舍之上舍⑨，令長子御⑩，旦暮進食⑪。

靖郭君不聽勸諫，堅持善待"多疵"的齊貌辨。

① 靖郭君：即齊國的田嬰，齊威王少子，孟嘗君的父親。起初爲齊將，後任齊相，號靖郭君。善：對……友善。齊貌辨：靖郭君的門客（寄食在貴族的門下並爲其效勞的人）。
② 疵（cī）：毛病；缺點。
③ 門人：門客。弗説（yuè）：不喜歡。説：後作"悦"。
④ 士尉：可能是靖郭君的家臣或門客。証（zhèng）：直言規勸。
⑤ 辭：告別。去：離開。
⑥ 孟嘗君：即田文，靖郭君之子。竊：私下。
⑦ （哪怕是）剗除你們這些人，破敗我的家業。剗（chǎn）：同"鏟"，剷除；除去。而：第二人稱代詞。破：破敗。
⑧ 如果是能使齊貌辨滿意的事，我就不拒絶去做。苟：如果。慊（qiè）：滿意。者：代詞，指代使齊貌辨滿意的事。無辭：不辭。
⑨ 於是把他安排在上等的房子住。舍（之）：使居住。之：代齊貌辨。
⑩ 長子：疑當爲"侲（zhèn）子"（參金正煒《戰國策補釋》），即童子。御：服侍，侍奉。
⑪ 進食：進獻飯食。

數年，威王薨①，宣王立。靖郭君之交，大不善於宣王②，辭而之薛③，與齊貌辨俱留④。無幾何，齊貌辨辭而行⑤，請見宣王。靖郭君曰："王之不說嬰甚，公往必得死焉。"齊貌辨曰："固不求生也，請必行⑥。"靖郭君不能止。

齊貌辨爲解靖郭君之難，冒死去見齊宣王。

① 威王：齊宣王的父親。薨（hōng）：諸侯死稱薨。
② 交：交往，往來。大不善：關係很不好。
③ 之薛：到薛地去。薛是靖郭君的封地，在今山東。
④ 靖郭君與齊貌辨都留住在薛地。
⑤ 辭而行：齊貌辨告辭靖郭君要到齊國的都城去。
⑥ 本來就不求活著，請允許我一定前往。固：原本。

　　齊貌辨行至齊，宣王聞之，藏怒以待之①。齊貌辨見宣王，王曰："子靖郭君之所聽愛夫②！"齊貌辨曰："愛則有之，聽則無有。王之方爲太子之時，辨謂靖郭君曰：'太子相不仁③，過頤豕視④，若是者信反⑤。不若廢太子，更立衛姬嬰兒郊師⑥。'靖郭君泣而曰⑦：'不可，吾不忍也⑧。'若聽辨而爲之，必無今日之患也⑨。此爲一。至於薛，昭陽請以數倍之地易薛⑩，辨又曰：'必聽之。'靖郭君曰：'受薛於先王⑪，雖惡於後王⑫，吾獨謂先王何乎⑬！且先王之廟在薛，吾豈可以先王之廟與楚乎！'又不肯聽辨。此爲二。"宣王大息⑭，動於顏色⑮，曰："靖郭君之於寡人一至此乎⑯！寡人少，殊不知此⑰。客肯爲寡人來靖郭君乎⑱？"齊貌辨對曰："敬諾⑲。"

齊貌辨見齊宣王，陳述靖郭君對宣王的忠愛之情，使齊宣王改變了對靖郭君的態度。

① 藏怒:心懷怒氣。待之:等著他。
② 你是靖郭君聽信又喜歡的人吧。夫:語氣詞。
③ 相不仁:相貌顯得不仁厚。
④ 過頤(yí)豕(shǐ)視:形容一種邪惡不正的相貌。
⑤ 像這種相貌的人做事一定不循常理。信:當作"倍"。"倍"通"背"。
⑥ 更立:改立。衛姬:齊威王的姬妾。嬰兒:幼少之年,故稱嬰兒。郊師:衛姬的兒子,齊宣王的庶弟。
⑦ 泣而曰:哭著說。
⑧ 不忍:不忍心(這樣做)。
⑨ 爲之:做這件事。患:憂患。
⑩ 昭陽:楚國的公族,楚懷王時的大臣。易薛:交換薛地。
⑪ (我)從先王那裏接受了薛地。先王:靖郭君的父親齊威王。
⑫ 雖然被後王憎惡。惡(wù):憎惡。後王:指齊宣王。
⑬ (如果與楚交換了薛地)我對先王說什麼呢?意思是無法對先王交代。
⑭ 大(tài)息:長嘆,深深地嘆息。
⑮ 神色有變化。顏色:神色。
⑯ 靖郭君對寡人竟然好到這種地步嗎?一:副詞,乃,竟。
⑰ 殊不知此:一點也不知道這些事。殊:極;絕對。
⑱ 來:用作使動,讓……來。
⑲ 諾(nuò):應允。

靖郭君衣威王之衣,冠舞其劍①,宣王自迎靖郭君於郊,望之而泣。靖郭君至,因請相之②。靖郭君辭,不得已而受。七日,謝病強辭③。靖郭君辭不得,三日而聽④。

當是時,靖郭君可謂能自知人矣⑤!能自知人,故人非之不爲沮⑥。此齊貌辨之所以外生樂患趣難者也⑦。

齊宣王親迎靖郭君,拜他爲相,靖郭君力辭不就。結尾指明齊貌辨"外生樂患趣難"的原因是靖郭君"能自知人"。

① 這一句當作:"靖郭君來,衣(yì)威王之衣,冠(guàn)其冠,帶其劍。"(依王念孫説)又參《吕氏春秋·季秋紀·知士》)這是説靖郭君穿著齊威王賜給的衣服,戴著齊威王賜給的帽子,佩戴著齊威王賜給的寶劍。
② 因:於是。相之:讓他做相。相:官名,百官之長。這裏用作動詞,做相。
③ 謝病:藉口有病婉拒推託。强(qiǎng)辭:竭力推辭。强:努力。
④ 靖郭君辭不得:這六個字是衍文。聽:齊威王聽從了他的請求。
⑤ 可謂能自知人:可以説是能夠瞭解別人。
⑥ 人非之:別人非議齊貌辨。非:非議,非難。不爲(wèi)沮(jǔ):不爲此改變自己的態度。沮:止。
⑦ 這就是齊貌辨"外生樂患趣難"的原因。外生:把生死置之度外。樂患:甘願爲別人消除憂患。樂:樂於。趣(qū)難:奔赴患難。趣:通"趨",趨向,奔赴。者:代詞,指代原因。

閱讀文選

晉人殺厲公①(《國語》)

【説明】公元前573年,晉厲公被大夫欒書、中行偃派人所殺。文章記述魯國大夫里革對晉厲公被殺一事的看法。他明確指出:國君被殺是"君之過",是咎由自取;民之"美惡"皆從君主而來,責任在君不在民。

晉人殺厲公,邊人以告,成公在朝②。公曰:"臣殺其君,誰之過也?"大夫莫對,里革曰③:"君之過也。夫君人者④,其威大矣⑤。失威而至於殺,其過多矣。且夫君也者,將牧民而正其邪者也⑥;若君縱私回而棄民事⑦,民旁有慝無由省之,益邪多矣⑧。若以邪臨民,陷而不振⑨,用善不肯專,則不能使⑩,至於殄滅而莫之恤也,將安用之⑪?桀奔南巢⑫,紂踣于京⑬,厲流于彘⑭,幽滅于戲⑮,皆是術也⑯。夫君也者,民之川澤也⑰。行而從之,美惡皆君之由⑱,民何能爲焉⑲!"

① 選自《魯語上》。厲公:名州蒲,景公之子。
② 邊人:管理邊疆的官。成公:魯成公,名黑肱。
③ 莫:沒有什麼人。里革:魯太史。
④ 君人:做人的君主。君:用作動詞。
⑤ 威:威望。
⑥ 牧民:治民。正:糾正。邪:邪惡。
⑦ 私:偏私。回:邪僻。
⑧ 旁有慝無由省之:普遍有邪惡之事而無從覺察。旁:普遍。慝(tè):惡。省(xǐng):省察。益:增加。
⑨ 臨民:治民。陷而不振:政事敗壞而無法挽救。陷:墜落。
⑩ 用善:用善政(一說是任用賢人)。專:專一。使:使民,治民使服從。
⑪ 民衆到了滅絕的境地還沒有人體恤他們,哪裏還用得著君主呢?殄(tiǎn):滅絕。安:疑問代詞,哪裏。
⑫ 暴君桀被放逐到南巢。南巢:古地名,在今安徽。《尚書·仲虺之誥》:"成湯放桀于南巢。"
⑬ 暴君紂死在京都。踣(bó):倒下;倒斃。京:商的別都朝歌,在今河南。
⑭ 周厲王被流放到彘。彘:古地名,在今山西。
⑮ 周幽王在戲地被殺。戲(xī):古地名,在今陝西。
⑯ 走的都是這樣一條"失威""過多"的滅亡之道。術:道路。
⑰ 君主就是民衆的川澤。這是以川澤比喻君主,以魚比喻民衆。
⑱ 民衆像魚,要順從水流;他們的善惡都是由君主決定的。君之由:名詞"君"作動詞"由"的賓語前置。代詞"之"複指賓語。由:遵從。
⑲ 民衆自己又能做什麼呢?爲:自主有所爲。

董叔將娶於范氏①（《國語》）

【說明】董叔娶范氏是想攀附權貴，結果自取其辱。故事寫得幽默風趣，意趣橫生。

董叔將娶於范氏，叔向曰②："范氏富，盍已乎③！"曰："欲為繫援焉④。"他日，董祁愬於范獻子曰⑤："不吾敬也⑥。"獻子執而紡於庭之槐⑦，叔向過之，曰："子盍為我請乎⑧？"叔向曰："求繫，既繫矣⑨；求援，既援矣⑩。欲而得之⑪，又何請焉？"

① 選自《晉語九》。董叔：晉大夫。范氏：這裏指晉正卿范宣子之女。
② 叔向：晉大夫，名肸（XĪ），羊舌氏。
③ 盍（hé）已乎：何不作罷呢？已：停止。
④ 繫：連綴。援：（作為）援助。意思是依附於范家以為援助。
⑤ 董祁：相傳范氏是帝堯之後，祁姓，所以稱董叔之妻子為董祁。愬：傾訴；訴苦。范獻子：董祁之兄。
⑥ 不吾敬：即"不敬吾"。"吾"作動詞"敬"的賓語前置。
⑦ 紡：吊挂。
⑧ 請：請求饒恕。
⑨ （求）繫：繫連。（既）繫：捆綁。
⑩ （求）援：援助。（既）援：牽引，這是說把董叔吊起來。
⑪ 想要的都得到了。

文信侯欲攻趙以廣河間①（《戰國策》）

【說明】甘羅的故事又見《史記·甘茂列傳》。他十二歲說服張唐相燕，又使趙王割五城與秦，故事帶有傳奇性。司馬遷說："甘羅年少，然出一奇計，聲稱後世。雖非篤行之君子，然亦戰國之策士也。"文章刻畫的是一個少年策士的生動形象,但所記與史實不合,是策士的誇飾之辭。

文信侯欲攻趙以廣河間,使剛成君蔡澤事燕三年②,而燕太子質於秦③。文信侯因請張唐相燕④,欲與燕共伐趙以廣河間之地。張唐辭曰:"燕者必徑於趙,趙人得唐者,受百里之地⑤。"文信侯去而不快。少庶子甘羅曰⑥:"君侯何不快甚也?"文信侯曰:"吾令剛成君蔡澤事燕三年,而燕太子已入質矣。今吾自請張卿相燕⑦,而不肯行。"甘羅曰:"臣行之⑧。"文信君叱去曰⑨:"我自行之而不肯,汝安能行之也?"甘羅曰:"夫項橐生七歲而為孔子師⑩,今臣生十二歲於茲矣!君其試臣,奚以遽言叱也?"

甘羅見張唐曰:"卿之功孰與武安君⑪?"唐曰:"武安君戰勝攻取,不知其數;攻城墮邑⑫,不知其數。臣之功不如武安君也。"甘羅曰:"卿明知功之不如武安君歟?"曰:"知之。""應侯之用秦也,孰與文信侯專⑬?"曰:"應侯不如文信侯專。"曰:"卿明知為不如文信侯專歟?"曰:"知之。"甘羅曰:"應侯欲伐趙,武安君難之,去咸陽七里絞而殺之⑭。今文信侯自請卿相燕,而卿不肯行,臣不知卿所死之處矣!"唐曰:"請因孺子而行⑮!"令庫具車,廄具馬,府具幣⑯,行有日矣。甘羅謂文信侯曰:"借臣車五乘,請為張唐先報趙⑰。"

見趙王,趙王郊迎。謂趙王曰:"聞燕太子丹之入秦與?"曰:"聞之。""聞張唐之相燕與?"曰:"聞之。""燕太子入秦者,燕不欺秦也。張唐相燕者,秦不欺燕也。秦、燕不相欺,則伐趙危矣⑱。燕、秦所以不相欺者,無異故,欲攻趙而廣河間也。今王齎臣五城以廣河間⑲,請歸燕太子⑳,與彊趙攻弱燕。"趙王立割五城以廣河間,歸燕太子。趙攻燕,得上谷三十六縣,與秦什一。

① 選自《秦策五》。文信侯:即呂不韋(見《呂不韋相秦》注)。廣河

間:擴大他的在河間一帶的封地。河間:在今河北。《戰國縱橫家書》二十五章:"以河間十城封秦相文信侯。"
② 剛成君蔡澤:蔡澤是燕國人,曾游說各國。後居留秦國十多年,封剛成君。事燕:到燕國出使。
③ 過了三年燕太子到秦國做人質。
④ 張唐:秦臣。
⑤ 徑:經過。《史記·甘茂列傳》記載,張唐曾對文信侯說:"臣嘗爲秦昭王伐趙,趙怨臣,曰:'得唐者與百里之地。'"據《史記》,"燕者"上有"之"字。
⑥ 去:使離開。少庶子:年輕的家臣。甘羅:秦相甘茂之孫。他十二歲做呂不韋的家臣。
⑦ 張卿:《史記·甘茂列傳》此句索隱謂"卿"是張唐的字。
⑧ 行之:使之行。
⑨ 君:當爲"侯"。《史記·甘茂列傳》:"文信侯叱曰:'去!我身自……'"
⑩ 櫜:當作"橐"。項橐:春秋時人。七歲爲孔子師是傳說。
⑪ 你的功勞與武安君比誰的大?孰與:一種固定格式,表示比較。武安君:秦大將白起被封爲武安君。
⑫ 墮(huī):同"隳",毀壞。
⑬ 應侯:指范雎。范雎是戰國魏人,後入秦爲相,封於應,稱應侯。專:權重。
⑭ 難(nàn):拒絕;排斥。絞而殺之:《史記·甘茂列傳》:"應侯欲攻趙,武安君難之,去咸陽七里而立死於杜郵。"《史記·白起列傳》:"秦王乃使使者賜之劍,自裁。"
⑮ 因:通過。
⑯ 幣:車馬玉帛一類的禮物。
⑰ 報:告知。
⑱ 伐趙:或疑爲"趙氏",待考。
⑲ 齎(jī):送。
⑳ 歸燕太子:讓燕太子回去。

練習六

一、熟讀本單元講過的文章。

二、閱讀本單元的閱讀文選。

三、給下面句子中加點的字注音：

1. 師箴，瞍賦，矇誦。(《國語·邵公諫厲王弭謗》)
2. 猶其原隰之有衍沃也，衣食於是乎生。(《國語·邵公諫厲王弭謗》)
3. 梗陽人有獄，將不勝，請納賂於魏獻子，獻子將許之。(《國語·梗陽人有獄》)
4. 羸縢履蹻，負書擔橐。(《戰國策·蘇秦以游説致富貴》)
5. 於是乃摩燕烏集闕，見説趙王於華屋之下，抵掌而談。(《戰國策·蘇秦以游説致富貴》)
6. 革車百乘，錦繡千純。(《戰國策·蘇秦以游説致富貴》)
7. 轉轂連騎，炫熿於道。(《戰國策·蘇秦以游説致富貴》)
8. 且夫蘇秦特窮巷掘門、桑户棬樞之士耳。(《戰國策·蘇秦以游説致富貴》)
9. 間曰："陛下嘗軹車於趙矣，趙之豪桀，得知名者不少。"(《戰國策·呂不韋相秦》)
10. 刎而類，破吾家。苟可慊齊貌辨者，吾無辭爲之。(《戰國策·靖郭君善齊貌辨》)

四、解釋下面句子中加點的詞：

1. 國人莫敢言，道路以目。(《國語·邵公諫厲王弭謗》)
2. 吾能弭謗矣，乃不敢言。(《國語·邵公諫厲王弭謗》)
3. 梗陽人有獄，將不勝，請納賂於魏獻子，獻子將許之。(《國語·梗陽人有獄》)
4. 願以小人之腹爲君子之心，屬饜而已。(《國語·梗陽人有獄》)
5. 約從散橫，以抑強秦。(《戰國策·蘇秦以游説致富貴》)
6. 且夫蘇秦特窮巷掘門、桑户棬樞之士耳，伏軾撙銜，橫歷天下。(《戰國策·蘇秦以游説致富貴》)
7. 父母聞之，清宮除道，張樂設飲。(《戰國策·蘇秦以游説致富貴》)

8. 今力田疾作,不得煖衣餘食。(《戰國策·呂不韋相秦》)
9. 若使子異人歸而得立,趙厚送遣之,是不敢倍德畔施,是自爲德講。(《戰國策·呂不韋相秦》)
10. 靖郭君曰:"王之不說嬰甚,公往必得死焉。"齊貌辨曰:"固不求生也,請必行。"靖郭君不能止。(《戰國策·靖郭君善齊貌辨》)

五、把下面的句子譯成現代漢語:
1. 防民之口,甚於防川。川壅而潰,傷人必多,民亦如之。(《國語·邵公諫厲王弭謗》)
2. 是故爲川者決之使導,爲民者宣之使言。(《國語·邵公諫厲王弭謗》)
3. 口之宣言也,善敗於是乎興。(《國語·邵公諫厲王弭謗》)
4. 吾主以不賄聞於諸侯,今以梗陽之賄殃之,不可。(《國語·梗陽人有獄》)
5. 中食而自咎也,曰:豈主之食而有不足?是以再歎。(《國語·梗陽人有獄》)
6. 安有說人主不能出其金玉錦繡,取卿相之尊者乎?(《戰國策·蘇秦以游說致富貴》)
7. 王后誠請而立之,是子異人無國而有國,王后無子而有子也。(《戰國策·呂不韋相秦》)
8. 入說王后,王后乃請趙而歸之。(《戰國策·呂不韋相秦》)
9. 使秦而欲屠趙,不顧一子以留計,是抱空質也。(《戰國策·呂不韋相秦》)
10. 受薛於先王,雖惡於後王,吾獨謂先王何乎!(《戰國策·靖郭君善齊貌辨》)

六、解釋下面句子中加點的詞的意義和用法:
1. 今京不度,非制也。(《左傳·鄭伯克段于鄢》)
2. 故中御而從齊侯。(《左傳·鞌之戰》)
3. 從左右,皆肘之。(《左傳·鞌之戰》)
4. 秦師遂東。(《左傳·秦晉殽之戰》)
5. 遂墨以葬文公,晉於是始墨。(《左傳·秦晉殽之戰》)
6. 而自子之,乃變其名曰楚。(《戰國策·呂不韋相秦》)
7. 王以爲然,奇其計。(《戰國策·呂不韋相秦》)
8. 貧窮則父母不子,富貴則親戚畏懼。(《戰國策·蘇秦以游說致富

貴》)

9. 生之勿殺,與之勿奪,樂之勿苦,喜之勿怒。(《說苑·政理》)
10. 多徭役以罷民力,則苦之也。(《說苑·政理》)

常用詞

幣　防　官　監　決　領　冒　納　權
術　説　賢　引　獄　尊

1. 幣

《説文》:"幣,帛也。"奉獻或聘享用的禮品(車馬玉帛等);祭祀用的祭品。《尚書·召誥》:"惟恭奉幣,用供王能祈天永命。"《戰國策·文信侯欲攻趙以廣河間》:"令庫具車,廄具馬,府具幣,行有日矣。"《漢書·郊祀志上》:"黄犢羔各四,圭幣各有數,皆生瘞(yì)埋,無俎豆之具。"尤指絲帛。《管子·五行》:"出皮幣,命行人修春秋之禮於天下。"(皮:毛皮。行人:使者。)轉指財物。《管子·小匡》:"奉之以車馬衣裘,多其資糧,財幣足之。"又轉指貨幣。《史記·吳王濞列傳》:"吳王濞倍德反義,誘受天下亡命辠人,亂天下幣。"

2. 防

《説文》:"防,隄也。"堤壩。《周禮·地官·稻人》:"以防止水。"用作動詞,堵塞水流。《國語·邵公諫厲王弭謗》:"防民之口,甚於防川。"抽象引申爲防止;防禦。《周易·既濟卦》:"君子以思患而豫防之。"《左傳·子產不毀鄉校》:"我聞忠善以損怨,不聞作威以防怨。"成語有[防不勝防]。

3. 宮

《説文》:"宮,室也。"居住的房屋。《周易·繫辭下》:"上古穴居而野處,後世聖人易之以宮室。"《戰國策·蘇秦以游説致富貴》:"父母聞之,清宮除道,張樂設飲。"後特指帝王的住所,宮殿。《呂氏春秋·知度》:"古之王者,擇天下之中而立國,擇國之中而立宮,擇宮之中而立廟。"又特指宗廟;神廟。《公羊傳·文公十三年》:"周公稱大廟,魯公稱世室,羣公稱宮。"(魯公:魯國的首任國君伯禽。羣公:伯禽以後的歷代魯君。)《漢書·郊祀志》:"於是上病癒,遂起,幸甘泉。病良已,大赦,置壽宮神君。神君最貴者曰太一。"【提示】先秦時宮並不專指帝王的住所。

4. 監

《說文》:"監,臨下也。"讀 jiàn。本義是俯視觀察自己的形象。《尚書·酒誥》:"人無於水監,當於民監。"《新唐書·魏徵傳》:"夫監形之美惡,必就止水。"照視自己的器具也稱監。《新書·胎教》:"明監所以照形也。"由監可以察視美惡抽象引申爲可以對照汲取的教訓,鑒戒。《尚書·泰誓中》:"厥監惟不遠,在彼夏王。"用作動詞,對照汲取教訓,借鑒。《尚書·召誥》:"我不可不監于有夏,亦不可不監于有殷。"

由照視引申泛指自上視下;視。讀 jiān。《詩經·大雅·皇矣》:"監觀四方。"《左傳·莊公三十二年》:"國之將興,明神降之,監其德也;將亡,神又降之,觀其惡也。"引申爲監視;督察。《國語·邵公諫厲王弭謗》:"王怒,得衛巫,使監謗者。"《孟子·公孫丑下》:"周公使管叔監殷,管叔以殷畔。"(管叔:周武王的弟弟。)雙音詞有[監工][監測],成語有[監守自盜]。【提示】《廣雅·釋器》:"鑑謂之鏡。"照形的器具,本來是盛水的監,後來是銅鏡,寫作"鑑"(又作"鑒")。《莊子·德充符》:"鑑明則塵垢不止。"映照和借鑒的意義也作"鑑"。《左傳·襄公二十八年》:"獻車於季武子,美澤可以鑑。"《墨子·非命下》:"爲鑑不遠,在彼殷王。"

5. 決

《說文》:"決,行流也。"分開口子疏通水流。《國語·邵公諫厲王弭謗》:"是故爲川者決之使導,爲民者宣之使言。"又指水流沖開堤防,決口。《左傳·子產不毀鄉校》:"然猶防川:大決所犯,傷人必多。"由分開口子引申爲斷開;打開。《禮記·曲禮上》:"乾肉不齒決。"(齒決:用牙咬斷。)揚雄《甘泉賦》:"天閫(kǔn)決兮地垠開。"(閫:門限。)抽象引申爲分辨判斷。《韓非子·解老》:"目不能決黑白之色則謂之盲。"《左傳·桓公十一年》:"卜以決疑,不疑何卜?"由此引申爲作決定。《史記·齊悼惠王世家》:"孝惠帝崩,呂太后稱制,天下事皆決於高后。"又《蕭相國世家》:"羣臣爭功,歲餘功不決。"雙音詞有[決斷][裁決],成語有[懸而未決]。特指判決。《管子·小匡》:"決獄折中,不殺不辜,不誣無罪。"

6. 領

《說文》:"領,項也。"指脖頸。《詩經·衛風·碩人》:"領如蝤蠐(qiúqí)。"(蝤蠐:蟲名,色白身長,比喻女子的頸項。)《戰國策·吕不韋相秦》:"子異人賢材也,棄在於趙,無母於内,引領西望,而願一得歸。"成語有[引領而望]。轉指衣領。《荀子·勸學》:"若挈裘領。"《宋史·輿服志五》:"其制,曲領大袖。"(其:指官服。)拿起衣服要提衣領,由此引申爲統轄;主導。《漢書·魏相傳》:"(魏相)總領衆職,甚稱上意。"又《王商傳》:"蓋丞相以德輔翼國家,典領百寮,協和萬國。"由提衣領又引申爲提挈;帶領;引導。《南齊書·顧歡傳》:"然則道教執本以領末,佛教救末以存本。"《三國志·吴書·吴主傳》:"各領萬人,與備俱進。"(備:劉備。)元結《宿洄溪翁宅》詩:"老翁八十猶能行,將領兒孫行拾稼。"

7. 冒

《說文》:"冒,冢(méng)而前也。"帽子。《漢書·雋不疑傳》:"著黄冒。"這個意思後作"帽"。用作動詞,覆蓋。《詩經·邶風·日月》:"日居月諸,下土是冒。"曹植《公讌》詩:"秋蘭被長坂,朱華冒緑池。"覆蓋與被覆蓋的兩方方向相反,引申爲(被覆蓋的一方)頂著;迎著;不顧及。司馬遷《報任安書》:"更張空弮(quān),冒白刃。"(弮:弩弓。)雙音詞有[冒險],熟語有[頂風冒雪]。由此引申爲衝犯。《戰國策·楚策三》:"麋知獵者張網前而驅已也,因還走而冒人。"《史記·秦本紀》:"於是岐下食善馬者三百人,馳冒晉軍,晉軍解圍。"雙音詞有[冒犯]。

8. 納

納的基本義是收進來;進入。這個意義本當作"内"。《孟子·萬章上》:"思天下之民匹夫匹婦有不被堯舜之澤者,若已推而内之溝中。"(澤:恩澤。)這個意思通常借"納"表示。《尚書·金縢》:"(周公)乃納册于金縢(téng)之匱中。"(册:祝告的文書。金縢之匱:用金屬絲封緘的匣子。)雙音詞有[出納],成語有[吐故納新]。"納"常指讓人進入;容受。《左傳·文公十六年》:"諸侯誰納我?"《孟子·滕文公下》:"泄柳閉門而不納。"(泄柳:人名。)雙音詞有[容納]。一方是收進,從進入的另一方講就是交付、獻出。《國語·梗陽人有獄》:"梗陽人有獄,將不勝,請納賂於魏獻子。"《左傳·崔杼弒其君》:"叔孫還納其女於靈公,嬖,生景公。"雙音詞有[獻納][納税]。

9. 權

《廣雅·釋器》:"錘謂之權。"指秤錘。《莊子·胠篋》:"爲之權衡以稱之。"(衡:秤桿。)《商君書·修權》:"先王縣(xuán)權衡,立尺寸,而至今法之。"又指秤。《漢書·律歷志上》:"謹權量,審法度。"(量:量器。)權表示一種力(重力),喻指權力;權勢。《穀梁傳·襄公三年》:"大夫執國權。"《晏子春秋·諫上十》:"今有車百乘之家,此一國之權臣也。"用作動詞,稱量輕重。《孟子·梁惠王上》:"權,然後知輕重;度,然後知長短。"由稱量泛指衡量。《吕氏春秋·舉難》:"且人固難全,權而用其長者,當舉也。"由稱量識别輕重的不同又引申爲因事制宜,有所變通(與"經"相對);謀略。《孟子·離婁上》:"男女授受不親,禮也。嫂溺援之以手者,權也。"《漢紀·高祖紀二》:"權不可預設,變不可先圖。"雙音詞有[權謀][權變],成語有[通權達變]。【提示】《説文》:"權,黄華木。"這個意思不見用。

10. 術

《説文》:"術,邑中道也。"本義是道路。《墨子·旗幟》:"巷術周道者必爲之門。"(巷術:街巷的路。周道:大道。)抽象引申爲經由的路徑。《國語·晉人殺厲公》:"桀奔南巢,紂踣于京,厲流于彘,幽滅于戲,皆是術也。"由道路引申爲遵循的方法。《荀子·議兵》:"此用兵之要術也。"特指採用的手段;權謀。《吕氏春秋·先己》:"當今之世,巧謀並行,詐術遞用。"雙音詞有[權術]。又引申指操作層面的方法,技藝。《韓非子·喻老》:"子之教我御,術未盡也。"(御:駕車。)雙音詞有[技術]。道路有方向,又轉指不同取向的學說主張。《鹽鐵論·論儒》:"孟軻守舊術,不知世務。"

11. 説(shuō)

《説文》:"説,説釋也。"解釋;解説。《論語·八佾》:"成事不説。"(成事:已做成之事。)《漢書·叙傳上》:"時上方鄉學,鄭寬中、張禹朝夕入説《尚書》《論語》於金華殿中。"泛指陳述。《世說新語·德行》:"有人向張華説此事。"《夢溪筆談·雜志二》:"今後武臣上殿奏事,並須直説,不得過爲文飾。"轉指言論;學説;主張。《戰國策·蘇秦以游説致富貴》:"(蘇秦)説秦王書十上而説不行。"《周易·繫辭上》:"原始反終,故知死生之説。"《論衡·問孔》:"伐孔子之説,何逆於理?"成語有[著書立説]。

12. 賢

《小爾雅·廣詁》:"賢,多也。"數量多。《詩經·大雅·行葦》:"序賓以賢。"(大意:以射中的多少來排位次。)引申表示比較;多於;勝過。《吕氏春秋·順民》:"得民心,則賢於千里之地。"《戰國策·蘇秦以游説致富貴》:"諸侯相親,賢於兄弟。"特指才德超過別人;優秀;美善。《論語·季氏》:"樂節禮樂,樂道人之善,樂多賢友,益矣。"《史記·孟嘗君列傳》:"秦昭王聞其賢,乃先使涇陽君爲質於齊,以求見孟嘗君。"雙音詞有[賢明][賢良]。由此用爲敬稱。《史記·刺客列傳》:"妾其奈何畏歿身之誅,終滅賢弟之名。"用作名詞,指才德超過別人的人,賢者。《韓非子·外儲説左上》:"舉賢而任之。"《韓詩外傳·樊姬進美人》:"今沈令尹相楚數年矣,未嘗見進賢而退不肖也,又焉得爲忠賢乎?"雙音詞有[聖賢],成語有[任人唯賢]。

13. 引

《説文》:"引,開弓也。"把弓拉開。《莊子·田子方》:"列禦寇爲伯昏無人射,引之盈貫。"(盈貫:拉滿弓。)《孟子·盡心上》:"君子引而不發,躍如也。"(發:把箭射出去。)泛指拉,牽引。《韓非子·人主》:"夫馬之所以能任重引車致遠者,以筋力也。"引申爲拿過來。《史記·魏其武安侯列傳》:"竇嬰引卮(zhī)酒進上。"(卮:飲酒器。)《戰國策·蘇秦以游説致富貴》:"讀書欲睡,引錐自刺其股。"又引申爲拉長;伸長。《戰國策·吕不韋相秦》:"引領西望,而願一得歸。"《水經注·江水》:"時有高猿長嘯,屬引淒異。"又引申爲引導,帶領。《史記·田單列傳》:"田單乃起,引還,東鄉坐,師事之。"又《項羽本紀》:"項梁乃引兵入薛。"

14. 獄

獄的本義是争訟;打官司。《國語·梗陽人有獄》:"梗陽人有獄,將不勝,請納賂於魏獻子。"《左傳·莊公十年》:"小大之獄,雖不能察,必以情。"雙音詞有[獄訟][冤獄]。轉指監獄。《漢書·刑法志》:"天下獄二千餘所,其冤死者多少相覆。"

15. 尊

《説文》:"尊,酒器也。"尊是一種盛酒的禮器。《周禮·春官·小宗伯》:"辨六尊之名物,以待祭祀、賓客。"(六尊:六種形制不同的尊。)這個意思後又寫作"樽""罇"。由用酒器敬酒引申爲敬重;尊奉。《論語·堯曰》:"尊五美,屏(bǐng)四惡。"(五美:五種美德。)《禮記·王制》:"尊君親上,然後興學。"雙音詞有[尊敬][尊崇]。又引申爲高貴;高。《荀子·正論》:"天子者,埶(shì)位至尊。"《周易·繫辭上》:"天尊地卑,乾坤定矣。"雙音詞有[尊貴][尊卑]。

古漢語常識

古代漢語中的詞類活用

語法是學習古代漢語不可缺少的一部分,這裏主要介紹古代漢語中的詞類活用、古代漢語的詞序以及一些重要虛詞的用法。跟詞彙一樣,漢語語法從古至今也發生了不少的變化,所以學習的時候要特別關注古漢語語法跟現代漢語語法的主要差異。

詞類是根據詞的語法意義和語法功能劃分的類別。上古漢語的詞類大致可以分爲名詞、動詞、形容詞、數詞、代詞、副詞、介詞、連詞、語氣詞、嘆詞等。與現代漢語相比,那時候還沒有量詞,這是同現代漢語詞類系統明顯的不同。

詞類活用主要是有關名詞、動詞、形容詞的問題。名詞是表示人或事物名稱的詞,它的基本功能是充當主語、賓語、定語和謂語。動詞是表示動作行爲和事物變化的詞,它的基本功能是充當謂語。形容詞是表示事物的性質或狀態的詞,它的基本功能是充當定語、狀語、謂語。由名詞性成分充當謂語的句子是判斷句,由形容詞性成分充當謂語的句子是描寫句,由動詞性成分充當謂語的句子是敘述句。

從上面的介紹可以知道,這三類詞各有自己的語法功用,這是詞類的本用；也就是説，這三類詞中的每個詞都有原本的類屬。但在古代漢語中，這三類詞中的有些詞又可以按照一定的語言習慣靈活運用，在句子中臨時改變它們的語法功用，當另外一類詞來用，這就是詞類活用。例如：

(1) 夫厚取之君而施之民，是臣代君君民也。（《晏子春秋·晏子辭千金不受》）

(2) 吾妻之美我者，私我也。（《戰國策·齊策一》）

第一句話中有三個"君"，前兩個"君"是君主的意思，是名詞，這是"君"這個詞原本的類屬；但第三個"君"帶有賓語"民"，是作君主治理的意思，這就活用爲動詞了。第二句話中"美"本是一個形容詞，但在句子中帶有賓語"我"，是認爲（我）美的意思；和"君"一樣，在句中也具備有動詞的語法功能，也活用爲動詞了。

漢語中又有一種稱作兼類的情況，就是有的詞具備兩種或兩種以上的詞的語法功能，兼屬不同的詞類。比如"他學自然科學"中的"科學"是名詞，"這個辦法很科學"中"科學"是形容詞；"科學"就兼屬名詞和形容詞兩類。這一節要講的詞類活用不同於詞的兼類；詞類活用是某些詞在一定的語法結構中臨時改變原本的功能而用作另一類詞，具有靈活性和臨時性的特點，出現的頻率低，活用後的用法並没有成爲這個詞固有的語法屬性；詞的兼類是説某些詞已具備幾類詞的語法功能，具有常用性和固定性的特點。比如"樹"：

(1) 五畝之宅，樹之以桑，五十者可以衣帛矣。（《孟子·梁惠王上》）

(2) 有嘉樹焉，宣子譽之。（《左傳·昭公二年》）

第一句話中的"樹"是"種植"，動詞；第二句話中的"樹"是"樹木"，是名詞。"種植"是"樹"的本義，是動詞；最早表示"樹木"義用的是"木"，大概到春秋以後，"樹"又用作名詞，表示"樹木"，六朝以後就基本替代了"木"，成爲表示木本植物的總稱。綜合上面的考察，"樹"應該看作一個兼類詞。

下面介紹古漢語詞類活用的幾種情況。

（一）名詞用作動詞

在古代漢語中，有的名詞可以活用作一般動詞，表達與這個名詞意義相關的動詞含義。前面所舉"是臣代君君民"那句話,句中的第二個"君"顯示出動詞最基本的功用(可以帶表示涉及對象的賓語),所以說是活用作一般動詞。再例如:

（1）假舟楫者,非能水也,而絕江河。(《荀子·勸學》)
（2）今京不度,非制也。(《左傳·鄭伯克段於鄢》)
（3）從左右,皆肘之,使立於後。(《左傳·鞌之戰》)
（4）寡人如就見者也,有寒疾,不可以風。(《孟子·孟子將朝王》)
（5）靖郭君衣威王之衣。(《戰國策·靖郭君善齊貌辨》)
（6）魯哀公,下主也,南面君國,境內之民莫敢不臣。(《韓非子·五蠹》)
（7）信釣於城下,諸母漂。有一母見信飢,飯信,竟漂數十日。(《史記·淮陰侯列傳》)
（8）牽一黑衞出,取劍臂之。(《池北偶談·女俠》)

上述各例中加點的詞都是名詞活用作一般動詞:例(1)"水"的意思是游水;例(2)"度"的意思是合制度;例(3)"肘"的意思是"用肘撞擊";例(4)"風"的意思是被風吹;例(5)"衣"的意思是穿上衣服;例(6)"君"的意思是作君主統治,"臣"的意思是臣服。例(7)"飯"的意思是給飯吃;例(8)"臂"的意思是手持。

方位名詞也可以活用作動詞,例如:

（1）秦師遂東。(《左傳·秦晉殽之戰》)
（2）且籍與江東子弟八千人渡江而西。(《史記·項羽本紀》)

句中方位名詞"東"是向東行進的意思,"西"是"向西行進"的意思。

（二）使動用法

使動的意思是句子中主語表示的人物並不施行謂語動詞表示的動作行為,而是使賓語表示的人物施行這個動作行為。按照一般的用法,動作行為應該是由主語表示的人物施行而不是由賓語表示的人物施行,所以把使動用法看作一種活用。古漢語的動詞、形容詞和名詞都有使動用法。比如:

項伯殺人,臣活之。(《史記·項羽本紀》)

分析這句話要分兩步：第一，"臣活之"這句話裏的主語是"臣"，但主語"臣"並不施行謂語動詞"活"表示的動作行爲(存活)，施行這個動作行爲的是"活"的賓語"之"表示的人物(項伯)。第二步，賓語"之"表示的人物(項伯)並不是自行施行"活"這個動作行爲，是主語"臣"致使他施行的，所以説"活"是使動用法。

1. 動詞的使動用法

動詞使動用法的含義已如上面所説。需要説明的是，動詞用作使動並没有改變動詞本身的詞性(比如上面例子中"活"還是動詞)，改變的是動賓之間的語義關係(賓語表示的人物不是動作行爲的涉及者，而是施行者)；换句話説，這是一種特殊的動賓關係。

動詞的使動用法多見於不及物動詞。不及物動詞如果帶有賓語，一般爲使動用法。例如：

(1) 臣爲王引弓虛發而下鳥。(《戰國策·楚策四》)
(2) 勞而擾之，則怒之也。(《説苑·政理》)
(3) 成之勿敗，生之勿殺。(《説苑·政理》)
(4) 入説王后，王后乃請趙而歸之。(《戰國策·吕不韋相秦》)
(5) 秦昭王後悔出孟嘗君。(《史記·孟嘗君列傳》)
(6) 然觀操軍船艦首尾相接，可燒而走也。(《三國志·吴書·周瑜傳》)

例(1)"下鳥"是使鳥下的意思；例(2)"怒之"是使之怒的意思；例(3)"成"的意思是使成功，"生"的意思是使存活；例(4)"歸"的意思是使回來；例(5)"出"是使孟嘗君出關的意思；例(6)"走"是迫使操軍船艦逃走的意思。

不及物動詞用作使動時，後面的賓語有的可以省略，如上舉例(6)。

及物動詞也可以用作使動。從形式上看，這與及物動詞帶賓語的通常用法没有什麽區别，實際上意義是不同的。例如：

(1) 公飲之酒。(《左傳·昭公二十一年》)
(2) 沛公旦日從百餘騎來見項王。(《史記·項羽本紀》)

例(1)"飲之酒"是使"之"(指代一個叫華貙的人)飲酒的意思；例(2)"從百餘騎"是使百餘騎跟從的意思。爲了同及物動詞帶賓語的普通用法區别開來，用作使動的及物動詞很多改變了讀音，如例(1)"飲"讀 yìn，例

(2)"從"舊讀 zòng。相比不及物動詞的使動用法,古漢語中及物動詞用作使動要少很多。

2. 形容詞的使動用法

按照一般的用法,形容詞作謂語後面是不帶賓語的;如果後面帶有賓語,那麼這個形容詞就活用作了動詞。從意義上看,形容詞用作使動就是使賓語表示的人或事物發生變化而具有了形容詞表示的性質或狀態。例如:

　　工師得大木,匠人斫而小之。(《孟子·梁惠王下》)

句中"小"是一個形容詞,後面帶了一個賓語"之(指大木)"。從意義上看,是使大木經過砍削("斫")後變得小了。再比如:

　　(1)省刑罰,薄稅斂。(《孟子·晉國天下莫強焉》)
　　(2)有罪者重其罰。(《說苑·政理》)
　　(3)多徭役以罷民力,則苦之也。(《說苑·政理》)
　　(4)能富通者在我,何說貧?(《漢書·鄧通傳》)
　　(5)於是治其園圃,潔其庭宇。(蘇軾《超然臺記》)
　　(6)因城以爲臺者舊矣,稍葺而新之。(蘇軾《超然臺記》)

例(1)"薄"的意思使賦稅變輕;例(2)"重其罰"是使懲罰變重的意思;例(3)"苦之"是使民變苦的意思;例(4)"富通"的意思使鄧通變富;例(5)"潔其庭宇"是使庭宇變清潔的意思;例(6)"新之"使臺子變新的意思。

3. 名詞的使動用法

從意義上看,名詞用作使動就是使賓語表示的人或事物成爲這個名詞表示的人或事物,是"使……成爲……"的意思。如:

　　縱江東父兄憐而王我,我何面目見之。(《史記·項羽本紀》)

"王"本是一個名詞,在這句話裏的意思是使賓語"我"成爲王,所以說名詞"王"用作使動。分析這句話有兩步:第一,"王"先活用作動詞(做王);第二,再用作使動(使"我"做王)。再比如:

　　齊桓公合諸侯而國異姓。(《史記·晉世家》)

例中"國異姓"的意思是使異姓立國。"國"先活用作動詞(立國),再用作使動(使立國)。

名詞用作使動比較少見。

（三）意動用法

　　意動用法是説句中的形容詞或名詞用作動詞，後面帶了賓語，表示的意思是"認爲賓語表示的人或事物怎麽樣"或"把賓語表示的人或事物看作什麽"。意動用法强調的是一種對賓語表示的人或事物的主觀看法，但賓語表示的人或事物實際上並不一定如此。比如：

　　　　吾妻之美我者，私我也。（《戰國策・齊策一》）

　　句中的"美"帶了賓語"我"，意思是認爲我相貌美，但這只是一種主觀看法，我的相貌實際上並不一定美。比較下面"美"的使動用法：

　　　　君子之學也以美其身。（《荀子・勸學》）

　　句中"美"的意思是使君子之身變得美，賓語表示的人或事物（"其身"）發生了實際的變化，由此可以看出意動用法和使動用法的不同。

　　形容詞和名詞有意動用法，動詞没有意動用法。

　　1. 形容詞的意動用法

　　形容詞的意動用法表示主觀上認爲賓語表示的人或事物具有形容詞描寫的性質或狀態特點（如上舉的"美我"）。例如：

　　　　（1）元禮及賓客莫不奇之。（《世説新語・小時了了》）
　　　　（2）王后悦其狀，高其知。（《戰國策・吕不韋相秦》）
　　　　（3）其家甚智其子。（《韓非子・説難》）
　　　　（4）人不難以死免其君。（《左傳・鞌之戰》）
　　　　（5）見棠姜而美之，使偃取之。（《左傳・崔杼弑其君》）
　　　　（6）老子之小仁義，非毁之也，其見者小也。（韓愈《原道》）

　　例（1）"奇之"的意思是認爲孔融的話非同一般；例（2）"高其知"的意思是認爲他的智慧高；例（3）"智其子"的意思是認爲其子聰明；例（4）"不難以死免其君"的意思是不把"以死免其君"看作難事。例（5）的"美"是認爲美的意思；例（6）的"小"是認爲小（即看不起）的意思。

　　有時一句話中既有形容詞的意動用法，也有動詞的使動用法：

　　　　人不難以死免其君。（《左傳・鞌之戰》）

　　句中"難"是形容詞用作意動，"免"是動詞用作使動（使其君免難）。

2. 名詞的意動用法

一個名詞用作意動,是説把賓語表示的人或事物作爲這個名詞表示的人或事物看待。如:

(1) 貧窮則父母不子,富貴則親戚畏懼。(《戰國策·蘇秦以游説致富貴》)

(2) 因師之。每出約束,必稱神師。(《史記·田單列傳》)

例(1)名詞"子"用作意動,意思是當作自己的兒子看待。例(2)名詞"師"用作意動,"師之"意思是把他當作老師看待。

(四) 名詞用作狀語

這裏説的"名詞"主要是指普通名詞。在現代漢語中,普通名詞一般不作狀語;在古代漢語中,有的普通名詞也可以作狀語。這是古漢語某些名詞固有的語法功能,嚴格地説不屬於詞類活用;之所以和詞類活用放在一起討論,主要是著眼於這種用法跟現代漢語名詞的功能有區別。

古漢語中的名詞作狀語,常表達下面的意義:

1. 方位名詞、處所名詞、時間名詞作狀語,表示行爲動作的方位、處所或時間等。例如:

(1) 孔子東游。(《列子·湯問》)

(2) 童子隅坐而執燭。(《禮記·曾子易簀》)

(3) 項伯乃夜馳入沛公軍,私見張良。(《史記·留侯世家》)

例(1)"東游"意思是向東出遊;例(2)"隅坐"意思是在席子的邊角處坐;例(3)"夜馳入"意思是當夜馳入。

2. 表示行爲動作的工具、方式、憑藉等。如:

(1) 叩石墾壤,箕畚運於渤海之尾。(《列子·湯問》)

(2) 羣臣吏民,能面刺寡人之過者受上賞。(《戰國策·齊策一》)

(3) 陛下輕士善罵,臣等義不受辱,故恐而亡匿。(《史記·留侯世家》)

例(1)"箕畚運"意思是用箕畚運;例(2)"面刺"意思是當面譏刺批評;例(3)"義不受辱"意思是依據道義不受辱。

3.表示對人的態度。如：

(1) 田單乃起，引還，東鄉坐，師事之。(《史記·田單列傳》)
(2) 齊將田忌善而客待之。(《史記·孫子吳起列傳》)

前一例"師事之"意思是用對待老師的態度來侍奉他；後一例"客待之"意思是像對待賓客那樣對待他。

4.表示比喻。如：

(1) 嫂蛇行匍伏，四拜自跪而謝。(《戰國策·蘇秦以游説致富貴》)
(2) 豕人立而啼。(《左傳·莊公八年》)

"蛇行"是説像蛇一樣爬行；"人立"是説像人一樣站立。

第七單元

講讀文選

史記

　　《史記》原名《太史公書》,西漢司馬遷著。《史記》以人物傳記的形式記述歷史,是我國第一部紀傳體通史。記事上起傳說中的黃帝,下迄漢武帝太初年間,跨度近三千年。全書包括本紀、表、書、世家、列傳五個部分,共一百三十篇(少數篇目爲西漢褚少孫補寫)。"八書"記載制度沿革,"十表"貫通史實脈絡,"本紀"叙述各代興衰及帝王的政事,"世家"記述先秦各諸侯國的興亡、漢代傑出的功臣以及部分諸侯王的事迹,"列傳"是歷代著名人物的傳記。此後的正史都沿用了由《史記》開創、《漢書》完善的體制。

　　司馬遷(前145？～?),字子長,西漢夏陽(今陝西韓城)人,著名史學家、文學家。漢武帝元封三年(前108)繼父職任太史令(史官),太初元年(前104)開始撰寫《史記》。天漢三年(前98),因替兵敗投降匈奴的漢將李陵辯解,被處宮刑。出獄後任中書令,繼續撰寫《史記》,約在征和二年(前91)完成了《史記》的寫作。

　　《史記》以生動的語言記述了一系列重大的歷史事件,塑造了衆多栩栩如生的歷史人物,展現了廣闊的社會生活畫卷。它不僅是史學名著,也是傳記文學的典範,對後世產生了深遠的影響。

　　《史記》注本很多,宋代將南朝宋裴駰的集解、唐司馬貞的索隱、張守節的正義三家注釋分別排入正文之下,便於閱讀。

選文據點校本《史記》（中華書局一九五九年版）。

吕太后本紀（節選）

【説明】吕后專權及至諸吕被誅滅是漢初歷史上的一件大事。選文記述吕后爲爭奪帝權虐殺戚夫人及其子趙王如意，惠帝死後臨朝稱制，又濫殺異己，上演了在家天下的集權制度下一幕幕滅絶人性的慘劇。

吕太后者，高祖微時妃也①，生孝惠帝、女魯元太后②。及高祖爲漢王，得定陶戚姬③，愛幸，生趙隱王如意④。孝惠爲人仁弱，高祖以爲不類我，常欲廢太子，立戚姬子如意，如意類我。戚姬幸，常從上之關東⑤，日夜啼泣，欲立其子代太子。吕后年長，常留守，希見上，益疏⑥。如意立爲趙王後，幾代太子者數矣⑦，賴大臣爭之，及留侯策⑧，太子得毋廢。

劉邦愛幸戚姬，欲立其子爲太子但終究未成。

① 吕太后（前241—前180）：漢高祖劉邦皇后。名雉，字娥姁。微：地位低賤，不顯達。惠帝繼位，尊爲太后。
② 孝惠帝：名盈（前194—前188在位）。魯元太后：孝惠帝的姐姐。其子張偃後來被封爲魯王，故稱魯太后。"元"是謚號。
③ 公元前206年，劉邦率軍攻占咸陽，推翻秦朝統治。同年項羽入關，大封諸侯王，劉邦被封爲漢王。定陶戚姬：舊籍定陶的戚姓女人。定陶：秦縣名，在今山東。
④ 趙隱王如意：名如意，劉邦時被封爲趙王，"隱"是謚號。
⑤ 關東：秦、漢定都在今陝西，稱函谷關以東地區爲關東。函谷關在今河南靈寶一帶。
⑥ 留守：留守關中。希：稀少，這個意義後作"稀"。益疏：更加疏遠。
⑦ 幾（jī）：接近；幾乎。數（shuò）：好幾次。
⑧ 爭：諫諍。留侯策：留侯張良爲太后出謀劃策。張良曾建議迎"商山四皓"勸阻劉邦廢太子（參《史記·留侯世家》）。

……　……

　　呂后最怨戚夫人及其子趙王,迺令永巷囚戚夫人①,而召趙王。使者三反,趙相建平侯周昌謂使者曰②:"高帝屬臣趙王③,趙王年少。竊聞太后怨戚夫人,欲召趙王并誅之,臣不敢遣王④。王且亦病,不能奉詔。"呂后大怒,迺使人召趙相。趙相徵至長安⑤,迺使人復召趙王。王來,未到。孝惠帝慈仁,知太后怒,自迎趙王霸上,與入宫,自挾與趙王起居飲食⑥。太后欲殺之,不得閒⑦。孝惠元年十二月,帝晨出射,趙王少,不能蚤起⑧。太后聞其獨居,使人持酖飲之⑨。黎明,孝惠還,趙王已死⑩。於是迺徙淮陽王友爲趙王⑪。夏,詔賜酈侯父追謚爲令武侯⑫。太后遂斷戚夫人手足,去眼,煇耳,飲瘖藥⑬,使居廁中,命曰"人彘"。居數日,迺召孝惠帝觀人彘。孝惠見,問,迺知其戚夫人,迺大哭,因病,歲餘不能起。使人請太后曰⑭:"此非人所爲。臣爲太后子,終不能治天下⑮。"孝惠以此日飲爲淫樂,不聽政,故有病也。

　　呂后殺害趙王如意,又殘害戚夫人。

① 永巷:原爲宫中長巷,後立爲機構,設有牢獄囚禁嬪妃宫人。
② 三反:往返三次。趙相建平侯周昌:劉邦恐自己死後呂后殺害趙王,派周昌爲趙相,意在加以護衛。趙相:西漢初年諸侯王國設置相國、丞相,有輔佐、監護諸侯王之責。
③ 屬(zhǔ):囑託;託付。
④ 遣:發送;讓……離開前往。
⑤ 徵:君主下命令召來。
⑥ 霸上:也作"灞上"。古地名,在今陝西西安東南。自挾(xié):讓趙王跟自己在一起。挾:帶,這裏指令其跟隨。
⑦ 閒(jiàn):間隙;機會。
⑧ 出射:出宫射獵。蚤:通"早"。

⑨ 酖(zhèn)：一種毒酒。飲(yìn)之：給他喝。
⑩ 王念孫認爲當作"黎孝惠還"，意思是等到孝惠帝射獵回來（參《讀書雜志》卷三之一）。黎：及；等到。《漢書·外戚傳》："遲帝還，趙王死。"
⑪ 淮陽王友：指劉邦之子劉友，此前封爲淮陽王。
⑫ 下詔追謚酈侯的父親呂澤爲令武侯。酈侯：呂后長兄呂澤之子名呂台(tāi)，被封爲酈侯。
⑬ 煇(xūn)耳：熏灼耳朵使變聾。飲(yìn)瘖(yīn)藥：强迫她喝使人變啞的藥。瘖：同"喑"，啞，不能説話。
⑭ 請：告訴。
⑮ 終：終究；無論如何。

······ ······

（七年）秋八月戊寅，孝惠帝崩。發喪，太后哭，泣不下①。留侯子張辟彊爲侍中，年十五，謂丞相曰②："太后獨有孝惠，今崩，哭不悲，君知其解乎③？"丞相曰："何解？"辟彊曰："帝毋壯子，太后畏君等④。君今請拜呂台、呂産、呂禄爲將，將兵居南北軍⑤，及諸呂皆入宫，居中用事，如此則太后心安，君等幸得脱禍矣⑥。"丞相迺如辟彊計。太后説⑦，其哭迺哀。呂氏權由此起。迺大赦天下。九月辛丑，葬。太子即位爲帝，謁高廟⑧。元年，號令一出太后⑨。

孝惠帝死，諸呂居中用事，呂后開始專權。

① 泣：眼淚。
② 留侯：張良的封號。侍中：官名。侍從皇帝左右，出入宫廷。丞相：這裏指左丞相陳平（參《漢書·外戚傳》）。
③ 解：解説，這裏指原因。
④ 皇上没有留下成年的兒子，太后懼怕你們這些大臣。毋：通"無"。
⑤ 呂台、呂産：呂后長兄呂澤之子。呂禄：呂后次兄呂釋之之子。南北軍：駐紮在京城南部和北部的兩支衛戍部隊。

⑥ 用事:掌權主事。幸得脱禍:有幸能够免禍。
⑦ 説(yuè):高興,這個意義後作"悦"。
⑧ 太子:惠帝后宫所生子。謁高廟:祭拜高祖之廟。《漢書·外戚傳》:"乃立孝惠後宫子爲帝,太后臨朝稱制。"
⑨ 元年:漢高后元年。

太后稱制,議欲立諸呂爲王,問右丞相王陵①。王陵曰:"高帝刑白馬盟曰②:'非劉氏而王③,天下共擊之。'今王呂氏,非約也。"太后不説。問左丞相陳平、絳侯周勃④。勃等對曰:"高帝定天下,王子弟;今太后稱制,王昆弟諸呂,無所不可。"太后喜,罷朝。王陵讓陳平、絳侯曰⑤:"始與高帝唼血盟⑥,諸君不在邪?今高帝崩,太后女主,欲王呂氏,諸君從欲阿意背約⑦,何面目見高帝地下?"陳平、絳侯曰:"於今面折廷争⑧,臣不如君;夫全社稷、定劉氏之後,君亦不如臣。"王陵無以應之。十一月,太后欲廢王陵,乃拜爲帝太傅,奪之相權⑨。王陵遂病免歸⑩。迺以左丞相平爲右丞相,以辟陽侯審食其爲左丞相⑪。左丞相不治事,令監宫中,如郎中令⑫。食其故得幸太后,常用事,公卿皆因而決事⑬。迺追尊酈侯父爲悼武王⑭,欲以王諸呂爲漸⑮。

吕后代行皇帝職權,罷黜王陵,任用審食其,爲王諸吕掃除障礙。

① 稱制:代行皇帝職權。右丞相王陵:王陵在惠帝時繼曹參之後爲右丞相。當時右丞相位在左丞相之上。
② 刑白馬盟:殺白馬舉行盟誓。古代舉行盟誓時殺牲取血塗口邊以示誠信守約。
③ 王(wàng):稱王;立……爲王。
④ 陳平:漢初大臣,惠帝六年爲左丞相。事迹見《史記·陳丞相世家》。周勃:漢初大臣,高祖、吕后時曾任太尉。封絳侯。事迹見《史記·絳侯周勃世家》。
⑤ 讓:責備。

⑥ 嗾(shà)血：即歃血。
⑦ 從(zòng)欲：縱使想要。從：後作"縱"。阿(ē)意：曲從他人的意旨。阿：曲從；迎合。
⑧ 面折：當面指責別人的過失。折：反駁；指斥。廷爭：在朝廷上直言爭辯。
⑨ 太傅：輔導帝王的官，位尊而無實權。奪之相權："之"相當於"其"。
⑩ 歸：回鄉。
⑪ 審食(yì)其(jī)：秦沛縣人，封辟陽侯。
⑫ 不治事：不管理左丞相職之事。監：監督管理。郎中令：郎官的首領。郎官負責宿衛宮內門戶、侍從皇帝左右。
⑬ 幸：被寵幸。公卿：泛指朝中大臣。因而決事：依仗他決斷大事。因：憑藉。
⑭ 酈侯父：指呂台的父親呂澤，也即呂后的長兄。
⑮ 想以此推進"王諸呂"的進程。漸：事情的逐步進展。

······ ······

　　宣平侯女爲孝惠皇后時，無子，詳爲有身①，取美人子名之②，殺其母，立所名子爲太子。孝惠崩，太子立爲帝。帝壯③，或聞其母死，非眞皇后子，迺出言曰："后安能殺吾母而名我？我未壯，壯即爲變④。"太后聞而患之，恐其爲亂，迺幽之永巷中，言帝病甚，左右莫得見。太后曰："凡有天下治爲萬民命者⑤，蓋之如天，容之如地，上有歡心以安百姓，百姓欣然以事其上，歡欣交通而天下治⑥。今皇帝病久不已，迺失惑惛亂⑦，不能繼嗣奉宗廟祭祀，不可屬天下⑧，其代之。"羣臣皆頓首言："皇太后爲天下齊民計所以安宗廟社稷甚深⑨，羣臣頓首奉詔。"帝廢位，太后幽殺之⑩。五月丙辰，立常山王義爲帝，更名曰弘⑪。不稱元年者，以太后制天下事也⑫。以軹侯朝爲常山王⑬。置太尉官⑭，絳侯勃爲太尉。五年八月，淮陽王薨⑮，以弟壺關侯武爲淮陽王。六年十月，太后曰吕王嘉居處驕恣⑯,廢之,以肅王台弟吕產爲吕王。夏,赦天下。封齊悼惠王子興居爲東牟侯⑰。

　　七年正月,太后召趙王友⑱。友以諸吕女爲后⑲,弗愛,愛他姬,諸吕女妒,怒去,讒之於太后,誣以罪過,曰:"吕氏安得王!太后百歲後吾必擊之⑳。"太后怒,以故召趙王。趙王至,置邸不見,令衛圍守之,弗與食㉑。其羣臣或竊饋,輒捕論之㉒。

　　惠帝死,少帝因口出怨言被幽殺,趙王劉友也遭讒言被囚禁斷食。

① 宣平侯女:宣平侯張敖之女。張敖爲魯元公主之夫,此女也即魯元公主之女。詳(yáng):通"佯",假裝。有身:懷孕。《漢書·外戚傳》:"吕太后欲爲重親,以公主女配帝爲皇后。"
② 美人:西漢妃嬪的稱號之一。名之:將他名爲皇后之子。《漢書·五行志》:"皇后亡子,後宫美人有男,太后使皇后名之而殺其母。"
③ 壯:是衍文。
④ 變:變更自己的母子關係。
⑤ 此句《漢書·高后紀》作"凡有天下治萬民者",語意較順。
⑥ 歡欣交通:皇帝的歡心和百姓的欣喜交會在一起。
⑦ 失惑惛亂:神志迷惑昏亂。惛:後通作"昏"。
⑧ 屬(zhǔ):託付。
⑨ 齊民:平民。計所以安宗廟社稷甚深:用來"安宗廟社稷"的謀慮十分深遠。計:考慮謀劃。
⑩ 幽殺:囚禁殺害。
⑪ 五月丙辰:漢高后四年五月十一。常山王義:義原名山,是惠帝後宫子,原封襄城侯,後改封常山王,更名義。
⑫ 制:裁決;決斷。
⑬ 軹(zhǐ)侯朝:劉朝,是惠帝之子。
⑭ 太尉:官名。秦至西漢設置,爲全國軍政首腦。與丞相、御史大夫並稱三公。
⑮ 淮陽王:名彊,惠帝之子。
⑯ 吕王嘉:嘉是吕台之子。吕王台死後嘉代立爲王。居處:日常

⑰ 齊悼惠王：劉邦的長子劉肥封爲齊王，"悼惠"是謚號。
⑱ 趙王友：劉友是劉邦之子，封淮陽王。趙王如意死後改封趙王。
⑲ 劉友娶呂姓女子爲后。
⑳ 安得：怎麼能。百歲後：死的諱稱。
㉑ 邸：王侯朝見時在京城的住所。衛：呂后派去的衛兵。《漢書·高后紀》："趙王友幽死于邸。"
㉒ 或：有的人。饋：送（食物）。論：判罪。

……………

三月中，呂后祓①。還過軹道②，見物如蒼犬，據高后掖③，忽弗復見。卜之，云趙王如意爲祟④。高后遂病掖傷。

……………

七月中，高后病甚，乃令趙王呂祿爲上將軍，軍北軍；呂王產居南軍⑤。呂太后誡產、祿曰："高帝已定天下，與大臣約，曰'非劉氏王者天下共擊之'。今呂氏王，大臣弗平。我即崩⑥，帝年少，大臣恐爲變。必據兵衛宮，愼毋送喪⑦，毋爲人所制。"

辛巳⑧，高后崩，遺詔賜諸侯王各千金，將相列侯郎吏皆以秩賜金⑨。大赦天下。以呂王產爲相國，以呂祿女爲帝后。

記述呂后之死，至死爲權力困擾，一直心懷戒懼。

① 祓（fú）：一種除凶去邪的祭禮。《漢書·五行志》作"祓霸上還"。
② 軹道：亭名，在今陝西西安東北。
③ 據（jǐ）：搏擊；抓持。掖：通"腋"，腋下。
④ 爲祟：作祟。精怪妖物害人。
⑤ 軍（北軍）、居（南軍）：這裏都是統領的意思。軍：軍隊駐紮。居：治理。
⑥ 即：如果。

⑦ 據:依仗;憑藉。送喪:送靈柩下葬。
⑧ 辛巳:八月初一日。
⑨ 諸侯王:皇子封爲王稱諸侯王。(千)金:貨幣單位。漢代以黃金一斤爲一金。列侯:爵位名。《漢書·高后紀》:"諸有功者皆受封地爲列侯。"郎吏:即郎官。秩:官員的品級。

孟嘗君列傳(節選)

【説明】孟嘗君是"戰國四公子"之一,以善養士聞名。本文記述孟嘗君舍業厚待賓客,禮賢下士,廣納人才。由於他知人善用,在被秦昭王囚禁的危難時刻,得食客中雞鳴狗盜之徒的幫助成功逃脱。

孟嘗君在薛,招致諸侯賓客及亡人有罪者①,皆歸孟嘗君。孟嘗君舍業厚遇之②,以故傾天下之士③。食客數千人④,無貴賤一與文等⑤。孟嘗君待客坐語⑥,而屏風後常有侍史⑦,主記君所與客語,問親戚居處⑧。客去,孟嘗君已使使存問⑨,獻遺其親戚⑩。孟嘗君曾待客夜食,有一人蔽火光⑪。客怒,以飯不等,輟食辭去⑫。孟嘗君起,自持其飯比之⑬。客慙,自剄⑭。士以此多歸孟嘗君。孟嘗君客無所擇⑮,皆善遇之。人人各自以爲孟嘗君親己。

孟嘗君舍業厚待賓客,禮賢下士,廣納天下賢才。

① 孟嘗君:姓田名文,齊國貴族,封號孟嘗君。齊湣王時曾爲相國。其父田嬰是齊宣王的庶弟,齊湣王時被封於薛(今山東滕州東南)。在薛:孟嘗君承襲其父田嬰的封邑。《史記》本傳:"嬰卒,謚爲靖郭君,而文果代立於薛,是爲孟嘗君。"亡人:逃亡的人。
② 舍業厚遇之:捨棄家産厚待賓客。遇:對待。
③ 傾天下之士:使天下之士歸附。傾:傾斜,這裏指歸附。
④ 食客:即門客。指投靠權貴、爲其服務以謀取衣食的人。

⑤ 一與文等：全部與田文相同。
⑥ 語：交談。
⑦ 侍史：擔任文書工作的侍從人員。
⑧ 親戚：與自己有血緣關係或婚姻關係的人。
⑨ 使使存問：派使者慰問。存問：問候。
⑩ 獻遺（wèi）：奉贈財物。遺：贈送。
⑪ 蔽火光：背著照明的火光，在火光照不到的陰影裏。
⑫ 輟（chuò）：停止。
⑬ 比（舊讀 bì）之：跟那個（生氣的）食客的飯放在一起。
⑭ 慙：同"慚"，慚愧。自剄：割脖子自殺。
⑮ 擇：區別。

秦昭王聞其賢，乃先使涇陽君爲質於齊①，以求見孟嘗君。孟嘗君將入秦，賓客莫欲其行②，諫，不聽。蘇代謂曰③："今旦代從外來，見木禺人與土禺人相與語④。木禺人曰：'天雨，子將敗矣⑤。'土禺人曰：'我生於土，敗則歸土⑥。今天雨，流子而行，未知所止息也⑦。'今秦，虎狼之國也，而君欲往，如有不得還⑧，君得無爲土禺人所笑乎⑨？"孟嘗君乃止。

秦昭王聞其賢，想求見孟嘗君，門客蘇代勸阻孟嘗君的秦國之行。

① 秦昭王：嬴姓，名稷（一作則）。涇陽君：秦昭王的同母弟，名悝，受封於涇陽（今陝西涇陽西北），稱涇陽君。質：人質。
② 莫欲其行：沒有什麼人想讓他到秦國去。
③ 蘇代：戰國時縱橫家，東周洛陽人，蘇秦族弟。
④ 木禺（ǒu）人：即木偶人。這裏用來比喻孟嘗君。禺：後通作"偶"。土禺人：這裏用來比喻涇陽君。
⑤ 雨（yù）：下雨。敗：毀壞。
⑥ 歸土：回歸土中。意思是即使壞了還是土。
⑦ 流子而行：水流沖著你走。所止息：停息的地方。
⑧ 得：能。

⑨ 您能不被土偶人嘲笑嗎？得無……乎：一種固定格式，表示反問。

齊湣王二十五年①，復卒使孟嘗君入秦②，昭王即以孟嘗君爲秦相。人或説秦昭王曰："孟嘗君賢，而又齊族也③，今相秦，必先齊而後秦，秦其危矣④。"於是秦昭王乃止。囚孟嘗君，謀欲殺之。孟嘗君使人抵昭王幸姬求解⑤。幸姬曰："妾願得君狐白裘⑥。"此時孟嘗君有一狐白裘，直千金⑦，天下無雙，入秦獻之昭王，更無他裘⑧。孟嘗君患之，徧問客，莫能對⑨。最下坐有能爲狗盜者⑩，曰："臣能得狐白裘。"乃夜爲狗，以入秦宫臧中⑪，取所獻狐白裘至，以獻秦王幸姬。幸姬爲言昭王⑫，昭王釋孟嘗君。孟嘗君得出，即馳去，更封傳⑬，變名姓以出關。夜半至函谷關。秦昭王後悔出孟嘗君⑭，求之已去，即使人馳傳逐之⑮。孟嘗君至關，關法雞鳴而出客⑯。孟嘗君恐追至，客之居下坐者有能爲雞鳴，而雞齊鳴，遂發傳出⑰。出如食頃⑱，秦追果至關，已後孟嘗君出⑲，乃還。始孟嘗君列此二人於賓客，賓客盡羞之⑳，及孟嘗君有秦難，卒此二人拔之㉑。自是之後，客皆服。

孟嘗君入秦爲相被秦昭王囚禁，幸得門客中雞鳴狗盜之徒的幫助逃出秦國。

① 齊湣王：齊宣王之子。
② 復：又。卒：終於。
③ 或：有的人。齊族：指田齊國君的宗族。
④ 先齊：把齊國的利益放在前面。其：副詞，表示推測。
⑤ 抵：有所求而冒犯請見。幸姬：寵愛的姬妾。解：釋放。
⑥ 狐白裘：用狐狸腋下的白色皮毛製成的皮衣。
⑦ 直：價值，後作"值"。
⑧ 更無他裘：再没有别的皮衣。
⑨ 徧：同"遍"。莫：没有什麽人。

⑩ 最下坐：排在最末的座次，指地位最低下。狗盜：僞裝成狗偷盜。
⑪ 臧（zàng）：儲存東西的地方，後作"藏"。
⑫ 爲（wèi）言：給（孟嘗君）説好話。爲：介詞。
⑬ 更（gēng）封傳（zhuàn）：更換了"封傳"。封傳：古代官府下發的出境及乘坐傳車投宿驛站的憑證。傳：憑證。
⑭ 出：用作使動。這裏是放出的意思。
⑮ 馳傳（zhuàn）：趕著傳車疾馳。傳：傳車，古代驛站所備的車馬。
⑯ 關法：關口的法規。出客：讓客人出關。
⑰ 發傳：打開封傳（查驗）。
⑱ 食頃：吃一頓飯的時間，這是説時間很短。
⑲ 後孟嘗君出：晚於孟嘗君的出關時間。
⑳ 羞之：以此爲羞恥。羞：用作意動。之：指代"列此二人於賓客"。
㉑ 拔：解救。

田單列傳（節選）

【説明】田單是戰國時齊王田氏宗室的遠房親戚，齊國的著名將領。文章記述公元前三世紀時他率領即墨軍民擊敗燕軍的經過，通過施反間計、麻痹燕軍、布火牛陣等典型事件，頌揚了他過人的謀略和卓越戰功。文中記述的即墨之戰是中國歷史上出奇制勝的著名戰例。

　　燕引兵東圍即墨，即墨大夫出與戰①，敗死。城中相與推田單……立以爲將軍，以即墨距燕②。

　　田單在此前的安平之戰中顯示出過人的智謀而被推舉爲將軍，據守即墨以抗燕。

① 即墨：齊城邑名，故城在今山東平度市。即墨大夫：守衛即墨城的長官。
② 距燕：抗拒燕軍。燕將樂毅破齊，齊湣王從臨淄出逃，退守莒城，後被殺。

頃之，燕昭王卒①，惠王立，與樂毅有隙②。田單聞之，乃縱反間於燕③，宣言曰④："齊王已死，城之不拔者二耳⑤。樂毅畏誅而不敢歸，以伐齊為名，實欲連兵南面而王齊⑥。齊人未附，故且緩攻即墨以待其事⑦。齊人所懼，唯恐他將之來，即墨殘矣⑧。"燕王以為然，使騎劫代樂毅⑨。

　　田單利用樂毅與燕惠王的矛盾，施反間計，使燕惠王以騎劫代替樂毅為將。

① 燕昭王：燕國國君（前311—前279在位）。
② 惠王：燕昭王之子。樂（Yuè）毅：戰國時期傑出的軍事家，趙國中山人。先於魏國為官，後至燕被拜為燕上將軍，輔佐燕昭王振興燕國。有隙：有隔閡，不和。
③ 縱反間（jiàn）於燕：對燕國施用反間計。縱：施用。反間：誘使敵方的人為我所用，挑撥離間使敵方內部不和。
④ 宣言：揚言。
⑤ 拔：攻下。二：指莒城（今山東莒縣）和即墨二城。
⑥ 南面：指稱王。古代以坐北朝南為尊位。王（wàng）齊：在齊國稱王。王：動詞，稱王。
⑦ 附：歸附。且：暫且。其事：指王齊之事。
⑧ 齊人害怕的是，只怕別的將領前來，那即墨就要毀了。殘：毀滅。
⑨ 騎劫：燕將。

　　樂毅因歸趙，燕人士卒忿①。而田單乃令城中人食必祭其先祖於庭②，飛鳥悉翔舞城中下食③。燕人怪之。田單因宣言曰："神來下教我④。"乃令城中人曰："當有神人為我師⑤。"有一卒曰："臣可以為師乎⑥？"因反走⑦。田單乃起，引還，東鄉坐，師事之⑧。卒曰："臣欺君，誠無能也⑨。"田單曰："子勿言也⑩！"因師之⑪。每出約束⑫，必稱神師。乃宣言曰："吾唯懼燕軍之劓所得齊卒，置之前行⑬，與我戰，即墨敗矣。"燕人聞之，如其言⑭。城中人見齊諸降者盡劓，皆怒，堅守,唯恐見得⑮。單又縱反閒曰:"吾懼燕人掘吾城外冢墓,僇先人,可爲寒心⑯。"燕軍盡掘壟墓⑰,燒死人。即墨人從城上望見,皆涕泣⑱,俱欲出戰,怒自十倍。

田單以"神人"增强即墨人抗燕的信心,又用計激發齊軍民對敵的仇恨。

① 因:於是。歸趙:樂毅畏誅不敢回燕國,於是就回到趙國。
② 田單命令城裏的人吃飯前一定要在院子裏擺出飯菜祭祀他們的祖先。庭:堂前地,院子。
③ 悉:都。翔:盤旋著飛。下食:下來啄食飯菜。
④ 這是神人下來教導我。
⑤ 定會有神人來做我的老師。
⑥ 卒:士兵。
⑦ 於是回身就跑。反:返回,後作"返"。
⑧ 引:拉。東鄉(xiàng)坐:(讓他)面朝東坐。古代室中以坐西朝東爲尊位。師事之:以對待老師的態度來侍奉他。師:名詞作狀語。事:侍奉。
⑨ 君:這裏是尊稱。誠:實在。
⑩ 你不要説破了。
⑪ 師之:以他爲師。
⑫ 出:發布。約束:指約束軍民的命令。
⑬ 劓(yì)所得齊卒:將俘獲的齊軍士兵割掉鼻子。劓:一種割去鼻子的酷刑。置之前行(háng):把他們放在燕軍的前排(來跟齊軍作戰)。
⑭ 如其言:像田單説的那樣做。
⑮ 見得:被活捉。
⑯ 僇(lù):羞辱。可爲寒心:真叫人感到痛心。
⑰ 壟墓:墳墓。
⑱ 涕泣:流淚哭泣。

田單知士卒之可用,乃身操版插,與士卒分功①,妻妾編於行伍之間，盡散飲食饗士②。令甲卒皆伏，使老弱女子乘城③，遣使約降於燕④，燕軍皆呼萬歲。田單又收民金，得千溢⑤，令即墨富豪遺燕將⑥，曰："即墨即降，願無虜掠吾族家妻妾，令安堵⑦。"燕將大喜，許之。燕軍由此益懈⑧。

田單與士卒同甘共苦，積極備戰，又以詐降計麻痹燕軍。

① 版：築墻的用具。插：通"臿"，挖土的工具。功：事，這裏指工作。
② 行(háng)伍：軍隊的代稱。古時軍隊中五人爲伍，二十五人爲行。饗(xiǎng)：用酒食招待人，犒勞。
③ 甲卒：披甲的士兵。乘城：登上城墻。
④ 約降：約定投降。
⑤ 溢：通"鎰"(yì)。古代重量單位，二十兩(一説二十四兩)爲一鎰。
⑥ 遺(wèi)：送給。燕將：指騎劫。
⑦ 即：如果。無：通"毋"，不要。族家：同族。安堵：安居。
⑧ 益懈：更加鬆懈。

田單乃收城中得千餘牛，爲絳繒衣，畫以五彩龍文①，束兵刃於其角，而灌脂束葦於尾，燒其端②。鑿城數十穴，夜縱牛③，壯士五千人隨其後。牛尾熱，怒而奔燕軍，燕軍夜大驚。牛尾炬火光明炫耀④，燕軍視之皆龍文，所觸盡死傷⑤。五千人因銜枚擊之⑥，而城中鼓譟從之⑦，老弱皆擊銅器爲聲，聲動天地。燕軍大駭，敗走⑧。齊人遂夷殺其將騎劫⑨。燕軍擾亂奔走，齊人追亡逐北⑩。所過城邑皆畔燕而歸田單⑪，兵日益多。乘勝⑫，燕日敗亡，卒至河上⑬，而齊七十餘城皆復爲齊⑭。乃迎襄王於莒⑮，入臨菑而聽政⑯。

襄王封田單，號曰安平君⑰。

田單用火牛陣大敗燕軍，收復齊國失地，被襄王封爲安平君。

① 絳（jiàng）：深紅色。繒（zēng）：帛。文：花紋，這個意義後作"紋"。
② 灌脂束葦於尾：把淋了油的蘆葦縶在牛尾上。其端：指蘆葦末端。
③ 穴：洞。縱：放開。
④ 炬火：火把，指牛尾上點著火的"束葦"。
⑤ 所觸：被牛撞上的。
⑥ 銜枚：古代行軍時士卒口中銜著枚（像筷子，橫銜口中），以防喧嘩出聲。
⑦ 鼓譟（zào）：擂鼓呐喊。譟：喧嘩，喧鬧。從之：指追擊燕軍。
⑧ 走：跑。
⑨ 夷（yí）殺：誅殺。
⑩ 亡：逃跑。北：敗逃。
⑪ 畔：通"叛"。背叛。
⑫ 乘勝：乘著勝利的形勢。
⑬ 河上：指齊國的西北界。
⑭ 復爲齊：又成爲齊國的領土。
⑮ 襄王：齊湣王之子，名法章。齊湣王在莒城被殺，齊臣立其子爲齊王。
⑯ 聽政：處理政事。
⑰ 安平君：因田單初起兵於安平，就以安平君作他的封號。

漢書

《漢書》是我國第一部紀傳體斷代史，記述西漢一代的歷史，是研究西漢歷史的重要資料。《漢書》一百篇（少數篇目由班昭、馬續續成），後人析爲一百二十卷，體例大致與《史記》相同。所創《刑法》《五行》《地理》《藝文》四志成爲後世紀傳體史書的準繩。《漢書》包舉一代，首尾完整，記事詳贍，與《史記》並稱《史》《漢》。

作者班固（32—92），字孟堅，扶風安陵（今屬陝西）人。他的父親班彪繼《史記》作《後傳》，死後班固承父業撰成《漢書》。

《漢書》通行的是唐顏師古的注，清王先謙《漢書補注》集各家考釋，所收資料豐富，可資參考。

選文據點校本《漢書》（中華書局一九六二年版）。

鄧通傳

【説明】鄧通因爲漢文帝的一個夢而受寵以致大富大貴,又由寵幸而遭忌恨,最終因爲太過貪婪而受到查辦,窮困而死。文章選自《漢書·佞幸傳》。

鄧通,蜀郡南安人也①,以濯舩爲黄頭郎②。文帝嘗夢欲上天,不能,有一黄頭郎推上天③,顧見其衣尻帶後穿④。覺而之漸臺⑤,以夢中陰目求推者郎⑥。見鄧通,其衣後穿,夢中所見也。召問其名姓,姓鄧,名通。鄧猶登也⑦,文帝甚説,尊幸之,日日異⑧。通亦愿謹⑨,不好外交,雖賜洗沐,不欲出⑩。於是文帝賞賜通鉅萬以十數,官至上大夫⑪。

鄧通因爲漢文帝的一個夢而驟得寵幸。

① 蜀郡:漢郡名。南安:縣名,在今四川。
② 以:憑藉。濯舩(zhàochuán):持櫂划船。濯:通"櫂",一種類似船槳的工具。舩:同"船"。黄頭郎:漢代郎官的一種,執掌行船事務。頭戴黄帽,稱黄頭郎。
③ 文帝:西漢皇帝劉恒,前180—前157年在位。推上天:《史記·佞幸列傳》作"推之上天"。
④ 回頭看到黄頭郎的衣服臀部上腰帶下的地方破了個洞。尻(kāo):脊骨末端。穿:穿通,這是説破了個洞。《史記·佞幸列傳》作"顧見其衣尻帶裂(dū)後穿"。
⑤ 覺:醒來。漸(jiān)臺:臺名,在長安未央宫西南蒼池中。
⑥ 以夢中所見暗中察看尋找推他上天的那個人。陰:暗中。目:用作動詞,看。
⑦ 鄧猶登:"鄧"就是"登"("鄧""登"讀音相近),由"登"聯想到夢中上天。
⑧ 尊:使地位高。幸:寵愛。日日異:《史記·佞幸列傳》作"日異"。

⑨ 愿:老實。謹:謹慎。
⑩ 外交:跟外人交往。洗沐:洗浴,指休假。沐:洗頭。出:出宫。
⑪ 鉅(jù)萬:萬萬。泛指數量極大(單位是銅錢)。以十數:(每次鉅萬的賞賜)有數十次。上大夫:應爲"太中大夫",官職名。

文帝時間如通家游戲①,然通無他伎能②,不能有所薦達③,獨自謹身以媚上而已④。上使善相人者相通⑤,曰:"當貧餓死⑥。"上曰:"能富通者在我,何説貧⑦?"於是賜通蜀嚴道銅山⑧,得自鑄錢⑨。鄧氏錢布天下⑩,其富如此。

漢文帝賜鄧通蜀郡嚴道銅山,鄧通大富。

① 時:時常。間(jiàn):趁空子秘密地。《史記·張丞相列傳》:"是時太中大夫鄧通方隆愛幸,賞賜累巨萬。文帝嘗燕飲通家,其寵如是。"
② 他伎(jì)能:别的技藝。伎:通"技"。
③ 薦達:推薦引進。
④ 謹身:自身小心謹慎。媚上:取悦皇上。媚:討好,取悦。
⑤ 皇上讓善於相面的人給鄧通相面。相(xiàng):看相,通過觀察人的相貌來判斷人的吉凶禍福。
⑥ 當:定將。
⑦ 富通者:使鄧通致富的人。富:用作使動。何説貧:怎麽説他必定貧困。
⑧ 嚴道:地名。銅山:銅礦山。
⑨ 能自己開礦鑄錢。
⑩ 布天下:通行天下。

文帝嘗病癰①,鄧通常爲上嗽吮之②。上不樂,從容問曰③:"天下誰最愛我者乎?"通曰:"宜莫若太子④。"太子入問疾,上使太子齰癰⑤,太子齰癰而色難之⑥。已而聞通嘗爲上齰之,太子慙,繇是心恨通⑦。

鄧通爲皇帝吮吸毒瘡膿血，遭到太子的忌恨。

① 病癰(yōng)：長毒瘡。病：患……病。癰：一種毒瘡，有塊狀的化膿性炎瘍。
② 嗽吮(shuòshǔn)：吮吸(膿血)。嗽：《史記·佞幸列傳》作"嗜"(zé)，咬。
③ 從容：説話舒緩。
④ (按理説)應該没有什麽人能像太子那樣愛你。
⑤ 齰(zé)：咬(出膿血)。
⑥ 色難：露出爲難的神色。之：指代"齰癰"這件事。
⑦ 已而：時間不長。慙：同"慚"。繇(yóu)是：由此。繇：由，從。

及文帝崩，景帝立，鄧通免①，家居②。居無何③，人有告通盗出徼外鑄錢④。下吏驗問⑤，頗有⑥，遂竟案⑦，盡没入之⑧，通家尚負責數鉅萬⑨。長公主賜鄧通⑩，吏輒隨没入之⑪，一簪不得著身⑫。於是長公主乃令假衣食⑬。竟不得名一錢⑭，寄死人家⑮。

鄧通因偷運鑄錢出境被查辦，寄食人家，窮餓而死。

① 景帝：文帝之子劉啓，前157—前141年在位。免：免官。
② 家居：(不做官)住在家裏。
③ 無何：時間不長。
④ 有人告發他把鑄的錢偷運出邊境。盗出：偷偷地運出。徼(jiào)：邊界。
⑤ 下吏：交付有關部門。驗問：查驗審問。
⑥ 頗有：確有其事。《史記·佞幸列傳》作"頗有之"。頗：很，甚。
⑦ 遂竟案：於是徹底查辦。竟：窮盡。案：審查，查辦。
⑧ 盡：全部。没入：没收財物、人口等入官。
⑨ 尚：還。責(zhài)：後作"債"。這是説根據鄧通前後犯法的情況應没收的財物數額巨大，現有的錢財還不夠，所以説"尚負責數鉅萬"。

⑩ 長(zhǎng)公主：皇帝的姊妹或皇帝的女兒中地位尊崇者的封號。這裏指文帝的女兒館陶公主，是景帝的姐姐。
⑪ 輒：就。隨：隨同。指與鄧通自己的財產一并沒收。
⑫ 不得：不能。著(zhuó)：穿戴。
⑬ 假：借(出)。
⑭ 竟：到頭來。名：以己名占有，屬於……名下。
⑮ 借住在別人家裏，後死去。寄：寄居。

朱買臣傳（節選）

【説明】朱買臣早年窮困不堪，他發憤讀書，後官至會稽太守、主爵都尉。文中記述他赴太守任前會稽郡邸官吏無比震驚，到任後原來的妻子羞愧自經而死，情節極富戲劇性。

　　朱買臣字翁子，吴人也①。家貧，好讀書，不治產業②。常艾薪樵③，賣以給食④。擔束薪，行且誦書。其妻亦負戴相隨⑤，數止買臣毋歌嘔道中⑥。買臣愈益疾歌⑦，妻羞之⑧，求去。買臣笑曰："我年五十當富貴⑨，今已四十餘矣。女苦日久，待我富貴報女功⑩。"妻恚怒曰⑪："如公等，終餓死溝中耳⑫，何能富貴？"買臣不能留，即聽去⑬。其後，買臣獨行歌道中⑭，負薪墓間。故妻與夫家俱上冢⑮，見買臣饑寒，呼飯飲之⑯。

　　朱買臣早年家貧不治產業，唯好讀書，以致妻子離他而去。

① 吴：泛指今江蘇省南部和浙江省北部一帶。
② 治：經營治理。產業：家產。
③ 艾(yì)薪樵：打柴。艾：通"刈"。割(草、穀物)。薪樵：柴。
④ 給(jǐ)：供給，供應。
⑤ 負：背。戴：用頭頂。

⑥ 數(shuò):屢次。歌謳(ōu):指大聲吟誦。謳:通"謳",吟唱。
⑦ 愈益:更加。疾:有力。
⑧ 羞之:對此感到不體面。羞:羞恥,用作意動。
⑨ 當:必定要。
⑩ 女(rǔ):你。功:功勞,指妻子的辛苦付出。
⑪ 恚(huì):惱怒。
⑫ 溝中:指野外。
⑬ 聽(舊讀 tìng):聽任,任憑。
⑭ 行歌:邊走邊吟誦。
⑮ 故妻:過去的妻子。冢(zhǒng):墳墓。
⑯ 飯飲(yìn)之:給他吃喝。飯:給……飯吃。飲:給……喝。

…… ……

上拜買臣會稽太守①。上謂買臣曰:"富貴不歸故鄉,如衣繡夜行②,今子何如③?"買臣頓首辭謝④。詔買臣到郡⑤,治樓船,備糧食、水戰具⑥,須詔書到,軍與俱進⑦。

朱買臣擔任會稽太守,準備赴任。

① 拜:授官。會稽(Kuàijī):郡名,在今浙江。太守:郡的最高行政長官。
② 衣(yì)繡夜行:穿著錦繡衣服在夜裏走路(別人無法看到衣服的華麗)。
③ 現在你感覺怎麼樣。
④ 辭謝:道謝。
⑤ 詔:皇帝下達命令。
⑥ 治:置辦。樓船:有樓的大船,多指戰船。水戰具:水戰用的器具(當時準備攻打東越王)。
⑦ 須:等待。詔書:指進軍的詔書。當時東越國多次反叛,買臣諫言討伐。

初,買臣免①,待詔②,常從會稽守邸者寄居飯食③。拜爲太守,買臣衣故衣④,懷其印綬⑤,步歸郡邸。直上計時⑥,會稽吏方相與羣飲⑦,不視買臣。買臣入室中,守邸與共食。食且飽,少見其綬⑧。守邸怪之,前引其綬⑨,視其印,會稽太守章也。守邸驚,出語上計掾吏⑩。皆醉,大呼曰:"妄誕耳⑪!"守邸曰:"試來視之⑫。"其故人素輕買臣者入內視之,還走⑬,疾呼曰:"實然!"坐中驚駭,白守丞⑭,相推排陳列中庭拜謁⑮。買臣徐出戶。有頃,長安廄吏乘駟馬車來迎⑯,買臣遂乘傳去⑰。

會稽聞太守且至,發民除道⑱,縣吏並送迎,車百餘乘。入吳界,見其故妻、妻夫治道。買臣駐車,呼令後車載其夫妻⑲。到太守舍,置園中,給食之⑳。居一月,妻自經死,買臣乞其夫錢㉑,令葬。悉召見故人與飲食諸嘗有恩者,皆報復焉㉒。

朱買臣拜爲太守隱而不露,會稽郡邸的官吏始而不信,繼而大驚。至會稽任職,原來的妻子羞慚自經而死。

① 免:被免官。前文說:"後買臣坐事免,久之,召待詔。"
② 待詔:隨時等待詔命。
③ 守邸(dǐ)者:守衛郡邸的小吏。邸:郡邸,各郡設在京師的辦事處兼住所。寄居飯食:借宿吃飯。
④ 衣(yì)故衣:穿著原來的衣服。
⑤ 印綬(shòu):官印和繫官印的絲帶。
⑥ 直上計時:正當上計的時候。上計:年終的時候,地方官將境內的戶口、賦稅、盜賊、獄訟等項目編列造冊,派人逐級上報,呈進朝廷,叫作上計。
⑦ 會稽吏:會稽郡來京的上計官吏。
⑧ 少見(xiàn)其綬:印綬稍微露出一點兒。少:稍,略微。見:後作"現"。
⑨ 引:拉。
⑩ 語(yù):告訴。掾(yuàn)吏:即上計吏。掾:助手性質的佐吏。

⑪ 妄誕:胡亂説大話。誕:言辭誇大。
⑫ 試:姑且。
⑬ 故人:舊時認識的人。入内:入室内。還走:扭頭往回跑。走:跑。
⑭ 白:報告。守丞:輔助郡守縣令的主要官吏。這裏指會稽郡丞。
⑮ 相推排:你推我我推你。排:推擠。陳列:按次序排列。拜謁(yè):拜見。
⑯ 廄吏:管車馬的小吏。
⑰ 傳(zhuàn):古代驛站上備的車馬。
⑱ 發:徵調。除道:修整道路。
⑲ 駐車:停車。後車:後面隨從的車子。
⑳ 置園中:安置在園中居住。給(jǐ)食:供給食用。
㉑ 乞(qì):給予。
㉒ 把舊相識中那些曾供給自己飲食對自己有恩的人都召來見面。報復:報答。

居歲餘,買臣受詔將兵①,與橫海將軍韓説等俱擊破東越②,有功。徵入爲主爵都尉③,列於九卿④。

朱買臣擊破東越有功,位列九卿。

① 將(jiàng)兵:率領軍隊。
② 韓説(Yuè):人名。東越:古代越人的一支,秦漢時分布在今浙江東南部、福建北部一帶。
③ 徵入:徵召入朝廷作官。主爵都尉:官職名。
④ 九卿:中央政府九個部門的首長。

閲讀文選

蕭相國世家①（《史記》）

【説明】蕭何是漢朝開國功臣，劉邦評價他功勞是"鎮國家，撫百姓，給餽饟，不絶糧道"，對戰勝項羽、建立漢朝居功至偉。節選的文章記述論功行封時劉邦對蕭何"萬世之功"的高度肯定。

漢五年②，既殺項羽，定天下，論功行封。羣臣爭功，歲餘功不決③。高祖以蕭何功最盛，封爲酇侯，所食邑多④。功臣皆曰："臣等身被堅執鋭，多者百餘戰，少者數十合，攻城掠地，大小各有差。今蕭何未嘗有汗馬之勞，徒持文墨議論⑤，不戰，顧反居臣等上⑥，何也？"高帝曰："諸君知獵乎？"曰："知之。""知獵狗乎？"曰："知之。"高帝曰："夫獵，追殺獸兔者狗也，而發蹤指示獸處者人也⑦。今諸君徒能得走獸耳，功狗也。至如蕭何，發蹤指示，功人也。且諸君獨以身隨我，多者兩三人。今蕭何舉宗數十人皆隨我，功不可忘也。"羣臣皆莫敢言。

列侯畢已受封，及奏位次，皆曰："平陽侯曹參身被七十創，攻城掠地，功最多，宜第一。"上已橈功臣⑧，多封蕭何，至位次未有以復難之⑨，然必欲何第一。關内侯鄂君進曰⑩："羣臣議皆誤。夫曹參雖有野戰略地之功，此特一時之事。夫上與楚相距五歲，常失軍亡衆，逃身遁者數矣，然蕭何常從關中遣軍補其處⑪；非上所詔令召，而數萬衆會上之乏絶者數矣⑫。夫漢與楚相守滎陽數年，軍無見糧，蕭何轉漕關中⑬，給食不乏。陛下雖數亡山東，蕭何常全關中以待陛下⑭，此萬世之功也。今雖亡曹參等百數，何缺於漢？漢得之不必待以全⑮。柰何欲以一旦之功而加萬世之功哉！蕭何第一，曹參次之。"高祖曰："善。"於是乃令蕭何第一，賜帶劍履上殿，入朝不趨⑯。

① 蕭何(？—前193)，沛縣(今屬江蘇)人。劉邦王漢中，以蕭何爲丞相。《史記·高祖功臣侯者年表》："元年爲丞相，九年爲相國。"相國的職權與丞相略同，禮遇稍尊於丞相。文章節選自《蕭相國世家》。
② 漢五年：前202年。
③ 歲餘功不決："功"是衍文。
④ 鄼(Cuó)侯：蕭何的封爵。鄼：縣名，在今河南。食邑：封給的田邑，受封者以封地内的民户賦税爲食禄。
⑤ 徒：只。
⑥ 顧反：反而。
⑦ 發蹤：《漢書·蕭何傳》作"發縱"。解開繩套，放出獵犬。指示：以手指示獵取的目標所在。
⑧ 橈：通"撓"，使屈服。
⑨ 到了排位次時，還没有找出理由來再次排斥别人的意見。有以：有……用來。難(nàn)：排斥。
⑩ 鄂君：名千秋。進：進言。
⑪ 遣軍補其處：派兵員補充空缺。
⑫ 並不是皇上下命令，幾萬人就被召集起來以補充兵員的缺乏，這已經不止一次了。數(shuò)：多次。《史記》蕭何本傳説："漢王數失軍遁去，何常興關中卒，輒補缺。"
⑬ 見(xiàn)糧：即現糧。轉漕：轉運糧餉。漕：水道運輸。
⑭ 亡：丢失。山東：崤山以東地區。全：保全。
⑮ 待：憑藉。
⑯ 帶：疑爲衍文。履：穿鞋。趨：小步快走，這是在尊長面前的一種禮節。

淮陰侯列傳(《史記》)

【説明】韓信助劉邦勝項羽有大功,是一位軍事奇才,如劉邦所説:"連百萬之軍,戰必勝,攻必取。"節選的文章記述韓信從布衣到拜大將的一些片段,可見其不甘久居人下的雄心。

淮陰侯韓信者,淮陰人也①。始爲布衣時,貧無行②,不得推擇爲吏,又不能治生商賈③,常從人寄食飲,人多厭之者。常數從其下鄉南昌亭長寄食④,數月,亭長妻患之,乃晨炊蓐食⑤。食時信往,不爲具食。信亦知其意,怒,竟絶去⑥。

信釣於城下,諸母漂⑦。有一母見信飢,飯信,竟漂數十日⑧。信喜,謂漂母曰:"吾必有以重報母。"母怒曰:"大丈夫不能自食,吾哀王孫而進食⑨,豈望報乎!"

淮陰屠中少年有侮信者,曰:"若雖長大⑩,好帶刀劍,中情怯耳。"衆辱之曰:"信能死,刺我;不能死,出我袴下。"於是信孰視之,俛出袴下⑪,蒲伏。一市人皆笑信,以爲怯。

記述韓信爲布衣時常從人寄食,又甘受胯下之辱。

① 韓信(?—前196)漢初諸侯王。初封齊王,改封楚王,後有人告其謀反,降爲淮陰侯。淮陰:在今江蘇淮安市。文章節選自《淮陰侯列傳》。
② 無行:行爲放縱不檢點。
③ 治生:謀生計。
④ 數(shuò):屢次。下鄉:鄉名。亭:秦漢時鄉以下、里以上的行政區劃,亭有亭長。
⑤ 晨炊蓐(rù)食:一早做飯,不下牀席就把飯吃了。蓐:草墊子,草席。
⑥ 絶:不再來往。

⑦ 母:老婦人。漂(piǎo):沖洗綿絮、衣物。
⑧ 竟漂數十日:漂洗幾十天期間從始到終(都給韓信飯吃)。竟:到終了。
⑨ 王孫:如同稱"公子",一種尊稱。
⑩ 若:你。
⑪ 俛(fǔ):同"俯",屈身。

及項梁渡淮,信杖劍從之,居戲下①,無所知名。項梁敗,又屬項羽,羽以爲郎中。數以策干項羽②,羽不用。漢王之入蜀③,信亡楚歸漢,未得知名,爲連敖④。坐法當斬,其輩十三人皆已斬,次至信,信乃仰視,適見滕公⑤,曰:"上不欲就天下乎⑥?何爲斬壯士!"滕公奇其言,壯其貌,釋而不斬。與語,大説之。言於上,上拜以爲治粟都尉,上未之奇也⑦。

韓信的才幹初始不爲劉邦所知。

① 項梁:項羽的叔父。戲(huī)下:部下。戲:通"麾",將帥的大旗。
② 策:計謀。干(gān):求;有所求取。
③ 劉邦封爲漢王,王巴、蜀、漢中,都南鄭(今陝西漢中)。入蜀指劉邦離開關中。
④ 連敖:管理糧倉的小官名。
⑤ 滕公:滕縣縣令,即夏侯嬰。
⑥ 就:求取。
⑦ 未之奇:並未認爲他有什麼不凡之處。

信數與蕭何語,何奇之。至南鄭,諸將行道亡者數十人。信度何等已數言上,上不我用①,即亡。何聞信亡,不及以聞②,自追之。人有言上曰:"丞相何亡。"上大怒,如失左右手。居一二日,何來謁上,上且怒且喜,罵何曰:"若亡,何也?"何曰:"臣不敢亡也,臣追亡者。"上曰:"若所追者誰何③?"曰:"韓信也。"上復罵曰:"諸將亡者以十數,公無所追;追信,詐也。"何曰:"諸將易得耳,至如信者,國士無雙。王必欲長王漢中,無所事信④;必欲爭天下,非信無所與計事者⑤。顧王策安所決耳⑥。"王曰:"吾亦欲東耳,安能鬱鬱久居此乎?"何曰:"王計必欲東,能用信,信即留;不能用,信終亡耳。"王曰:"吾爲公以爲將。"何曰:"雖爲將,信必不留。"王曰:"以爲大將。"何曰:"幸甚。"於是王欲召信拜之。何曰:"王素慢無禮⑦,今拜大將如呼小兒耳,此乃信所以去也。王必欲拜之,擇良日,齋戒,設壇場⑧,具禮,乃可耳。"王許之。諸將皆喜,人人各自以爲得大將⑨。至拜大將,乃韓信也,一軍皆驚。

記述蕭何追韓信,韓信拜大將。

① 度(duó):估計。上不我用:漢王不用我。
② 不及以聞:來不及讓劉邦知道。
③ 誰何:誰;何人。《漢書·韓信傳》:"所追者誰也?"
④ 無所事信:沒有有用著韓信的地方。意思是用不著韓信。事:使用。
⑤ 如果要爭霸天下,除了韓信就沒有可與共謀大事的人了。
⑥ 這要看大王怎麼決策了。
⑦ 慢:輕忽;不放在心上。
⑧ 設壇場:闢一塊場地設高臺。
⑨ 得大將:能得大將之位。

練習七

一、熟讀本單元講過的文章。
二、閱讀本單元的閱讀文選。

三、給下面句子中加點的字注音：
  1. 帝晨出射，趙王少，不能蚤起。太后聞其獨居，使人持酖飲之。(《史記·呂太后本紀》)
  2. 今皇帝病久不已，迺失惑惽亂，不能繼嗣奉宗廟祭祀，不可屬天下，其代之。(《史記·呂太后本紀》)
  3. 吾唯懼燕軍之劓所得齊卒，置之前行，與我戰，即墨敗矣。(《史記·田單列傳》)
  4. 田單乃收城中得千餘牛，爲絳繒衣，畫以五彩龍文。(《史記·田單列傳》)
  5. 五千人因銜枚擊之，而城中鼓譟從之。(《史記·田單列傳》)
  6. 鄧通，蜀郡南安人也，以濯舩爲黃頭郎。(《漢書·鄧通傳》)
  7. 文帝嘗病癰，鄧通常爲上嗽吮之。(《漢書·鄧通傳》)
  8. 已而聞通嘗爲上齰之，太子慙，繇是心恨通。(《漢書·鄧通傳》)
  9. 常艾薪樵，賣以給食。(《漢書·朱買臣傳》)

四、解釋下面句子中加點的詞：
  1. 呂后年長，常留守，希見上，益疏。(《史記·呂太后本紀》)
  2. 高帝刑白馬盟曰："非劉氏而王，天下共擊之。"(《史記·呂太后本紀》)
  3. 后安能殺吾母而名我？(《史記·呂太后本紀》)
  4. 孟嘗君舍業厚遇之，以故傾天下之士。(《史記·孟嘗君列傳》)
  5. 此時孟嘗君有一狐白裘，直千金，天下無雙，入秦獻之昭王，更無他裘。(《史記·孟嘗君列傳》)
  6. 田單乃起，引還，東鄉坐，師事之。(《史記·田單列傳》)
  7. 城中人見齊諸降者盡劓，皆怒，堅守，唯恐見得。(《史記·田單列傳》)
  8. 覺而之漸臺，以夢中陰目求推者郎。(《漢書·鄧通傳》)
  9. 能富通者在我，何說貧？(《漢書·鄧通傳》)
  10. 買臣愈益疾歌，妻羞之，求去。(《漢書·朱買臣傳》)
  11. 食且飽，少見其綬。(《漢書·朱買臣傳》)
  12. 入吳界，見其故妻、妻夫治道。(《漢書·朱買臣傳》)

五、把下面的句子譯成現代漢語：
  1. 太后獨有孝惠，今崩，哭不悲，君知其解乎？(《史記·呂太后本紀》)

2. 今高帝崩，太后女主，欲王呂氏，諸君從欲阿意背約，何面目見高帝地下？（《史記·呂太后本紀》）
3. 我生於土，敗則歸土。今天雨，流子而行，未知所止息也。（《史記·孟嘗君列傳》）
4. 孟嘗君恐追至，客之居下坐者有能爲雞鳴，而雞齊鳴，遂發傳出。（《史記·孟嘗君列傳》）
5. 出如食頃，秦追果至關，已後孟嘗君出。（《史記·孟嘗君列傳》）
6. 樂毅畏誅而不敢歸，以伐齊爲名，實欲連兵南面而王齊。（《史記·田單列傳》）
7. 而田單乃令城中人食必祭其先祖於庭，飛鳥悉翔舞城中下食。（《史記·田單列傳》）
8. 束兵刃於其角，而灌脂束葦於尾，燒其端。鑿城數十穴，夜縱牛，壯士五千人隨其後。（《史記·田單列傳》）
9. 文帝甚説，尊幸之，日日異。（《漢書·鄧通傳》）
10. 拜爲太守，買臣衣故衣，懷其印綬，步歸郡邸。（《漢書·朱買臣傳》）
11. 其故人素輕買臣者入內視之，還走，疾呼曰："實然！"（《漢書·朱買臣傳》）
12. 悉召見故人與飲食諸嘗有恩者，皆報復焉。（《漢書·朱買臣傳》）

六、分析下面句子中的賓語前置結構：

1. 先生何以幸教寡人？（《戰國策·秦策三》）
2. 君之楚，將奚爲北面？（《戰國策·魏策四》）
3. 景公問于晏子曰："治國何患？"（《晏子春秋·內篇問上》）
4. 潁考叔曰："敢問何謂也？"（《左傳·隱公元年》）
5. 民不足而可治者，自古及今未之嘗聞。（賈誼《論積貯疏》）
6. 不好犯上而好作亂者，未之有也。（《論語·學而》）
7. 不患莫己知，求爲可知也。（《論語·里仁》）
8. 君子病無能焉，不病人之不己知也。（《論語·衛靈公》）
9. 子曰："莫我知也夫。"（《論語·憲問》）
10. "唐棣之華，偏其反而。豈不爾思？室是遠而。"子曰："未之思也，夫何遠之有？"（《論語·子罕》）

常用詞

比　乘　除　廢　干　給　假　解　謹
具　名　慢　趣　文　徵

1. 比

《廣韻·旨韻》：“比，並也。”並列，挨著。《戰國策·齊策三》：“千里而一士，是比肩而立。”《史記·天官書》：“危東六星，兩兩相比。”（危：星宿名。）雙音詞有［比肩］，成語有［鱗次櫛比］。引申爲接近；連接；連續。《史記·平津侯主父列傳》：“（晏嬰）食不重肉，妾不衣絲，齊國亦治，此下比於民。”《漢書·公孫賀傳》：“丞相李蔡、嚴青翟、趙周三人比坐事死。”蘇軾《超然臺記》：“始至之日，歲比不登。”抽象引申爲親近；親合。《周禮·夏官·形方氏》：“使小國事大國，大國比小國。”《漢書·楚元王傳》：“與二三君子比意同力。”特指勾結。《論語·爲政》：“君子周而不比，小人比而不周。”（周：結合。）成語有［朋比爲奸］。由連接虛化爲介詞：及；等到。《國語·梗陽人有獄》：“比已食，三歎。”《晏子春秋·内篇諫下》：“晏子使於魯，比其反也，景公使國人起大臺之役。”以上幾個意義舊讀 bì。

由相並列引申爲兩方能够相比配。《史記·貨殖列傳》：“千金之家，比一都之君。”由此引申爲比較。《周禮·天官·内宰》：“比其小大與其麤良而賞罰之。”

2. 乘

“乘”的本義是登上；升在……之上。《列子·黃帝》：“俱乘高臺。”李翱《楊烈婦傳》：“得數百人，侃率之以乘城。”引申指用牲口駕車；駕馭。《墨子·親士》：“良馬難乘，然可以任重致遠。”《孟子·滕文公下》：“昔者趙簡子使王良與嬖奚乘。”（王良、奚：人名。）轉指乘坐（交通工具）。《詩經·邶風·二子乘舟》：“二子乘舟。”《老子》八十章：“雖有舟輿，無所乘之。”由登上引申爲憑藉；利用。《慎子·威德》：“飛龍乘雲。”《孟子·公孫丑上》：“雖有智慧，不如乘勢。”成語有［乘人之危］。又抽象引申爲凌駕；欺壓。《國語·周語中》：“乘人不義。”

古代一車四馬爲一乘，讀 shèng。《左傳·鄭伯克段于鄢》：“命子封帥車二百乘以伐京。”《戰國策·蘇秦以游説致富貴》：“革車百乘。”引申相當於以四計數。《左傳·秦晉殽之戰》：“及滑，鄭商人弦高將市於周。遇之，以乘韋先，牛十二犒師。”

3. 除

"除"字從"阜"，指宫殿的臺階；泛指臺階。《史記·魏公子列傳》：“趙王埽除自迎，執主人之禮。”《世說新語·政事》：“聽事前除，雪後猶濕。”

"除"的常用義是去除（朱駿聲認爲假借爲“袪”）。《尚書·泰誓》：“除惡務本。”《漢書·高帝紀上》：“爲父兄除害。”泛指整治。《戰國策·秦策一》：“父母聞之，清宫除道，張樂設飲，郊迎三十里。”"除"又指對官吏的任命授職（舊注認爲是"除故官就新官"）。李密《陳情表》：“尋蒙國恩，除臣洗馬。”

4. 廢

《説文》：“廢，屋頓也。”本義是坍塌。《淮南子·覽冥訓》：“往古之時，四極廢，九州裂。”引申爲壞；敗壞。《漢書·景十三王傳》：“既上車，軸折車廢。”李格非《書〈洛陽名園記〉後》：“其池塘竹樹，兵車蹂躪，廢而爲丘墟。”抽象引申爲衰敗；破滅（與"興"相對）。《孟子·離婁上》：“國之所以廢興存亡者亦然。”《周易·繫辭下》：“其道甚大，百物不廢。”雙音詞有［廢弛］。由敗壞引申爲中止；放棄；不再接續。《論語·雍也》：“力不足者，中道而廢。”《史記·吕太后本紀》：“高祖以爲不類我，常欲廢太子，立戚姬子如意。”《宋史·歐陽修傳》：“汝父爲吏，常夜燭治官書，屢廢而歎。”雙音詞有［廢止］［廢棄］，成語有［半途而廢］［廢寢忘食］。

5. 干（gān）

"干"的古文字字形像類似盾牌的一種武器（這個意義《説文》作"戰"）。《尚書·牧誓》：“稱爾戈，比爾干。”（稱：舉。比：排列。）雙音詞有［干戈］，泛指兵器。

"干"的動詞義是觸犯。《説文》：“干，犯也。”《左傳·文公四年》：“豈敢干大禮以自取戾。"(戾：罪。)引申爲求取；追求。《論語・爲政》："子張學干禄。"特指向上獻策以求接納進用。《晏子春秋・社鼠猛狗》："有道術之士，欲干萬乘之主。"《史記・淮陰侯列傳》："(淮陰侯)數以策干項羽，羽不用。"雙音詞有[干進]。由觸犯又引申爲涉足其間；發生某種關聯。《後漢書・蔡邕傳》："皆婦人干政之所致也。"《南唐書・馮延巳傳》："吹皺一池春水，何干卿事。"雙音詞有[干涉][干與][干係]。

【提示】"干"和"乾""幹"是意義完全不同的三個字。"乾"的意思是乾燥(與"濕"相對)，"幹(gàn)"的基本義是主幹。

6. 給(jǐ)

《説文》："給，相足也。"意思是豐足；充足。《孟子・梁惠王上》："春省耕而補不足，秋省斂而助不給。"(省：察看。)成語有[家給人足]。用作動詞：使豐足；供應。《史記・蕭相國世家》："夫漢與楚相守榮陽數年，軍無見糧，蕭何轉漕關中，給食不乏。"《漢書・朱買臣傳》："常艾薪樵，賣以給食。"成語有[自給自足]。

【提示】古代漢語中給予的意思用"與""予"表示。

7. 假

《説文》："叚，借也。"借入；借出。這個意思後通作"假"。《左傳・僖公二年》："(晉人)假道於虞以伐虢。"(虞、虢：國名。)又《成公二年》："唯器與名不可以假人。"《漢書・鄧通傳》："長公主賜鄧通，吏輒隨没入之，一簪不得著身。於是長公主乃令假衣食。"成語有[久假不歸]。由借入引申爲憑藉；借助。《荀子・勸學》："假輿馬者，非利足也，而致千里。"成語有[狐假虎威][不假思索]。由借出引申爲給予。《戰國策・燕策二》："燕王曰：'假寡人五年，寡人得其志矣。'蘇子曰：'請假王十年。'"成語有[天假之年]。

【提示】不真實的意思上古説"僞"，不説"假"。

8. 解

《説文》："解，判也。"本義是分割動物或人的肢體。《莊子・養生主》："庖丁爲文惠君解牛。"《楚辭・離騷》："雖體解吾猶未變兮，豈余心之可懲。"雙音詞有[解剖]。泛指分割；分開。《國語・魯語上》："晉文公解曹地以分諸侯。"《老子》二十七章："善結，無繩約而不可解。"抽象引申爲分析説明；理解。《史記·吕太后本紀》："太后獨有孝惠，今崩，哭不悲，君知其解乎？"《莊子·天地》："大惑者終身不解。"雙音詞有[解釋][解悟]，成語有[善解人意]。由分解又引申爲把被束縛的東西解開來；脱離束縛。《墨子·公輸》："子墨子解帶爲城。"《史記·孟嘗君列傳》："孟嘗君使人抵昭王幸姬求解。"雙音詞有[解除][解密]。

由分解抽象引申爲精神分散不專一；鬆懈。讀 xiè。《詩經·大雅·生民》："夙夜匪解，以事一人。"《禮記·雜記下》："三日不怠，三月不解。"這個意義後作"懈"。

9. 謹

《説文》："謹，慎也。""謹"的基本義是慎重小心。《尚書·盤庚上》："恪謹天命。"（大意：恭敬謹慎地順從天命。）《漢書·鄧通傳》："（鄧通）不能有所薦達，獨自謹身以媚上而已。"成語有[謹小慎微]。引申爲嚴謹對待；不輕慢苟且。《孟子·梁惠王上》："謹庠序之教。"《列子·造父學御》："造父執禮愈謹。"雙音詞有[謹嚴][敬謹]。由此引申爲恭敬鄭重。《史記·田敬仲完世家》："謹受令。"《後漢書·班超傳》："臣老病衰困……謹遣子勇隨獻物入塞。"（勇：人名。）後用作敬辭，如"謹啓""謹領"。

10. 具

《説文》："具，共置也。""共置"即"供置"，備辦。《左傳·鄭伯克段于鄢》："大叔完聚，繕甲兵，具卒乘。"《孫子兵法·謀攻》："具器械。"引申爲具備；使完備無缺。《管子·明法》："百官雖具，非以任國也。"（任國：擔當國事。）《史記·淮陰侯列傳》："王必欲拜之，擇良日，齋戒，設壇場，具禮，乃可耳。"用作名詞，指備辦的物品。《禮記·祭統》："官備則具備。"（官：祭祀的職分。具：各種祭品。）《漢書·朱建傳》："建母死，貧，未有以發喪，假貸服具。"（服具：辦喪事的用品。）雙音詞有[器具]。特指備辦飲食；（備辦的）飲食。《漢書·灌夫傳》："請語魏其具。"（魏其：魏其侯竇嬰。）《戰國策·齊策四》："左右以君賤之也，食以草具。"（草具：粗劣的飯食。）

11. 名

"名"謂人的名字；物的名稱。《禮記·曲禮下》："君子已孤不更名。"《論語·陽貨》："多識於鳥獸草木之名。"抽象義謂名分；名義；名聲。《漢書·藝文志》:"古者名位不同,禮亦異數。"《禮記·中庸》:"故大德必得其位,必得其祿,必得其名,必得其壽。"用作動詞:命名;稱説。《楚辭·離騷》:"名余曰正則兮,字余曰靈均。"《論語·泰伯》:"大哉,堯之爲君也!巍巍乎,唯天爲大,唯堯則之!蕩蕩乎,民無能名焉!"用作動詞,又謂以己名占有,屬於……名下。《漢書·鄧通傳》:"竟不得名一錢,寄死人家。"

12. 慢

《説文》:"慢,惰也。"輕忽;懈怠。《尚書·咸有一德》:"(夏王)慢神虐民。"《周禮·春官·肆師》:"誅其慢怠者。"《韓非子·飾邪》:"明法者强,慢法者弱。"引申爲對人傲慢無禮。《史記·淮陰侯列傳》:"王素慢無禮,今拜大將如呼小兒耳。"

【提示】輕侮傲慢的意思《説文》作"嫚",解釋爲"侮傷"。《漢書·高帝紀下》:"陛下嫚而侮人,項羽仁而敬人。"快慢的慢《説文》作"𢢔",解釋爲"行遲",這個意思通作"慢"。

13. 趨

《説文》:"趨,走也。"快走;快速行進。《論語·微子》:"孔子下,欲與之言。趨而辟之,不得與之言。"《公羊傳·桓公二年》:"殤公知孔父死己必死,趨而救之,皆死焉。"特指小步快走,一種表示恭敬的禮節。《禮記·曲禮上》:"遭先生於道,趨而進,正立拱手。"(先生:師長。)《史記·蕭相國世家》:"於是乃令蕭何第一,賜帶劍履上殿,入朝不趨。"引申爲奔赴;奔向。《孫子兵法·虛實》:"水之行避高而趨下。"《墨子·非命上》:"聞文王者,皆起而趨之。"

"趨"有方向,抽象引申爲意念所向:志向;旨趣。讀 qù。《孟子·告子下》:"三子者不同道,其趨一也。"

【提示】"趨"和"趣"是同源關係。兩個字都有疾行的意思。"趨"多表示一般的疾速行進,讀 qū。"趣"多表示意向旨趣,讀 qù。《列子·湯問》:"曲每奏,鍾子期輒窮其趣。"

14. 文

《説文》:"文,錯畫也。"本義是綫條交錯的花紋;紋理(後寫作"紋")。《周易·繫辭下》:"爻有等,故曰物;物相雜,故曰文。"(等:等次。物:物象。雜:錯雜。)《禮記·樂記》:"五色成文而不亂。"用作動詞,刻畫花紋。

《莊子·逍遙遊》:"越人斷髮文身。"花紋色彩錯綜,引申指表現形式有文采,修飾華美,與"質"相對。《韓非子·解老》:"文爲質飾者也。"《論語·顏淵》:"君子質而已矣,何以文爲?"《後漢書·張衡傳》:"質以文美,實由華興。"各種儀制錯綜組合,也是形式上的一種修飾,轉指禮樂法度儀制等。《論語·子罕》:"文王既没,文不在兹乎!"《漢書·禮樂志》:"是時,上方征討四夷,鋭志武功,不暇留意禮文之事。"由此引申指非軍事的禮樂教化,文教,與"武"相對。《尚書·武成》:"王來自商,至于豐,乃偃武修文。"

漢字的筆畫錯綜組合,"文"轉指字。《左傳·宣公十二年》:"夫文,止戈爲'武'。"文章是詞句的組合,文又指文章、文辭。《漢書·賈誼傳》:"以能誦詩書屬文,稱於郡中。"

用作動詞:修飾;掩飾(舊讀 wèn)。《論語·子張》:"小人之過也必文。"成語有[文過飾非]。

15. 徵(zhēng)

《説文》:"徵,召也。"徵召;特指君召臣。《左傳·僖公十六年》:"王以戎難告于齊,齊徵諸侯而戍周。"《史記·吕太后本紀》:"吕后大怒,迺使人召趙相。趙相徵至長安。"引申爲求;取。《戰國策·西周策》:"庸氏之役,韓徵甲與粟於周。"《吕氏春秋·達鬱》:"管仲觴桓公,日暮矣,桓公樂之而徵燭。"

《廣韻·蒸韻》:"徵,證也。"表徵;證驗。《荀子·富國》:"觀國之强弱貧富有徵。"《淮南子·修務訓》:"夫歌者樂之徵也,哭者悲之效也。"引申指迹象。《國語·周語上》:"夫國必依山川。山崩川竭,亡之徵也。"雙音詞有[徵兆]。用作動詞:驗證;證明。《論語·八佾》:"夏禮,吾能言之,杞不足徵也;殷禮,吾能言之,宋不足徵也。文獻不足故也。足,則吾能徵之矣。"《後漢書·郭太傳論》:"人情險於山川,以其動靜可識而沈阻難徵。"(沈阻:深不可測。)

【提示】"征"與"徵"的意義不同。"征"是遠行意思。《左傳·僖公四年》:"昭王南征而不復。"

古漢語常識

古代漢語的詞序

詞序又叫語序,是指詞在句子中組合的先後順序。詞按照一定的語法規則組合成詞組和句子,詞語在句中的語法功能主要靠詞語的組合順序體現。漢語是一種没有詞形變化的語言,無論是古代漢語還是現代漢語,語法意義主要通過詞序和虚詞體現出來,詞序是漢語的一種重要表達手段。

從歷史發展看,漢語的詞序具有穩定性:"主語—謂語""動詞—賓語"是漢語的基本詞序,從古到今没有太大的變化;如果有修飾語(定語、狀語)或補語,定語和狀語放在中心語之前,補語放在中心語之後。這樣一些基本的詞序古今漢語大體一致。

這一節要講的古代漢語詞序是就語法規則説的。在古書中,我們看到有些句子的詞序跟上面説的基本詞序不一樣。如:

1. 甚矣,汝之不惠!(《列子·湯問》)
2. 何哉,爾所謂達者?(《論語·顔淵》)

上面兩句話的謂語分别是"甚矣""何哉",這跟"主語—謂語"的基本詞序不一樣,但這種不一樣是一種特意的靈活安排,這樣把主語和謂語"倒裝"是爲了達到突出謂語的修辭效果,這種"倒裝"的詞序不是語法規則,不屬於這裏要講的範圍。

説詞序具有穩定性,並不是説漢語的詞序一成不變。我們看到,上古漢語中的有一些詞序跟現代漢語的並不一樣,是現代漢語所没有的。不瞭解這些區别,就難以理解古書中很多句子的意思。

一　賓語前置

我們已經知道,"動詞—賓語"是漢語的一種基本詞序,賓語的位置是在動詞的後面(比如"學習古代漢語");所謂"賓語前置"是説句子中的賓語放在了動詞的前面。如:

君何患焉？（《左傳·鄭伯克段於鄢》）

句中"何"是動詞"患"的賓語，但放在了"患"的前面，這就是賓語前置。

古代漢語中的賓語前置主要有以下三種情況。

1. 疑問句中疑問代詞作賓語

疑問代詞包括"誰、孰、何、奚、安"等，當它們在疑問句中充當動詞或介詞的賓語時，一般放在動詞或介詞的前面。這種情況的賓語前置要有兩個條件：一、句子是疑問句；二、賓語由疑問代詞充當。例如：

(1) 吾誰欺？欺天乎？（《論語·子罕》）
(2) 治國何患？（《晏子春秋·社鼠猛狗》）
(3) 彼且奚適也？（《莊子·逍遙遊》）
(4) 沛公安在？（《史記·項羽本紀》）
(5) 先生何以知之？（《戰國策·楚策四》）
(6) 君之楚，將奚爲北面？（《戰國策·魏策四》）

例(1)"誰"作動詞"欺"的賓語前置；例(2)"何"作動詞"患"的賓語前置；例(3)"奚"作動詞"適"的賓語前置；例(4)"安"作動詞"在"的賓語前置；例(5)"何"作介詞"以"的賓語前置；例(6)"奚"作介詞"爲"的賓語前置。

我們看到，疑問句中疑問代詞作介詞賓語的時候也放在介詞之前〔如(5)(6)兩例〕。

比較例(1)的"誰欺"和"欺天"可以看出，前一句賓語"誰"之所以放在了動詞"欺"的前面，是因爲"誰"是一個疑問代詞；後一句賓語"天"沒有放在動詞"欺"的前面，是因爲"天"是一個名詞。

如果動詞前有助動詞，疑問代詞賓語一般要放在助動詞之前①。例如：

臣實不才，又誰敢怨？（《左傳·成公三年》）

句中"誰"是動詞"怨"的前置賓語，放在助動詞"敢"的前面。

如果動詞前面有副詞作狀語，疑問代詞賓語一般放在副詞和動詞之

---

① 這裏說的助動詞指表示意願（如"願、欲、肯、敢"）和能夠（如"可、能、得"）一類的詞。

間。例如：

　　今有固車良馬於此，又有奴馬四隅之輪於此，使子擇焉，子將何乘？（《墨子·魯問》）

句中"何"是動詞"乘"的前置賓語，放在副詞"將"和動詞"乘"之間。

在疑問句中，疑問代詞無論是作動詞還是介詞的賓語，一般都要前置，例外比較少。

由於疑問代詞作賓語常常前放在動詞或介詞前面，這樣就逐漸形成一些固定形式。如：

　　（1）先生何以知之？（《戰國策·楚策四》）
　　（2）何以明其然也？（《韓非子·五蠹》）

兩句中"何以"的意思是憑什麼，"以"是引介動作行爲憑藉條件的介詞；"何以"的順序已經十分穩定了，已成爲一種固定形式。

2. 否定句中代詞作賓語

這類情況的賓語前置有兩個條件：一、句子是否定句，句中有否定副詞"不、未、毋（無）"等或表示否定的無定代詞"莫（没有誰）"；二、賓語由代詞充當。例如：

　　（1）居則曰："不吾知也！"如或知爾，則何以哉？（《論語·先進》）
　　（2）不患人之不己知，患不知人也。（《論語·學而》）

例（1）中"不吾知"的意思是不瞭解我。"不吾知也"是一個否定句，句中代詞"吾"作動詞"知"的賓語，放在了"知"的前面。比較後面一句可以看出：在"如或知爾"一句中，雖然也是一個代詞（"爾"）作動詞"知"的賓語，但這個句子不是否定句，所以賓語"爾"放在了"知"的後面，沒有前置。例（2）中"不己知"的意思也是不瞭解我。和"不吾知"一樣，句中代詞"己"作動詞"知"的賓語，放在了"知"的前面。但比較後面一句可以看出："不知人"雖然也是一個否定形式，但賓語"人"是一個名詞不是代詞，所以還是放在了"知"的後面。再比如：

　　（1）而良人未之知也。（《孟子·齊人有一妻一妾》）
　　（2）大道之行也，與三代之英，丘未之逮也。（《禮記·大同與小康》）

(3) 以吾一日長乎爾,毋吾以也。(《論語·先進》)
(4) "聞道百以爲莫己若"者,我之謂也。(《莊子·秋水》)
(5) 殘賊公行,莫之或止。(賈誼《論積貯疏》)

例(1)"未之知"意思是不知道這件事,代詞"之"是"知"的前置賓語。例(2)"未之逮"意思是沒有趕上"大道之行"和"三代之英"的時代,代詞"之"是動詞"逮(趕上)"的前置賓語。例(3)"毋吾以"意思是(人家)不用我,代詞"吾"是"以(用)"的前置賓語。例(4)"莫己若"意思是沒有什麼人比得上自己,代詞"己"是"若"的前置賓語。例(5)"莫之或止"意思是沒有什麼人能夠阻止這種情況的發生,代詞"之"是"止"的前置賓語。

否定句中代詞賓語雖然往往前置,但並不特別嚴格,先秦時已有例外,代詞賓語在有的否定句中也出現在動詞後面。試比較:

不我知者,謂我士也驕。(《詩經·魏風·園有桃》)
不知我者,謂我何求。(《詩經·王風·黍離》)

兩句中都是代詞"我"作動詞"知"的賓語,但前一句"我"在動詞前,後一例"我"在動詞後。

又如:

其未得之也,患得之。(《論語·陽貨》)

句中"其未得之"是否定句,但代詞賓語"之"放在動詞"得"後。

3. 前置賓語用代詞複指

這種情況的賓語前置是說,在前置賓語之後還要用代詞"是、之"等複指前置的賓語,"是、之"等也放在動詞的前面。句子的格式是:前置賓語 + 是(之)+ 謂語動詞。這種賓語前置的格式起強調賓語的作用。例如:

姜氏何厭之有!(《左傳·鄭伯克段于鄢》)

句中"何厭"是"有"的前置賓語,用代詞"之"複指。再比如:

(1) 宋何罪之有。(《墨子·公輸》)
(2) 脣亡齒寒,其斯之謂與。(《穀梁傳·僖公二年》)
(3) 將虢是滅,何愛於虞?(《左傳·僖公五年》)
(4) 鬼神非人實親,惟德是依。(《左傳·僖公五年》)

例(1)的意思是宋有什麼罪;"何罪"是"有"的前置賓語,用"之"複指。

例(2)"斯之謂"的意思是唇亡齒寒説的就是這種情況;代詞"斯"是"謂"的前置賓語,用"之"複指。例(3)的意思是連虢國都要滅掉了,對虞國還愛惜什麽呢;"虢"是"滅"的前置賓語,用"是"複指。例(4)的意思是鬼神不親人,只依德。後一句"德"是"依"的前置賓語,用"是"複指;前一句"人"是"親"的前置賓語,用"實"複指。

如果是作介詞的賓語,賓語也可以用代詞複指放在介詞前面,不過用例不多。例如:

豈不<u>穀</u>是爲?先<u>君之好</u>是繼。(《左傳·僖公四年》)

兩句話都是賓語前置用代詞複指。前一句的意思是難道是爲了我("不穀"是諸侯謙稱自己)。"不穀"是介詞"爲"的前置賓語,用"是"複指。後一句話意思是爲了繼承先君的友好關係。"先君之好"是動詞"繼"的前置賓語,用"是"複指。

賓語前置用代詞複指的格式,還可以在前置賓語的前面加上"唯(惟)",形成"唯(惟)……是……"或"唯(惟)……之……"的固定格式,强調賓語的作用更加明顯。例如:

(1) 率師以來,唯<u>敵</u>是求。(《左傳·宣公十二年》)
(2) 余唯<u>利</u>是視。(《左傳·成公十三年》)
(3) 唯<u>利</u>之求。(《荀子·王霸》)

例(1)的意思是率領軍隊來只求與敵軍作戰,"敵"是"求"的前置賓語。例(2)的意思是我只看重利,"利"是"視"的前置賓語。例(3)的意思是只求利,"利"是"求"的前置賓語。三句話中前置賓語的前面都加上了"唯"。現在還有"唯利是圖""唯你是問"這樣的説法,就是這種格式的遺留。

在這樣的賓語前置格式中,前置的賓語本身也可以是代詞;如果賓語是代詞,複指的代詞一般只能用"之"。前面舉有這樣一個例子:

唇亡齒寒,其<u>斯</u>之謂與。(《穀梁傳·僖公二年》)

句中"謂"的前置賓語是代詞"斯",就用"之"複指。再比如:

(1)《詩》曰:"孝子不匱,永錫爾類。"其<u>是</u>之謂乎!(《左傳·隱公元年》)
(2) 古者民有三疾,今也或<u>是</u>之亡也。(《論語·陽貨》)

例(1)"是之謂"的意思是《詩經》的這句話說的就是這種情況吧。句中"謂"的前置賓語是代詞"是",就用"之"複指。例(2)的意思是古代民有三種毛病,現在或許連這樣的毛病也沒有了。句中"亡"的前置賓語也是代詞"是",就用"之"複指。

由於前置的代詞賓語跟"之"和謂語動詞"謂"經常連用,"此之謂""是之謂"這樣的格式就成了一種固定形式,在上古漢語中經常出現。例如:

(1) 太上有立德,其次有立功,其次有立言,雖久不廢,此之謂不朽。(《左傳·襄公二十四年》)

(2) 上不失天時,下不失地利,中得人和,而百事不廢,是之謂政令行。(《荀子·王霸》)

例(1)"此之謂不朽"的意思是這就叫作不朽。例(2)"是之謂政令行"的意思是這就叫作政令行。

需要注意的是,有的代詞賓語前置不用代詞複指,但這個代詞賓語一般僅限於"是"。例如:

昭王南征而不復,寡人是問。(《左傳·僖公四年》)

句子的意思是周昭王南行沒有回來,我要追究一下這件事。句中代詞"是"指代"昭王南征而不復"這件事,作"問"的賓語前置,但不用代詞複指。我們看到,在這種格式中,前面往往是一個比較複雜的結構(如"昭王南征而不復"),後面就需要用一個代詞"是"指代。

此外,介詞"以"的賓語也可以前置。例如:

(1) 仁以爲己任,不亦重乎?(《論語·泰伯》)

(2) 楚戰士無不一以當十。(《史記·項羽本紀》)

(3) 楚國方城以爲城,漢水以爲池。(《左傳·僖公四年》)

例(1)"仁以爲己任"意思是以仁作爲自己的責任。例(2)"一以當十"意思是以一當十。例(3)"方城以爲城"意思是以方城(山名)作爲城牆,"漢水以爲池"意思是以漢水作爲護城河。

二 古代漢語表示行爲數量的詞序

現代漢語表示行爲數量的詞序一般是"動詞+數詞+動量詞",把數詞和動量詞構成的數量詞組放在動詞後面,如"打一下""看兩遍""去三趟"等。上古漢語由於没有動量詞,表示行爲動作數量的詞序是在動詞前面直接加上數詞作狀語,跟現代漢語的不同。例如:

（1）寒暑易節,始一反焉。（《列子·湯問》）
（2）逐之,三周華不注。（《左傳·鞌之戰》）
（3）禹八年於外,三過其門而不入。（《孟子·滕文公上》）
（4）騏驥一躍,不能十步；駑馬十駕,功在不舍。（《荀子·勸學》）

例（1）"一反"就是往返一次。例（2）"三周華不注"意思是繞著華不注山跑了好幾圈;"三"表示多,説明"周"的次數。例（3）"三過其門而不入"是説幾次經過家門都没有進去,"三"也是表示多,説明"過"的次數。例（4）"騏驥一躍"意思是駿馬騰躍一次,"駑馬十駕"意思是劣馬拉車連續走十天。

古漢語中表示動量的數詞還可以放在句尾作謂語,表示對行爲數量的强調,詞序也跟現代漢語不同。例如:

（1）不匝旬而得異地者二。（柳宗元《鈷鉧潭西小丘記》）
（2）范增數目項王,舉所佩玉玦以示之者三。（《史記·項羽本紀》）

例（1）的意思是不到十天就得到兩塊奇特的地方。"不匝旬而得異地者"是主語,數詞"二"是謂語。例（2）的意思是范增頻頻看項王,舉起佩戴的玉玦幾次向他示意。"舉所佩玉玦以示之者"是主語,數詞"三"充當謂語。

"數"和"再"强調數量,也可以單獨作謂語。例如:

（1）今吾嗣爲之十二年,幾乎死者數矣。（柳宗元《捕蛇者説》）
（2）後秦擊趙者再,李牧連却之。（蘇洵《六國論》）

這些詞的前面往往有一個"者"。

第八單元

講讀文選

後漢書

《後漢書》是一部紀傳體史書,記述東漢一代的歷史。南朝宋范曄撰。范曄(398—445),字蔚宗,順陽(今屬河南)人。累官至左衛將軍、太子詹事。《宋書》有傳。

范曄之前已有《後漢書》多種,范曄採各家史料,綜合所長,匯爲一編。與《史記》《漢書》比較,《後漢書》新增七種類傳。描寫人物的列傳,也多以類相從,編排比較周密。各卷多數有論或序,議論人物,表明作者的愛憎。

《後漢書》一百二十卷,其中本紀十卷,列傳八十卷,志三十卷爲晉司馬彪撰。《後漢書》的注釋,紀傳部分通行的是唐李賢的注,志的部分有南朝梁劉昭的注。清王先謙有《後漢書集解》。

選文據點校本《後漢書》(中華書局一九六五年版)。

梁冀傳(節選)

【説明】梁冀(?—159),字伯卓,東漢安定烏氏(今寧夏固原東南)人。冀的兩妹爲順帝、桓帝皇后。順帝死,他與梁太后先後立沖、質、桓三帝。冀專擅朝政二十餘年,驕奢貪暴,横行不法,質帝稱之爲"跋扈將軍"。後桓帝誅滅梁氏,冀自殺。

弘農人宰宣素性佞邪①,欲取媚於冀,乃上言大將軍有周公之功,今既封諸子②,則其妻宜爲邑君③。詔遂封冀妻孫壽爲襄城君,兼食陽翟租④,歲入五千萬,加賜赤紱,比長公主⑤。壽色美而善爲妖態,作愁眉,啼粧,墮馬髻,折腰步,齲齒笑⑥,以爲媚惑。冀亦改易輿服之制⑦,作平上軿車,埤幘,狹冠,折上巾,擁身扇,狐尾單衣⑧。

梁冀妻孫壽善爲妖態。

① 弘農:郡名,今屬河南。
② 封:封侯。諸子:梁家子弟。梁冀的兒子和兩個弟弟都被封侯。
③ 邑君:古代女子的一種封號。
④ 兼食陽翟租:同時享用陽翟的租稅。陽翟:縣名,今屬河南。
⑤ 紱(fú):蔽膝。一種禮服的服飾。比長(zhǎng)公主:比照長公主的儀服。長公主:公主中地位尊崇者(如長女)的封號。
⑥ 愁眉:眉毛細長彎曲。啼粧:在目下搽拭薄粉,似有淚痕的樣子。"啼"同"啼"。"粧"同"妝"。墮馬髻:一種偏垂一邊的髮髻樣式。折腰步:一種步態,扭擺顯示腰肢柔軟。齲(qǔ)齒笑:露出的笑容像牙痛的樣子。
⑦ 輿服之制:車輿冠服和各種儀仗的儀規。
⑧ 平上軿(píng)車:車頂上平有帷蓋的車子。埤(bēi)幘:頭巾下壓。狹:窄小。折上巾:折疊頭巾的上角。擁身扇:大障扇。狐尾單衣:衣服後裾拖地像狐尾拖曳。

　　壽性鉗忌①,能制御冀,冀甚寵憚之。初,父商獻美人友通期於順帝,通期有微過,帝以歸商,商不敢留而出嫁之,冀即遣客盜還通期②。會商薨,冀行服③,於城西私與之居。壽伺冀出,多從倉頭篡取通期歸④,截髮刮面,笞掠之⑤,欲上書告其事。冀大恐,頓首請於壽母,壽亦不得已而止。冀猶復與私通,生子伯玉,匿不敢出。壽尋知之,使子胤誅滅友氏。冀慮壽害伯玉，常置複壁中⑥。冀愛監奴秦宮，官至太倉令⑦，得出入壽所。壽見宮，輒屏御者⑧，託以言事，因與私焉。宮內外兼寵，威權大震，刺史、二千石皆謁辭之⑨。

冀用壽言，多斥奪諸梁在位者⑩，外以謙讓，而實崇孫氏宗親⑪。冒名而爲侍中、卿、校尉、郡守、長吏者十餘人，皆貪叨凶淫⑫。各遣私客籍屬縣富人⑬，被以它罪⑭，閉獄掠拷，使出錢自贖，貲物少者至於死徙⑮。扶風人士孫奮居富而性吝，冀因以馬乘遺之⑯，從貸錢五千萬，奮以三千萬與之，冀大怒，乃告郡縣，認奮母爲其守臧婢⑰，云盜白珠十斛、紫金千斤以叛⑱，遂收考奮兄弟⑲，死於獄中，悉沒貲財億七千餘萬。

梁冀寵憚其妻孫壽，與之恣意橫行，大肆擴張孫氏宗親勢力。

① 鉗忌：忌刻不能容人。
② 商：梁冀的父親。友通期：姓友名通期。客：寄食於豪門爲之服務的人。
③ 行服：穿孝服居喪。
④ 從：使跟著。倉頭：漢代稱奴僕爲倉頭。"倉"通"蒼"。篡取：強行抓捕。
⑤ 刮面：抓破臉。笞掠：用鞭棍打。
⑥ 複壁：夾牆。牆中空，可藏匿人和物。
⑦ 監奴：監管家務的奴僕。太倉令：掌管京師國家糧倉的官。
⑧ 屏御者：讓服侍的人離開。
⑨ 二千石：官員的俸祿，即一百二十斛。這裏指月俸二千石的官。謁辭：辭行拜見。
⑩ 斥奪：剝奪。
⑪ 外以謙讓：對外示人一種謙讓的姿態。《資治通鑑》："外以示謙讓"。崇：抬高。
⑫ 冒名：冒梁姓之名。貪叨：貪婪。凶淫：凶惡放縱。
⑬ 籍：登記名字。

⑭ 被:加上。它罪:别的罪。
⑮ 貲(zī)物:財貨。"貲"通"資"。死徙:處死或流放。
⑯ 扶風:郡名,今屬陝西。馬乘(shèng):四匹馬。遺(wèi):送給。
⑰ 守臧(zàng)婢:守庫的奴婢。
⑱ 斛(hú):量器名。紫金:純美的黃金,又稱紫磨金。叛:逃跑。
⑲ 收考:逮捕拷問。

其四方調發,歲時貢獻①,皆先輸上第於冀②,乘輿乃其次焉③。吏人齎貨求官請罪者④,道路相望。冀又遣客出塞,交通外國,廣求異物。因行道路,發取伎女御者⑤,而使人復乘埶橫暴⑥,妻略婦女⑦,毆擊吏卒,所在怨毒⑧。

冀乃大起第舍,而壽亦對街爲宅,殫極土木⑨,互相誇競。堂寢皆有陰陽奧室,連房洞戶⑩。柱壁雕鏤,加以銅漆;窗牖皆有綺疏青瑣,圖以雲氣仙靈⑪。臺閣周通,更相臨望;飛梁石蹬⑫,陵跨水道。金玉珠璣⑬,異方珍怪,充積臧室。遠致汗血名馬⑭。又廣開園囿,採土築山,十里九坂,以像二崤⑮,深林絶澗,有若自然⑯,奇禽馴獸,飛走其閒。冀、壽共乘輦車,張羽蓋⑰,飾以金銀,游觀第內,多從倡伎⑱,鳴鍾吹管,酣謳竟路⑲。或連繼日夜,以騁娛恣⑳。客到門不得通,皆請謝門者㉑,門者累千金。又多拓林苑,禁同王家㉒。西至弘農,東界滎陽,南極魯陽,北達河、淇㉓,包含山藪,遠帶丘荒㉔,周旋封域,殆將千里㉕。又起菟苑於河南城西㉖,經亙數十里㉗,發屬縣卒徒,繕修樓觀,數年乃成。移檄所在㉘,調發生菟,刻其毛以爲識㉙,人有犯者,罪至刑死。嘗有西域賈胡,不知禁忌,誤殺一兔,轉相告言,坐死者十餘人㉚。冀二弟嘗私遣人出獵上黨㉛,冀聞而捕其賓客,一時殺三十餘人,無生還者。冀又起別第於城西,以納姦亡㉜。或取良人㉝,悉爲奴婢,至數千人,名曰"自賣人"。

梁冀廣築樓觀園囿,縱情爲樂,豪奢無度;乘勢横暴,濫殺無辜。

① 調發:徵調(財物)。時:按時。
② 輸:輸送。上第:第一等。
③ 乘輿:皇帝的代稱。
④ 齎(jī):攜帶。
⑤ 因行道路:順路。因:趁著。發取:索取。伎女:以表演歌舞爲業的女子。御者:服侍的人。
⑥ 復:又。埶:後作"勢"。
⑦ 妻略:搶奪來作妻子霸占。
⑧ 所在怨毒:所到之處人人怨恨。
⑨ 殫:盡。
⑩ 堂:堂屋。寢:臥室。陰陽:明暗。奥室:深室。洞户:屋室的門户相通。
⑪ 綺疎:鏤空的花紋。青瑣:塗成青色的連環花紋。仙靈:神仙。
⑫ 飛梁:凌空架起的橋。石蹬:石臺階。
⑬ 璣(jī):不圓的珠子。
⑭ 汗血名馬:汗血馬,西域的一種名馬。
⑮ 坂(bǎn):山坡,這裏指山。二崤:即崤山(在今河南西部)。崤山分東崤、西崤。
⑯ 自然:非人工的。
⑰ 羽蓋:以羽毛爲飾的車蓋。
⑱ 倡伎:表演樂舞雜戲的藝人。
⑲ 竟路:一路上。竟:從頭至尾。
⑳ 娱恣:放縱取樂。
㉑ 請謝:有所請託而酬謝。
㉒ 禁:禁衛。
㉓ 弘農、滎陽、魯陽:三地今均屬河南。界、極:到。河、淇:黄河、淇水。二水流經河南。
㉔ 山藪:山林湖澤。遠帶丘荒:周邊是丘陵荒坡。帶:環繞。
㉕ 周旋:周圍。殆:接近。
㉖ 菟(tù)苑:養有兔子的園囿。"菟"通"兔"。河南:縣名,今屬河南洛陽。

㉗ 經亘：綿延。卒徒：服勞役的人。
㉘ 移檄：發布文告。所在：所屬各地。
㉙ 生菟：活兔。刻：剪。識(zhì)：標記。
㉚ 賈胡：做生意的胡人。坐死：獲罪而死。
㉛ 上党：今屬山西。
㉜ 姦亡：逃亡的歹徒。
㉝ 良人：平民。

　　元嘉元年，帝以冀有援立之功，欲崇殊典①，乃大會公卿，共議其禮。於是有司奏冀入朝不趨②，劍履上殿，謁讚不名，禮儀比蕭何③；悉以定陶、成陽餘戶增封爲四縣，比鄧禹④；賞賜金錢、奴婢、綵帛、車馬、衣服、甲第，比霍光，以殊元勳⑤。每朝會，與三公絕席⑥。十日一入，平尚書事⑦。宣布天下，爲萬世法。冀猶以所奏禮薄⑧，意不悅。專擅威柄，凶恣日積，機事大小，莫不諮決之⑨。宮衛近侍，並所親樹；禁省起居⑩，纖微必知。百官遷召，皆先到冀門牋檄謝恩⑪，然後敢詣尚書。下邳人吳樹爲宛令⑫，之官辭冀，冀賓客布在縣界，以情託樹⑬。樹對曰："小人姦蠹，比屋可誅⑭。明將軍以椒房之重，處上將之位⑮，宜崇賢善，以補朝闕⑯。宛爲大都，士之淵藪⑰，自侍坐以來⑱，未聞稱一長者，而多託非人，誠非敢聞⑲！"冀嘿然不悅。樹到縣，遂誅殺冀客爲人害者數十人，由是深怨之。樹後爲荆州刺史⑳，臨去辭冀，冀爲設酒，因鴆之㉑，樹出，死車上。又遼東太守侯猛，初拜不謁，冀託以它事，乃腰斬之㉒。

　　皇帝給梁冀以極高的禮遇。梁冀"專擅威柄，凶恣日積"，殘害百官。

① 元嘉：漢桓帝年號。援立：扶立皇帝。崇殊典：突顯其功勞的特殊儀典。
② 有司：主管官員。入朝不趨：朝見皇帝可以"不趨"。趨：一種在尊

長面前小步快走的禮儀。

③ 劍履:不解劍,不脱履。這是一種特許的殊榮。謁讚不名:謁讚時不直呼其名字。謁讚:臣下朝見皇帝時司儀高唱行禮的儀式。蕭何:西漢開國大臣。《史記·蕭相國世家》:"於是乃令蕭何賜帶劍履上殿,入朝不趨。"

④ 定陶、成陽:縣名,今均屬山東。餘户:剩餘的户數。增封爲四縣:順帝封梁冀爲襄邑(今屬河南)侯,襲封乘氏縣(今屬山東),加上定陶、成陽共計四縣。鄧禹:東漢大臣,協助劉秀立國,被稱爲"元功之首"。《後漢書·鄧禹傳》:"天下平定,諸功臣皆增户邑。定封禹爲高密侯,食高密、昌安、夷安、淳于四縣。"

⑤ 甲第:第一等宅第。霍光:西漢大臣。輔政漢昭帝,扶立漢宣帝。前後執政凡二十年。以殊元勳:以此突出他的大功勞。《漢書·霍光傳》:"賞賜前後黃金七千斤,錢六千萬,雜繒三萬匹,奴婢百七十人,馬二千匹,甲第一區。"

⑥ 三公:太尉、司徒、司空。三公同爲最高行政長官。絕席:不同席,即分開坐。

⑦ 平尚書事:評議尚書的事務。尚書:東漢設尚書臺,直屬皇帝,是參與決策政令、綜理國事的政務中樞。首長是尚書令。

⑧ 所奏禮薄:上奏的禮遇太薄。

⑨ 機事:機要事務。諮決:咨詢裁決。

⑩ 親樹:親自安排。禁省:皇宫。

⑪ 牋檄:給上級官員的書函。牋:同"箋"。

⑫ 下邳:今屬江蘇。宛(Yuān):縣名,今屬河南。

⑬ 以情託樹:以私情託吳樹關照。

⑭ 姦蠹:奸惡如同蠹蟲。姦:同"奸"。比屋:一家挨一家。這是説一個接一個都該殺。

⑮ 明:敬辭。將軍:順帝時拜梁冀爲大將軍。椒房之重:梁冀的兩妹爲順帝、桓帝皇后。椒房:后妃居住的宫室,又代指后妃。

⑯ 朝闕:朝廷的缺失。闕:通"缺"。

⑰ 淵藪:魚和獸類聚集的地方。這裏指人物聚集之地。

⑱ 侍坐:陪侍尊長,這是謙辭。

⑲ 稱:稱道推重。誠非敢聞:意思是不敢領命。

⑳ 荆州:今屬湖北。

㉑ 鴆:以鴆酒毒殺。傳說以鴆鳥的羽毛浸酒,飲之立死。
㉒ 腰斬:一種酷刑,將人從腰部斬爲兩截。

三國志

《三國志》是一部紀傳體史書,記載三國時期的歷史。西晉陳壽撰。陳壽(233—297),字承祚,巴西安漢(今屬四川)人。歷官至著作郎、治書侍御史。《晉書》有傳。

陳壽的一生半在蜀漢,半入晉朝,對這一時期的史實耳聞目見不少,加以《三國志》之前魏、吳兩國已有史籍,這就爲《三國志》的撰寫提供了依據。晉滅吳後,他採集官私著作撰寫了這部史書。三國時期政治、經濟、軍事以及文化科技等方面的重要人物,《三國志》多有記載。取捨謹慎,敘事可信,文字簡潔。

《三國志》六十五卷。三志原各自獨立,後來合爲一書。《三國志》的注釋,著名的是南朝宋裴松之的注。裴注引書超過二百種,史料豐富。近人盧弼有《三國志集解》。

選文據點校本《三國志》(中華書局一九五九年版)。

周瑜傳(節選)

【説明】周瑜(175—210),字公瑾,三國時吳國名將。先助孫策在江東創立孫氏政權,後輔佐孫權,任前部大督。公元208年,曹操率二十餘萬大軍南下,吳羣臣震恐。周瑜分析了抗曹的有利條件以及敵軍的種種弱點,力排衆議,最後以火攻大破曹軍。赤壁之戰是三國時期的一次著名戰役,此後形成了天下三分的局面。文章節選自《吳書·周瑜傳》。

周瑜字公瑾,廬江舒人也①。從祖父景,景子忠,皆爲漢太尉②。父異,洛陽令③。

瑜長壯有姿貌。初,孫堅興義兵討董卓④,徙家於舒。堅子策與瑜同年⑤,獨相友善。瑜推道南大宅以舍策,升堂拜母,有無通共⑥。瑜從父尚爲丹楊太守,瑜往省之⑦。會策將東渡，到歷陽，馳書報瑜⑧，瑜將兵迎策。策大喜曰："吾得卿，諧也⑨。"

介紹周瑜的家世及與孫策的友誼。

① 廬江：郡名。舒：縣名（今安徽廬江西南）。
② 從祖父：堂祖父。從：堂房親屬。太尉：官名，三公之一。
③ 令：縣的行政長官。
④ 孫堅（155—191）：字文臺，三國吳郡富春（在今浙江）人。時與袁術聯合攻打董卓。吳國的建立者孫權即他的次子。董卓（？—192）：字仲穎，東漢隴西臨洮（在今甘肅）人。漢靈帝死後專斷朝政，殘忍暴虐，後被殺。
⑤ 策：孫策（175—200），孫堅長子，字伯符。
⑥ 推：讓給。舍策：讓孫策居住。舍：用作使動。有無通共：日常的用度花費不分彼此。通共：通用共享。
⑦ 丹楊：一作"丹陽"，郡名，在今安徽。太守：郡一級的行政長官。省（xǐng）：探望。
⑧ 東渡：向東過長江。歷陽：縣名。馳書：急速送信。
⑨ 諧：（事情）能夠辦妥帖。

······ ······
　　五年，策薨，權統事①。瑜將兵赴喪，遂留吳，以中護軍與長史張昭共掌衆事②。······十三年春，權討江夏，瑜爲前部大督③。

周瑜成爲吳的大將。

① 五年：漢獻帝建安五年（200）。薨（hōng）：侯王死稱薨。權：孫權（182—252），字仲謀。孫策的弟弟，三國時吳國的建立者。統事：全面管轄。
② 赴喪：趕往弔唁。以中護軍：以中護軍（重要的軍事長官）的身份。張昭（156—236）：字子布，彭城（在今江蘇）人。官至輔吳將軍。

③ 江夏:郡名,在今湖北。前部大督:前軍統帥。

其年九月,曹公入荊州,劉琮舉衆降①。曹公得其水軍,船步兵數十萬,將士聞之皆恐。權延見羣下②,問以計策。議者咸曰:"曹公豺虎也,然託名漢相,挾天子以征四方,動以朝廷爲辭③,今日拒之,事更不順④。且將軍大勢,可以拒操者,長江也。今操得荊州,奄有其地⑤,劉表治水軍⑥,蒙衝鬭艦乃以千數,操悉浮以沿江⑦,兼有步兵,水陸俱下,此爲長江之險已與我共之矣⑧。而勢力衆寡,又不可論⑨。愚謂大計不如迎之。"瑜曰:"不然。操雖託名漢相,其實漢賊也⑩。將軍以神武雄才,兼仗父兄之烈,割據江東⑪,地方數千里,兵精足用,英雄樂業⑫,尚當橫行天下,爲漢家除殘去穢⑬。況操自送死,而可迎之邪⑭?請爲將軍籌之:今使北土已安⑮,操無內憂,能曠日持久,來爭疆場⑯,又能與我校勝負於船楫閒乎⑰?今北土既未平安,加馬超、韓遂尚在關西⑱,爲操後患。且舍鞍馬,仗舟楫,與吳越爭衡,本非中國所長⑲。又今盛寒,馬無藁草⑳。驅中國士衆遠涉江湖之閒,不習水土,必生疾病。此數四者,用兵之患也,而操皆冒行之㉑。將軍禽操,宜在今日。瑜請得精兵三萬人,進住夏口㉒,保爲將軍破之。"權曰:"老賊欲廢漢自立久矣,徒忌二袁、呂布、劉表與孤耳㉓。今數雄已滅㉔,惟孤尚存;孤與老賊,勢不兩立。君言當擊,甚與孤合,此天以君授孤也。"

曹軍大舉南下,周瑜分析抗曹的有利條件以及敵軍的種種弱點,力主抗曹。

① 其年:漢獻帝建安十三年(208)。曹公:曹操(155—220),字孟德,譙縣(在今安徽)人。建安十三年進位爲丞相,後封魏王,其子曹丕稱帝後追尊爲武帝。荊州:地域在湖北、湖南一帶,治所在今湖北襄陽。劉琮(Cóng):荊州牧劉表之子。舉:帶領。

② 延見：召見。
③ 託名：假借……之名。挾天子以征四方：挾制天子征討四方。動以朝廷爲辭：動不動就以朝廷的名義説話。
④ 事更不順：不順事理。
⑤ 奄（yǎn）有：全部擁有。奄：覆蓋。
⑥ 劉表（142—208）：字景升，山陽高平（在今山東）人。漢獻帝初平元年（190）任荆州刺史，後爲荆州牧。
⑦ 蒙衝：上有生牛皮覆蓋的一種戰艦。鬭艦：戰艦。一説蒙衝和鬭艦是兩種戰船。悉浮以沿江：全部沿長江行駛。
⑧ 這就造成了長江之險已同我方共有的形勢。
⑨ 不可論：不可相提並論。
⑩ 賊：稱犯上作亂危害國家的人。
⑪ 將軍：指孫權。父兄之烈：指孫堅和孫策的功業。烈：事業，功業。江東：長江以南。這裏指孫吳統治的地區。
⑫ 樂業：樂於做好自己的事。意思是樂於爲國效力。
⑬ 尚當：正要。除殘去穢：掃除殘餘，清除污穢。殘：剩餘。穢：骯髒。"殘""穢"是對敵方的蔑稱。
⑭ 而可迎之邪：反倒要投降他嗎？
⑮ 今使：假使。北土：北方。
⑯ 疆場（yì）：疆界。場：邊界。
⑰ 校（jiào）勝負於船楫間：指通過水戰較量勝敗。校：較量。船楫（jí）：指水軍。楫：船槳。
⑱ 馬超、韓遂：當時與曹操對抗的兩支武裝勢力。關西：函谷關（在今河南）以西。
⑲ 鞍馬：指陸軍。吳越：春秋時期南方的兩個國家，這裏指孫吳。爭衡：較量高低強弱。中國：指曹操統治的北方地區。
⑳ 藁（gǎo）草：用作牲畜飼料的穀物食草。藁：穀物的莖稈。
㉑ 冒：冒險。行：做（事）。
㉒ 夏口：今湖北省武漢市。
㉓ 自立：自己立自己爲帝王。徒忌：只是顧慮。徒：只。二袁：袁紹和袁術（袁紹的堂弟），當時的兩支地方割據勢力。吕布：字奉先，曾割據徐州，後被曹操所敗。孤：君主侯王的自稱。
㉔ 雄：強有力的或傑出的人物。

時劉備爲曹公所破,欲引南渡江①。與魯肅遇於當陽,遂共圖計②,因進住夏口,遣諸葛亮詣權③。權遂遣瑜及程普等與備并力逆曹公,遇於赤壁④。時曹公軍衆已有疾病,初一交戰,公軍敗退,引次江北⑤。瑜等在南岸。瑜部將黃蓋曰⑥:"今寇衆我寡,難與持久。然觀操軍船艦首尾相接,可燒而走也⑦。"乃取蒙衝鬬艦數十艘,實以薪草,膏油灌其中⑧,裹以帷幕,上建牙旗⑨,先書報曹公,欺以欲降。又豫備走舸⑩,各繫大船後,因引次俱前⑪。曹公軍吏士皆延頸觀望⑫,指言蓋降。蓋放諸船,同時發火。時風盛猛,悉延燒岸上營落⑬。頃之,煙炎張天⑭,人馬燒溺死者甚衆,軍遂敗退,還保南郡⑮。備與瑜等復共追⑯。曹公留曹仁等守江陵城⑰,徑自北歸。

赤壁之戰用火攻大破曹軍。

① 劉備(161—223):字玄德,涿郡涿縣(在今河北)人。引:帶軍隊。
② 魯肅(172—217):字子敬,三國時吳國名將。周瑜死後,代周瑜領兵。當陽:在今湖北。遂:於是。圖計:商議謀劃。
③ 諸葛亮(181—234):字孔明,琅邪陽都(在今山東)人。三國時著名的政治家、軍事家。輔佐劉備建立蜀漢政權,任丞相。詣(yì):到……去。
④ 程普:孫權部下的將領。逆:迎戰。赤壁:山名,在今湖北長江南岸。
⑤ 次:軍隊臨時駐紮。
⑥ 黃蓋:字公覆。赤壁之戰時他建議火攻,大破曹軍。
⑦ 走:跑,這裏用作使動,使敗逃。
⑧ 實以薪草:船上裝滿柴草。膏:油脂。
⑨ 上建牙旗:上面豎起牙旗。建:豎立。牙旗:旗杆上裝飾有象牙的大旗。
⑩ 舸(gě):輕快的船。
⑪ 因:於是。引次:前後依次相隨。

⑫ 延頸:伸著脖子。
⑬ 延:蔓延。營落:軍營。落:止息居住的地方。
⑭ 煙炎張天:火焰布滿天空。炎:通"焰"。
⑮ 還保:退守。南郡:在今湖北。
⑯ 復:又。
⑰ 曹仁:曹操的堂弟。江陵:在今湖北。

資治通鑑

《資治通鑑》是一部編年體史書。北宋司馬光撰(劉攽等協助編撰)。司馬光(1019—1086),字君實,陝州夏縣(在今山西)人。北宋大臣,著名史學家。《宋史》有傳。

《資治通鑑》是一部歷史巨著,記述的史事上起周威烈王二十三年(前403),下至後周世宗顯德六年(959),系統記載了一千三百六十二年的歷史。全書取材廣泛,體例謹嚴,敘事脈絡分明,有很高的史料價值。書名的意思,是從歷代的興亡治亂中為治理國家提供鑑戒。

《資治通鑑》二百九十四卷,又考異、目錄各三十卷。通行的注釋是宋末元初胡三省的《資治通鑑音注》。

選文據校點本《資治通鑑·漢紀三十七》(中華書局一九五六年版)。

班超出使西域

【說明】班超(32—102),東漢名將。字仲升,東漢扶風安陵(在今陝西)人。他是史學家班固的弟弟。本文記述東漢永平十六年(73)他隨竇固出擊北匈奴,奉命率吏士三十六人赴西域,擊殺匈奴派駐鄯善的使者,後又出使于闐,鎮撫西域諸國,顯示出過人的膽識,被封為定遠侯。班超在西域活動長達三十一年,功績卓著,實現了他"立功異域"的遠大抱負。班超出使西域對於中國多民族國家的形成與發展有著積極的作用,具有重要的歷史意義。文章題目為後加。

[東漢明帝永平十六年(公元73年)]固使假司馬班超

與從事郭恂俱使西域①。超行到鄯善②,鄯善王廣奉超禮敬甚備,後忽更疏懈③。超謂其官屬曰:"寧覺廣禮意薄乎④?"官屬曰:"胡人不能常久,無他故也⑤。"超曰:"此必有北虜使來⑥,狐疑未知所從故也⑦。明者睹未萌,況已著邪⑧!"乃召侍胡,詐之曰⑨:"匈奴使來數日,今安在乎⑩?"侍胡惶恐曰:"到已三日,去此三十里。"超乃閉侍胡⑪,悉會其吏士三十六人與共飲⑫。酒酣,因激怒之曰:"卿曹與我俱在絕域⑬,今虜使到裁數日,而王廣禮敬即廢⑭。如令鄯善收吾屬送匈奴⑮,骸骨長爲豺狼食矣,爲之奈何⑯?"官屬皆曰:"今在危亡之地,死生從司馬!"超曰:"不入虎穴,不得虎子。當今之計,獨有因夜以火攻虜⑰,使彼不知我多少,必大震怖,可殄盡也⑱。滅此虜,則鄯善破膽,功成事立矣⑲。"眾曰:"當與從事議之⑳。"超怒曰:"吉凶決於今日。從事文俗吏㉑,聞此必恐而謀泄,死無所名㉒,非壯士也。"眾曰:"善!"

班超由鄯善王的禮敬疏懈準確判斷有"北虜使來",決定趁夜火攻北虜。

① 固:竇固,漢光武帝的女婿,當時擔任討伐北匈奴的西路統帥。假司馬:次於軍司馬的官職。假:代理。從事:幕僚之類的官。西域:漢代以來對玉門關、陽關(在今甘肅)以西地區的總稱。
② 鄯(Shàn)善:西域古國名,在今新疆維吾爾自治區。
③ 奉:侍奉。備:周到。更:改變。疏:不周到。懈:懈怠。
④ 寧:可,副詞,加強疑問語氣。
⑤ 胡:古代對北方和西方民族(如匈奴)的泛稱。不能常久:做事不能善始善終。他故:別的原因。
⑥ 北虜:指匈奴,古代北方民族之一。東漢光武帝建武二十四年(48)分裂爲南北二部。北匈奴在公元一世紀末爲漢所敗,部分西遷。南匈奴臣附於漢。虜:對北方外族的蔑稱。
⑦ 狐疑:疑惑不決。未知所從:還不知道順從誰。所從:順從的人。

⑧ 明者睹未萌：有見識的人在事情未發生時就看得清楚（指有預見）。睹：看見。萌：萌芽。著：顯示出來。
⑨ 侍胡：鄯善派來侍奉班超的人。詐：用假話試探，讓對方説出真情。
⑩ 安在：在哪裏。疑問代詞"安"作"在"的賓語前置。安：哪裏。
⑪ 閉：囚禁。
⑫ 悉會：全部集合。吏士：手下的軍官和士兵。
⑬ 因：趁著（酒興）。卿曹：各位。卿：上對下客氣的稱呼。曹：輩。絶域：極遠的地方。
⑭ 裁：通"纔"，僅僅。廢：廢棄；停止。
⑮ 收：逮捕。吾屬：我們這些人。
⑯ 骸(hái)骨：屍骨。爲之奈何：對此怎麽辦。
⑰ 獨有：只有。因夜：趁著黑夜。因：憑藉。
⑱ 殄(tiǎn)盡：完全消滅。殄：滅絶。
⑲ 事立：事情辦成。
⑳ 從事：指郭恂。
㉑ 文俗吏：平庸而只會弄筆墨的官。
㉒ 死無所名：即使死也不能揚名。名：顯揚名聲。

初夜，超遂將吏士往奔虜營①。會天大風②，超令十人持鼓藏虜舍後，約曰："見火然，皆當鳴鼓大呼③。"餘人悉持兵弩④，夾門而伏。超乃順風縱火，前後鼓噪⑤，虜衆驚亂。超手格殺三人⑥，吏兵斬其使及從士三十餘級⑦，餘衆百許人悉燒死。明日乃還，告郭恂，恂大驚，既而色動⑧。超知其意，舉手曰："掾雖不行，班超何心獨擅之乎⑨！"恂乃悦。超於是召鄯善王廣，以虜使首示之，一國震怖。超告以漢威德⑩："自今以後，勿復與北虜通⑪。"廣叩頭："願屬漢，無二心。"遂納子爲質⑫。

還白竇固，固大喜，具上超功效⑬，并求更選使使西域⑭。帝曰："吏如班超，何故不遣，而更選乎！今以超爲軍司馬，令遂前功⑮。"

班超有智有勇,一舉消滅北虜使者。

① 初夜:初更時分(十九時至二十一時)。將:率領。
② 會:正遇上。
③ 然:後作"燃"。鳴鼓:擊鼓。
④ 兵弩(nǔ):兵器和弓箭。弩:一種用機械力量發箭的弓。
⑤ 鼓噪:擊鼓吶喊。噪:很多人呼喊。
⑥ 手:親手。格殺:擊殺。格:擊。
⑦ 三十餘級:三十餘人。級:計算斬首的量詞。
⑧ 色動:臉色改變。
⑨ 掾(yuàn):官府屬員的統稱。這裏指郭恂。不行:未曾前往。獨擅之:獨占功勞。擅:專有,獨占。
⑩ 威:使人畏懼的力量。德:恩惠。
⑪ 復:再。通:來往。
⑫ 屬:歸附。納子為質:讓兒子到漢朝作人質(表示不背叛)。納:獻出。
⑬ 具上:詳細地向皇帝報告。功效:功勞。
⑭ 更選使使:另外選使者出使(西域)。
⑮ 軍司馬:官名。遂:完成。

固復使超使于寘,欲益其兵①;超願但將本所從三十六人②,曰:"于寘國大而遠,今將數百人,無益於彊③;如有不虞,多益為累耳④。"是時于寘王廣德雄張南道⑤,而匈奴遣使監護其國⑥。超既至于寘,廣德禮意甚疏。且其俗信巫⑦。巫言:"神怒,何故欲向漢⑧?漢使有騧馬,急求取以祠我⑨!"廣德遣國相私來比就超請馬⑩。超密知其狀,報許之⑪,而令巫自來取馬。有頃,巫至,超即斬其首。收私來比⑫,鞭笞數百。以巫首送廣德,因責讓之⑬。廣德素聞超在鄯善誅滅虜使⑭,大惶恐,即殺匈奴使者而降。超重賜其王以下,因鎮撫焉⑮。於是諸國皆遣子入侍⑯,西域與漢絕六十五載⑰,至是乃復通焉。

班超出使于寘,斬殺巫師,鎮撫于寘王,恢復了西域與漢朝的關係。

① 復:又。于寘(tián):西域古國名,在今新疆維吾爾自治區。益:增加。
② 但:只。將:率領。本所從:原來跟隨的人。
③ 無益於強:對加強力量沒有好處。
④ 不虞:預料不到的事。虞:料想。多益爲累:人多了更成爲拖累。
⑤ 雄張:強勢擴充。雄:勢力強。張:擴大。南道:天山南路。
⑥ 監:監督。護:指導管理。
⑦ 巫:裝神弄鬼爲人降神祈禱的人。
⑧ 向漢:親近漢朝。
⑨ 騧(guā)馬:黑嘴的黃馬。祠(cí)我:給我作祭祀用。
⑩ 就超:到班超這裏。請:請求給與。
⑪ 密知其狀:暗中瞭解到這個情況。報:回復。
⑫ 收:逮捕。
⑬ 因:就(這件事)。讓:責備。
⑭ 素:一向。
⑮ 鎮撫:安撫。
⑯ 遣子入侍:送子到漢朝侍奉服務(表示不背叛)。
⑰ 六十五載:從王莽始建國元年(公元 9 年)算起到東漢明帝永平十六年(公元 73 年)。

明史

《明史》是一部紀傳體史書,三百三十二卷。清張廷玉等修撰。清雍正十三年(1735)定稿,乾隆四年(1739)刊行。

選文據點校本《明史》卷一百六十一(中華書局一九七四年版)。

周新傳(節選)

【説明】周新被當時的廣東巡撫稱爲"當代第一人"。他擔任監察御史和按察使,不畏權貴,懲治不法,多所彈劾,最後遭誣陷而死。他爲官清廉,律己甚嚴,妻子生活如"田家婦",以至他死後妻子還要靠別人的救濟過活。傳記通過一系列典型事例,刻畫了一位封建時代"直臣"的形象。

周新,南海人①。初名志新,字日新。成祖常獨呼"新"②,遂爲名,因以"志新"字③。洪武中以諸生貢入太學,授大理寺評事④,以善決獄稱⑤。

成祖即位,改監察御史⑥。敢言,多所彈劾⑦。貴戚震懼,目爲"冷面寒鐵"⑧。京師中至以其名怖小兒,輒皆奔匿⑨。

介紹周新的簡歷,點出他辦案鐵面無私。

① 南海:在今廣東省,明代爲廣州府治。
② 成祖:明成祖朱棣。年號永樂。
③ 字:爲字。
④ 洪武:明太祖朱元璋的年號(1368—1398)。以諸生貢入太學:以秀才的身份選送進入太學。諸生:指生員。明代凡經本省各級考試入府、州、縣學的,通名生員(習慣上叫秀才),又稱作諸生。貢:選送。太學:設在京城的中央教育機構,明代稱國子監。大理寺:官署名,主管司法刑獄。評事:審判官。
⑤ 決獄:審判案件。稱:有名。
⑥ 監察御史:官名。巡查各地,掌管考察百官、糾察刑獄等。
⑦ 彈劾:向皇帝揭發檢舉失職或犯罪的官員,追究其責任。
⑧ 目:看作。
⑨ 至:以至於。怖:恐嚇。輒(zhé):總是;往往就。

······ ······

初,新入境①,羣蚋迎馬頭②,跡得死人榛中,身繫小木印③。新驗印,知死者故布商④。密令廣市布⑤,視印文合者捕鞫之⑥,盡獲諸盜。一日視事⑦,旋風吹葉墜案前,葉異他樹⑧；詢左右，獨一僧寺有之。寺去城遠，新意僧殺人⑨。發樹⑩，果見婦人屍。鞫實，磔僧⑪。一商暮歸，恐遇劫，藏金叢祠石下⑫，歸以語其妻。旦往求金不得，訴於新。新召商妻訊之，果商妻有所私⑬。商驟歸，所私尚匿妻所⑭。聞商語，夜取之。妻與所私皆論死⑮。其他發奸摘伏⑯，皆此類也。

通過幾件典型事例，凸顯周新"發奸摘伏"的辦案手段。

① 入境：指周新後到浙江境內擔任按察使。
② 蚋（ruì）：蚊子一類的飛蟲，吸人畜的血液。迎馬頭：迎著馬頭飛。
③ 跡得死人榛（zhēn）中：跟著蚊子的飛行方向在草木叢中發現一個死人。跡：順著蹤跡尋找，追蹤。榛：叢生的草木。木印：布商隨身帶的印鑑，在販賣的布匹上蓋印作爲商標。
④ 驗：查驗。故：原來。
⑤ 廣市布：大範圍地收買布匹。
⑥ 鞫（jū）：審問。
⑦ 視事：（官員）辦公理事。視：辦理。
⑧ 葉異他樹：落在案前的樹葉跟別的樹葉不一樣。
⑨ 意：推測。
⑩ 發：掘開。
⑪ 鞫實：審訊出真相。磔（zhé）：古代分裂肢體的一種酷刑。這裏指死刑。
⑫ 叢祠：叢林中的廟。
⑬ 訊：審問。所私：指男女關係不正當的人。
⑭ 驟歸：突然回家。妻所：妻子的住室。
⑮ 取：捕捉。論：判決。
⑯ 發奸摘（tī）伏：揭發隱藏的壞人壞事。摘：通"擿"（tī），打開，這裏是揭發的意思。伏：隱藏。

……　……

當是時，周廉使名聞天下①。

錦衣衛指揮紀綱使千户緝事浙江，攫賄作威福②。新欲按治之③，遁去。頃之，新齎文册入京④，遇千户涿州⑤，捕繫州獄，脱走訴於綱⑥。綱誣奏新罪⑦，帝怒，命逮新。旗校皆錦衣私人，在道榜掠無完膚⑧。既至，伏陛前抗聲曰⑨："陛下詔按察司行事與都察院同⑩。臣奉詔擒奸惡，奈何罪臣⑪？"帝愈怒，命戮之。臨刑，大呼曰："生爲直臣，死當作直鬼！"竟殺之⑫。

周新不畏權勢，緝拿錦衣衛千户，被誣陷而死。

① 廉使：按察使的別稱。
② 錦衣衛：明官署名。原是護衛皇宫的親軍，後來兼管刑獄，擁有巡查緝捕的權力，成爲一種特務機關。指揮：即指揮使，是錦衣衛的最高長官。千户：武職名。緝（jī）事：辦理搜捕事宜。緝：搜捕。攫（jué）賄：奪取（別人的）錢財。作威福：即作威作福，濫用賞罰權力。
③ 按治：審查處理。
④ 齎（jī）：携帶。文册：文書。
⑤ 涿州：在今河北。
⑥ 脱走：（從獄中）逃走。脱：離開。
⑦ 誣奏：以不實之詞上奏皇帝。誣：言語誇大不實。
⑧ 旗校：錦衣衛的兵丁和下級軍官。私人：以私利相依附的人。榜（péng）掠：用棍子或板子拷打。
⑨ 抗聲：高聲。
⑩ 意思是皇帝下命令按察司辦事同都察院有同等的職權。詔：皇帝頒發文告、命令。都察院：明代中央最高監察機關。
⑪ 罪：動詞，加罪。
⑫ 竟：終了，最終。

他日,帝悔,問侍臣曰:"周新何許人①?"對曰:"南海。"帝嘆曰:"嶺外乃有此人②!枉殺之矣③。"後帝若見人緋衣立日中④,曰"臣周新,已爲神,爲陛下治奸貪吏"云⑤。後紀綱以罪誅,事益白⑥。

妻有節操。新未遇時⑦,縫紉自給。及貴,偶赴同官妻內讌⑧,荆布如田家婦⑨。諸婦慚,盡易其衣飾。新死無子,妻歸,貧甚。廣東巡撫楊信民曰⑩:"周志新當代第一人,可使其夫人終日餒耶?"時時賙給之⑪。妻死,浙人仕廣東者皆會葬⑫。

補敘周新死後冤情真相大白。其妻子的生活如"田家婦"。贊揚他是"當代第一人"。

① 何許:何處。
② 嶺外:五嶺(位於江西、湖南、廣東、廣西四省之間)以南,今廣東省一帶。乃:副詞,加強語氣。
③ 枉:冤屈。
④ 緋(fēi)衣立日中:穿著紅衣立在太陽下。緋:紅色。古代迷信,鬼不敢見天日。周新立在陽光下,說明他成了神。
⑤ 云:放在句末,表示如此這樣的話。
⑥ 事益白:事情的真相更加清楚了。
⑦ 遇:得到君主的賞識任用。
⑧ 偶:有時,間或。內讌(yàn):家宴。讌:通"宴"。
⑨ 荆(jīng)布:即"荆釵(chāi)布裙"。用荆枝做釵(女子髮髻上一種首飾),粗布爲裙,形容穿著十分樸素。
⑩ 巡撫:官名。中央派官員巡視地方,安撫軍民。起初沒有定員,後來成爲專職。楊信民:《明史》有傳。
⑪ 賙(zhōu)給:接濟,救助。賙:以財物救助人。
⑫ 浙江人在廣東作官的都來參加葬禮(因周新曾在浙江做過官)。

閱讀文選

魏徵傳①（《舊唐書》）

【説明】魏徵是一代名臣，他犯顔直諫、"不以圖位賣忠"的事迹一直爲人們稱誦。唐太宗説："以人爲鏡，可以明得失。"此話至今仍不失爲至理名言。

太宗新即位②，勵精政道，數引徵入臥内，訪以得失③。徵雅有經國之才④，性又抗直，無所屈撓，太宗與之言，未嘗不欣然納受。徵亦喜逢知己之主，思竭其用，知無不言。太宗嘗勞之曰："卿所陳諫，前後二百餘事，非卿至誠奉國，何能若是？"其年，遷尚書左丞。

魏徵直言進諫，唐太宗虛心納諫。

① 魏徵（580—643）：唐初政治家。字玄成，魏郡内黄（在今河南）人。
　　文章節選自點校本《舊唐書》卷七十一（中華書局一九七五年版）。
② 太宗：唐太宗李世民，626—649 年在位。
③ 數（shuò）：屢次；多次。訪：徵求意見。
④ 雅：素來。

•••••• ••••••

尋宴於丹霄樓，酒酣，太宗謂長孫無忌曰①："魏徵、王珪昔在東宫②，盡心所事，當時誠亦可惡③。我能拔擢用之，以至今日，足爲無愧古人。然徵每諫我不從，發言輒即不應④，何也？"對曰："臣以事有不可⑤，所以陳論；若不從輒應，便恐此事即行⑥。"帝曰："但當時且應，更别陳論，豈不得耶⑦？"

徵曰："昔舜誡羣臣：'爾無面從，退有後言⑧。'若臣面從陛下，方始諫，此即'退有後言'，豈是稷、契事堯、舜之意耶？"帝大笑曰："人言魏徵舉動疏慢，我但覺嫵媚，適爲此耳⑨。"徵拜謝曰："陛下導之使言，臣所以敢諫；若陛下不受臣諫，豈敢數犯龍鱗⑩？"

魏徵不肯違心面從而"退有後言"。

① 長孫無忌(？—659)：唐初大臣。字輔機，洛陽人。唐太宗長孫皇后之兄，曾助太宗奪取帝位。
② 王珪：字叔玠。累官至禮部尚書。東宮：東宮爲皇太子所居，這裏指李淵長子李建成。建成爲太子，魏徵曾任太子洗馬，王珪任太子中允。
③ 時太子與李世民爭奪帝位，二人輔佐太子盡心竭力，所以唐太宗説"可惡"。
④ 我説話他往往不馬上回應表示同意。
⑤ 事有不可：有不可做的事。
⑥ 如果皇上不聽從就回應表示同意，擔心此事馬上就要施行。
⑦ 只是當時姑且回應表示一下同意，再另外陳奏你的意見，這樣做豈不是很合適嗎？
⑧ 你們不要當面順從，離開後又説三道四。《尚書·益稷》："汝無面從，退有後言。"
⑨ 嫵媚：可愛。適：正。
⑩ 龍鱗：古書上説龍"喉下有逆鱗徑尺"，不可觸犯。後以龍鱗比喻帝王。

······ ······

（太宗）嘗謂長孫無忌曰："朕即位之初，上書者或言'人主必須威權獨運，不得委任羣下'；或欲耀兵振武，懾服四夷。唯有魏徵勸朕'偃革興文①，布德施惠，中國既安，遠人自服'。朕從其語，天下大寧。絕域君長皆來朝貢，九夷重譯相望於道②,此皆魏徵之力也。"

魏徵勸諫太宗"偃革興文"。

① 偃革興文:停止戰爭,提倡文治。偃:止息。革:兵車。
② 九夷:泛稱少數民族。重(chóng)譯:異域他國。

…… ……

及病篤,輿駕再幸其第①,撫之流涕,問所欲言,徵曰:"嫠不恤緯,而憂宗周之亡②。"後數日,太宗夜夢徵若平生,及旦而奏徵薨,時年六十四。太宗親臨慟哭,廢朝五日,贈司空、相州都督③,諡曰文貞,給羽葆鼓吹、班劍四十人,賻絹布千段、米粟千石④,陪葬昭陵⑤。及將祖載⑥,徵妻裴氏曰:"徵平生儉素,今以一品禮葬,羽儀甚盛,非亡者之志。"悉辭不受,竟以布車載柩,無文彩之飾。太宗登苑西樓,望喪而哭,詔百官送出郊外。帝親製碑文,并爲書石⑦。其後追思不已,賜其實封九百户⑧。

魏徵病故,太宗厚葬魏徵。

① 幸:帝王親臨。
②《左傳·昭公二十四年》:"嫠不恤其緯,而憂宗周之隕,爲將及焉。"意思是寡婦不憂慮緯綫少,擔心的是國家滅亡自己也將遭殃。嫠(lí):寡婦。
③ 司空、相州都督:都是追贈的榮銜。
④ 羽葆:一種葬禮的儀仗,柄的頂端用鳥羽編結如蓋。鼓吹:奏樂的樂隊。班劍:葬禮的儀仗中有武士,武士佩帶有紋飾的劍。賻(fù):送給喪家的布帛、錢財等。
⑤ 昭陵:唐太宗的陵墓,在今陝西禮泉縣。
⑥ 祖載:將葬時靈柩載於車上行祖祭之禮。
⑦ 書石:書寫碑石。

⑧ 實封：實際上賜與的封戶（國家名義上封賜給功臣貴戚食邑的戶數往往與實際封賞的數目不符）。

歐陽脩傳①（《宋史》）

【説明】歐陽脩爲一代文宗，選文第一節記述他爲政務在寬簡，另一節記述他學養深厚，道德文章足爲楷模。

脩始在滁州，號醉翁，晚更號六一居士。天資剛勁，見義勇爲，雖機穽在前②，觸發之不顧。放逐流離，至于再三，志氣自若也。方貶夷陵時③，無以自遣，因取舊案反覆觀之，見其枉直乖錯不可勝數④，於是仰天歎曰："以荒遠小邑且如此，天下固可知。"自爾遇事不敢忽也。學者求見，所與言未嘗及文章，惟談吏事，謂文章止於潤身⑤，政事可以及物。凡歷數郡，不見治迹，不求聲譽，寬簡而不擾，故所至民便之。或問："爲政寬簡而事不弛廢，何也？"曰："以縱爲寬，以略爲簡⑥，則政事弛廢，而民受其弊⑦。吾所謂寬者，不爲苛急；簡者，不爲繁碎耳。"脩幼失父，母嘗謂曰："汝父爲吏，常夜燭治官書，屢廢而歎。吾問之，則曰：'死獄也⑧，我求其生，不得爾⑨。'吾曰：'生可求乎？'曰：'求其生而不得，則死者與我皆無恨⑩。夫常求其生猶失之死，而世常求其死也⑪。'其平居教他子弟常用此語，吾耳熟焉。"脩聞而服之終身⑫。

歐陽脩爲政務在寬簡，不求聲譽。

① 文章節選自點校本《宋史》卷三百一十九（中華書局一九八五年版）。
② 機穽：設有機關的捕獸陷阱。這裏指險惡的處境。穽：同"阱"。
③ 夷陵：縣名，在今湖北宜昌一帶。

④ 枉直乖錯:指訴訟案件的錯判。枉:理曲。直:理直。
⑤ 潤身:使自身受益,增進修養。《禮記·大學》:"富潤屋,德潤身。"
⑥ 縱:放縱無度。略:粗疏,不精細。
⑦ 弊:害;傷害。
⑧ 死獄:死刑案件。
⑨ 我想給他們找一條生路,可做不到。
⑩ 死者和我都不會有遺憾。
⑪ 常常爲他們尋求生路,可仍然不免於死,而更何況世間判案常常是搜尋理由要讓罪犯去死。
⑫ 服:奉行。

爲文天才自然,豐約中度①。其言簡而明,信而通②,引物連類,折之於至理③,以服人心。超然獨騖,衆莫能及,故天下翕然師尊之④。獎引後進⑤,如恐不及,賞識之下,率爲聞人⑥。曾鞏、王安石、蘇洵、洵子軾轍,布衣屏處⑦,未爲人知,脩即游其聲譽⑧,謂必顯於世。篤於朋友,生則振掖之,死則調護其家⑨。

好古嗜學,凡周、漢以降金石遺文、斷編殘簡,一切掇拾⑩。研稽異同,立説於左,的的可表證⑪,謂之《集古錄》。奉詔修《唐書》紀、志、表,自撰《五代史記》,法嚴詞約⑫,多取《春秋》遺旨。蘇軾敘其文曰:"論大道似韓愈,論事似陸贄⑬,記事似司馬遷,詩賦似李白。"識者以爲知言⑭。

歐陽脩學養深厚,道德文章足爲楷模。

① 豐約:繁簡;詳略。
② 信:信實。
③ 引物連類:寫文章徵引某一事物,連帶推及同類的事物。折:判斷;裁決。
④ 翕(xī)然:相合;一致的樣子。
⑤ 獎引:鼓勵引導。

⑥ 率:都。聞(wèn)人:有名望的人。
⑦ 屏處(bǐngchǔ):所處不爲人所知。屏:隱蔽。
⑧ 游:傳揚。
⑨ 振掖:扶持使進步。掖:扶持。調護:養育護理。
⑩ 金石:泛指鐘鼎碑碣之類。掇拾:搜集。
⑪ 研稽:研討稽考。的(dì)的:分明的樣子。表證:表明證實。
⑫ 法:體例;章法。
⑬ 陸贄(754—805):唐大臣。所作奏議説理精密,委婉暢達。
⑭ 知言:有見識的話。

練習八

一、熟讀本單元講過的文章。
二、閱讀本單元的閱讀文選。
三、給下面句子中加點的字注音:
  1. 冀亦改易輿服之制,作平上軿車,埤幘,狹冠。(《後漢書·梁冀傳》)
  2. 窗牖皆有綺疎青瑣,圖以雲氣仙靈。(《後漢書·梁冀傳》)
  3. 小人姦蠹,比屋可誅。(《後漢書·梁冀傳》)
  4. 今使北土已安,操無内憂,能曠日持久,來爭疆場,又能與我校勝負於船楫閒乎?(《三國志·吳書·周瑜傳》)
  5. 掾雖不行,班超何心獨擅之乎!(《資治通鑑·班超出使西域》)
  6. 初,新入境,羣蚋迎馬頭,跡得死人榛中,身繫小木印。(《明史·周新傳》)
  7. 發樹,果見婦人屍。鞫實,磔僧。(《明史·周新傳》)
  8. 旗校皆錦衣私人,在道榜掠無完膚。(《明史·周新傳》)
四、解釋下面句子中加點的詞:
  1. 各遣私客籍屬縣富人,被以它罪,閉獄掠拷,使出錢自贖。(《後漢書·梁冀傳》)
  2. 游觀第内,多從倡伎,鳴鍾吹管,酣謳竟路。(《後漢書·梁冀傳》)

3. 明將軍以椒房之重,處上將之位,宜崇賢善,以補朝闕。(《後漢書‧梁冀傳》)
4. 瑜推道南大宅以舍策。(《三國志‧吳書‧周瑜傳》)
5. 將軍以神武雄才,兼仗父兄之烈,割據江東。(《三國志‧吳書‧周瑜傳》)
6. 卿曹與我俱在絕域,今虜使到裁數日,而王廣禮敬即廢。(《資治通鑑‧班超出使西域》)
7. 當今之計,獨有因夜以火攻虜,使彼不知我多少,必大震怖,可殄盡也。(《資治通鑑‧班超出使西域》)
8. 以巫首送廣德,因責讓之。(《資治通鑑‧班超出使西域》)
9. 商驟歸,所私尚匿妻所。(《明史‧周新傳》)
10. 聞商語,夜取之。妻與所私皆論死。(《明史‧周新傳》)

五、把下面的句子譯成現代漢語:
1. 其四方調發,歲時貢獻,皆先輸上第於冀,乘輿乃其次焉。(《後漢書‧梁冀傳》)
2. 元嘉元年,帝以冀有援立之功,欲崇殊典,乃大會公卿,共議其禮。(《後漢書‧梁冀傳》)
3. 宮衛近侍,並所親樹;禁省起居,纖微必知。(《後漢書‧梁冀傳》)
4. 曹公豺虎也,然託名漢相,挾天子以征四方,動以朝廷爲辭,今日拒之,事更不順。(《三國志‧吳書‧周瑜傳》)
5. 乃取蒙衝鬥艦數十艘,實以薪草,膏油灌其中,裹以帷幕。(《三國志‧吳書‧周瑜傳》)
6. 曹公軍吏士皆延頸觀望,指言蓋降。(《三國志‧吳書‧周瑜傳》)
7. 鄯善王廣奉超禮敬甚備,後忽更疏懈。(《資治通鑑‧班超出使西域》)
8. 此必有北虜使來,狐疑未知所從故也。明者睹未萌,況已著邪!(《資治通鑑‧班超出使西域》)
9. 密令廣市布,視印文合者捕鞫之。(《明史‧周新傳》)
10. 臣奉詔擒奸惡,奈何罪臣?(《明史‧周新傳》)

常用詞

訪 建 獎 藉 絕 寇 厲 萌 涉
疏 討 統 誣 習 造

1. 訪

《爾雅·釋詁上》:"訪,謀也。"徵求意見;咨詢。《尚書·洪範》:"王訪于箕子。"《左傳·秦晉殽之戰》:"穆公訪諸蹇叔,蹇叔曰……"《舊唐書·魏徵傳》:"太宗新即位,勵精政道,數引徵入臥內,訪以得失。"引申爲探尋;查考。《晉書·儒林傳序》:"博訪遺書。"蘇軾《石鐘山記》:"至唐李渤始訪其遺踪,得雙石於潭上。"由此引申爲探望。孟浩然《洛中訪袁拾遺不遇》:"洛陽訪才子,江嶺作流人。"

2. 建

《玉篇》:"建,豎立也。"《詩經·小雅·出車》:"設此旐矣,建彼旄矣。"(旐、旄:旗名。)《三國志·吳書·周瑜傳》:"乃取蒙衝鬥艦數十艘,實以薪草,膏油灌其中,裹以帷幕,上建牙旗。"特指豎起建築物,建造。《逸周書·作雒》:"乃建大社于國中。"引申泛指建立;創立;設立。《尚書·洪範》:"皇建其有極。"(大意:立下治理的最高原則。)《孔子家語·入官》:"有本而能圖末,修事而能建業。"《漢書·劉歆傳》:"及歆親近,欲建立《左氏春秋》及《毛詩》《逸禮》《古文尚書》,皆列於學官。"

3. 獎

《小爾雅·廣詁》:"獎,勸也。"勉勵。《左傳·昭公二十二年》:"君若惠保敝邑,無亢不衷以獎亂人,孤之望也。"(亢:保護。不衷:不善之臣。)諸葛亮《出師表》:"當獎率三軍,北定中原。"《宋史·歐陽脩傳》:"獎引後進,如恐不及,賞識之下,率爲聞人。"引申爲褒獎以資鼓勵,獎勵。《晉書·張光傳》:"處絕圍之地,有耿恭之忠,宜加甄賞,以明獎勸。"《明史·張居正傳》:"帝御平臺,召居正獎諭之,賜金幣及繡蟒斗牛服。"又引申爲幫助,助成其事。《左傳·僖公二十八年》:"皆獎王室,無相害也。"

（王室：天子。）

4. 藉（jiè）

本義是草編的墊子。《楚辭·九歌·東皇太一》："蕙肴蒸兮蘭藉。"用作動詞：襯墊；鋪墊。《周易·大過》："藉用白茅。"《新唐書·潁王璬傳》："璬濟江，舟中以綵席藉步，命徹之，曰：'此可寢，奈何踐之？'"抽象引申爲憑藉；借助。《左傳·宣公十二年》："敢藉君靈，以濟楚師。"韓愈《順宗實錄三》："叔文欲專兵柄，藉希朝年老舊將，故用爲將帥。"（希朝：人名。）

【提示】"藉"與"籍"有時混用。《説文》："籍，簿書也。"本義是簿册，與"藉"的本義不同。

5. 絶

《説文》："絶，斷絲也。"斷開，不再連接。《史記·刺客列傳》："秦王驚，自引而起，袖絶。"泛指不再接續。《論語·衛靈公》："在陳絶糧，從者病，莫能興。"《左傳·鞌之戰》："郤克傷於矢，流血及屨，未絶鼓音。"《莊子·漁父》："疾走不休，絶力而死。"雙音詞有［絶交］［絶緣］。由斷開有斷頭引申爲窮盡；到達極點的。《史記·衛將軍驃騎列傳》："因前使絶國功，封（張）騫博望侯。"《資治通鑑·班超出使西域》："卿曹與我俱在絶域，今虜使到裁數日，而王廣禮敬即廢。"杜甫《望嶽》："會當凌絶頂，一覽衆山小。"用作副詞：極；最。《史記·伍子胥列傳》："秦女絶美，王可自取，而更爲太子取婦。"《晉書·嵇康傳》："〔嵇康〕性絶巧而好鍛。"由斷開引申爲横渡，横穿（使中斷）。《荀子·勸學》："假舟楫者，非能水也，而絶江河。"

6. 寇

《説文》："寇，暴也。"本義是施暴侵害。《尚書·費誓》："無敢寇攘，踰垣牆，竊馬牛，誘臣妾。"特指入侵。《漢書·晁錯傳》："是時匈奴彊，數寇邊。"用作名詞，施暴侵害的人（盜匪等）。《穀梁傳·僖公十九年》："大臣背叛，民爲寇盜。"雙音詞有［盜寇］。蔑稱來犯之敵。《三國志·吳書·周瑜傳》："今寇衆我寡，難與持久。然觀操軍船艦首尾相接，可燒而走也。"李翱《楊烈婦傳》："君縣令，寇至當守。"雙音詞有［敵寇］。

7. 厲

《説文》："厲，旱石也。"本義是（粗的）磨石。《詩經·大雅·公劉》：

"取厲取鍛。"(大意:採來磨石和砧石)。這個意義後寫作"礪"。《説苑·建本》:"學所以益才也,礪所以致刃也。"用作動詞:磨(使鋒利)。《左傳·秦晉殽之戰》:"鄭穆公使視客館,則束載、厲兵、秣馬矣。"《左傳·哀公十六年》:"勝自厲劍。"(勝:人名。)由磨礪抽象引申爲激勵,使奮發向上。《三國志·蜀書·諸葛亮傳》:"親秉旄鉞,以厲三軍。"《後漢書·范滂傳》:"(范滂)少厲清節,爲州里所服。"用作形容詞:振奮;激昂。《管子·七法》:"兵弱而士不厲,則戰不勝而守不固。"

由磨使鋒利引申爲急而猛:激烈;勁疾。《荀子·王制》:"威嚴猛厲,而不好假道人。"(假道:寬容。)左思《蜀都賦》:"涼風厲,白露凝,微霜結。"曹植《洛神賦》:"超長吟以咏慕兮,聲哀厲而彌長。"又引申爲嚴正不苟;嚴厲。《論語·子張》:"即之也溫,聽其言也厲。"《禮記·表記》:"不矜而莊,不厲而威。"《池北偶談·女俠》:"倏聞呼門聲甚厲。"

8. 萌

《説文》:"萌,艸芽也。"植物的芽。《禮記·月令》:"(季春之月)生氣方盛,陽氣發泄,句者畢出,萌者盡達。"(萌者盡達:直生的芽都出土。)用作動詞,植物發芽。《楚辭·九思·傷時》:"風習習兮穌煖,百草萌兮華榮。"抽象引申爲發生;開始顯現。《韓非子·心度》:"故治民者禁姦於未萌。"《資治通鑑·班超出使西域》:"明者睹未萌,況已著邪!"雙音詞有[萌生][萌發]。

9. 涉

《説文》:"涉,徒行厲水也。"徒步過水。《詩經·鄭風·褰裳》:"褰裳涉溱。"(褰:提起。溱:水名。)泛指渡水。《楚辭·九章·哀郢》:"惟郢路之遼遠兮,江與夏之不可涉。"《三國志·吳書·周瑜傳》:"驅中國士衆遠涉江湖之間,不習水土,必生疾病。"由渡水引申爲行進;經歷。陶淵明《歸去來兮辭》:"園日涉以成趣,門雖設而常關。"《後漢書·景鸞傳》:"少隨師學經,涉九州之地。"雙音詞有[涉險]。"涉"表示由此到彼,引申爲關聯;牽連。《封氏聞見記·歷山》:"今東齊地名歷城,與舜耕歷山其名相涉,故俗人混同其説。"雙音詞有[牽涉]。

10. 疏

《説文》:"疏,通也。"疏通水道。《孟子·滕文公上》:"禹疏九河。"雙音詞有[疏浚]。疏通是分開水道,引申爲分開;布列。《淮南子·道應訓》:"襄子疏隊而擊之。"《楚辭·九歌·湘夫人》:"疏石蘭兮爲芳。"由疏通分開引申爲間隔大,稀疏。《老子》七十三章:"天網恢恢,疏而不漏。"抽象引申爲不親密;不周備。《史記·呂太后本紀》:"呂后年長,常留守,希見上,益疏。"《資治通鑑·班超出使西域》:"超既至于寘,廣德禮意甚疏。"雙音詞有[疏遠]。

11. 討

《說文》:"討,治也。"整治。《左傳·宣公十二年》:"在軍,無日不討軍實而申儆之。"(軍實:軍備。申儆:告誡。)特指懲治有罪。《尚書·皋陶謨》:"天討有罪。"《左傳·秦晉殽之戰》:"寡君若得而食之,不厭,君何辱討焉?"雙音詞有[討治]。引申爲聲討;討伐。《左傳·宣公二年》:"亡不越竟,反不討賊。"《三國志·吳書·周瑜傳》:"十三年春,權討江夏,瑜爲前部大督。"由追究處治又引申爲探究;探尋。《商君書·更法》:"討正法之本。"袁紹《與公孫瓚書》:"足下曾不尋討禍源,克心罪己。"雙音詞有[究討]。由探尋引申爲求取。《晉書·衛恒傳》:"或時不持錢詣酒家飲,因書其壁,顧觀者以酬酒,討錢足而滅之。"

12. 統

《說文》:"統,紀也。"本義是絲的頭緒。《淮南子·泰族訓》:"繭之性爲絲,然非得工女煮以熱湯而抽其統紀,則不能成絲。"引申爲一脈相承的連續體,系統。《孟子·梁惠王下》:"君子創業垂統,爲可繼也。"《戰國策·秦策三》:"天下繼其統,守其業,傳之無窮。"雙音詞有[統緒][血統][道統]。由頭緒又引申爲事物總領的部分;綱紀;綱領。《荀子·臣道》:"忠信以爲質,端愨以爲統。"用作動詞:總括;綜合爲一。《荀子·儒效》:"法先王,統禮儀,一制度。"《漢書·敘傳下》:"準天地,統陰陽。"雙音詞有[統籌][統一]。用於人事,引申指統管;統領。《尚書·周官》:"冢宰掌邦事,統百官。"《三國志·吳書·周瑜傳》:"五年,(孫)策薨,(孫)權統事。"雙音詞有[統兵]。

13. 誣

《說文》:"誣,加也。"說話虛誇不實。《韓非子·說疑》:"文言多、實行寡而不當法者,不敢誣情以談說。"《孔叢子·答問》:"信誣說以疑聖,殆非所望也。"引申爲欺騙。《孟子·滕文公下》:"楊墨之道不息,孔子之道不著,是邪説誣民,充塞仁義也。"(楊墨之道:楊朱與墨子的學説。)又引申爲誣蔑;毁謗。《史記·吕太后本紀》:"(趙王)友以諸吕女爲后,弗愛,愛他姬,諸吕女妒,怒去,讒之於太后,誣以罪過。"《漢書·劉向傳》:"顯誣譖猛,令自殺於公車。"(顯、猛:人名。公車:官署名。)雙音詞有[誣陷]。

14. 習

《説文》:"習,數(shuò)飛也。"鳥多次練習飛。《禮記·月令》:"鷹乃學習。"引申爲(反復)學習;練習。《論語·學而》:"學而時習之。"《列子·造父學御》:"造父之始從習御也,執禮甚卑。"又引申爲熟悉;習慣。《戰國策·吕不韋相秦》:"少棄捐在外,嘗無師傅所教學,不習於誦。"《三國志·吴書·周瑜傳》:"驅中國士衆遠涉江湖之間,不習水土,必生疾病。"

15. 造

《廣雅·釋言》:"造,詣也。"到;去至。《管子·大匡》:"造於長勺,魯莊公興師逆之。"《世説新語·任誕》:"經宿方至,造門不前而返。"成語有[登峰造極]。引申爲達到某一高度,造詣。《孟子·離婁下》:"君子深造之以道,欲其自得之也。"

製造的意思古文字作"艁"或"寶"。通作"造"。《爾雅·釋言》:"造,爲也。"《禮記·玉藻》:"大夫不得造車馬。"引申爲創建。《三國志·魏書·劉曄傳》:"是以成湯、文、武實造商、周。"

古漢語常識

古代漢語的虛詞

詞類是根據詞的語法意義和語法功能劃分的類别。上古漢語的詞大致可以分爲名詞、動詞、形容詞、數詞、代詞、副詞、介詞、連詞、語氣詞、嘆詞等。這些類詞可以歸爲實詞和虚詞兩大類。實詞的意義比較實在,能够充當主要的句子成分(主語、謂語、中心語等);虚詞的意義比較虚,除了副詞(副詞可以作狀語),一般不能够充當主要的句子成分。

　　古代漢語的實詞包括名詞、動詞、形容詞、數詞,虚詞包括代詞、副詞、介詞、連詞、語氣詞和嘆詞等。把代詞歸入虚詞是依照文言虚詞傳統的說法。

一　代詞

　　跟現代漢語一樣,古代漢語也有人稱代詞、指示代詞和疑問代詞,不過跟現代漢語比較還是有很大的不同,主要表現在以下幾個方面:

　　1. 除了人稱代詞、指示代詞和疑問代詞這三類,古代漢語還有兩類比較特殊的代詞:一是無定代詞"或"和"莫",二是輔助性代詞"者"和"所"。

　　2. 跟現代漢語比較,古代漢語的代詞更爲複雜:代詞的數量多,有不少現代漢語没有的形式。如第一人稱代詞除了"我",還有"吾、余、予、朕"等;第二人稱代詞有"女(汝)、爾、若、而、乃"等;近指代詞現代漢語主要是"這",古代漢語有"此、是、斯、兹"等;疑問代詞有"孰、何、胡、曷、奚、安"等。

　　3. 上古漢語人稱代詞的體系還不够完備,缺少嚴格意義上的第三人稱代詞,第三人稱代詞的功能由指示代詞"之""其"來承擔①。人稱代詞没有單複數之分;人稱代詞表示的是單數還是複數,要根據上下文來判斷②。

　　4. 古代漢語還常用謙稱和尊稱來代替人稱代詞,一般是用謙稱代替第一人稱,用尊稱代替第二人稱。常用的謙稱有"寡人、臣、不穀、小人、僕"等,尊稱有"子、吾子、君、大王、先生、足下"等。謙稱和尊稱都是名詞,不是代詞。

　　下面對第三人稱代詞、指示代詞"是"、無定代詞"或""莫"、輔助性代詞"者""所"作簡要説明。

---

　　① "他"在上古漢語表示"其他的""別的",還不是第三人稱代詞。如《孟子·梁惠王下》:"王顧左右而言他。"
　　② 如《論語·先進》:"以吾一日長乎爾,毋吾以也。"句中"爾"表示複數。

1. 關於第三人稱代詞

如前所説,上古漢語人稱代詞的體系還不完備,缺少嚴格意義上的第三人稱代詞,第三人稱代詞的功能由指示代詞"之""其"來承擔。"之"和"其"不作主語,"之"在句子中作賓語(不僅可指代人,也可以指代事物)。如:

(1) 愛共叔段,欲立之。(《左傳·鄭伯克段于鄢》)
(2) 學而時習之,不亦説乎?(《論語·學而》)

"其"在句子中作定語,往往指代特定的人、事物、時間或處所等。如:

(1) 北冥有魚,其名爲鯤。(《莊子·逍遙遊》)
(2) 爲國以禮,其言不讓。(《論語·先進》)

有些句子中的"其"很像主語,實際上相當於"名詞+之"。例如:

且夫水之積也不厚,則其負大舟也無力。(《莊子·逍遙遊》)
吾見師之出而不見其入也。(《左傳·秦晉殽之戰》)

比較"水之積"可以看出,"其負大舟"的"其"相當於"水之"。"其入"相當於"師之入"。

2. 指示代詞"是"

在現代漢語中,"是"是判斷詞,在上古漢語中它是指示代詞。如《孟子·梁惠王上》中的例子:

(1) 誠如是也,民歸之,由水之就下,沛然誰能禦之?
(2) 是心足以王矣。百姓皆以王爲愛也,臣固知王之不忍也。
(3) 吾惛,不能進於是矣。
(4) "王之諸臣皆足以供之,而王豈爲是哉?"曰:"否。吾不爲是也。"

"是"常在判斷句中作主語。如:

(1) 是吾寶也。(《左傳·僖公二年》)
(2) 是乃狼也。(《左傳·宣公四年》)

上古漢語中"是"有一種十分重要的用法是複指前文。如:

(1) 知之爲知之,不知爲不知,是知也。(《論語·爲政》)
(2) 德之不修,學之不講,聞義不能徙,不善不能改,是吾憂也。

(《論語·述而》)

例(1)"是"複指"知之爲知之,不知爲不知";例(2)"是"複指"德之不修,學之不講,聞義不能徙,不善不能改"。

特別要注意的是,不要輕易把上古漢語中的"是"看作判斷詞。如:

  星隊木鳴,國人皆恐。曰:是何也？曰:無何也！是天地之變,陰陽之化,物之罕至者也。(《荀子·天論》)

"是何"是問這是怎麼回事,"是天地之變……"是説"這是天地的變化……"。句中的"是"還是指示代詞。

現代漢語典型的判斷句形式是句中有一個判斷詞"是"(如"他是北京人"),而先秦時期"是"還不是一個判斷詞,那時的判斷句不用判斷詞(如"王,人君也""南冥者,天池也"),這同現代漢語有很大的不同。

3. 無定代詞"或""莫"

這是上古漢語特有的兩個代詞,"或"是肯定性無定代詞,"莫"是否定性無定代詞。"無定代詞"的意思是代詞雖然稱代人或事物,但又不確指具體是哪個人或哪個事物。

或 肯定性無定代詞"或"相當於現代漢語的"有的人""有的"。例如:

  (1) 或勞心,或勞力。(《孟子·滕文公上》)
  (2) 如或知爾,則何以哉？(《論語·先進》)
  (3) 今諸侯異術,百家異説,則必或是或非,或治或亂。(《荀子·解蔽》)

有時"或"的前面出現名詞性的先行詞,表示一個範圍,"或"指代這個範圍內的某人或某物。如:

  (4) 宋人或得玉。(《左傳·襄公十五年》)

"宋人"是先行詞,"或"在"宋人"這個範圍之內。

莫 否定性無定代詞"莫"既可指稱代人,也可指稱代事物,相當於現代漢語的"没有什麽人"或"没有什麽物"。如:

  (1) 羣臣莫對。(《戰國策·楚策》)
  (2) 天下之水,莫大於海。(《莊子·秋水》)
  (3) 國人莫敢言,道路以目。(《國語·周語上》)

例(1)的意思是"沒有什麼人",例(2)的意思是"沒有什麼物(水)",例(3)有一個名詞性先行詞,表示在一個範圍内。

4. 輔助性代詞"者""所"

"者"和"所"都稱代一定的人或事物。從語法功能上看,"者"和"所"都不能獨立充當句子成分,只能與其他的詞或詞組組合,構成一種名詞性結構("者"字結構、"所"字結構),由整個結構充當句子成分。"者"和"所"起輔助作用,是一種輔助性代詞①。

者 "者"的用法有兩種。第一,用在動詞、形容詞或動詞詞組、形容詞詞組的後面,構成名詞性的"者"字結構,表示"……的人""……的事物"。例如:

(1) 逝者如斯夫。(《論語·子罕》)

(2) 今王發政施仁,使天下仕者皆欲立於王之朝,耕者皆欲耕於王之野。(《孟子·梁惠王上》)

(3) 老者安之,朋友信之,少者懷之。(《論語·公冶長》)

(4) 黃岡之地多竹,大者如椽。(王禹偁《黃州新建小竹樓記》)

(5) 醉能同其樂,醒能述以文者,太守也。(歐陽修《醉翁亭記》)

第二,用在名詞或名詞性詞組的後面,複指名詞性成分,對複指的名詞性成分起強調作用。如:

(1) 南冥者,天池也。(《莊子·逍遥遊》)

(2) 楚左尹項伯者,項羽季父也。(《史記·項羽本紀》)

(3) 古者未有君臣上下之時,民亂而不治。(《商君書·君臣》)

也可以用在數詞後面構成"者"字結構:

老而無妻曰鰥,老而無夫曰寡,老而無子曰獨,幼而無父曰孤。此四者,天下之窮民而無告者。(《孟子·梁惠王下》)

所 輔助性代詞"所"稱代的是動作行爲的對象。它的用法有兩點要注意:第一,放在動詞或動詞詞組前面構成"所"字結構,"所"字結構具有名詞性,這是"所"的基本用法。如:

(1) 吾嘗終日而思矣,不如須臾之所學也。(《荀子·勸學》)

---

① 有的書稱爲助詞。

(2) 君子於其所不知,蓋闕如也。(《論語·子路》)
(3) 今天雨,流子而行,未知所止息也。(《史記·孟嘗君列傳》)
(4) 臣之所好者道也。(《莊子·養生主》)

例(1)"所學"是學到的知識;例(2)"所不知"是不知道東西;例(3)"所止息"是止息的地方;例(4)是一個"所……者"格式,"所好者"意思相當於"所好"。一般地說,"所"後面是及物動詞。

第二,還有一種用法是"所＋介詞＋動詞"。"所"先與介詞相結合,再與動詞組成名詞性短語,在句中表示跟動作行爲相關的處所、原因、憑藉等,如:

(1) 是吾劍之所從墜。(《呂氏春秋·察今》)
(2) 是亂之所由作也(《荀子·正論》)
(3) 長勺之役,曹劌問所以戰於莊公。(《國語·魯語上》)

例(1)的意思是這是我的劍掉下去的地方;例(2)的意思是這是亂子發生的原因;例(3)的意思是靠什麼作戰。

輔助性代詞"所"和"者"都可以跟動詞(動詞詞組)構成名詞性結構,但"所"和"者"稱代的對象不一樣:"所"稱代的是動作行爲涉及的對象,"者"稱代的是動作行爲的施動者。比較:

(1) 始臣之解牛之時,所見無非全牛者。(《莊子·養生主》)
(2) 見者驚猶鬼神。(《莊子·達生》)

"所見"是見到的東西,"見者"是看見東西的人。

二　副詞

副詞可以分幾類,目前意見還不一致,這裏根據副詞的主要意義和用法把副詞分爲七類:程度副詞、範圍副詞、時間副詞、情態副詞、語氣副詞、否定副詞、謙敬副詞[①]。

1. 程度副詞

程度副詞表示動作行爲、性質狀態的程度。有的表示程度高(如"最、甚、極、絕、殊、太、尤、良"等),相當於現代漢語中的"很"。有的表示程度

[①] 這七類並没有涵蓋所有的副詞。

不高（如"差、少、略、微"）等，可以譯成"略微""稍微"等。還有的表示在原來的基礎上更進一層（如"愈、益、彌、加、更、茲（滋）"等），可以譯成"更""更加"。其中要注意的是用法變化比較大的詞，比如"少"和"頗"。

"少"現在是形容詞，在古漢語中又用作程度副詞，相當於現在的"稍（略微）"：

> 太后之色少解。（《戰國策·趙策四》）

句子的意思是太后的臉色稍微緩和了一些。

"頗"現在表示程度很高（如"頗爲費解"）。古漢語中有的表示程度高。如：

> 中歲頗好道，晚家南山陲。（王維《終南別業》）

還可以表示程度不高（稍微）。如：

> （1）涉淺水者見蝦，其頗深者察魚鱉，其尤甚者觀蛟龍。（《論衡·別通》）
>
> （2）然而每見文士，頗讀兵書，微有經略。（《顏氏家訓·誡兵》）

2. 範圍副詞

範圍副詞大致可分爲兩類：一類是總括副詞，一類是限止副詞。總括副詞表示全部、總共等意義，大致相當於現代漢語的"全""都"。常見的總括副詞有"皆、盡、悉、都、舉、徧（遍）、咸、畢"等。限止副詞表示在全部範圍中限定一部分，大致相當於現代漢語的"只""只有"。常見的限止副詞有"唯、獨、但、僅、第、特、獨、直、止、儘、徒"等。

其中要注意的是變化比較大的詞，如"但"和"僅"。"但"現在是一個轉折連詞，古漢語中主要作限止副詞用，相當於現代漢語的"只"：

> 我州但有斷頭將軍，無有降將軍也。（《三國志·蜀書·張飛傳》）

"僅"在古漢語中可表示限止（相當於"只、纔"），這跟現在的用法一樣。到了唐代又有"將近""差不多達到"的意思（讀 jìn），現在已沒有這種用法：

> 初守睢陽時，士卒僅萬人。（韓愈《張中丞傳後敘》）

"僅萬人"是將近萬人的意思，這是説人多。

3. 時間副詞

時間副詞表示動作發生的時間以及與時間有關的各種情況。大致分爲兩類:一類是表示動作行爲發生的時間(過去、現在或將來)。表示過去的如"昔、曩、向、已、業、既、嘗"等;表示現在的如"今、方、正、適"等;表示將來的如"將、且、行"等。還有一類是表示動作行爲的先後、快慢緩急、時間間隔的長短等。常見的如"先、俄、少、遂、即、卒、乍、暫、首先、已而、須臾、俄而、有頃、少頃"等。

"嘗"(曾經)和"且"(將)是兩個常見的時間副詞:

(1) 吾嘗終日而思矣,不如須臾之所學也。(《荀子·勸學》)
(2) 趙且伐燕。(《戰國策·燕策》)

4. 情態副詞

情態副詞表示動作行爲進行的情狀方式、態勢、動作主體的態度等。常見的有"俱、並、竊、間、遞、迭、更、復、固、且"等。如"夜竊出邑中"(《史記·晉世家》)的"竊"(暗中)是一種情狀方式;"人固有一死"(司馬遷《報任安書》)的"固"(本來)是一種態勢;"臣死且不避"(《史記·項羽本紀》)的"且"(尚且)表示動作主體的態度。

其中"復"表示動作或狀態的重複再現,相當於現代漢語的"再":

不敢復讀天下之書,不敢復與天下之事。(《史記·范雎蔡澤列傳》)

在古漢語中,"再"是數詞,用於動詞前,是表示同一動作行爲進行兩次或同一動作行爲進行第二次。如:

(1) 田忌一不勝而再勝。(《史記·孫子吳起列傳》)
(2) 一戰而舉鄢郢,再戰而燒夷陵,三戰而辱王之先人。(《史記·平原君列傳》)

例(1)是兩次的意思,例(2)是第二次的意思。

5. 語氣副詞

語氣副詞表示說話人的各種語氣。有的表示論斷、確認的語氣,如"乃、即、必、定、誠、信、果";有的表示推測語氣,如"其、蓋、殆";有的表示反詰語氣,如"豈、其、庸、巨(詎)、寧"。

"蓋"是一個常見的語氣副詞,表示一種推測性的論斷:

蓋天下萬物之萌生,靡不有死。(《史記·孝文本紀》)

有時表示一種不確定的推測:

蓋老子百有六十餘歲,或言二百餘歲。(《史記·老子韓非列傳》)

需要注意的是,有的語氣副詞用於名詞性謂語之前,雖然可以翻譯成"就是""便是",但不能認爲就是判斷詞。如:

(1) 天下乃天下人之天下,非一人之天下。(《漢書·谷永傳》)
(2) 梁父即楚將項燕。(《史記·項羽本紀》)

6. 否定副詞

古漢語常見的否定副詞有"不、弗、毋、勿、未、非、否"等。不同形式的否定副詞在語法功能上有差別。

7. 謙敬副詞

謙敬副詞有的對人表示尊敬,有的表示自謙。常見的表敬副詞有"幸、惠、請、敬、謹、辱、蒙"等;表謙副詞如"敢、竊、忝、伏、猥"等。

三 介詞

介詞經常用在名詞、代詞或名詞性詞組的前面,構成介詞結構(介賓詞組)。介詞結構一般用在動詞、形容詞(或動詞、形容詞性詞組)的前面或後面,充當狀語或補語,表示時間、處所、原因、目的、憑藉(工具、方式)、對象等。如:

(1) 從此道至吾軍,不過二十里耳。(《史記·項羽本紀》)
(2) 是干戚用於古,不用於今也①。(《韓非子·五蠹》)

例(1)介詞"從"跟"此道"組成一個介詞結構,在句中作狀語,表示處所。例(2)介詞"於"分別跟"古""今"組成介詞結構,在句中作"用"的補語,表示時間。

需要注意的是:一、現代漢語的介詞結構多用作狀語,古代漢語的介詞結構大都既可以作狀語,也可以作補語,如上舉例(2)。二、現代漢語的

---

① 干戚:兵器名。

介詞結構,介詞的賓語總是在介詞的後面;古代漢語的介詞結構,介詞的賓語有時可以放在介詞的前面(參見"古代漢語的詞序"一節)。三,現代漢語中介詞的賓語不能省略,古代漢語中介詞的賓語有時可以省略。如《戰國策·齊策一》:"且日,客從外來,與坐談。"句中介詞"與"的賓語省略。

下面簡要介紹介詞"以"和"於"的用法。"以"是一個十分常見的介詞,用法比較複雜,主要有:

第一,引進動作行爲憑藉的對象(工具、手段等)。如:

(1) 蛇出於其下,以肱擊之。(《左傳·鞌之戰》)
(2) 以羽爲巢,編之以髮。(《荀子·勸學》)
(3) 填然鼓之,兵刃既接,棄甲曳兵而走,或百步而後止,或五十步而後止。以五十步笑百步,則何如?(《孟子·梁惠王上》)

前兩例的憑藉對象是有形的,很具體。後一例"笑百步"憑藉的對象是"五十步",雖然抽象,也是憑藉對象。

第二,引進動作行爲的原因。如:

孫臏以此名顯天下。(《史記·孫子吳起列傳》)

第三,引進動作行爲直接涉及的對象:

(1) 子犯以璧授公子。(《左傳·僖公二十四年》)
(2) 伯楚以呂郤之謀告公。(《國語·晉語四》)
(3) 君子以仁存心,以禮存心。(《孟子·離婁下》)

例(1)的意思是子犯把玉璧給公子。例(2)的意思是伯楚把呂郤的陰謀告訴了晉文公。"璧"是"授公子"涉及的對象,"呂郤之謀"是"告公"涉及的對象。例(3)的意思是把仁和禮保養在心中。

第四,引進動作行爲的時間。如:

文以五月五日生。(《史記·孟嘗君列傳》)

介詞"以"因爲經常跟某些成分連用,形成了一些固定格式,較常見的有"是以""所以""有以""無以"等。

介詞"於(于)"的主要功能是引介與動作行爲相關的處所、時間、對象等。如:

(1) 宋公及楚人戰于泓。(《左傳·僖公二十二年》)

(2) 是干戚用於古,不用於今也。(《韓非子·五蠹》)

(3) 潁考叔爲潁谷封人,聞之,有獻於公。(《左傳·隱公元年》)

需要注意的是,上古漢語的被動句式(這裏"句式"的意思是說在句子形式上有一個標志)有幾種不同的類型,其中帶有"於"字的句子(有的書就稱作"'於'字句")就是常見的一類。介詞"於"的作用是引介動作行爲的主動者。如:

(1) 禦人以口給,屢憎於人。(《論語·公冶長》)

(2) 郤克傷於矢。(《左傳·成公二年》)

(3) 勞心者治人,勞力者治於人。(《孟子·滕文公上》)

現代漢語典型的被動句式是有一個"被"字(如"問題被我們解決了"),而"被"在先秦主要用作動詞。

四　連詞

連詞用來連接詞、詞組或句子,是比副詞、介詞更虛的一類詞;它只具連接性,沒有修飾作用,不能充當句子成分。連詞連接的前後兩項,在語義上有各種不同的關係。如有的表示並列:

蜩與學鳩笑之曰……。(《莊子·逍遙遊》)

"蜩""學鳩"是一種並列關係。

有的表示遞進(進一層)。如:

公語之故,且告之悔。(《左傳·鄭伯克段于鄢》)

"告之悔""語之故"是一種進一層的關係。

有的表示轉折。如:

置杯焉則膠,水淺而舟大也。(《莊子·逍遙遊》)

"水淺""舟大"是一種轉折關係。

連詞連接的前後兩項語義上還有其他各種關係。這些不同關係主要取決於前後兩項的語義,連詞只是起一種聯繫作用。

下面簡要說明連詞"之"的用法。

上面介紹代詞的時候曾說到"之"。"之"除了用作代詞,還可以用作

連詞①。"之"作爲連詞,主要的用法有兩個:第一,放在定語和中心語之間,定語和中心語是領屬關係或修飾關係。如:

(1) 是炎帝之少女。(《山海經·北山經》)②
(2) 百畝之田,勿奪其時,數口之家可以無饑矣。(《孟子·梁惠王上》)

第一句定語和中心語是領屬關係,第二句是修飾關係。

第二,放在主謂結構之間,使主謂結構不再能獨立成爲句子,而成爲一個偏正結構的詞組,用來作主語、賓語或狀語等句子成分。如:

(1) 且夫水之積也不厚,則其負大舟也無力。(《莊子·逍遥遊》)
(2) 不患人之不己知,患不知人也。(《論語·學而》)
(3) 大道之行也,天下爲公。(《禮記·禮運》)

例(1)前一句"水之積"作主語,例(2)"人之不己知"作"患"的賓語,例(3)"大道之行"作狀語,表示時間。

五　語氣詞

語氣詞是表達各種語氣的虛詞。語氣是説話人説話時的口氣,表達對所説的内容的態度或情緒。大致説來,句子的語氣有陳述、祈使、疑問、感嘆、提頓、推測等。

根據語氣詞在句中位置的不同,古漢語中語氣詞可以分爲句尾語氣詞、句中語氣詞和句首語氣詞。常見的句尾語氣詞有"也、矣、乎、哉、邪、與、已、耳、焉"等,句中語氣詞有"其、也"等,句首語氣詞有"其、夫、惟(唯、維)"等③。句尾語氣詞從古至今都有,但變化比較大;句首、句中語氣詞在現代漢語中已經消失。下面對句尾語氣詞"也、矣"的功能作簡要説明。

"也"的基本功能是放在判斷句句尾表示肯定確認:

(1) 楊氏者,婦人也。(李翱《楊烈婦傳》)

---

① 有的書把連詞"之"稱作介詞或助詞。
② 意思是這鳥是炎帝的小女兒。
③ 有的書稱句首語氣詞爲助詞。

（2）作亭者誰？山之僧智仙也。（歐陽修《醉翁亭記》）

句尾語氣詞"矣"主要用於敘述句句尾，基本功能是把事物的發展變化作爲新情況告訴別人，大致相當於現代漢語的"了"。如：

（1）余病矣。（《左傳·成公二年》）
（2）使子路反見之，至則行矣。（《論語·微子》）
（3）孔子曰："諾！吾將仕矣。"（《論語·陽貨》）
（4）誠如是，則霸業可成，漢室可興矣。（《三國志·蜀書·諸葛亮傳》）

例（1）、例（2）是把已經發生的變化告知別人，例（3）、例（4）是把將要發生或推斷將要發生的變化作爲新情況告知別人。

比較"也"和"矣"的功能可以看出："也"陳述靜態事件，表示肯定語氣，沒有時間性；"矣"陳述動態事件，著眼於時間的過程，表示事件在一定時間段的變化。

古漢語的句尾語氣詞有時連用，常見的是兩個語氣詞或三個語氣詞的連用形式。連用的語氣詞，仍舊保留各自原有的功能，但全句語氣的重心往往落在最後一個語氣詞上。如：

（1）善敗由己，而由人乎哉？（《左傳·僖公二十年》）①
（2）夫求禍而辭福，豈人之情也哉？（蘇軾《超然臺記》）
（3）獨吾罪也乎哉！（《晏子春秋·內篇雜上》）

三個語氣詞連用，感情色彩更爲強烈。

學習古漢語虛詞，除了關注古今的差異，還有一點也很重要，就是要掌握一個虛詞的基本功能。比如介詞"以"，上面雖然列舉了四種用法，但仔細觀察可以看出，"以"基本的功能是表示憑藉。第一種用法最爲明顯，後面三種用法（引進原因、涉及對象或時間）歸根結底也是表示憑藉。再比如句尾語氣詞"也"，除了用於判斷句，還可以用在別的句型中：

（1）不及黃泉，無相見也！（《左傳·鄭伯克段于鄢》）
（2）夫子何哂由也？（《論語·先進》）

---

① 善敗：成敗。

例(1)是祈使句,祈使語氣主要靠句式和否定詞"無"來傳達,"也"的作用是強化肯定全句的祈使語氣,意思是不到黃泉就不要相見。例(2)是疑問句,疑問語氣主要靠疑問代詞"何"來表達,"也"的作用是強化肯定全句的疑問語氣。可以看出,在不同的句型中仍然可以體現語氣詞"也"表示肯定確認的基本功能。